LES 557 DÉPUTÉS

ET LEURS PROGRAMMES ÉLECTORAUX.

1881—1885

Paris. — Soc. d'Imp. PAUL DUPONT, 41, rue J.-J.-Rousseau.

LES
557 DÉPUTÉS

ET

LEURS PROGRAMMES ÉLECTORAUX

1881—1885

PAR

PAUL HOURIE

PARIS
SOCIÉTÉ D'IMPRIMERIE ET LIBRAIRIE ADMINISTRATIVES
ET DES CHEMINS DE FER
Paul DUPONT
41, RUE JEAN-JACQUES-ROUSSEAU (HÔTEL DES FERMES)

—

1882

PRÉFACE

Le titre indique le but de cet ouvrage. Nous avons voulu simplement donner sur chacun des députés de la Chambre nouvelle quelques notes biographiques sommaires, esquisser aussi brièvement que possible leur passé politique, analyser leurs votes précédents, et surtout relever avec le plus grand soin les déclarations de principes contenues dans les programmes qu'ils ont signés lors des dernières élections.

C'est la partie essentielle de notre travail. Nous avons pensé que cette statistique parlementaire serait de quelque utilité. Elle permettra en effet de saisir le sens et la portée des élections, de connaître la moyenne exacte de l'opinion du pays, et de dégager ainsi la véritable majorité.

C'est ce qu'a compris M. Barodet lorsqu'il a rédigé sa proposition tendant à la nomination d'une commission parlementaire qui serait chargée de recueillir et d'analyser les cahiers de 1881. C'est le vrai moyen à notre sens de connaître avec précision les volontés exprimées par le suffrage universel.

Nous ne croyons pas que cette enquête, plus

heureuse que tant d'autres, ait quelque chance d'aboutir. En tous les cas, nous la devançons en fournissant à ce travail considérable les premiers matériaux. Nous avons, en effet, réuni dans ce volume les professions de foi de l'immense majorité des nouveaux élus, et grâce aux renseignements statistiques dont nous accompagnons les biographies, nous avons l'espérance d'avoir fait de ce livre une sorte de *vade-mecum* que pourront consulter avec fruit ceux qui s'occupent de politique.

Pour désigner la nuance à laquelle appartiennent les députés nouveaux, nous avons adopté le système de groupement de l'ancienne Chambre, avec ses divisions en extrême gauche, union républicaine, gauche et centre gauche. Nous savons à merveille que cette classification n'a plus grande raison d'être aujourd'hui que les barrières ont été levées entre les diverses fractions de la majorité. Mais, telle qu'elle est, elle nous a paru déterminer d'une façon plus précise l'opinion de chacun. D'autre part, en ce qui concerne les députés réélus, la statistique ancienne n'est plus, nous devons le déclarer, absolument rigoureuse. Nous avons néanmoins conservé pour la plupart d'entre eux l'étiquette sous laquelle ils s'étaient fait connaître, laissant à d'autres le soin de constater par la lecture de leurs professions de foi le pas qu'ils ont fait en avant. Cependant, il en est quelques-uns dont la timidité était proverbiale, et qui, partis du centre gauche ou de la gauche qui y confine, se sont d'un seul bond spontanément classés parmi les militants de l'union républicaine. Il nous eût semblé injuste de ne le point signaler.

Une autre partie non moins intéressante de ce travail est le relevé d'après le *Journal officiel* des scrutins qui nous ont paru de nature à faire le plus exactement apprécier l'attitude prise au cours de la dernière législature par les députés sortants réélus. Nous croyons devoir donner ici pour éviter toute confusion, la nomenclature de ces propositions avec la date précise des scrutins auxquels nous nous référons.

Ces propositions sont les suivantes :

Mise en accusation des hommes du Seize-Mai : — Séance du 13 mars 1879.

Libertés absolues de réunion et d'association : — Séance du 26 janvier 1880. (Proposition Louis Blanc.)

Suppression de l'inamovibilité de la magistrature : — Séance du 20 novembre 1880. (Proposition Béauquier.)

Laïcité de l'enseignement : — Séance du 24 novembre 1880. (Proposition Barodet.)

Liberté absolue de la presse : — Séance du 27 janvier 1881. (Amendement Floquet : Il n'y a plus de délits de presse. Il s'agissait du renvoi de cet amendement à la commission, c'est-à-dire de sa prise en considération.)

Les séminaristes soldats : — Séance du 20 mai 1881. (Amendement Paul Bert.)

Revision de la Constitution : — Séance du 30 mai 1881. (Proposition Barodet.)

Proposition Laisant : — Séance du 18 juin 1881.

Suppression du budget des cultes : — Séance du 23 juin 1881. (Proposition Talandier.)

Suppression de l'ambassade près du Vatican : — Séance du 4 juillet 1881. (Proposition Madier-Montjau.)

Enfin, nos lecteurs pourront suivre pas à pas le

étapes de la vie politique de l'élu. Nous avons, en effet, enregistré soigneusement tous les scrutins des précédentes élections, et ces renseignements statistiques puisés aux sources officielles, permettent de se rendre compte d'un seul coup d'œil des variations de l'opinion dans chaque arrondissement.

Nous n'avons eu d'autre prétention que celle de réunir des documents, beaucoup de documents, des pièces à conviction, et ce travail, à défaut d'autre, aura du moins le mérite de fixer définitivement la nature du mandat accepté par le député. Grâce à lui, il sera toujours facile de rappeler à ceux qui seraient tentés de les oublier leurs déclarations et leurs promesses.

Nous n'ajouterons qu'un seul mot : en mettant en œuvre les matériaux que nous avons accumulés, on arrivera aisément à dégager l'état véritable de l'opinion de la Chambre de 1881.

Nous avons, en ce qui nous concerne, évité avec soin toute appréciation, faisant uniquement œuvre de collectionneur et laissant au lecteur le soin de conclure.

PAUL HOURIE.

1er janvier 1882.

LA CHAMBRE DE 1881

La Chambre ancienne se composait de 535 députés. Une loi récente ayant créé 22 sièges nouveaux, celle-ci en compte 557.

Ils se subdivisent ainsi :

Gauche.	447
Droite.	86
Sièges à pourvoir.	24
TOTAL. . . .	557

La gauche se décompose en :

Union républicaine.	215
Gauche républicaine	148
Extrême gauche	63
Centre gauche	21
	447

La droite en :

Bonapartistes.	42
Légitimistes.	30
Centre droit.	14
	86

Enfin, il y a lieu de pourvoir à la vacance de 24 sièges. Treize par suite de la démission de MM. Barthe, Chiris, Devaux, Gent, Guyot (Rhône), Jacques, Labitte, Lacaze, Lepouze, Lemonnier, Magniez, Rubillard, élus sénateurs, et Floquet, élu préfet de la Seine.

Quatre par suite des décès de MM. Bosc (Gard), Le Faure (Creuze), de Perrochel (Sarthe), Sallard (Creuze).

Cinq par suite d'invalidation de MM. Amagat (Cantal), Bossher Delanglo (Côtes-du-Nord), Codet (Haute-Vienne), Dagorne (Côtes-du-Nord), de la Villegontier (Ille-et-Vilaine).

Enfin deux par suite d'options de MM. Hurard (Martinique), Devès (Hérault).

Voici la liste exacte des membres de la Chambre d'après ce classement.

UNION RÉPUBLICAINE (215 membres).

MM.

Achard, Allain-Targé. Alype. Ansart-Rault. Arène. Armez. Arrazat. Audiffred.

Bacquias. Baïhaut. Ballue. Bansard des Bois. Bartoli. Bastid. Bavoux. Berlet. Bernard (Nord). Bernot. Bert. Bertholon. Bischoffsheim. Bizarelli. Blancsubé. Blandin. Boissy-d'Anglas. Boutoux. Borriglione. Boucau. Boudeville. Bougues. Boulard. Bousquet. Bouteille. Bovier-Lapierre. Boysset. Bravet. Bresson. Brisson. Brugère. Bury. Buvignier. Buyat.

Caduc. Camescasse. Caurant. Cavalié. Cayrade. Cazauvieilh. Caze. Chabrié. Chantemille. Chavoix. Cheneau. Chevandier. Compayré. Constans. Corneau. Cornil. Costes. Couturier.

Daron. Dautresme. David (Gers). Deniau. Dethomas. Dethou. Devic. Dieu. Donnet. Dréo. Dubois. Dubost. Duchasseint. Duclaud. Ducroz. Dureau de Vaulcomte. Durieu. Dusollier. Duvaux. Duvivier.

Escande. Escanyé. Escarguel. Étienne. Even.

Fabre. Farcy. Faure (Seine-Inférieure). Féau. Ferrary. Ferry (Albert). Fleury. De la Forge. Forné. Fourcand. Fourot. Fousset. Frébault. Fréry.

Gagneur. Gambetta. Ganault. Gasconi. Gatineau. Gaudy. Germain (Ain). Germain (Haute-Garonne). Gerville-Réache. Gilliot. Girard. Goblet. Gomot. Graux. Granet. Guillot. Guyot (Marne).

Henry. Hérisson (Nièvre). Hérisson (Seine). Hurard.

Joigneaux. Joubert. Journault. Jouve. Jullien.

Labussière. Labuze. De Lacretelle. Lalanne. Lasbaysses. Latour. Latrade. Laville. Lecherbonnier. Lefèbre. Legrand (Pierre). Lelièvre. Lepère. Lesguiller. Lotellier. Lombard.

De Mahy. Maillé. Mallevialle. Margue. Marion. Marmottan. Marquiset. Marrot. Massip. Masure. Mathé. Mauguin. Maunoury. Mercier. Michou. Mingasson.

Noirot.

Ordinaire.

Pelisse. Pellet. Penicaud. Penière. Peraldi. Perigois. Peulevey. De Pontlevoy. Poujade. Pradal. Pradon. Antonin Proust.

Ranc. Reyneau. Remoiville. Richard. Ringuier. Rivière. Rodat. Roudier. Rouvier.

De Saint-Prix. Saint-Romme. Salomon. Sarlat. Sentenac. Simonnet. Soustre. Spuller. Steeg.

Tallon. Tarbouriech. Tenot. Theulier. Thomas (Marne). Thomas (Frédéric). Thomson. Tiersot. Tirard. Tisserand. Tondu. Treille. Trystram. Turquet.

Vachal. Vacher. Varambon. Vaschalde. Vermond. Versigny. Vielfaure. Viette. Vignancour. Villain. Vinatier. Viox.

GAUCHE RÉPUBLICAINE (148 membres).

MM.

Andrieux. Arnoult.

Barbedette. Bel. Belle. Belon. Benoist. Bernard (Doubs). Bernier. Bienvenu. Bisseuil. Bizot de Fonteny. Blanc (Savoie). Bouillez-Bridou. Bourillon. Bouthier de Rochefort. Brossard. Brugnot. Bruneau.

Sadi Carnot. Casimir Périer (Aube). Casimir Périer (Seine-Inférieure). Cassou. Chaix. Chalamet. Chauveau. Chevallay. De Choiseul. Cirier. Cochery. Corentin-Guyho.

Danelle-Bernardin. David (Indre). Deluns-Montaud. Descamps. Desmoutiers. Desprez. Devade. Develle (Eure). Develle (Meuse). Devès. Dreux. Dreyfus. Duchesne-Fournet. Dupont. Durand.

Esnault.

Fallières. Fanien. Faure (Marne). Ferry (Charles). Ferry (Jules). Florent-Lefebvre. Folliet. Fouquet.

Galpin. Garrigat. Gassier. Giraud. Girod-Pouzol. Giroud. Graziani. Guégen. Guichard. Guillemin.

Hemon. Herault. Hervé-Mangon. Horteur. Hovius. Hugot.

Jametel.

De Laffite-Lajoannenque. Lalande. Langlois. Laroze. Lasserre. Lavergne. Lechevallier. Lecomte. Léglise. Legrand (Louis). Leroy. Levavasseur. Levêque. Levet. Liouville. Logerotte. Loubet. Loustalot.

Malézieux. De Marçay. Margaine. Martin-Feuillée. Mas. Mauger. Mayet. Maze. Méline. Mestreau. Mézières. Mir. Montané.

Neveux. Noël-Parfait.

Pagès. Paillard-Ducléré. Papon. Parry. Passy (Fréd.). Perras. Petitbien. Philippe. A Picard. Plantié. Plessier. De la Porte. Pradot-Balade.

Rameau. Raynal. Recipon. Regnault. Reymond. Riotteau. Robert. Roger. Rougé. Rousseau. Royer. Des Roys.

Sarrien. Screpel. Silhol. Simon. De Sonnier. Souchu-Servinière. Sourigues. Soye.

Tassin. Teilhard. Tézenas. Thiessé. Trouard-Riolle. Truelle.

La Vieille.

Waddington. Waldeck-Rousseau. Wilson.

EXTRÊME GAUCHE (63 membres).

MM.

Baltet. Barodet. Beauquier. Bellot. Blanc (Louis). Bonnet-Duverdier. Bosc. Bouchet. Brelay. Brousse.

Cantagrel. Casse (Germain). Chavanne (Loire). Chavanne (Rhône). Clémenceau. Courmeaux.

Datas. Daumas. Delattre. Desmons. De Douville. Duportal. Dulailly.

Franconie.

Girault. Girodet. Greppo.

De Heredia. Hugues.

Lacôte. Lafont. Lagrange. Laisant. De Lanessan. Laporte (Nièvre). Lefèvre. Leconte. Leydet Lockroy.

Madier-Montjau. Maigne. Malric. Marcou. H. Maret Mathieu. Maurel. Ménard-Dorian.

Nadaud. Naquet.

Pelletan. Perin. Peytral.

B. Raspail. Th. Rathier. Révillon. J. Roche. Roques de Filhol. Roselli-Mollet.

Saint-Martin. Salis.

Talandier. Turigny.

Vernhes. Villeneuve.

CENTRE GAUCHE (21 membres).

MM.

Alicot.

Bethmont. Brice.

Charmes. Christophle.

Drumel.

Ganne. Gevelot. Grollier.

Lanel. Laurençon. Lebaudy.

De Marcère. Morel.

D'Osmoy. Oulters.

Philippoteaux. Pinault.

Renault-Morlière. Ribot. Savary.

BONAPARTISTES (42 membres).

MM.

André.

Benazet. De Bourgoing. Brame. Brierre.

De Cassagnac. Chevreau. Colbert. Cunéo d'Ornano.

Daynaud. Delafosse. Dréolle. Dufour.

Eschassériaux. D'Espeuilles.

Fauré. De Feltre.

Gaudin. Gautier. Ginoux de Fermon.

Hamille.

Janvier de la Motte. Jolibois.

Labet. Laplace. Laroche-Joubert. A. Legrand. Leprovost de Launay. Leroux. Levert.

Murat.

Pain. Prax-Paris.

Rauline. Des Rotours. Roy de Loulay.

De Saint-Martin. Sarrette. De Soubeyran.

Thirion-Montauban. Thoinnet de la Turmelière.

Da Valon.

LÉGITIMISTES (30 membres).

MM.

Ancel.

De Baudry d'Asson. De Belizal. De la Biliais. Blin de Bourdon. Du Bodan. Bourgeois. Boyer.

Desson de Saint-Aignan. Durfort de Civrac.

Freppel.

De Juigné.

De la Bassetière. De Kergorlay. De Kermenguy.

De Languinais. De Largentaye. De Larochefoucauld-Bisaccia. De Larochette. Legonidec de Treissan. De Léon.

De Maillé. Martin. Maynard de la Claye. De Mun.

Ollivier.

De Soland.

De Terves.

De la Villegontier. Villiers.

CENTRE DROIT (14 membres).

MM.

Bergerot.

Cazeaux. Cibiel.

Debuchy.

Gavini. Baron Gérard.

De Ladoucette. Lorois.

De Mackau. Malartre.

Passy (Louis). Plichon.

Reille.

Serph (Gusman).

ABRÉVIATIONS

R.   Républicain.
E. G.   Extrême gauche.
U.   Union républicaine.
G.   Gauche républicaine.
C. G.   Centre gauche.
B.   Bonapartistes.
L.   Légitimistes.
C. D.   Centre droit.
Cons.   Conservateur.
Inscr.   Électeurs inscrits.
Mise accusat.   Mise en accusation des ministres du 16 mai.
Réunion.   Liberté absolue de réunion et d'association.
Suppr. inamovib.   Suppression de l'inamovibilité de la magistra-
                      ture.
Laïcité.   Laïcité de l'enseignement primaire.
Sém. soldats.   Séminaristes, soldats.
Revision.   Revision de la Constitution.
Suppr. cultes.   Suppression du budget des cultes.
Suppr. Vatican.   Suppression de l'ambassade du Vatican.
Scrut. liste.   Scrutin de liste.

LES 557 DÉPUTÉS

ET LEURS PROGRAMMES ÉLECTORAUX

1881—1885

ACHARD (u.).

GIRONDE. Bordeaux (1re circ.). — Inscr. 17,564.

Élu le 21 août 1881 par 6,533 voix, sans concurrent.

Propriétaire, proscrit du coup d'État.

Élu le 31 août 1879, à la suite de l'invalidation de M. Blanqui, par 4,703 voix contre 4,542 données à ce dernier.

Cette élection eut lieu au second tour. Au premier, M. Blanqui avait obtenu 3,929 voix, M. Achard 1,852 et M. Métadier 1,374.

Il a voté *pour* : Suppr. inamovib. Laïcité. Presse. Sém. soldats. Revision. Proposition Laisant. Suppr. Vatican.

Contre : Scrut. liste. Réunion.

S'est *abstenu :* Suppr. cultes.

Pas encore député : Mise accusat.

Voici le programme des réformes principales dont il s'est engagé à poursuivre la réalisation :

L'organisation du pouvoir judiciaire, avec l'élection pour base;

La séparation de l'Église et de l'État, par la dénonciation du Concordat;

Le droit d'association et les restrictions qu'il doit comporter à l'égard des congrégations;

1

Le service militaire réduit à sa moindre durée et obligatoire pour tous les citoyens.

Je voterai également la revision de la Constitution, revision que le Sénat a rendue nécessaire, en ce qui le concerne, par la résistance qu'il a opposée à presque toutes les lois de liberté qui lui ont été soumises et qu'il a ou repoussées ou dénaturées.

Mais il est d'autres dispositions dans la Constitution qui sont incompatibles avec un établissement démocratique, et le droit de dissolution dont est investi le Président de la République a été et peut encore devenir la source des plus redoutables conflits !

M. Achard s'est fait inscrire à la gauche radicale.

ALICOT (c. g.) 363.

PYRÉNÉES (HAUTES-). Argelès. — Inscr. 11,500.

Élu le 21 août 1881 par 5,354 voix contre 3,636 à M. de Breteuil, député sortant (B.).

Né à Montpellier, en 1842, avocat, ancien sous-préfet, chef de cabinet de Victor Lefranc, maître des requêtes au Conseil d'État.

Échoué le 3 janvier 1875 à l'Assemblée nationale.

Élu en février 1876 par 5,594 voix contre 4,064 à M. Sassère.

N'obtint en 1877 que 3,268 voix contre 6,807 à M. de Breteuil.

Voici le passage saillant de sa profession de foi.

Je demeure, tel que vous m'avez connu dans la bonne et dans la mauvaise fortune, profondément convaincu que la conservation sociale doit être poursuivie et obtenue sur le terrain de la République.

Comme par le passé, je veux l'affermissement de la Constitution et le maintien du Sénat.

Le Concordat qui règle les rapports de l'Église et de l'État doit être mis à l'abri de toute atteinte.

Enfin, j'estime que la République est sortie de la période de lutte et de combat et qu'elle doit entrer dans la période d'organisation et d'apaisement, son but devant être d'assurer à la France, avec la prospérité et le progrès, le plus grand de tous les bienfaits : la paix.

ALLAIN-TARGÉ (u.) 863.

SEINE. Paris (19ᵉ circ.). — Inscr. 18,559.

Né à Angers en 1832 ; avocat, substitut en 1861. Rédacteur du *Courrier du Dimanche* et de *l'Avenir national* après 1864. L'un des fondateurs de la *Revue politique* en 1868.

Préfet de Maine-et-Loire après le 4 septembre. Commissaire aux armées. Préfet de la Gironde, démissionnaire après le 8 février 1871.

Échoua dans le département de la Seine aux élections législatives du 2 juillet 1871.

Élu en 1876, pour le dix-neuvième arrondissement, par 6,320 voix.

Réélu en 1877 par 10,930 voix.

Absent lors du vote sur le droit de réunion et sur la proposition obligeant les séminaristes au service militaire, et sur la revision ; il a voté pour la suppression du budget des cultes.

Appelé à s'expliquer dans une réunion publique, il a dit que :

Quant au Sénat, il est pour la suppression tout entière et le remplacement par une Chambre unique, nommée par le suffrage universel et non restreint.

Il est pour la liberté complète de la presse. Quelques électeurs lui faisant remarquer qu'il ne l'a pas votée, il reprend qu'il l'a votée dix fois et s'engage d'ailleurs à la voter.

Il se déclare ennemi des congrégations.

Partisan de l'autonomie des communes et de l'unité nationale.

Demandera le service obligatoire pour tous et la suppression du volontariat.

Il s'engage à ne patronner aucune Société financière pendant la durée de son mandat.

Dit qu'il siègera toujours avec la majorité de la Chambre, tant que cette majorité sera de celles qui cherchent à entraîner ses collègues vers le bien.

Il termine en redemandant son mandat, bien qu'il ne croie pas que la prochaine session soit de longue durée.

Ajoutons que M. Allain-Targé est partisan du rachat des chemins de fer.

Nommé ministre des finances dans le cabinet Gambetta.

ALYPE (Pierre) (U.).

COLONIES. Inde française.

Élu le 25 septembre 1881 par 3,496 voix contre 461 à M. Godin, député sortant (C. G.).

Créole de la Réunion; directeur du *Journal d'Outre-Mer*, organe colonial hebdomadaire qui se publie à Paris.

Avait obtenu à la Martinique, en 1876, 4,199 voix contre 4,667 à M. Godissart élu (2e tour).

A la différence de ce qui se passe en Algérie, où l'on n'admet à exercer les droits électoraux que les Français d'origine et les individus étrangers ou indigènes qui ont formellement obtenu un acte de naturalisation emportant soumission à toutes les dispositions du Code civil métropolitain, tous les Hindous sujets de la France sont investis du droit de vote bien que restant régis, en ce qui concerne l'organisation familiale, les successions, etc., par des coutumes locales dérivées des lois brahmaniques et musulmanes.

Un parti dit européen s'est formé dans ces derniers temps, qui, professant les idées d'assimilation à outrance, prétend remplacer les usages locaux par le Code français, et faire de l'adoption de ce Code la condition d'admission au droit de vote.

La force de ce parti, recruté parmi les immigrants d'Europe et les Hindous hors caste, ne s'élève pas à plus de 8,000 électeurs, contre 50,000 au moins qui veulent le maintien du *statu quo.*

AMAGAT (u.).

CANTAL. Saint-Flour. — Inscr. 13,035.

Élu le 21 août 1881 par 4,850 voix contre 4,584 données à M. Oudoul, député sortant (C. G.).

35 ans, agrégé de la Faculté de médecine de Montpellier, frappé d'une interdiction temporaire d'enseignement. On se souvient des troubles que cette mesure occasionna à Montpellier.

Invalidé en décembre 1881.

ANCEL (L.).

MAYENNE. Chateau-Gontier. — Inscr. 20,729.

Élu le 21 août 1881 par 8,375 voix contre 7,540 à M. Fournier (R.).

Né à Paris en 1844, riche propriétaire, conseiller général et maire.

Élu en 1876 par 8,257 voix contre 7,722 à M. Fournier.
Réélu en 1877 par 9,782 voix contre 7,664 à M. Fournier.
A voté *pour :* Réunion. Presse. Revision.
Contre : Toutes les autres propositions.

On lit dans sa profession de foi :

Je n'étais pas républicain en entrant dans la Chambre et je ne le suis pas devenu... Si la France, comprenant enfin ses intérêts, envoyait à la nouvelle Chambre une majorité conservatrice, vous ne pouvez douter que je serai de ceux qui réclameraient avec le plus d'énergie le rétablissement de ces libertés sans lesquelles un pays ne peut prospérer.

ANDRÉ (Jules) (B.).

CHARENTE. Barbezieux. — Inscr. 15,679.

Élu le 21 août 1881 par 7,788 voix contre 3,809 données à M. Lafargue (R.).

29 ans, avocat, fils de l'ancien sénateur du département, conseiller général.

Élu en 1877 par 7,700 voix contre 3,271 données à M. Planat.

A voté *pour* : Scrut. liste. Proposition Laisant. Revision. Presse.

Contre : Mise accusat. Suppr. inamov. Suppr. cultes. Suppr. Vatican.

Abstenu : Sém. soldats.

Dans sa profession de foi, il se déclare partisan :

De la revision et de l'appel au peuple, de la réduction du service de trois ans, du libre échange, du dégrèvement de l'impôt foncier.

ANDRIEUX (G.) 363.

RHONE. Lyon (5e circ.). — Inscr. 23,949.

Élu le 21 août 1881 par 8,900 voix contre 1,372 à M. Fontan.

Né à Trévoux en 1840, avocat, procureur de la République à Lyon au 4 septembre, conseiller général. En octobre 1876, directeur du *Petit Parisien* ; succède à M. Voisin comme préfet de police ; ses démêlés avec le conseil municipal de Paris.

Élu en 1876 par 10,545 voix contre 5,994 à M. Rappet.

Réélu en 1877 par 10,304 voix contre 8,224 à M. de Fenoyl.

Réélu en 1880, après démission donnée comme préfet de police.

A voté *contre* toutes les propositions.

N'était pas réélu lors du vote sur la mise en accusat.

Dans sa circulaire, M. Andrieux dit :

Comme le disait récemment l'éminent président de la Chambre des députés, il importe de constituer une forte majorité de gouvernement.

Dans ce but, j'accepte le programme que M. Gambetta vient d'exposer à Belleville, et qui me paraît devoir être celui de la Chambre prochaine. Ce programme ne réalise pas, sans doute, tous les désirs, toutes les espérances; mais il nous permettra de parcourir une nouvelle étape sur la route de l'avenir.

M. Andrieux s'est fait inscrire à la gauche radicale.

ANSART-RAULT du FRESNET (u.).

PAS-DE-CALAIS. Boulogne (1re circ.). — Inscr. 20,275.

Élu le 21 août 1881 par 8,707 voix contre 6,221 à M. Lirois, député sortant (B.).

56 ans, riche propriétaire, parent de M. Ansart, ancien chef de la police municipale, conseiller général, a fait partie d'une députation envoyée à M. le comte de Chambord.

Sa circulaire renferme le passage suivant :

La politique que je préfère est une politique de progrès sages et mesurés. Je demande la réforme des abus et des lenteurs administratives, la tranformation et la diminution des lourds impôts qui pèsent sur la terre et sur ses produits.

Je désire la paix partout, à l'intérieur comme à l'extérieur.

Je veux que les convictions religieuses sincères soient respectées, mais je m'opposerai toujours à l'intervention du clergé dans l'administration des communes, et je combattrai partout les envahissements ultramontains.

Je contribuerai de tout mon pouvoir au développement de l'instruction publique et à l'organisation de l'assistance dans les campagnes.

M. Ansart s'est fait inscrire à la gauche radicale.

ARÈNE (u.).

CORSE. Corte. — Inscr. 16,430.

Élu 4 décembre 1881, en remplacement de M. de Choiseuil qui a opté pour Seine-et-Marne, par 6,672 voix contre 2,710 à M. Pascal Grousset.

Né à Ajaccio, 26 ans. A fait ses études à Marseille et à Aix, son droit à Paris. Secrétaire d'Édouard About. Rédacteur du *XIXe siècle*. A fait la campagne électorale à Reims, pour M. Thomas ; à Toulouse, pour M. Rémusat ; à Blois, pour M. Dencau.

Élu conseiller général de la Corse, avant l'âge, contre M. Abbattucci, invalidé pour le fait. Réélu.

Le frère de M. Arène est conseiller général de Corse, sa famille est de la petite bourgeoisie corse. Il est cousin de M. Paul Arène, de la *République française*. Il collabore actuellement au journal *Paris*.

Il a publié une profession de foi dans laquelle il déclare se rallier au programme développé à Ménilmontant par M. Gambetta.

ARMEZ (u.) 363.

COTES-DU-NORD. Saint-Brieuc (1re circ.). Inscr. 23,168.

Élu le 21 août 1881 par 8,632 voix contre 5,682 à M. de Boisgelin (L.).

Né en 1838, ancien élève de l'École centrale des arts et manufactures, ingénieur civil, conseiller général.

Élu au scrutin de ball. en 1876 par 8,460 voix contre 6,778 données à M. Duval.

En 1877, M. Garnier Bodeléac, L., fut élu contre lui par 8,615 voix contre 7,835.

A la suite d'une invalidation, M. Armez fut réélu par 10,040 voix contre 6,204 données à M. Garnier.

Il a voté *pour* : Scrut. liste. Mise accusat. Suppr. inamovib. Sém. soldats.

Contre : Réunion. Laïcité. Presse. Revision. Suppr. Vatican.

Dans une réunion électorale M. Armez a constaté que le Sénat avait pris une attitude fâcheuse et que si cette assemblée ne s'arrêtait pas dans cette voie, la revision s'imposerait. Si le Sénat, amélioré par les élections de janvier 1882, changeait d'attitude, la revision serait moins indispensable et l'on pourrait ne pas y procéder avant quelque temps.

On lit dans sa circulaire :

Quoi qu'en puissent dire mes adversaires, la religion a été et sera respectée, la situation du clergé national améliorée. Sous aucun régime on n'a vu les prêtres jouir de la liberté de langage et d'action dont ils usent aujourd'hui.

La liberté est en effet l'essence du régime républicain. Les journaux qui combattent notre politique peuvent imprimer impunément les plus odieuses calomnies contre le gouvernement et ses partisans. N'ayant rien à cacher, les républicains laissent au bon sens public le soin de discerner le mensonge de la vérité.

Les gouvernements précédents vous avaient promis la paix; ils ont fait la guerre. La République vous a promis la paix; elle l'a maintenue, et elle la maintiendra avec toutes les puissances.

1.

ARNOULT (G.) 363.

FINISTÈRE. QUIMPER (2e circ.). — Inscr. 20,166.

Élu le 21 août 1881 par 7,705 voix contre 5,368 données à l'amiral
Halna du Fretay (Cons.).

Né à Pont-Labbé en 1832, grand agriculteur, conseiller
général.

Élu en 1876 par 7,832 voix contre 4,586 à M. Bolloré.

Réélu en 1877 par 9,364 voix contre 5,001 à M. de Le-
cluse.

A voté *contre* toutes les propositions dont nous donnons
en tête du volume la nomenclature.

Voici son programme :

Consolider et fortifier les institutions républicaines.

Accorder à l'enseignement public tous les développements sol-
licités par l'opinion.

Continuer l'exécution du grand programme de M. de Freycinet.

Réclamer la réduction des taxes qui pèsent sur l'agriculture.

Maintenir le concordat en exigeant qu'il soit scrupuleusement
observé des deux parties contractantes.

Étendre les fonctions municipales.

ARRAZAT (U.).

HÉRAULT. LODÈVE. — Inscr. 17,801.

Élu le 21 août 1881 par 7,281 voix contre 6,405 à M. Leroy-
Beaulieu (R.).

Avocat, ancien maire de Lodève, conseiller général.

Élu le 2 juillet 1871 membre de l'Assemblée nationale par
51,683 voix.

En 1876, il obtint 7,021 voix contre 7,547 à M. Vitalis, cons. élu.

En 1877, 7,344 voix contre 7,607 à M. Vitalis, élu.

A la mort de M. Vitalis, il a été élu par 8,038 voix contre 4,479 à M. Leroy-Beaulieu.

A voté *pour* : Scrut. liste. Mise accusat. Suppr. inamovib. Laïcité. Presse. Sém. soldats. Revision. Proposition Laisant. Suppr. cultes. Suppr. Vatican.

Contre : Réunion.

Dans sa profession de foi, il dit :

Mon programme politique vous est suffisamment connu ; mes votes en sont à la fois la manifestation et la garantie.

Le comité central de Lodève lui a décerné le satis-fecit suivant :

Le choix ne pouvait être meilleur. M. Arrazat a des opinions républicaines fortes et arrêtées. Il a rempli, dans la mesure de ses possibilités, son programme et a toujours bien voté.

M. Arrazat s'est fait inscrire à la gauche radicale.

AUDIFFRED (u.).

LOIRE. ROANNE (1ʳᵉ circ.). — Inscr. 21,184.

Élu le 21 août 1881 par 8,872 voix contre 5,084 à M. Chassain, cons. et 670 à M. Desparis, socialiste.

Ancien sous-préfet, conseiller général.

Élu le 6 avril 1879 en remplacement de M. Cherpin, nommé sénateur, 8,465 voix contre 1,487 à Blanqui.

A voté *pour* : Scrut. liste. Laïcité. Sém. soldats. Revision. Proposition Laisant. Suppr. cultes. Suppr. Vatican.

Contre : Réunion. Suppr. inamovib. Presse.

Dans sa profession de foi, nous relevons le passage suivant :

Nous avons la République; elle est dotée de quelques bonnes lois; il faut que l'avenir nous donne une République organisée suivant les principes républicains, sur des bases véritablement démocratiques.

Le Sénat, qui a été créé comme une machine de guerre destinée à renverser la République ou tout au moins à arrêter son développement, doit être profondément modifié.

Si le pays, comme il n'en faut pas douter, nomme une Chambre résolue, capable de constituer et de faire vivre un ministère réformateur et progressiste; si nous avons un Sénat suffisamment transformé, nous pourrons aborder, avec la certitude de les résoudre, les principaux problèmes politiques, économiques et sociaux.

M. Audiffred s'est fait inscrire à la gauche radicale.

BACQUIAS (u.).

AUBE. Troyes (1re circ.). — Inscr. 14,226.

Élu le 4 septembre 1881 au scrutin de ballottage par 4,460 voix contre 3,740 à M. Bouiller (E. G.).

M. Freminet, député sortant, G., ne s'était pas représenté.

Docteur-médecin. Républicain d'avant 1848.

Voici son programme :

La gratuité de l'enseignement primaire est acquise; je voterais l'obligation et la laïcité.

Je voudrais que la loi réglât les conditions d'admission et d'avancement des fonctionnaires et que le concours assurât les places aux plus dignes.

Je voudrais voir appliquer ces règles au recrutement et à l'avancement des magistrats.

Je considère la suspension de l'inamovibilité, la suppression d'un certain nombre de cours et de tribunaux, la réduction du nombre des magistrats, l'extension dans de justes limites de la compétence des juges de paix, comme des moyens d'arriver à une réorganisation complète de l'ordre judiciaire.

Je m'associerais aux réformes qui tendront à simplifier la procédure, en respectant les intérêts légitimes.

Je serais disposé à voter la transportation dans nos colonies des récidivistes de droit commun.

Je suis partisan de l'obligation du service militaire pour tous les hommes valides ; j'admettrais toutefois, pour rendre plus facile le recrutement des instituteurs, que les jeunes gens qui se destinent à l'enseignement public, soient placés dans la seconde partie du contingent; je laisserais, dans les mêmes conditions, les membres du clergé paroissial, tant qu'ils seront fonctionnaires de l'État.

Je voterais la réduction du service militaire à trois ans, aussitôt que la pratique des exercices gymnastiques et militaires dans les écoles, aura préparé à l'armée des recrues déjà instruites et que la bonne constitution des cadres sera garantie.

La suppression du budget des cultes ne peut être que la conséquence de la dénonciation du concordat, mais je suis convaincu qu'avant de rompre le traité, l'État doit user avec fermeté des droits qu'ils lui confère, expérience qui n'a jamais été sérieusement faite.

Je voudrais l'extension à toutes les communes de la nomination des maires.

Si j'étais appelé à me prononcer pour la revision de la Constitution, je voudrais qu'elle n'eût d'autre but que de mettre l'institution du Sénat, que je crois indispensable, en harmonie avec les principes de notre démocratie.

Pour la Chambre des députés, j'ai toujours été et je reste partisan du scrutin de liste.

Je serais favorable à tous les dégrèvements qui seront compatibles avec le bon ordre de nos finances, et je donnerais la préférence à ceux qui viendront plus directement à la décharge de l'agriculture, dont la situation appelle toute la sollicitude des pouvoirs publics.

Je pense qu'il y a lieu de donner une base plus équitable à la répartition de l'impôt foncier, au moyen de la revision du cadastre, et de remanier, dans le même esprit, l'ensemble de notre système fiscal.

Je voudrais qu'on poursuivît l'étude de l'impôt proportionnel sur les revenus et qu'on cherchât les moyens d'abolir l'impôt sur les boissons et celui des octrois, qui pèsent si lourdement sur l'alimentation des classes laborieuses.

BAIHAUT (u.).

HAUTE-SAONE. Lure (1ᵉ circ.). — Inscr. 19,154.

Élu le 21 août 1881 par 9,207 voix contre 5,953 à M. de Raincourt.

Ingénieur, conseiller général.
Élu en 1877 par 9,394 voix contre 6,927 à M. Deloye, député sortant.
A voté *pour* : Mise accusat. Sém. soldats. Propos. Laisant.
Absent sur suppr. bourses et ambassades.
Contre toutes les autres propositions.
Abstenu sur presse.

M. Baihaut dit dans sa circulaire :

L'Assemblée prochaine devra être résolument réformative.

Depuis la chute de l'empire, toutes les élections se sont faites sur une idée simple : celles de 1871 pour la paix à tout prix ; celles de 1876 au nom de la République menacée ; celles de 1877 contre le pouvoir personnel. Les élections de 1881 se feront au cri de : Vivent les réformes nécessaires !

Poursuivre le développement d'une instruction gratuite, obligatoire, rationnelle, capable de former des hommes libres, dignes de leur temps et de leur pays ;

Imposer aux ministres de la religion, en retour du respect accordé à leurs croyances et à leurs personnes, le devoir de se souvenir qu'ils sont citoyens français et, de plus, fonctionnaires tant que le budget des cultes n'a point été supprimé ;

Achever l'organisation de nos armées défensives ; égaliser les charges militaires ; les réduire, avec la prudence qu'exigent la sécurité de nos frontières et le souci de notre honneur ;

Simplifier les rouages administratifs ; rendre plus équitable la répartition des impôts ; dégrever et surtout amortir, fortifier le contrôle du Parlement sur les dépenses publiques ;

Reviser le code ; diminuer les frais de justice et les droits de succession ; créer une magistrature qui soit indépendante sans se croire autorisée à être factieuse.

BALLUE (v.).

RHONE. Lyon (1re circ.). — Inscr. 24,223.

Élu le 21 août 1881 par 11,695 voix contre 2,402 à M. Félix Pyat, 1,360 à M. Rogelet.

Journaliste, rédacteur en chef du *Lyon Républicain*.
Élu le 6 juin 1880 par 8,290 voix contre 5,947 à Blanqui, en remplacement de M. E. Millaud.
A voté *pour* toutes les propositions.
S'est *abstenu* sur presse.

M. Ballue a adopté avec M. Chavannes le programme suivant délibéré par le comité central :

Les républicains radicaux de la 1re circonscription présentent à leur candidat, pour être accepté et signé par lui, le mandat législatif suivant :

Art. 1er. La forme républicaine étant placée au-dessus de toute compétition et le suffrage universel à l'abri de toute atteinte, achever l'œuvre commencée par les Chambres précédentes, en consacrant pour tous les citoyens le droit de parler, d'écrire, de se réunir, de s'associer librement, sauf les responsabilités de droit commun.

Art. 2. Procéder sans délai à la revision de la Constitution dans un sens largement démocratique ; supprimer le Sénat et assurer la stabilité parlementaire par le renouvellement partiel d'une Chambre unique, élue au scrutin de liste départementale.

Art. 3. S'occuper au plus tôt des réformes à opérer dans la magistrature, par la suppression de l'inamovibilité et d'un certain nombre de tribunaux inutiles ; introduire le principe électif dans le recrutement des magistrats ; adjoindre un jury aux tribunaux correctionnels ; faciliter la mise en accusation sous caution ; simplifier les formalités judiciaires et en réduire les frais, accorder une indemnité pour réparation du dommage causé par toute détention préventive non suivie de condamnation ; aider à la réhabilitation des libérés en adoucissant les prescriptions trop rigoureuses de la surveillance, et préparer une loi d'expulsion pour les récidivistes au criminel.

Étendre le droit consulaire à tous les commerçants patentés.

Art. 4. Poursuivre les dégrèvements budgétaires, en y comprenant le timbre sur les quittances ; procéder à la revision cadastrale et étudier le remplacement de tous les impôts actuels par un impôt unique, proportionnel au revenu, ne frappant qu'au-dessus d'un minimum déterminé par la loi ; augmenter les droits de succession suivant le degré de consanguinité, à partir seulement du 2e degré ; doubler le maximum pour les successions hors degré.

Aliéner les domaines nationaux non utilisés pour les besoins de l'État.

Art. 5. Pousser à la création d'orphelinats laïques et autres établissements hospitaliers civils départementaux ; instituer un fonds de réserve dans le but de subventionner les communes qui créeraient des asiles destinés à recueillir les invalides du travail.

Art. 6. Faire rentrer le clergé dans le droit commun et séparer complètement les Églises de l'État ; supprimer immédiatement l'ambassade du Vatican.

Art. 7. Compléter les lois sur l'enseignement en laïcisant l'instruction dans son personnel et dans son programme et le rendant obligatoire au premier degré ; développer l'instruction professionnelle, multiplier les écoles secondaires de filles, faciliter aux enfants reconnus aptes, après concours, l'accès des hautes études, activer la création de bibliothèques communales.

Art. 8. Élargir les libertés communales en restituant à tous les conseils municipaux la nomination des maires, en leur accordant la publicité des séances et en limitant par une loi les cas de dissolution de ces conseils par le pouvoir central.

Réclamer une plus grande décentralisation administrative et l'extension des attributions dévolues aux conseils généraux ; accorder à ceux-ci une représentation proportionnelle à la population des cantons ; demander la suppression des sous-préfectures.

Décider en principe la rétribution de toutes les fonctions électives.

Art. 9. Rendre les charges du service militaire égales pour tous, en ramenant la durée au minimum possible sans compromettre la sécurité du pays ; travailler à obtenir ce résultat en répandant dans les écoles l'enseignement de la gymnastique et des connaissances préliminaires du métier de soldat.

Art. 10. Reprendre le projet de loi rétablissant le divorce ; abolir la peine de mort.

Art. 11. Tant que la présidence de la République sera maintenue, écarter de cette fonction tous les membres des familles ayant régné sur la France.

Art. 12. Déclarer le mandat de député incompatible avec toute autre fonction publique ou élective, interdire dans le règlement de la Chambre le vote par délégation.

Art. 13. Conserver de constants rapports avec les électeurs de la circonscription régulièrement représentés par le comité central.

S'est fait inscrire à la gauche radicale.

Inscrit à la gauche radicale, partisan du groupe ouvert.

BALTET (U. E. G.).

AUBE. Troyes (2ᵉ circ.). — Inscr. 15,409.

Élu le 21 août 1881 par 5,894 voix contre 4,591 à M. Louis Saussier, candidat de l'union républicaine.

45 ans, menuisier, conseiller municipal et général, maire de Troyes. Le conseil lui avait alloué, à titre d'indemnité pour le temps que lui prenaient ses fonctions de maire, une annuité de 6,000 francs. On se rappelle que cette délibération fut annulée.

Dans la réunion d'Estissac, il se prononça pour la suppression du Sénat, ou au moins modifications nécessaires; pour la séparation de l'Église et de l'État, ou au moins pour des mesures transitoires; impôt sur le revenu; suppression de l'inamovibilité.

Le programme de son comité portait :

Revision de la Constitution.
Suppression du Sénat.
Établissement du scrutin de liste.
Instruction primaire obligatoire et laïque gratuite à tous les degrés; au premier degré, par voie de concours.
Séparation de l'Église et de l'État.
Suppression du budget des cultes.
Service militaire obligatoire pour tous.
Suppression du volontariat.

Soumission au droit commun de tous les établissements congréganistes,

M. Baltet s'est fait inscrire à la gauche radicale.

BANSARD des BOIS (u.).

ORNE. MORTAGNE (1re circ.). — Inscr. 15,209.

Élu le 21 août 1881 par 6,537 voix contre 5,876 à M. de Levis Mirepoix (L.).

Conseiller général.
Élu en 1880, contre M. Dugué de la Fauconnerie, démissionnaire.
Ne faisait point partie de la Chambre lors des 6 premiers votes.
A voté *pour* : Sém. soldats. Prop. Laisant.
Abstenu : Revision.
Contre : Scrut. liste. Suppr. culte. Suppr. Vatican.

Voici le passage important de sa profession de foi :

Nous voulons l'instruction pour tous; car l'intelligence est un capital social que l'État, dans une société démocratique comme la nôtre, n'a pas le droit de laisser improductif. Nous voulons le service militaire égal pour tous, réduit à la plus courte durée qui soit compatible avec la dignité et la sécurité nationales. Nous voulons une répartition équitable des charges publiques, et la diminution prochaine, aussi large que possible, des impôts qui pèsent sur l'agriculture.

La République est la seule forme de gouvernement qui puisse nous donner ces bienfaits d'un complet relèvement de la France, assurer la prospérité par des dégrèvements qu'elle seule peut réaliser en maintenant la tranquillité intérieure, la paix dans le présent et la sécurité dans l'avenir, apaiser des antagonismes qui n'ont plus de raison d'être, et offrir des garanties efficaces d'ordre, de liberté et de progrès incessant.

BARBEDETTE (g.).

CHARENTE-INFÉRIEURE. La Rochelle.
Inscr. 23,506.

Élu sans concurrent le 21 août 1881 par 11,495 voix.

Ancien magistrat, conseiller général.

Candidat malheureux en 1876. 8,014 voix contre M. Fournier 9,442. En 1877, 9,431 voix contre M. Fournier 9,957.

Élu le 14 juillet 1878 à la suite de l'invalidation de ce dernier par 9,528 contre 8,367 données à M. Fournier.

A voté *pour* : Laïcité.

Contre : Mis. accusat. Suppr. inamovib. Presse. Revision. Prop. Laisant. Suppr. cultes.

Abstenu : Sém. soldats. Suppr. Vatican.

Voici son programme :

Tous mes efforts, si vous renouvelez mon mandat, tendront :

Au prompt amortissement de notre dette ;

Au dégrèvement progressif des impôts ;

Au développement de l'instruction publique ;

A l'amélioration de nos voies de communication et de nos ports ;

Au maintien de l'ordre et de la paix, sans lesquels il n'y a pas de bon gouvernement possible ;

Au respect de la conscience, sans lequel il n'y a pas de liberté ;

A la consolidation des droits de l'État ;

Au fonctionnement d'une bonne justice ;

Au perfectionnement des services administratifs ;

A la revision du mode d'élection du Sénat dans un sens plus démocratique.

Nous entrons dans une période où il ne s'agit plus de lutter pour établir un ordre de choses nouveau, mais bien de fortifier l'ordre établi, au mieux des intérêts de la nation.

BARODET (E. G.) 363.

SEINE. PARIS (4ᵉ circ.). — Inscr. 20,320.

Élu le 21 août 1881 par 11,851 voix contre 2,677 à M. Brenot (M.).

Né en 1823. Fils d'un instituteur communal. Instituteur dans le Jura. Révoqué en 1849 pour ses opinions républicaines. Fonda une école libre à Cuisery et l'abandonna après le coup d'État. Entra comme précepteur chez un riche minotier. Se fixa à Lyon comme comptable, directeur d'une fabrique de baryte et agent d'assurances. Proclama la République au 4 septembre à Lyon. Conseiller municipal adjoint au maire. Délégué auprès de M. Thiers par les Lyonnais à l'époque de la Commune. Maire de Lyon.

Élu en 1873 à Paris, comme membre de l'Assemblée nationale, par 180,045 voix sur 342,656 votants. Siégea à l'extrême gauche et s'abstint sur les lois constitutionnelles.

Élu le 20 février 1876 par 8,925 voix contre 4,385 données à M. Vautrain, dans le 4ᵉ arrond. de Paris.

Réélu le 14 octobre par 12,570 voix, sans concurrent.

A voté pour toutes les propositions qui figurent en tête du volume.

A accepté le programme suivant :

Révision de la Constitution par le peuple, convoqué dans ses comices.

Réduction de la durée de la présidence de la République à quatre années ; le président ne sera rééligible qu'une fois.

Nomination du Sénat à l'élection et par le peuple.

Les ministres seront choisis en dehors de l'Assemblée ; s'ils sont députés, ils démissionneront.

Liberté absolue de la presse, du droit de réunion.

Abolition du Concordat ; suppression du budget des cultes.

Service militaire réduit à trois ans.

Élection des magistrats et interdiction du cumul.

Impôt proportionné au revenu.

M. Barodet a demandé qu'on ajoutât à ce programme « maintien obligatoire de la paix ». Il a de plus accepté le mandat impératif, et s'est engagé à ne rien faire sans consulter ses électeurs convoqués en réunion publique.

Membre de la gauche radicale, partisan du groupe fermé.

———————

BARTHE (Marcel) (G.) 363.

PYRÉNÉES (BASSES-). PAU (1re circ.). — Inscr. 16,542.

Élu au scrutin de ballottage du 4 septembre par 6,764 voix contre 5,069 à M. Fourcade (B.).

Né en 1813. Avocat, publiciste, conseiller général.

En 1848, il fut élu à l'Assemblée constituante et inclina vers le parti Cavaignac. Battu à la Législative.

En 1871, il fut nommé membre de l'Assemblée nationale et présida le centre gauche.

En 1876, élu par 6,920 voix contre 4,992 à M. de Luppé.

En 1877, battu au 2e tour avec 6,419 voix contre 6862 à M. de Luppé.

Après invalidation de ce dernier, M. Barthe fut réélu le 7 juillet 1878 par 6,574 voix contre 5,805 à son concurrent.

Il a voté *contre* toutes les propositions que nous avons énumérées.

Voici le passage important de sa profession de foi :

En substituant à la véritable majorité une majorité factice et accidentelle, les coalitions, comme celles que nous avons vu souvent se produire, pourraient devenir funestes.

Le système représentatif cesserait d'être une réalité, aucune réforme ne serait possible si les ministres ne pouvaient avoir qu'une existence incertaine et précaire. Sans une majorité sur laquelle il puisse s'appuyer, il n'y a pas de gouvernement régulier.

Des crises ministérielles incessantes conduiraient inévitablement à des dissolutions, à des élections répétées et, à la fin, à des agitations violentes et subversives.

Voilà un danger qu'aucun homme versé dans la politique de l'heure actuelle n'ignore et qu'il appartient aux électeurs de conjurer. Pour y porter remède, il leur suffit de donner leurs suffrages à des candidats dévoués à nos institutions et de créer ainsi une majorité constitutionnelle.

En s'inspirant de cette sage et patriotique pensée pour les choix qu'ils vont faire, les électeurs rendront sinon impossibles, du moins impuissantes, les coalitions entre les partis extrêmes, et ils donneront au gouvernement la force et la sécurité dont il a besoin pour accomplir la haute mission dont il est investi.

Le respect de la Constitution et des lois, le respect des droits et des libertés de tous, voilà quelle a été et quelle sera toujours ma règle de conduite !

Dans une réunion, il s'est prononcé pour la revision du mode d'élection du Sénat.

BARTOLI (u.) 863.

CORSE. Sartène. — Inscr. 8,556.

Élu le 21 août 1881 par 3,509 voix contre 2,214 données à
M. Abbattucci, député sortant (B.).

Né à Sartène (Corse), en 1826. Docteur en médecine, professeur de l'École de médecine de Marseille, médecin en chef des hôpitaux de cette ville.

Échoua aux élections de 1863 et à celles de 1871.

Élu le 20 février 1876 par 3,137 voix contre 3,106 données à M. Charles Abattucci.

En 1877, il n'obtient plus que 1,659 voix contre 4,086 données au même M. Abattucci.

BASTID (u.).

CANTAL. Aurillac. — Inscr. 23,697.

Élu le 21 août 1881 par 9,899 voix contre 6,433 à M. Cabannes (R.).

Professeur. Fils de l'ancien président du centre g., décédé.

Élu en remplacement de son père, le 23 mai 1880, par 8,900 voix contre 7,081 données à M. Cabannes, rép.

Il a voté *pour :* Laïcité. Presse. Scrut. liste. Sém. soldats.

Contre : Revision. Suppr. cultes.

Abstenu : Suppr. Vatican.

Extrait de sa profession de foi :

J'ai voté la liberté de la presse et de réunion, que je considère comme deux organes indispensables pour éclairer au grand jour de la discussion les manifestations de la volonté du pays.

Estimant que dans une démocratie, le développement de l'instruction est une nécessité première pour inspirer plus tard au citoyen le sentiment de ses devoirs et la conscience de ses droits, je me suis associé aux projets établissant l'obligation, la gratuité, la laïcité de l'enseignement primaire.

J'ai pensé que l'inamovibilité de la magistrature ne devait abriter que l'indépendance du juge et non la manifestation de ses sentiments hostiles à nos institutions.

Partisan de l'égalité devant la loi, je me suis prononcé contre l'exemption du service militaire en faveur des membres du corps enseignant et des élèves ecclésistiques.

En un mot, je me suis associé, dans le sens le plus démocratique, aux principales réformes qu'a su faire triompher à la Chambre, l'accord des deux grandes fractions de la majorité, la gauche et l'Union républicaine dont je fais également partie.

La résistance qu'un grand nombre de ces réformes a trouvée devant le Sénat a posé devant l'opinion publique la question de revision de la Constitution. Ce sera le devoir de vos mandataires de poursuivre une amélioration de notre pacte fondamental de manière à assurer leur complète réalisation aux volontés de notre seul souverain, le suffrage universel. Revision de la loi électorale et des attributions du Sénat, suppression des sénateurs inamovibles, telles sont les modifications qui me paraissent de nature à faire de la haute Assemblée non plus une Chambre de résistance, mais une Chambre de collaboration républicaine et démocratique.

De BAUDRY d'ASSON (L.).

VENDÉE. Sables-d'Olonne (2e circ.). — Inscr. 14,376.

Élu le 21 août 1881 par 7,270 voix sans concurrent.

Né en 1836, à Rocheservieres. Conseiller général, grand propriétaire.
Élu en 1876 par 6,240 voix contre 3,483 à M. Richer.
Réélu en 1877 par 8,560 voix ; sans concurrent.
A voté *pour* : Réunion. Presse. Revision.
Abstenu : Scrut. liste. Suppr. inamovib. Laïcité.
Contre : Toutes les autres propositions.

Sa profession de foi se termine ainsi :

C'est à la racine de l'arbre révolutionnaire qu'il faut s'attaquer pour détruire les fruits empoisonnés. D'autre part, je n'ignore pas que reconnaissance oblige autant que patriotisme ! je me vouerai donc, cette fois encore, à la rude tâche que la France très chrétienne va, le 21 août, confier à ses représentants. Je ne puis, ne dois, ni ne veux m'y soustraire.
J'en accepte l'honneur aussi résolument que j'en braverai les dangers.
Le programme politique pour nous, messieurs, tient dans trois mots :
Nous sommes Français ! Catholiques et Vendéens !

BAVOUX (u.).

JURA. Saint-Claude. — Inscr. 14,867.

Élu au scrutin de ballottage du 4 septembre 1881 par 5,899 voix contre 5,509 données à M. V. Poupin.

Remplace M. Lamy, député sortant gauche, qui s'était retiré après le premier tour du scrutin.

65 ans. Docteur en médecine, victime du 2 décembre, conseiller général.

Sa circulaire se termine ainsi :

Mon vote est acquis d'avance à toutes les réformes que la démocratie républicaine a inscrites sur son programme. La gratuité de l'enseignement primaire fonctionne, je demande que cette œuvre soit complète par l'obligation et la laïcité. Je veux la suppression du volontariat d'un an et la réduction du service militaire à 3 ans. Je veux qu'on exécute rigoureusement le Concordat, qu'on oblige le clergé à rester dans l'église et qu'on impose aux prêtres, comme à tous les fonctionnaires publics, l'obéissance aux lois et le respect des institutions républicaines.

Je veux enfin, quand le moment sera venu de reviser les lois constitutionnelles, des modifications dans les attributions et le mode de recrutement du Sénat.

————

BEAUQUIER (e. g.).

DOUBS. Besançon (1re circ.). — Inscr. 14,029.

Élu au scrutin de ballottage par 4,161 voix contre 4,132 données à M. O. Ordinaire.

Ancien élève de l'école des chartes, publiciste, ancien rédacteur en chef de l'*Est* et du *Républicain de l'Est*. Critique d'art, collaborateur de divers journaux radicaux de Paris.

A été élu en remplacement de M. Albert Grévy, nommé sénateur inamovible, le 25 avril 1880, par 3,989 voix contre 3,580 à M. Olivier Ordinaire.

Il a voté pour toutes les propositions énumérées en tête de ce volume. Il n'était pas encore député lors des votes sur la mise en accusation et la liberté absolue de réunion et d'association.

Il dit dans sa profession de foi :

Les électeurs ont sous les yeux mes actes, mes votes, les discours que j'ai prononcés à la tribune, c'est assez pour me juger selon la justice et la vérité.

M. Beauquier est inscrit à la gauche radicale et partisan du groupe formé.

———

BEL (G.) 363.

SAVOIE. Chambéry (2e circ.). — Inscr. 17,642.

Élu le 21 août 1881 par 7,934 voix contre 2,608 à M. Thiabaud (R.).

Né à Rumilly (Haute-Savoie) en 1805. Avocat, juge sous le gouvernement sarde, conseiller général, chevalier de la Légion d'honneur.

Élu en 1876 par 7,204 voix contre 6,984 à M. de la Chambre, cons.

Réélu en 1877 par 8,511 voix contre 6,809 à M. de la Chambre.

S'est *abstenu* sur Suppr. ambassade.

A voté *contre* : Accusat. Élect. juges. Sém. soldats. Revision. Suppr. cultes.

Pour toutes les autres propositions.

———

De BELIZAL (L.).

COTES-DU-NORD. Saint-Brieuc (2ᵉ circ.).
Inscr. 24,064.

Élu sans concurrent le 21 août 1881 par 10,820 voix.

Né à Saint-Brieuc en 1834. Grand propriétaire, conseiller général.

Élu en 1876, par 10,520 voix contre 6,078 à M. Le Breton.

Réélu en 1877 par 12,499 voix contre 5,504 à M. Le Breton.

A voté *pour* : Réunion. Revision. Presse.

Contre : Mise accusat. Suppr. inamovib. Laïcité. Sém. soldats. Prop. Laisant. Suppr. cultes. Suppr. Vatican.

On lit dans sa circulaire :

Vous me trouverez toujours dévoué à la défense du droit, de la justice et de nos plus chères libertés.

Ces libertés ont été violées : Liberté de l'enseignement, de la prière, de la charité par l'expulsion d'humbles religieux, de paisibles citoyens.

———

BELLE (G.) 363.

INDRE-ET-LOIRE. Tours (1ʳᵉ circ.). — Inscr. 24,064.

Élu le 21 août 1881 par 10,758 voix contre 4,492 à M. de Biencourt et 2,696 à M. Richard, socialiste.

Né en 1824. Ancien avocat, propriétaire, conseiller général, maire de Tours.

Élu en 1876, par 11,078 voix contre 5,571 à M. Charpentier.

Réélu en 1877, par 12,006 voix contre 7,472 à M. Alfred Mame.

A voté *pour* : Scrut. liste. Laïcité.

Contre : Mise accusat. Suppr. inamovib. Presse. Prop. Laisant. Suppr. cultes. Suppr. Vatican.

Abstenu : Sém. soldats. Revision.

Voici son programme :

Parmi les questions d'ordre purement politique, il en est une sur laquelle je désire vous donner mon sentiment ; je parle de la revision de la Constitution.

A mon avis, il est impossible de comprendre que le Sénat et la Chambre des députés n'aient pas la même origine. Je ne puis admettre qu'il se trouve, dans un pays de suffrage universel, deux catégories d'électeurs.

Mais la question de revision ne peut être immédiatement posée. Il faut attendre le prochain renouvellement du Sénat, renouvellement qui, certainement, donnera une majorité franchement républicaine.

Messieurs, les partis réactionnaires ont exploité contre le gouvernement républicain les événements de l'Algérie et l'expédition de Tunis. Soyez tranquilles ! il s'agit uniquement de protéger notre admirable colonie algérienne contre les intolérables incursions des tribus arabes.

Non, non, nous ne voulons pas la guerre. Mais nous ne voulons pas non plus qu'on insulte la France. Qui donc oserait protester et vouloir l'effacement de notre patrie ?

BELLOT (e. g.).

CHER. Saint-Amand (2e circ.). — Inscr. 15,944.

Élu au scrutin de ballottage du 4 septembre par 4,624 voix contre 3,852 données à M. Daumy (R.).

Ancien instituteur, ancien maire de Sancoins.

Remplace M. Rollet, député sortant rép. qui ne s'est pas représenté. Conseiller général.

S'est présenté sur le programme de l'extrême gauche.

Inscrit à l'extrême gauche, s'est abstenu sur la question du groupe formé.

BELON (g.).

LOZÈRE. FLORAC. — Inscr. 11,222.

Élu le 4 septembre 1881 au scrutin de ballottage par 4,110 voix
contre 3,940 à M. Léon Boyer (U.).

Avocat.

Élu le 6 avril 1879 par 4,982 voix contre 545 à M. Gau-
ger (2e tour), en remplacement de M. Th. Roussel nommé
sénateur.

N'était pas député quand a eu lieu le premier vote.

A voté *pour* : Suppr. inamovib. Presse.

Contre : Réunion. Scrut. liste. Sém. soldats. Revision.
Prop. Laisant.

Abstenu : Laïcité. Suppr. cultes. Suppr. Vatican.

———

BENAZET (b.).

INDRE. LE BLANC. — Inscr. 17,662.

Élu le 21 août 1881 par 7,255 voix contre MM. Sencier, Besnier-
Fombelle (R.).

Maire du Blanc, conseiller général.

Élu le 17 novembre 1878 par 7,323 voix contre 5,597, en
remplacement de M. Clément Laurier, décédé.

A voté *pour* : Presse.

Abstenu : Réunion.

Voté *contre* toutes les autres propositions.

———

BENOIST (g.) 868.

MAINE-ET-LOIRE. BAUGÉ. — Inscr. 22,361.

Élu le 21 août 1881 par 11,558 voix contre 6,579 à M. d'Andigné (L.).

Né en 1842, principal clerc de notaire, sous-préfet au
4 septembre, conseiller général.

Élu en 1876 par 10,847 voix contre 6,098 à M. de Roche-
bouet.

Réélu en 1877 par 9,648 voix contre 9,319 à M. Merlet,
cons.

A voté *pour* : Presse.

Contre : Scrut. liste. Mise accusat. Laïcité. Sém. soldats.
Revision. Prop. Laisant. Suppr. cultes. Suppr. Vatican.

Absent : Suppr. inamovib.

Dans sa profession de foi après avoir fait l'éloge des
travaux accomplis par la Chambre dernière il conclut
ainsi :

Elle a soutenu le gouvernement quand il a dû arrêter les empiètements du cléricalisme et contraindre au respect des lois ceux
qui prétendaient s'en affranchir.

La Chambre nouvelle, par une politique ferme et progressive,
devra achever l'œuvre commencée, poursuivre la réforme de la
magistrature, compléter nos lois militaires et reviser le système
électoral du Sénat.

BERGEROT (c. d.).

NORD. DUNKERQUE (2ᵉ circ.). — Inscr. 14,851.

Élu le 21 août 1881 par 7,959 voix contre M. Léon Claeys (R.).

Élu le 4 juillet 1880 par 7,466 voix contre 4,858 à M. Cloeys,
en remplacement de M. Joos, démissionnaire.

Conseiller général, maire d'Esquelbecq, riche propriétaire.

A voté *pour* : Presse.

S'est *abstenu* : Revision.

Contre toutes les autres propositions.

Profession de foi nettement protectionniste. S'est prononcé pour
la diminution des impôts qui pèsent sur l'agriculture.

BERLET (u.) 363.

MEURTHE-ET-MOSELLE. Nancy (2e circ.).
Inscr. 27,529.

Élu le 21 août 1381 par 15,882 voix sans concurrent.

Né en 1837, avocat, fit une vive opposition à l'Empire.
Membre de l'Assemblée nationale par 44,495 voix.
Élu en 1876 par 11,917 voix contre 4,121 à M. Masson,
et 3,025 à M. Fervel.

A voté *pour* : Scrut. liste. Suppr. inamovib. Laïcité.
Absent : Réunion. Suppr. Vatican.
Contre : Toutes les autres propositions.

Voici le passage important de sa profession de foi :

Mais, de même que la loi sur l'obligation et la gratuité de l'enseignement primaire, la reconnaissance légale des associations syndicales attend encore la sanction du Sénat. Le premier devoir de vos futurs mandataires sera de tenir la main à ce que ces deux lois reçoivent la consécration de tous les pouvoirs publics.

Ils devront aussi assurer aux citoyens la liberté d'association la plus large, sans permettre toutefois que cette liberté devienne un danger pour la société civile et la sûreté de l'État.

D'autres réformes s'imposent, telles que la réorganisation de la magistrature.

L'autorité du Sénat, loin de diminuer, ne pourrait que s'accroître si tous les membres de cette haute Assemblée procédaient de la même origine, s'ils étaient tous élus par les communes et investis d'un mandat temporaire et renouvelable, si enfin le suffrage sénatorial était établi sur des bases plus larges et d'une proportionnalité plus exacte et plus juste.

BERNARD (e.).

DOUBS. Baume-les-Dames. — Inscr. 17,921.

Élu le 21 août 1881 par 8,545 voix contre 6,196
données à M. Estignard, cons.

Avocat, conseiller général.
S'est présenté en 1877 contre M. Estignard, et a obtenu
7,104 voix contre 7,620.
Après l'invalidation de son concurrent, il a été élu par
7,479 voix contre 7,070 données à M. Estignard.
A la Chambre, il s'est prononcé *pour :* Presse. Revision.
Prop. Laisant. Suppr. Vatican.
Contre : Mise accusat. Réunion. Laïcité. Suppr. cultes.
Il s'est *abstenu* sur les autres propositions.

BERNARD (u.).

NORD. Cambrai (1re circ.). — Inscr. 26,989.

Élu le 21 août 1881 par 11,579 voix contre 7,711 à M. Boitelle (B.).

48 ans, vétérinaire, fabricant de sucre, conseiller général.

Voici son programme :

Je suis fermement attaché aux institutions républicaines qui
nous régissent.
Aujourd'hui, le gouvernement de la République ne peut plus être
menacé dans son existence ; constitué sur des bases inébranlables,
nettement et délibérément voulu par la grande majorité de la nation, il s'impose de lui-même. Ce sera le devoir des nouveaux
mandataires que le pays est appelé à élire, de mettre nos institutions plus en harmonie avec les idées de progrès et de leur donner un caractère vraiment démocratique.

Il y a dans nos lois, dans nos décrets réglementaires, un ensemble beaucoup trop considérable de dispositions qui rappellent les traditions monarchiques, et sont par conséquent en contradiction formelle avec les idées de liberté, de justice et d'égalité.

Parmi ces lois déjà anciennes se trouve le concordat. Des critiques se sont élevées contre ce pacte qui règle les rapports de l'Église avec l'État; ces critiques me paraissent fondées et mon vote sera acquis à toute motion qui aura pour but d'assurer la prédominance légitime du pouvoir. Toutefois, tant qu'il existe, le concordat demeure loi de l'État; il doit doit donc être respecté de tous, et le gouvernement de son côté a le devoir de veiller à la stricte observation de toutes les obligations qu'il impose au clergé.

La question des réformes nécessaires pour mettre la magistrature en harmonie avec les pouvoirs publics sera sans doute examinée sous peu; l'inamovibilité des magistrats a été depuis quelques années la source de tant d'abus qu'un remède énergique est nécessaire. Je m'inspirerai, pour résoudre cette question, du vœu de mes électeurs.

Le mode de recrutement du Sénat est défectueux et devra, par la revision de la Constitution, être mis plus en rapport avec la loi du nombre. Le privilège de l'inamovibilité dont jouissent une partie des sénateurs me paraît aussi devoir être aboli.

Notre organisation militaire mérite à tous égards l'attention sérieuse des élus de la nation. Quant à moi, je désire que le service soit *obligatoire pour tous*; je n'admettrai d'autre tempérament à cette obligation que dans la durée du service : il ne pourra être réduit exceptionnellement que dans des cas déterminés et à la condition expresse que la défense du pays n'en souffre pas.

Les charges qui pèsent sur les contribuables, et en particulier sur la classe si intéressante des ouvriers, sont exorbitantes. C'est pourquoi je réclamerai le dégrèvement des impôts de consommation. Je me propose de demander aussi qu'une partie des excédents budgétaires soit appliquée à la réduction de l'impôt sur la propriété foncière non bâtie.

Cultivateur, je connais les souffrances de l'agriculture; ma sollicitude pour cette branche de la production nationale ne saurait être mise en doute. Mes votes seront acquis à toutes les motions qui auront pour but de remédier à l'état précaire de la culture.

BERNIER (G.).

LOIRET. ORLÉANS (2e circ.). — Inscr. 24,044.

Élu le 21 août 1881 par 12,081 voix contre 4,054 à M. Rivet, cons.

Né en 1809, avocat, notaire honoraire, administrateur du comice agricole, conseiller général.

Élu en 1876 par 8,926 voix contre 8,415 à M. Darblay.

Réélu en 1877 par 10,411 voix contre 9,597 à M. d'Harcourt.

Abstenu : Laïcité. Sém. soldats.

A voté *contre* les autres propositions.

Voici son programme :

Dans la réunion de Beaugency, M. Bernier s'est déclaré partisan de la revision de la Constitution.

En ce qui regarde le mode de recrutement du Sénat, et spécialement l'inamovibilité et les attributions de la Chambre et celles du Sénat.

En matière budgétaire.

Du maintien des deux Chambres.

Réforme de la magistrature.

Il veut maintenir le clergé strictement dans son rôle religieux, en attendant que le gouvernement prenne l'initiative de la séparation de l'Église et de l'État.

Il s'est prononcé pour le service de trois ans et pour le dégrèvement de l'impôt foncier une fois qu'il sera bien équilibré.

BERNOT (U.).

SOMME. PÉRONNE (1re circ.). — Inscr. 14,096.

Élu le 21 août 1881 par 6,116 voix contre 4,962 à M. Fervet, cons.

Remplace M. Cadot, député sortant (C. G.), qui s'était retiré.

48 ans, agriculteur, fabricant de sucre, maire de Ham, conseiller général.

BERT (u.) **363.**

YONNE. AUXERRE (2ᵉ circ.). — Inscr. 18,072.

Élu le 21 août 1881 par 9,368 voix sans concurrent.

Né à Auxerre en 1833. Docteur ès sciences, professeur de physiologie à la Faculté des sciences de Paris, préfet du Nord à la fin de la guerre de 1870, ministre de l'instruction publique sous le cabinet Gambetta.

Élu à l'Assemblée nationale le 9 juin 1872 par 34,827 voix. Conseiller général de l'Yonne. A joué un grand rôle dans toutes les discussions de lois d'enseignement.

Élu en 1876 par 8,446 voix contre 4,986 à M. Cherest.

Réélu en 1877 par 9,730 voix contre 4,912 à M. Tarbé des Sablons, membre de la commission du budget.

Il s'est *abstenu* sur la laïcité, la revision, la suppr. cultes.

Et a voté *pour* la suppr. Vatican.

M. Paul Bert s'est prononcé *pour* la revision, la suppr. inamovib.

Sur les autres questions et sur celles de l'instruction.

Voici ce que dit M. Paul Bert dans sa profession de foi :

Il faudra enlever à la magistrature cette inamovibilité, dernier reste des idées monarchiques et qui suppose que le magistrat a conclu jusqu'à la mort un pacte, non seulement avec l'honnêteté, mais avec l'intelligence. Il nous faudra organiser des institutions de prévoyance et de crédit qui assureront à l'ouvrier laborieux et économe le repos de ses vieux jours : car la misère imméritée est une honte pour la société. Il faudra enfin nous débarrasser, par une politique ferme, continue et prudente, des résistances qu'opposent à la marche en avant de la France ceux qui prennent leur mot d'ordre à Rome.

Entre ces questions si graves et d'autres encore que l'espace m'empêche même d'indiquer, vous devinez aisément, citoyens, quels sont celles auxquelles je consacrerai particulièrement mes efforts.

C'est à l'instruction tout d'abord, car depuis que mon cœur bat dans ma poitrine, j'ai ressenti une immense pitié pour ces déshérités que l'ignorance aveugle et isole, et une indignation profonde contre une société dont l'inintelligent égoïsme laisse perdre tant de forces, des sources si fécondes de richesse et de gloire. Et quand je parle d'instruction, je ne dis pas seulement l'alphabet péniblement balbutié, mais cette instruction qui réveille l'esprit, prépare dans chaque enfant un citoyen utile et dévoué, apte à enrichir son pays pendant la paix, à le défendre pendant la guerre, qui suscite, soutient à ses degrés divers, conduit jusqu'où elles peuvent atteindre, les intelligences d'élite, en quelque lieu, dans quelque rang qu'elle les trouve, pour le plus grand bénéfice de la nation.

Instruire, c'est libérer l'esprit. Tout défenseur de cette grande cause rencontrera sur sa route ceux qui vivent de l'esclavage de l'esprit. Ici je pose la question cléricale; je dois vous dire comment j'en comprends la solution, au moins pendant les quatre années qui s'ouvrent devant nous.

Laissons de côté les congrégations, reconnues ou non, sur lesquelles devra s'appesantir le droit commun, lequel interdit à tout homme de se lier pour sa vie entière et d'abdiquer sa liberté. Tolérées ou non, elles devront disparaître et liquider ou rendre gorge. Les fameux décrets de 1880 n'ont été qu'un prologue assez mal conçu et fort mal exécuté.

Là n'est pas la véritable difficulté.

La difficulté, c'est la condition à faire au clergé des paroisses. Ici, citoyens, je n'hésite pas à me séparer de ceux qui croient qu'aujourd'hui tout peut être résolu par la suppression du budget des cultes et la dénonciation du Concordat, en s'en fiant, pour conjurer les conséquences fâcheuses, au bon sens public, à la concurrence et à la liberté. Pour moi, cette séparation de l'Église et de l'État, sans conditions préalables, serait la plus funeste des mesures et par la reconstitution rapide de la mainmorte, ne tarderait pas à mettre en péril la République et la patrie.

Il nous faut des garanties contre ceux qui disposent des promesses du paradis et des menaces de l'enfer, au sein d'une population que l'instruction n'a pas encore complètement émancipée.

En attendant que ces garanties soient tracées par nos légistes, qui les cherchent encore, et soient devenues des articles de lois, je trouverais souverainement imprudent d'abandonner celles que nous donne le Concordat.

Sans doute elles sont, sur bien des points, insuffisantes. Et cependant j'ai la conviction profonde que l'Église catholique, ramenée aux prescriptions strictes du Concordat, cesserait bientôt d'être un danger pour la République et pour l'unité nationale. Mais il faudra pour cela tout d'abord abroger les lois qui, en dehors du Concordat, lui ont consenti tant d'avantages, à l'abri desquels il est vraiment étonnant qu'elle n'ait pas triomphé.

Il faut lui enlever toute influence sur l'éducation publique; il faut supprimer l'exemption du service militaire pour ses prêtres, rendre à l'État et aux communes les édifices qu'occupent indûment ses évêques et ses séminaires, enlever à ses ministres les préséances orgueilleuses, les privilèges innombrables dont ils se parent aux yeux des populations, et partout appliquer avec énergie nos lois égalitaires, civiles et pénales.

Dans le domaine concordataire, il faudra revenir à la stricte exécution du pacte consenti par le pape lui-même, ne plus payer canonicats ni bourses de séminaires, ramener à l'état d'indemnités gracieuses les traitements dits obligatoires des desservants, et tant d'autres mesures dont le détail serait trop long.

Tout cela se pourra-t-il faire en quatre années? Je l'espère; et, quant à moi, j'y travaillerai de tous mes efforts.

J'ai la certitude qu'à l'abri d'un tel régime, qui réduira les prêtres à l'impuissance politique absolue, les conditions d'une séparation non périlleuse de l'Église et de l'État pourront être préparées, et que les générations plus instruites et plus libres, formées par nos écoles laïcisées quant aux programmes et quant au personnel, en réaliseront sans danger l'exécution.

Je vous parle, vous le voyez, citoyens, en toute franchise. Défiez-vous de ceux qui promettent de tout changer d'un coup de baguette : il n'y a pas de fées en politique.

Quatre années, c'est quelque chose, sans doute; mais il faut savoir mesurer sa tâche à son temps et à ses forces.

Il est honnête et prudent de se restreindre dans ses engagements, et c'est ce que je fais, mûri, comme je le suis, par une expérience déjà assez longue. C'est le plus sûr moyen de n'y pas manquer, et c'est le seul qui permette d'aller peut-être au delà.

BERTHOLON (u.) 868.

LOIRE. Saint-Etienne (1re circ.). — Inscr. 27,534.
Élu le 21 août 1881 par 9,625 voix contre 7,095 à M. Amouroux,
socialiste.

Né à Lyon en 1808, industriel.
Élu à la Constituante par 106,186 voix.
Réélu à la Législative.
Interné en Algérie au 2 décembre.
Préfet de la Loire au 4 septembre 1870.
Élu en 1876 par 7,855 voix contre 5,181 à M. Martin Bernard.
Réélu en 1877 par 15,067 voix contre 2,596 à M. Gérin.
A voté *contre* : Réunion. Presse.
Pour : Toutes les autres propositions.

Élu sur le programme du comité républicain radical
de Saint-Étienne, portant :

1º Revision de la Constitution, suppression du Sénat tel qu'il
est actuellement organisé ;

2º Réforme de la magistrature, suppression de l'inamovibilité,
épuration dans un sens républicain du personnel administratif;

3º Rétablissement du scrutin de liste ;

4º Instruction primaire obligatoire, gratuite et laïque; instruction
secondaire et supérieure donnée gratuitement par voie de concours ;

5º Liberté d'association civile et notamment des syndicats professionnels;

6º Dissolution des congrégations religieuses, séparation de
l'Église et de l'État, dénonciation du concordat et suppression du
budget des cultes ;

7º Suppression du volontariat d'un an, service militaire obligatoire pour tous et réduit à 3 ans ;

8º Établissement d'un impôt sur le revenu. Suppression des octrois;

9º Transportation des récidivistes condamnés plusieurs fois à
des peines infamantes ;

10º Application aussi prompte que possible des réformes sociales destinées à l'amélioration du sort des travailleurs. Création d'une institution de crédit pour venir en aide aux associations ouvrières. Création d'une caisse nationale de retraite et d'assurances pour les infirmes, les invalides du travail et les vieillards. Reprendre l'étude de la fixation des heures de travail dans les usines, dans les manufactures, et principalement dans les mines.

BETHMONT (c. g.) 363.

CHARENTE - INFÉRIEURE. ROCHEFORT.
Inscr. 19,221.

Élu le 21 août 1881 par 7,706 voix contre 1,923 à M. Capoulun candidat ouvrier.

Né à Paris en 1833.
Élu en 1865, dans la Charente-Inférieure par 13,317 voix.
Réélu en 1869 par 13,323 voix.
Secrétaire du Corps législatif.
S'enrôla en 1870 dans un bataillon de marche.
. Élu représentant de la Charente-Inférieure en 1871 par 86,800 voix. Secrétaire de l'Assemblée nationale. Présida le centre gauche.

En 1876, élu par l'arrondissement de Rochefort 6,844 voix contre 6,407 à M. Roch.

Réélu en 1877 par 7,726 voix contre 7,003 à M. Roch.

Président du conseil général, président de la Cour des comptes, donna sa démission au moment de sa nomination, et fut réélu le 12 décembre 1880.

A voté *pour* le Scrut. liste et *contre* toutes les autres propositions.

Extrait de sa circulaire:

La nation peut et doit être patiente; elle a l'avenir devant elle. La Constitution qui vous régit avait été faite contre vous : c'est à vous qu'elle a été utile. Conservons-la, améliorons-la, mais que ces améliorations nécessaires ne soient pas des destructions.

Le Sénat, que plusieurs voudraient supprimer, nous est indispensable; sans doute il sera bon d'élargir la base sur laquelle il repose, peut-être aussi de modifier quelques-unes de ses attributions ; mais les réformes auxquelles il pourra et devra s'associer seront faites dans le but unique d'améliorer cette grande institution.

Je résumerai ma pensée en un seul mot :

Mes chers concitoyens, soyons unis.

C'est par l'union que nous avons vaincu dans les jours difficiles, c'est par l'union que nous ferons produire à la République, que nous aimons tous, le bien que nous sommes en droit d'attendre de son incomparable puissance.

BIENVENU (G.) 368.

VENDÉE. FONTENAY-LE-COMTE (1re circ.).
Inscr. 20,429.

Élu le 21 août 1881 par 9,298 voix contre 7,214 à M. Godet de la Ribouillerie (L.).

Né en 1835, riche propriétaire, conseiller général, maire de Saint-Hilaire-les-Loges.

Élu en 1876 par 9,335 voix contre 5,656 à M. de Fontaine.

Réélu en 1877 par 8,665 voix contre 8,004 à M. Sabouraud.

A voté *contre* : Toutes les propositions.

De la BILIAIS (L.).

LOIRE-INFÉRIEURE. NANTES (3e circ.).
Inscr. 22,105.

Élu le 21 août 1881 par 9,542 voix contre 6,313 à M. Roch (R.).

Né en 1836, propriétaire, conseiller général, chef de bataillon dans l'armée auxiliaire en 1870.

Élu au 2e tour en 1876 par 8,593 voix contre 6,484 à M. Roch, rép.

Réélu en 1877 par 9,545 voix contre 6,014 à M. Roch.

A voté *pour* : Scrut. liste. Réunion. Presse.

Contre : Mise accusat. Suppr. inamovib. Laïcité. Suppr. Vatican.

Absent : Sém. soldats. Revision. Prop. Laisant. Suppr. cultes.

BISCHOFFSHEIM (u.).

ALPES-MARITIMES. Nice (2e circ.). — Inscr. 14,794.

Élu le 21 août 1881 par 8,691 voix contre 621 données à M. de Jean, radical. M. Roissard du Bellet, député sortant (C. D.), s'était retiré.

Né à Amsterdam en 1823 d'un père né à Mayence en 1800, inspecteur dans les chemins de fer de la haute Italie, puis employé à la banque paternelle, s'est engagé pendant la guerre, naturalisé pour services extraordinaires.

Dans sa profession de foi, il a déclaré devoir prendre place parmi ses amis de l'union républicaine, sans obéir à une discipline étroite, et se réservant sur toutes les questions sa liberté complète d'action.

Dans une réunion tenue à Villefranche, il s'est prononcé pour la dénonciation du Concordat, l'épuration du Sénat, le scrutin de liste.

Il a déclaré devoir siéger à côté de MM. Anatole de a Forge, Paul Bert et Henri Brisson.

BISSEUIL (g.).

CHARENTE-INFÉRIEURE. Saintes (1re circ.). Inscr. 15,768.

Élu le 21 août 1881 par 6,686 voix contre 5,994 données à M. d'Aussy (C.).

M. le baron Eschasseriaux, député sortant (B.), s'était retiré.

52 ans, ancien avoué, conseiller général.

En 1877, s'était présenté à la députation et avait obtenu 5,845 voix contre 7,254 données à M. le baron Eschasseriaux.

Dans sa profession de foi, il se prononce pour les dégrèvements, la revision, instruction laïque, obligatoire, gratuite, service de trois ans.

BIZARELLI (u.).

DROME. Valence (2ᵉ circ.). — Inscr. 22,465.

Élu sans concurrent le 21 août 1881 par 12,115 voix.

Docteur en médecine, conseiller général.

Élu le 14 septembre 1879, en remplacement de M. Christophle décédé, par 10,432 voix contre 1,962 données à M. Rivoire.

A voté *pour* : Toutes les propositions, excepté le scrutin de liste contre lequel il s'est prononcé.

Voici son programme :

Il faut :

1° Reviser la Constitution; supprimer le Sénat ou modifier son recrutement et délimiter ses attributions ;

2° Remanier l'administration, simplifier les rouages; épurer complètement son personnel ;

3° Supprimer l'inamovibilité des magistrats, diminuer leur nombre, réduire les frais de justice, refondre le code de procédure;

4° Faire une loi d'ensemble pour l'armée, réduire la durée du service militaire, le rendre obligatoire pour tous les citoyens sans aucune exception ;

5° Ajouter l'obligation de la laïcité à la gratuité de l'enseignement primaire, augmenter le nombre des bourses de l'État dans les lycées et collèges ;

6° Étendre les franchises municipales et départementales ;

7° Dénoncer le Concordat dès que ce sera possible ;

8° Accorder la liberté de la presse, la liberté de réunion, et, avec les garanties nécessaires, la liberté d'association ;

9° Remanier l'impôt ;

10° Venir en aide à l'agriculture dans la plus large mesure ;

11° Conserver le scrutin d'arrondissement tant que la majorité des électeurs ne se sera pas prononcée pour sa suppression.

S'est fait inscrire à la gauche radicale.

BIZOT de FONTENY (g.) 363.

HAUTE-MARNE. LANGRES. — Inscr. 28,073.

Élu au scrutin de ballottage du 4 septembre 1881 par 10,969 voix contre 9,947 à M. Dubreuil de Saint-Germain (M.).

Né en 1825, grand propriétaire, allié par sa mère aux Mac-Mahon, sous-préfet de Vassy au 4 septembre, emprisonné par les Allemands, nommé sous-préfet d'Embrun en 1874, donna sa démission, conseiller général.

Élu en 1876 par 12,123 voix contre 11,125 à M. Dubreuil de Saint-Germain.

Réélu en 1877 par 13,220 contre 11,423 au même.

A voté *pour* : Scrut. liste. Mise accusat. Suppr. inamovib.

Contre : Réunion. Laïcité. Presse. Suppr. cultes. Suppr. Vatican.

Abstenu : Sém. soldats.

Absent : Prop. Laisant.

On lit dans sa profession de foi :

Il reste encore aujourd'hui beaucoup à faire dans la voie des réformes démocratiques; c'est la tâche qui s'impose à l'activité de l'Assemblée que vous allez élire.

En première ligne, le pays réclame des modifications profondes dans le mode d'élection des membres du Sénat. La base électorale de cette Assemblée doit être considérablement élargie et établie d'après les principes qui règlent notre système électoral, en assurant une représentation plus proportionnelle du nombre et des intérêts. Cette réforme capitale procurera à la fois à la République des garanties plus certaines, et au Sénat un accroissement considérable du prestige et de l'autorité qui sont nécessaires à ce grand corps, gardien du pacte fondamental de l'État.

BLANC (G.) 363.

SAVOIE. ALBERTVILLE. — Inscr. 8,749.

Élu le 21 août 1881 par 4,663 voix.

Né à Beaufort en 1806, avocat, ancien membre du parlement sarde.

Élu en 1876 par 4,403 voix contre 2,404 à M. Perrier de la Bathie.

Réélu en 1877 par 4,749 voix contre 2,584 à M. de Tours.

S'est *abstenu* : Sur Laïcité. Suppr. Vatican.

A voté *contre* : Mise accusat, Presse, Revision, Suppr. cultes.

Pour : Toutes les autres propositions.

LOUIS BLANC (E. G.) 363.

SEINE. PARIS, 5e ar. (1re circ.). — Inscr. 12,116.

Élu le 21 août 1881 par 6,837 voix contre 1,745 à divers.

Né à Madrid, de parents français, en 1813, journaliste, républicain, historien, socialiste, entra au gouvernement provisoire après 1848.

Membre de la Constituante.

Décrété d'accusation à la suite des journées de juin, se réfugie en Angleterre, condamné à la déportation par la haute cour de Bourges, vingt-deux ans d'exil, pendant lesquels il écrit son *Histoire de la Révolution*. Au 4 septembre, vient s'enfermer à Paris.

Représentant de la Seine à l'Assemblée nationale, le premier sur la liste, par 216,471 voix, s'efforce vainement d'arrêter l'insurrection du 18 mars. Président du groupe de l'extrême gauche à la Chambre des députés.

Élu le 20 février 1876, dans le 5e, le 13e arrondissement de Paris et la 1re circonscription de Saint-Denis. Opta pour le 5e arrondissement où il avait obtenu 9,822 suffrages sur 15,306 votants.

Réélu au 14 octobre par 12,228 voix sur 15,100 votants.

A voté *pour* toutes les propositions qui figurent en tête du volume.

M. Louis Blanc a été appuyé par un comité qui a formulé le programme suivant auquel il a adhéré :

Revision de la Constitution; suppression du Sénat et de la présidence de la République, liberté de réunion, d'association, de la presse et de la parole, responsabilité des fonctionnaires de tous ordres devant la juridiction ordinaire, séparation des Églises et de l'État; retour à la nation des biens de mainmorte, service militaire obligatoire pour tous; suppression du volontariat; substitution progressive des milices nationales à l'armée permanente, enseignement laïque, gratuit et obligatoire au premier degré; secours aux familles sans fortune; organisation de l'enseignement professionnel, suppression de l'inamovibilité de la magistrature; magistrature élue; jury correctionnel élu; revision du Code, revision de l'impôt, décentralisation administrative; autonomie communale, rétribution des fonctions électives, interdiction pour les députés de faire partie des conseils d'administration de sociétés industrielles ou financières, assimilation du mandat politique au mandat civil.

Inscrit à l'extrême gauche, partisan du groupe fermé.

BLANCSUBÉ (U.).

COLONIES. COCHINCHINE FRANÇAISE.

Maire de Saïgon.

La Cochinchine est appelée pour la première fois à élire un député. Bien que la population de cette colonie soit considérable (1,600,000 habitants), le nombre des électeurs a été très restreint, la promulgation faite par le gouverneur, M. Lemyre de Villers, d'une des dispositions les plus discutables du droit public algérien — le sénatus-consulte de 1866 sur la naturalisation — ayant eu pour résultat de n'y reconnaître pour « citoyens actifs » que les Français européens et les très rares indigènes qui ont adopté dans son intégralité le statut personnel et réel défini par les codes français.

M. Blancsubé s'est engagé à faire ses efforts pour que la représentation de la colonie soit établie sur des bases infiniment plus larges que le suffrage très restreint organisé suivant le sénatus-consulte de 1866. Sans aller, peut-être, aussi loin que dans l'Inde, où comme nous avons eu récemment l'occasion de l'expliquer, le régime du suffrage universel est en pleine vigueur, on pourrait, ce semble, accorder l'exercice du droit de vote, sans distinction d'origine et de statut personnel à tout Annamite qui justifierait d'une connaissance suffisante de la langue française.

BLANDIN (u.) 363.

MARNE. Épernay. — Inscr. 27,468.

Élu le 21 août 1881 par 14,261 voix contre 7,879 à M. Chandon (M.).

Né en 1830 dans la Côte-d'Or, ancien avoué, associé dans une maison de vins de Champagne, maire d'Épernay sous M. Thiers, décoré, conseiller général.

Élu en 1876 par 13,813 voix contre 7,981 à M. de Villiers.

Réélu en 1877 par 14,787 voix contre 9,374 à M. Chandon.

A voté *pour* : Scrut. liste.

Contre : Revision. Suppr. inamovib. Suppr. cultes.

Sa profession de foi ne dit pas un mot du programme qu'il entend suivre.

Sous-secrétaire d'État au ministère de la guerre sous le cabinet Gambetta.

BLIN de BOURDON (L.).

SOMME. Doullens. — Inscr. 15,711.

Élu le 21 août 1881 par 7,814 voix contre 5,552 à M. Ernest Legrand (R.).

Né à Abbeville en 1837, attaché d'ambassade sous l'Empire, blessé et décoré à l'armée du Nord en 1870.

Élu à l'Assemblée nationale par 96,987 voix.

Réélu en 1876 par 10,602 voix, sans concurrent.

Réélu en 1877 par 9,085 voix contre 5,118 à M. Legrand.

A voté *pour* : Presse.
Abstenu : Réunion.
Contre : Toutes les autres propositions.

BODAN (DU) (L.).

MORBIHAN. Vannes (1ʳᵉ circ.). — Inscr. 14,997.

Élu le 21 août 1881 par 6,336 voix contre 3,610
à M. le docteur Bourdet (R.).

Né à Quimper, le 23 mai 1827.
Substitut à Angers en 1847, procureur impérial à Orléans.
Démissionnaire après la guerre.
Élu à l'Assemblée nationale en 1871.
Élu en 1876 par 5,935 voix.
Élu en 1877 par 7,542 voix contre 3,351 à M. Burgault.
A voté *pour* : Réunion. Presse. Élect. juges.
Abstenu : Revision.
A voté *contre* les autres propositions.
Conseiller général.

BOISSY D'ANGLAS (U.).

ARDÈCHE. Tournon (2ᵉ circ.). — Inscr. 20,314.

Élu le 21 août 1881 par 8,265 voix contre 6,710 données
à M. Chomel (M.).

Ancien conseiller de préfecture, baron et ministre plénipotentiaire à Mexico, conseiller général.
Élu en 1877 par 9,065 voix contre 6,321 données à
M. Lacaze.
Il a voté *pour* : Mise accusat. Scrut. liste.
Contre : Réunion. Suppr. Vatican.
S'est *abstenu* sur les autres questions.

Voici son programme :

Sous l'abri de toutes les réactions, le cléricalisme, ce parti politique qui prend le masque de la religion pour arriver à la domination universelle, avait tout envahi... la majorité républicaine a vigoureusement engagé la lutte avec lui, mais... elle s'est abstenue de tout ce qui aurait pu sembler une atteinte aux idées religieuses dont la pratique paisible lui était sacrée comme expression de la liberté de conscience. Ce grand principe ne sera sauvegardé, du reste, que le jour où la séparation de l'Église et de l'État pourra être établie... En attendant, je pense que le Concordat, les articles organiques et les articles du Code pénal relatifs à ces matières doivent être rigoureusement exécutés...

La gratuité de l'enseignement a été promulguée... Quant à l'obligation et à la laïcité, ces réformes fécondes peuvent être considérées comme acquises, bien qu'encore retenues par le Sénat...

Une magistrature corrompue bravait nos institutions... Quant à moi, je suis partisan, non de la suspension, mais de la suppression de l'inamovibilité...

Je suis partisan de la Constitution dans un sens démocratique...

Un allègement considérable de nos charges publiques a été obtenu sans restreindre en rien les dépenses nécessaires à la protection et à la prospérité du pays...

Je pense que la réduction à trois ans du service militaire... doit être le couronnement de la réorganisation de l'armée...

La politique extérieure de la République a eu constamment un double but : Rendre à la France son rang de grande nation consultée et écoutée dans le concert européen, et faire régner la paix dans le monde. Cette politique, elle n'en changera pas...

BONNET-DUVERDIER (E. G.).

RHONE. Lyon (2e circ.). — Inscr. 19,943.

Élu le 4 septembre 1881 au second tour par 6,536 voix contre 6,347 au capitaine Thiers, opportuniste.

Élu en même temps dans la 3e circ., 14,599 inscr. de Lyon, au second tour, par 5,164 voix contre 4,882 à M. Crestin (R.).

Né en 1824, étudia la médecine, dut se réfugier à Jersey après le coup d'État, conseiller municipal de Paris en 1874, présida à Londres le banquet des réfugiés de la Commune, condamné pour un discours à Saint-Denis.

Élu à Lyon en 1877 par 15,193 voix contre 1,332 à M. Ordinaire..

A voté *pour* toutes les propositions, excepté le Scrut. liste.

Voici le résumé des déclarations qu'il a faites dans une réunion publique à Neuville-sur-Saône :

Le choix du candidat est sans importance, le mandat est tout, le candidat n'est rien.

Les grandes libertés primodiales sont au-dessus des lois. On doit les inscrire au frontispice d'une Constitution immuable. Quand il s'agit de la liberté, toute loi est une restriction coupable.

Il faut, pour reviser la Constitution, nommer une Assemblée spéciale, fonctionnant à côté de la Chambre qui va être élue, et soumettre les décisions de cette Assemblée à la ratification directe du peuple réuni dans ses comices.

Tous les magistrats doivent être élus au suffrage universel.

Les dégrèvements d'impôt réalisés par la dernière Chambre sont une dérision.

Les impôts indirects doivent être supprimés, car ils ne frappent que le producteur et jamais le consommateur.

Point d'armée permanente! des milices! Désarmons, et les peuples, s'inspirant de notre exemple de fraternité, renverseront leurs tyrans et nous tendront la main.

Rendre l'existence et la liberté à l'Internationale.

Le mandat impératif doit avoir pour sanction les tribunaux.

Il faut que chaque électeur puisse citer devant lui son député.

La durée des législatures ne doit point excéder un an. Deux ans, c'est déjà trop.

Liberté d'association, même pour les sociétés religieuses, etc.

A opté pour la 2e circonscription de Lyon. Fait partie de l'extrême gauche, mais n'est point inscrit au groupe.

BONTOUX (u.).

BASSES-ALPES. Sisteron. — Inscr. 6,830.

Élu le 21 août 1881 contre M. Paulon, député sortant (G.).

35 ans, propriétaire, maire de Sisteron, sans passé politique, Conseiller général.

Est inscrit à la gauche radicale.

BORRIGLIONE (u.) 368.

ALPES-MARITIMES. Nice (1ʳᵉ circ.). — Inscr. 13,979.

Élu le 21 août 1881 par 8,096 voix sans concurrent.

Né en 1841, avocat, conseiller général.
Échoua aux élections législatives de 1871.
Élu en 1876 par 5,317 voix, sans concurrent.
Réélu en 1877 par 7,443 voix, sans concurrent.
A la Chambre dernière, il a voté pour le scrutin de liste et contre toutes les autres propositions dont la nomenclature est plus haut.
Dans la réunion publique au théâtre français de Nice, 14 août, il a déclaré que, parti du centre gauche, il siégerait maintenant aux extrêmes limites de l'union républicaine. Il s'est prononcé pour la revision, pour la réforme du Sénat, la suppression de l'inamovibilité, la séparation de l'Église et de l'État, service de trois ans égal pour tous.

BOSC (e. g.).

GARD. Uzès. — Inscr. 26,957.

Élu le 21 août 1881 par 9,933 voix contre 5,780 à M. Bonnefoy Sibour fils.

Avocat, ancien sous-préfet, conseiller général.
Élu le 2 février 1879 à la suite du décès de M. Mallet,

par 9,403 voix contre 7,623 à M. Dumont (Scrut. de ballot.).

A voté *pour* : Scrut. liste. Mise accusat. Réunion. Suppr. inamovib. Laïcité. Presse. Sém. soldats. Revision. Prop. Laisant. Suppr. cultes. Suppr. Vatican.

Inscrit à l'extrême gauche, partisan du groupe ouvert.

BOSCHER-DELANGLE (L.).

COTES-DU-NORD. Loudéac. — Inscr. 23,804.

Élu le 21 août 1881 par 8,809 voix contre 8,805 à M. de Janzé, député sortant (R.).

40 ans. Son père, notaire à Loudéac, fut arrêté en 1848, par erreur, pour le marquis de l'Angle-Beaumanoir. Refusé à Saint-Cyr, il s'engagea dans les zouaves pontificaux. A son retour, continua la banque qu'il avait fondée à Loudéac. S'engagea pendant la guerre, eut la cuisse traversée d'une balle au combat de l'Hay, conseiller général.

A été invalidé.

BOUCAU (u.).

LANDES. Mont-de-Marsan (2e circ.). — Inscr. 13,372.

Élu le 21 août 1881 sans concurrent par 7,585 voix. Remplace M. Castaignède, député sortant (B.), qui ne s'était pas représenté.

48 ans, propriétaire, ancien notaire, conseiller général. Membre de l'Assemblée nationale en 1871.

Voici sa profession de foi :

La forme républicaine étant aujourd'hui hors de toute contestation, je ne m'attarderai pas à proclamer ici mon attachement inaltérable aux institutions actuelles : je me contenterai de vous dire en peu de mots comment j'entends son développement et son progrès.

D'une manière générale, et cette déclaration est toute ma théorie en matière d'organisation sociale, je suis pour toutes les libertés, en tant que ces libertés ne portent aucune atteinte à l'ordre qui doit être garanti à tous, ou à la liberté individuelle qui doit être assurée à chacun; c'est dire que je voterai, sous cette restriction, toutes les mesures qui tendront à les augmenter et pourront en favoriser l'exercice.

Telle est en deux lignes ma profession de foi politique, et je crois qu'elle contient en germe la réponse à toutes les questions de cette nature qui pourraient être soulevées dans le cours d'une session législative.

BOUCHET (E. G.) 363.

BOUCHES-DU-RHONE. MARSEILLE (4e circ.). Inscr. 24,780.

Élu le 21 août 1881 par 10,260 voix contre 1,138 données à M. Rocca.

Né à Embrun (Hautes-Alpes) en 1840, avocat, substitut du procureur de la République de Marseille en 1870, démissionnaire le 23 mars 1871, inculpé dans l'affaire Gaston Crémieux. Député à l'Assemblée nationale, il a accepté le mandat impératif du comité central.

Élu en 1876 député de la 4e circonscription de Marseille, par 8,872 voix contre 3,202 données à M. de Sabran Pontevès et 2,576 à M. Guibert.

Réélu en 1877 par 8,818 voix contre 5,578 à M. Marrel.

A la Chambre dernière, il a voté *pour* : Mise accusat. Réunion. Supp. inamovib. Laïcité. Presse. Sém. soldats. Revision. Prop. Laisant. Suppr. cultes. Suppr. Vatican.

Il a adopté le programme du comité central de la 4e circonscription :

Revision de la Constitution,
Suppression de la présidence de la République.
Suppression du Sénat.
Suppression du budget des cultes.
Confiscation des biens immeubles du clergé séculier et régulier.
Service militaire obligatoire pour tous et dont la durée sera de trois ans.

Impôt proportionnel sur le revenu.
Suppression de l'inamovibilité de la magistrature.
Instruction laïque, gratuite et obligatoire pour tous.
Liberté de la presse, de réunion et d'association.
Autonomie des communes.
Création d'une caisse de retraite pour la vieillesse.
Abolition de la peine de mort.
Rétablissement du divorce.
Abolition des monopoles.
Expulsion des prêtres et confiscation de leurs biens.
Abolition des titres nobiliaires.
Rétablissement des tours.
Épuration du personnel salarié de l'État.
Création des ports sud.
Rachat des docks nord.
Création d'un canal du Rhône.
Abolition du monopole de la régie des inhumations.

Inscrit à l'extrême gauche. S'est abstenu sur la question de fermeture du groupe. Inscrit à la gauche radicale.

BOUDEVILLE (u.).

OISE. BEAUVAIS (1re circ.). — Inscr. 19,579.

Élu le 21 août 1881 par 8,715 voix contre 7,330 à M. le comte de Sales (C.).

Pharmacien, conseiller général.
En 1876, il obtint 7,184 voix contre 8,224 au duc de Mouchy.
Élu en 1877 par 8,436 voix contre 8,384 au duc de Mouchy.
A voté *pour* : Scrut. liste. Mise accusat. Suppr. inamovib. Laïcité. Sémin. soldats. Prop. Laisant. Suppr. cultes. Suppr. Vatican.
Abstenu : Réunion. Presse. Revision.

Voici les principales déclarations de sa profession de foi :

Ainsi, si j'avais l'honneur de siéger dans l'Assemblée nouvelle, je continuerais à revendiquer l'adoption des lois à l'étude, qui n'ont été arrêtées que par la résistance du Sénat.

Entre autres réformes urgentes, je réclamerais encore :

1° L'extension plus large des libertés municipales;

2° La réforme de l'impôt; notamment la suppression de l'exercice et l'allègement des droits de mutation et d'enregistrement qui pèsent si lourdement sur l'agriculture;

3° Le service militaire obligatoire pour tous et sa réduction à trois ans;

4° La réforme de la magistrature inamovible;

5° La laïcité des écoles dans le personnel enseignant comme dans les programmes d'étude.

Républicain de la veille, vous m'avez soutenu aux heures du péril, et nous n'avons pas attendu le moment où la République était faite et affermie pour lui apporter notre mutuel concours.

Demain, comme hier, vous me trouverez donc marchant, avec vous, dans la voie des progrès et des réformes que la République ouvre devant elle avec autant de prudence que de fermeté.

BOUGUES (u.).

HAUTE-GARONNE. Saint-Gaudens (1re circ.). Inscr, 20,357.

Élu le 21 août 1881 par 9,969 voix contre 5,077 données à M. Lenglé, député sortant (B.).

34 ans, industriel, licencié en droit, sportsman.

Dans une réunion tenue à Saint-Gaudens, il s'est prononcé en principe contre la revision, pour la séparation de l'Église et de l'État.

BOUILLIEZ-BRIDOU (G.).

PAS-DE-CALAIS. Arras (1re circ.). — Inscr. 23,676.

Élu le 21 août 1881 par 11,136 voix contre 4,653 à M. Cavrois Lantoinc (M.) et 1,783 à M. Sens. Remplace M. Deusy, député sortant (C. G.).

68 ans, cultivateur, conseiller général de 1848 à 1852,

maire d'Haburcq sous l'empire, président de la société d'agriculture du Pas-de-Calais.

Dans sa profession de foi, il s'est prononcé pour la revision, avec modifications au recrutement du Sénat et a adopté le programme de la gauche.

BOULARD (u.) 868.

CHER. Bourges (2e circ.). — Inscr. 19,337.

Élu au scrutin de ballottage du 4 septembre 1881 par 6,514 voix contre 4,304 à M. Hemcry et 2,970 à M. Vaillant.

Né en 1825, avocat, ancien juge de paix, maire de Méhun, conseiller général, révoqué de ses fonctions de maire au 24 mai.

Élu en 1876, 2e circonscription de Bourges par 7,621 voix contre 3,962 données à M. Callande, de Clamecy, et 2,293 à M. Monnier.

Réélu en 1877 par 8,927 contre 5,856 à M. de Clamecy.

A la dernière Chambre, a voté *pour* : Mise accusat. Suppr. inamovib. Laïcité. Scrut. liste. Presse. Sém. soldats. Revision. Prop. Laisant Suppr. cultes.

Absent : Réunion. Suppr. cultes. Suppr. Vatican.

Voici sa profession de foi :

Depuis le 30 janvier 1879, c'est à tort que la République hésite et s'attarde dans la voie du progrès et des réformes.

Aussi, depuis cette date, je n'ai cessé de vouloir avec vous qu'elle marchât dans cette voie d'un pas ferme et résolu, qu'elle écartât énergiquement de son chemin tous les obstacles, toutes les entraves que le parti clérical, que la magistrature, que le Sénat se sont plu trop souvent à semer sous ses pas.

C'est pourquoi j'ai voté et je voterai contre le principe de l'inamovibilité de la magistrature ; c'est pourquoi j'ai voté et je voterai pour la continuation de la lutte engagée contre le parti clérical auquel, quoi qu'on en ait dit dans un récent discours, nous n'avons pas repris encore tout le terrain qu'il avait usurpé ; c'est pourquoi j'ai voté et je voterai pour toute proposition de revision de la Constitution de 1875 qui pourra être présentée par des députés républicains.

Il faut que le Sénat se transforme et seconde la Chambre, ou bien qu'il n'y ait plus de Sénat. Il faut que le parti clérical désarme et se soumette, ou bien, s'il persiste à tenter de faire échec à la Révolution au nom du *Syllabus* et du moyen âge, il faut que la République le réduise à l'impuissance. Dénonciation du Concordat, liberté des cultes, séparation de l'Église et de l'État avec toutes ses conséquences, aucune de ces mesures ne me fera reculer.

Je veux avec vous l'extension de plus en plus grande de l'instruction sous toutes ses formes et de sa gratuité à tous les degrés, et, dans ce but, que l'on continue à doter avec une libéralité toujours croissante le budget de l'instruction publique.

Je veux avec vous que l'on favorise le développement des associations ouvrières, ainsi que de toutes les institutions de crédit et autres, de nature à procurer l'amélioration de la condition matérielle et morale de l'ouvrier.

Je veux avec vous la laïcité des programmes et du personnel de l'enseignement;

L'instruction primaire obligatoire;

La réduction à trois ans du service militaire, obligatoire et égal pour tous;

L'abolition de l'impôt sur les vins :

L'émancipation des communes : l'heure de la majorité a sonné pour elles et la tutelle qu'elles subissent encore est aujourd'hui, bien plus souvent, une entrave qu'une protection.

Je veux avec vous que l'on continue et que l'on achève l'épuration du personnel des fonctionnaires hostiles et militants.

Je dois vous dire enfin que je suis l'adversaire décidé de ces théories qui se proposent de résoudre par la violence et la spoliation les questions sociales. Pénétré autant que qui que ce soit de cet esprit de justice et de solidarité fraternelle qui fait qu'on ne perd jamais de vue la cause du peuple, ses intérêts, ses besoins, ses droits, je suis l'ami de toutes les réformes, mais par la liberté, par la justice, par le progrès, par les moyens légaux, réguliers, pacifiques.

BOURGEOIS (L.).

VENDÉE. LA ROCHE-SUR-YON (2ᵉ circ.).
Inscr. 19,557.

Élu le 21 août 1881 par 9,465 voix contre 5,067 à M. Cancalon (R.).

Né en 1827, docteur-médecin, maire de la Verrie, conseiller général.

Membre de l'Assemblée nationale.

Élu en 1876 par 8,106 voix contre 3,273 à M. Dugast-Matifeux.

Réélu en 1877 par 9,505 voix contre 4,935 à M. de Grancourt.

A voté *pour* : Scrut. liste. Réunion. Presse.

Absent : Revision.

Contre toutes les autres propositions.

BOURGOING (de) (B.).

NIÈVRE. COSNE. — Inscr. 23,046.

Élu le 4 septembre 1881 au second tour par 6,866 voix contre 5,540 à M. Gambon.

Né à Nevers en 1827, écuyer de l'empereur, inspecteur des haras.

Élu au Corps législatif.

Prit part à la guerre, promu commandeur de la Légion d'honneur.

Élu en 1874 à l'Assemblée nationale, pour la Nièvre. Invalidé.

Élu en 1876 par 9,047 contre 8,583 à M. Massé.

Élu en 1877 par 9,725 contre 8,812 à M. Fleury. Invalidé, non réélu le 2 février 1879.

BOURRILLON (G.).

LOZÈRE. Mende. — Inscr. 13,305.

Élu le 21 août 1881 contre M. Monteils, député sortant (C. D.).

Né en 1841, à Mende, neveu de Th. Roussel, sénateur, s'est occupé d'agriculture, industriel, conseiller général.

Élu en 1876 par 5,586 voix contre 4,366 à M. de Ligonnés.

Échoua en 1877 et n'obtint que 3,218 voix contre 7,524 à M. Montesils, élu.

On lit dans sa profession de foi :

Malgré la pression la plus violente et la plus odieuse, la République est sortie triomphante d'une lutte dans laquelle tous les partis monarchiques coalisés avaient eu l'espoir de l'anéantir. Elle en est sortie également plus forte et elle a pu, grâce à la sagesse dont elle a fait preuve, prendre définitivement racine dans le pays.

Le parti républicain se compose aujourd'hui de l'immense majorité de la nation. Il reste ouvert à tous ceux qui viennent à lui franchement, loyalement; mais jamais il n'acceptera pour le représenter ceux qui ont consenti à se faire les complices des hommes du 16 mai. Les nouveaux élus du suffrage universel seront choisis parmi ceux qui, n'ayant jamais transigé avec leurs convictions politiques, comprennent que, tout en assurant à la République la stabilité, bien différente de l'immobilité, ils doivent entrer résolument dans la voie des réformes et des progrès réclamés par l'opinion publique, le seul guide qui doive les diriger.

BOUSQUET (U.) 363.

GARD. Nîmes (2° circ.). — Inscr. 25,726.

Élu le 21 août 1881 sans concurrent par 13,191 voix.

Né en 1839, fils d'un député sous Louis-Philippe et représentant à la Constituante, avocat à Nîmes, a été bâtonnier, conseiller général, sous-préfet du Vigan après le 4 septembre, donna sa démission pour s'engager dans les mobilisés du Gard :

Élu en 1876 par 14,009 voix contre 7,216 à M. Portalis.

Réélu en 1877 par 13,520 voix contre 7,438 à M. Portalis.

A voté *pour* : Scrut. liste. Mise accusat. Réunion. Suppr. inamovib. Laïcité. Presse. Sém. soldats. Révision. Prop. Laisant. Suppr. cultes. Suppr. Vatican.

BOUTEILLE (u.) 363.

BASSES-ALPES. Forcalquier. — Inscr. 10,806.

Élu le 21 août 1881 par 6,050 voix sans concurrent.

Né en 1825, grand propriétaire, avocat, maire de Manosque, révoqué après le 24 mai, vice-président du conseil général, échoua aux élections sénatoriales de janvier 1876.

Élu le 5 mars 1876 (ball.) pour l'arrondissement de Forcalquier par 4,339 voix contre 4,329 données M. de Salve

Réélu en 1877 par 4,909 voix contre 4,486 à M. de Salve.

Au cours de la dernière législature, il a voté *pour* : Mise accusat. Suppr. inamov. Presse. Sém. soldats. Prop. Laisant. Suppr. cultes. Suppr. Vatican.

Contre : Réunion.

Il s'est *abstenu* ou a été porté absent dans les autres votes.

BOUTHIER de ROCHEFORT (g.) 363.

SAONE-ET-LOIRE. Charolles (1re circ.). Inscr. 18,160.

Élu le 21 août 1881 par 7,696 voix contre 6,882 à M. de Rambuteau.

Né en 1814, propriétaire, agriculteur, conseiller général.

Élu en 1876 par 8,384 voix contre 5,434 à M. de La Guiche.

Réélu en 1877 par 8,178 voix contre 6,193 à M. Cheuseville.

Absent : Suppr. inamovib. Élection juges.

Abstenu : Sém. soldats.

A voté *contre* toutes les autres propositions.

N'a formulé aucun programme précis dans sa circulaire.

BOVIER-LAPIERRE (u.).

ISÈRE. Grenoble (2ᵉ circ.). — Inscr. 23,373.

Élu le 21 août 1881 par 12,283 voix contre 2,640 à M. Rossi (C.).
Remplace M. Anthoard, député sortant (R.). qui ne s'est
pas représenté.

45 ans, avocat à Grenoble, conseiller municipal, conseiller général, président du conseil d'administration du *Réveil du Dauphiné*

S'était porté il y a quelques mois à la Tour-du-Pin contre M. A. Dubost. qui ne l'avait battu que de quelques centaines de voix.

Il a accepté le programme de la démocratie radicale de Grenoble, partant s'est engagé sur l'honneur, à le soutenir.

En voici les termes :

1° Revision de la Constitution et rétablissement du scrutin de liste. Suppression du Sénat. Dans le cas où cette réforme serait impossible à obtenir, voter comme minimum les réformes suivantes :

Suppression de soixante-quinze inamovibles ;

Réforme de l'électorat établi au *prorata* de la population ;

Suppression du vote du budget par le Sénat;

Suppression du droit de dissolution de la Chambre ;

Nomination des sénateurs par le suffrage universel ;

2° Séparation de l'Église et de l'État, suppression du budget des cultes, dans le cas où cette question serait rejetée;

Maintien du budget, mais affectation des crédits aux communes, qui en disposeront comme elles l'entendront;

Maintien de l'interdiction d'acquérir;

Suppression de l'ambassade près le Vatican;

Service militaire pour les prêtres comme pour les autres citoyens;

Lutte contre le cléricalisme sur tous les terrains et par tous les moyens légaux possibles ;

3° Suppression de toutes les corporations religieuses ;

4° Instruction primaire, laïque, gratuite et obligatoire. Instruction gratuite à tous les degrés, pour les enfants qui auront montré des aptitudes ;

5° Service militaire égal pour tous les citoyens sans exception. Création dans tous les cantons et dans toutes les communes de bataillons d'enfants, tels qu'ils ont été constitués à Paris ;

6° Réforme de la magistrature. Suppression de l'inamovibilité ;

7° Revision du système d'impôt et meilleure répartition des charges publiques, notamment en ce qui concerne les octrois. Substitution d'un impôt plus équitable à l'impôt qui pèse sur les boissons. Suppression du timbre des quittances. Dégrèvement des impôts qui pèsent sur l'agriculture et l'industrie ;

8° Autonomie communale ;

9° Liberté complète de la presse ;

10° Création de caisses de retraite pour les invalides du travail;

11° Réduction et unification des tarifs de chemins de fer pour toutes les Compagnies;

12° Changement à bref délai de tous les fonctionnaires cléricaux et réactionnaires;

13° Incompatibilité des fonctions de député avec celles de conseiller général, conseiller municipal, etc. Liberté aux communes de rétribuer elles-mêmes les fonctions électives, si bon leur semble;

14° Réformes progressives, économiques et sociales;

15° Engagement pour le candidat, s'il est élu, de rendre compte de son mandat à toutes les sessions.

Inscrit à la gauche radicale.

BOYER (L.).

GARD. Nîmes (1re circ.). — Inscr. 22,193.

Élu le 21 août 1881 par 8,249 voix contre 6,049 à M. Roux (R.). et 1,648 à M. Mance.

Né en 1826, avocat, bâtonnier de l'ordre à Nîmes, membre de l'Assemblée nationale en 1871.

4

Élu en 1876 par 8,794 voix contre 5,857 à M. Mause et 1,472 à M. Pierre Baragnon.

Réélu en 1877 par 9,061 voix contre 7,427 à M. Manse.

A voté *pour* : Revision. Presse. Réunion.

Contre toutes les autres propositions.

BOYSSET (u.). 363.

SAONE-ET-LOIRE. CHALONS-SUR-SAONE (1re circ.).
Inscr. 18,160.

Élu le 21 août 1881 par 10,672 voix sans concurrent.

Né en 1817, avocat, procureur de la République en 1848, représentant à l'Assemblée nationale, emprisonné après le coup d'État, après le 4 septembre, maire de Châlon, commissaire du gouvernement pour l'organisation de la défense, publiciste, président du conseil général de Saône-et-Loire.

Élu en 1876 par 10,907 voix contre 4,636 à M. de la Chaise.

Réélu en 1877 par 12,022 voix contre 4,307 à M. Thénard.

Abstenu : Réunion. Revision. Prop. Laisant.

Absent : Suppr. cultes.

Contre : Scrut. liste.

A voté pour toutes les autres propositions.

Voici le passage saillant de sa profession de foi :

M. Boysset a formellement exprimé qu'il était partisan de la suppression radicale du Sénat. Aux grands maux les grands remèdes. Mais il n'a pas dissimulé toutes les difficultés qu'on rencontrera sur ce terrain et tout le temps qu'il faudra consacrer à la lutte.

Sur le scrutin de liste, M. Charles Boysset demande que la solution de cette question soit ajournée. Ce n'est pas là, a-t-il dit, une question de principes, mais simplement une question de procédure parlementaire qui n'est pas à sa place dans un programme de conceptions supérieures. Il serait donc inutile de se diviser sur ce point qui, pour le moment, doit être écarté. S'il a obtenu le scrutin d'arrondissement à la Chambre, c'est parce que sa conscience et la prudence lui commandaient d'agir ainsi.

BRAME (Georges) (B.).

NORD. LILLE (5° circ.). — Inscr. 22,850.

Élu le 21 août 1881 par 9,853 voix contre 8,807 à M. Bourgeois (R.).

Né en 1839, auditeur au Conseil d'État en 1866, chevalier de la Légion d'honneur pour sa conduite dans l'armée du Nord, conseiller général.

Élu en 1876 par 11,168 voix contre 6,294 à M. Desmazières.

Élu en 1877 par 11,314 voix contre 7,345 à M. Coget.

S'est abstenu sur le droit d'association, l'élection des juges.

A voté *pour* : Presse. Révision.

Contre toutes les autres.

N'a pas formulé de programme précis.

BRAVET (U.). 368.

ISÈRE. GRENOBLE (1re circ.). — Inscr. 19,920.

Élu sans concurrent le 21 août 1881 par 11,360 voix.

Né en 1820, licencié en droit, notaire, agriculteur, vive opposition sous l'Empire, maire en 1870, révoqué au 24 mai, vice-président du conseil général .

Élu en 1876 sans concurrent, par 11,550 voix,

Réélu en 1877 par 11,691 voix contre 4,390 à M. Gaillard.

A voté *pour* : Mise accusat. Laïcité. Sémin. soldats. Suppr. Vatican. Suppr. inamovib.

Contre : Scrut. liste. Réunion. Presse. Suppr. cultes.

Abstenu : Revision. Prop. Laisant.

Dans sa profession de foi, il promet de voter :

La revision de la Constitution en tant qu'elle portera sur le mode de votation pour l'élection du Sénat et la suppression des inamovibles.

La réforme de la magistrature et la suppression de l'inamovibilité.

Le service militaire obligatoire pour tous et réduit à 3 ans.

L'instruction primaire, gratuite et obligatoire ; l'instruction secondaire, gratuite pour les meilleurs élèves des écoles laïques et communales, le choix résultant du concours.

BRELAY (E. G.). 863.

SEINE. Paris, 2e arr. — Inscr. 15,833.

Élu le 21 août 1881 par 8,855 voix contre 611 données à M. Bazin, socialiste.

Né en 1817. Négociant. En 1848, commandant d'artillerie de la garde nationale. Premier adjoint au maire du 2e arrondissement pendant le siège.

Représentant de la Seine, à l'Assemblée nationale, par 98,248 voix.

Élu le 20 février 1876, par 7,963 voix contre 4,300 données à ses concurrents républicains.

Réélu au 14 octobre, sans concurrent, par 10,622 voix.

Il est porté comme ayant voté pour toutes les propositions dont la nomenclature est en tête du volume, sauf dans la question de suppression de l'ambassade du pape où il s'est abstenu.

M. Brelay a acccepté :

1° Revision de la Constitution ;
2° Suppression du Sénat ;
3° Séparation de l'Église et de l'État ;
4° Revendication des propriétés accordées au clergé ;
5° Laïcisation complète de l'enseignement.

Dans les réunions publiques, M. Brelay s'est déclaré, en outre, opposé au maintien d'un ambassadeur près du pape, partisan de la liberté de la presse. Il a demandé la suppression du vote au scrutin secret à la Chambre, le service militaire obligatoire, la réduction du service à trois ans, la suppression du volontariat, de l'inamovibilité de la magistrature, de l'élection des juges et de la gratuité de la justice, le divorce, le rétablissement des tours et la loi Raspail.

Est inscrit à l'extrême gauche, partisan du groupe ouvert.

BRESSON (u.) 363.

VOSGES. Mirecourt. — Inscr. 18,714.

Élu le 21 août 1881 par 9,982 voix contre M. Maurice Aubry (L.).

Né en 1826. Manufacturier. Maire à Monthureux. Révoqué au 24 mai. A battu M. Buffet aux élections législatives de 1876.

Conseiller général.

Élu en 1876, par 8,611 voix contre 7,038 à M. Buffet.

Réélu en 1877, par 9,719 voix contre 5,286 à M. Simonin.

S'est *abstenu* : Laïcité. Suppr. Vatican.

A voté *pour* inamov.

Contre toutes les autres propositions.

———

BRICE (René) (c. g.) 363.

ILLE-ET-VILAINE. Redon. — Inscr. 23,744.

Élu le 21 août 1881 sans concurrent par 11,461 voix.

Né en 1839. Avocat à Rennes, sous-préfet de Redon au 4 septembre, conseiller municipal de Rennes, conseiller général. A épousé la fille de Camille Doucet.

Élu en 1871, membre de l'Assemblée nationale. Élu le premier par 102,540 voix.

Élu en 1876, à la Chambre des députés, par 11,981 voix contre 5,836 données à M. Delavigne.

Réélu en 1877, par 12,345 voix contre 7,197 données à M. Gérard.

A voté *contre* toutes les propositions que nous avons énumérées.

A été élu à plusieurs reprises secrétaire de la Chambre.

———

BRIERRE (B.).

LOIRET. Pithiviers. — Inscr. 17,928.

Élu le 21 août 1881 par 7,506 voix contre 7,330 données à M. Dumesnil (R.).

Né en 1816. Commerçant, maire de Pithiviers dès 1862, décoré, conseiller général.

Élu en 1876, par 8,647 voix contre 5,782 au comte d'Harcourt.

Réélu en 1877, par 8,446 voix contre 6,961 à M. Dumesnil, rép.

A voté *pour* : Réunion. Presse. Revision.

Contre : Scrut. liste. Mise accusat. Suppr. inamovib. Prop. Laisant. Suppr. cultes.

Abstenu : Laïcité. Sém. soldats. Suppr. Vatican.

Dans sa profession de foi, il dit :

Et si, maintenant, vous me demandez mon programme politique je vous répéterai ce que je vous disais en 1877.

Partisan et défenseur du suffrage universel, je demanderai, quand le moment légal sera venu, de reviser la Constitution, que le pays soit directement consulté et fixe lui-même la forme de son gouvernement.

Cette doctrine est la mienne, mais je ne croirais nullement y déroger en votant les revisions partielles qui seraient proposées aux pouvoirs publics et sembleraient un hommage à la souveraineté du suffrage universel.

BRISSON (U.) 363.

SEINE. Paris, 10e arr. (2e circ.). — Inscr. 14,698.

Élu le 21 août 1881 par 8,757 voix contre 305 à M. Pieron.

Né en 1835, à Bourges. Avocat, journaliste, candidat républicain en 1869 dans le 9e arrondissement Adjoint au maire de Paris après le 4 septembre, démissionnaire le 31 octobre,

Élu membre de l'Assemblée nationale en 1871 pour le département de la Seine par 115,594 voix, il siégea à l'extrême gauche.

Prit une part active aux débats de la Chambre. S'est fait une place importante dans les discussions politiques. Présida l'union républicaine, vice-président de la Chambre des députés, puis président en novembre 1881, président du conseil général du Cher.

Élu en 1876, pour le 10e arrondissement, par 15,630 voix contre 4,452 à M. Dubail.

Réélu en 1877, par 18,719 voix contre 8,101 à M. de Humbourg.

S'est *abstenu* sur la question du droit de réunion et de suppression de l'ambassade près du Vatican ; *pour* toutes les propositions qui figurent en tête du volume.

Voici le programme rédigé par M. Brisson et que contenait sa profession de foi :

1° Revision de la Constitution. Le Sénat sera réformateur ou il ne sera pas ;

2° Liberté de presse, de réunion et d'association. La question des congrégations religieuses sera réglée dans la loi relative à la sécularisation des biens détenus par elles ;

3° Sécularisation des biens détenus par les congrégations de façon à les remettre dans la circulation ou à les affecter à des œuvres d'instruction, d'assistance publique et de prévoyance et, par exemple, à la dotation d'une caisse de retraite pour les ouvriers de l'agriculture et de l'industrie.

4° Séparation de l'Église et de l'État.

5° Réforme de la magistrature. Extension de la juridiction du jury. Extension de la compétence du juge de paix, afin d'avoir le juge voisin et la solution prompte, sans voyages coûteux ;

6° Instruction primaire gratuite, laïque et obligatoire.

Multiplication du nombre des bourses, de façon à permettre aux enfants reconnus méritants, après concours, de recevoir l'instruction secondaire et supérieure ;

Création d'un quatrième ordre d'enseignement, dit « primaire supérieur et professionnel » ;

7° Préparation de la jeunesse dans les écoles au service militaire.

Réduction de la durée de ce service à trois ans. Suppression du volontariat.

8° Extension des libertés municipales dans la mesure compatible avec l'unité nationale ;

9° Impôt sur le revenu. — Dégrèvements : 1° des impôts des boissons hygiéniques, et en général des impôts de consommation, de façon à supprimer, le plus rapidement possible, certains procédés vexatoires, tel que l'exercice ; 2° des droits de mutation sur les petites successions et sur les petites ventes. — Réduction des frais de justice ;

10° Établissement, pour les transports par chemin de fer, de tarifs à base kilométrique, avec taxe décroissante suivant la distance, applicables à toute station d'un même réseau. — Revision de tous les tarifs spéciaux contraires à ce principe ;

11° Recherche des moyens pratiques de créer une caisse de retraite pour les ouvriers de l'agriculture et de l'industrie.

BROSSARD (G.) 363.

LOIRE. Roanne (2° circ.). — Inscr. 21,735.

Élu le 21 août 1881 par 10,503 voix contre 265 à M. Calais, socialiste.

Né en 1839. Ingénieur civil, explora l'Algérie, maire en 1870, s'enrôla ; nommé commandant dans l'artillerie mobilisée de la Loire, maire révoqué au 24 mai, conseiller général.

Élu en 1876, par 10,680 voix contre 5,824 à M. Boullier.

Réélu en 1877, par 10,358 voix contre 6,737 à M. Boullier.

A voté *pour* : Mise accusat. Presse. Sém. soldats. Revision. Suppr. Vatican.

Contre : Scrut. liste. Réunion. Suppr. inamovib. Laïcité.

Abstenu : Revision. Prop. Laisant. Suppr. cultes.

Voici le passage important de sa circulaire :

Réclamer chaque jour tout le progrès que demande la moyenne de l'opinion dans la nation entière et aller à ce progrès d'un pas ferme et mesuré, sans commettre d'imprudence, sans impatience pour n'avoir pas à reculer.

Voter les lois qui tendront à affermir la République et à protéger dans chaque citoyen la liberté de sa personne, de sa pensée, de sa conscience et de son travail.

Réviser les lois constitutionnelles en ce qui concerne le mode de nomination des sénateurs, la durée du mandat et supprimer les inamovibles.

Réformer la magistrature.

Réduire à trois ans la durée du service militaire.

Persévérer dans la politique des dégrèvements, notamment diminuer l'impôt foncier.

BROUSSE (E. G.).

PYRÉNÉES-ORIENTALES. PERPIGNAN (2e circ. nouvelle). — Inscr. 12,398.

Élu le 21 août 1881 par 4,001 voix contre 2,326 à M. Ramon (U.).

35 ans, avocat, ancien marchand de jouets.

Voici un extrait de sa profession de foi :

Si j'avais l'insigne honneur, citoyens, d'être l'élu de la deuxième circonscription, je défendrais vos intérêts avec l'énergie d'un homme de 31 ans, qui, depuis sa majorité, soutient comme franc-maçon et libre-penseur, fils et neveu de proscrits, la cause du progrès démocratique.

Réclamer la suppression de toutes les institutions que la réaction nous a léguées et l'amélioration incessante du sort de la classe laborieuse, telle serait ma préoccupation constante.

Heureux si je pouvais faire entendre à la tribune même les volontés de mes commettants !

Dans quelques jours vous déposerez les bulletins de vote dans l'urne électorale. Si l'épreuve m'était favorable, je donnerais immédiatement ma démission de conseiller d'arrondissement et j'irais m'asseoir sur les bancs de l'extrême-gauche, auprès de mon ami et maître, le vénérable Louis Blanc.

Est inscrit à l'extrême gauche et partisan du groupe fermé.

BRUGÈRE (u.).

DORDOGNE. Ribérac, — Inscr. 24,464.

Élu le 21 août 1881 par 8,154 voix contre 8,104 données à M. Lanauve, député sortant (B.).

Propriétaire, conseiller général.

Voici sa profession de foi :

Ce qu'il faut, aujourd'hui, c'est conserver, réformer, demander : conserver les avantages acquis ; réformer ce qui est insuffisant ou mauvais ; demander les libertés que nous n'avons pas encore et sans lesquelles la République n'est qu'un mot.

Les intérêts qui me touchent le plus et que je connais le mieux sont ceux de l'agriculture. Tous mes efforts tendraient à lui assurer la protection à laquelle elle a droit, et à lui rendre la prospérité qu'une concurrence trop facile et des charges trop lourdes lui ont fait perdre.

Partisan, avant tout, d'une politique de paix, je veux cependant que mon pays soit en mesure de se faire respecter. Mais je demanderai que le service militaire soit obligatoire au même titre pour tous les citoyens ; qu'il soit réduit au plus petit nombre d'années possible, et que les hommes une fois libérés ne soient plus rappelés que si l'honneur de la France ou les besoins du pays l'exigent.

Des magistrats abrités derrière l'inamovibilité de leur charge ont pu se livrer à des actes scandaleux d'hostilité contre le gouvernement, sans être punis. L'égalité ne serait plus qu'un mot si cette institution n'était pas réformée.

Les charges qui pèsent sur la propriété foncière n'ont pas encore été diminuées, et cependant les changements opérés dans la fortune publique nécessitent l'examen immédiat de cette question et la revision de l'assiette de l'impôt.

Je considère le Sénat comme nécessaire au bon fonctionnement des institutions républicaines, mais avec une autre origine. Le mandat à vie, dans une démocratie, est une monstruosité. Comment admettre, d'autre part, que deux voix, dont l'une représente vingt-cinq électeurs et l'autre cinquante mille, pèsent du même poids dans la balance électorale ? La revision de la Constitution sur cet article et sur les attributions du Sénat est donc une nécessité.

Convaincu que les peuples sont grands en raison des libertés qu'ils possèdent, je demanderai la liberté absolue de conscience, la liberté absolue de la presse, la liberté d'association.

Enfin, je veillerai à ce que les faveurs ne soient plus accordées aux ennemis de la République, quand ses partisans les plus dévoués ne peuvent obtenir même que justice leur soit rendue.

BRUGNOT (G.).

VOSGES. ÉPINAL (1re circ.). — Inscr. 14,819.

Élu le 21 août 1881 par 7,785 voix, sans concurrent.

50 ans, ancien notaire, remplacé son beau-père, M. Jeanmaire, député sortant, républicain.

Son programme comprend les points suivants :

Indépendance de l'État vis-à-vis de l'Église, réforme de la loi électorale du Sénat et suppression des inamovibles, réforme judiciaire, réforme de l'impôt dans un sens démocratique, rétablissement du scrutin de liste, abolition du cumul.

BRUNEAU (G.) 363.

MAYENNE. MAYENNE (2e circ.). — Inscr. 21,401.

Élu le 21 août 1881 par 9,501 voix, sans concurrent.

Né en 1835, docteur en médecine, maire, conseiller général.

Élu au 2e tour en 1876 par 9,891 voix.

Réélu en 1877 par 9,001 voix contre 7,155 à M. Sablé.

Absent : Suppr. inamovib.

Abstenu : Laïcité.

Contre : Tous les autres votes.

BURY (u.).

MAINE-ET-LOIRE. Saumur. — Inscr. 28,088.

Élu le 21 août 1881 par 11,222 voix contre 10,890 à M. Berger,
député sortant (B.).

45 ans, docteur, conseiller général, membre de la chambre
d'agriculture, président du comice agricole, maire.

En 1876, il avait échoué avec 8,227 voix contre 12,423 à
M. Berger (2e tour).

Voici les principaux points de sa profession de foi :

Il reste beaucoup à faire à la Chambre que vous allez nommer
La réduction du service militaire à trois ans;

L'extension des lignes de chemins de fer, afin qu'il n'y ait pas,
comme dans notre arrondissement, des contrées entièrement oubliées;

Les lois complémentaires sur l'instruction publique;

Enfin tout cet ensemble de réformes et d'améliorations que comporte un programme sagement libéral et républicain.

Il est nécessaire aussi, comme le disait naguère le président
de la Chambre, d'introduire dans le régime électoral du Sénat et
dans ses attributions supérieures, des modifications qui le fortifient et lui donnent l'autorité et le prestige que de récentes mesures ont peut-être ébranlés.

Le pays veut la paix, le gouvernement de la République la veut
comme lui, et si j'étais élu par vous, le premier de mes devoirs
serait de le suivre dans cette voie. N'écoutez donc plus ceux qui
vous disent que la République veut la guerre. Ils vous trompent
comme ils vous trompaient autrefois quand ils vous disaient, en
1870 : L'Empire, c'est la paix.

M. Bury s'est fait inscrire à la gauche radicale, partisan du
groupe ouvert.

BUVIGNIER (u.).

MEUSE. Verdun. — Inscr. 22,454.

Élu le 4 septembre 1881 au scrutin de ballottage par 8,807 voix contre 8,023 à M. Salles (B.).

Remplace M. de Klopstein, député sortant (L.), qui ne s'était pas représenté.

Avocat, ancien sous-préfet de Montmédy, déporté en 1851.

Voici le passage important de sa circulaire :

Républicain de vieille date, j'ai toujours lutté pour le triomphe des principes proclamés par l'Assemblée constituante en 1789, pour l'égalité contre le privilège, pour la justice contre l'arbitraire, pour la liberté contre le despotisme.

Aujourd'hui, les temps héroïques sont passés, la République est fondée, la plupart de ses lois organiques sont votées, et la Chambre que vous allez nommer, moins absorbée par les grandes questions politiques que celle dont les pouvoirs vont expirer, pourra travailler au développement pacifique de nos nouvelles institutions, et réaliser ce que l'on a appelé *les réformes nécessaires*.

BUYAT (u.) 363.

ISÈRE. Vienne (1re circ.). — Inscr. 22,973.

Élu le 21 août 1881 sans concurrent par 10,520 voix.

Né en 1831, avocat à Lyon, secrétaire général de la préfecture de l'Isère au 4 septembre, maire de Chaponnay, président du conseil général.

Échoua aux élections de 1871 à l'Assemblée nationale.

En 1876, élu par 9,791 voix contre 5,754 à M. Thivollet.

En 1877, réélu par 13,434 voix contre 5,078 à M. Harel.

A voté *pour* : Scrut. liste. Mise accusat. Suppr. inamovib. Sém. soldats. Prop. Laisant. Suppr. Vatican.

Contre : Réunion. Laïcité. Presse. Supp. cultes.

Abstenu : Revision.

Il a accepté et signé le programme des délégués cantonaux qui comprend :

Révision de la Constitution dans le sens le plus démocratique et suppression du Sénat.
Réforme de la magistrature.
Suppression de l'inamovibilité.
Extension des pouvoirs des juges de paix.
Dissolution de toutes les corporations religieuses autorisées ou non.
Séparation de l'Église et de l'État.
Service militaire obligatoire et égal pour tous, trois ans au plus.
Rétablissement du scrutin de liste.
Instruction laïque obligatoire et gratuite à tous les degrés après concours constatant l'aptitude des élèves.
Loi sur les récidivistes; application de la déportation à la troisième condamnation.
Liberté absolue de la presse et de réunion.
Liberté d'association avec garantie par l'État.
Révision du cadastre.
Impôt sur le revenu.
Suppression du cumul.
Remplacement des fonctionnaires hostiles, etc.

CADUC (u.).

GIRONDE. La Réole. — Inscr. 17,418.

Élu le 21 août 1881 par 6,786 voix contre 5,619 voix données à M. Joinville-Gauban (B.).
M. Robert Mitchell, député sortant (B.), s'était retiré.

Avocat, victime du coup d'État.
Élu à l'Assemblée nationale le 21 octobre 1872 par 66,308 voix.
Candidat malheureux en 1876, il réunit 5,807 voix contre 7,703 voix données à M. Robert Mitchell, élu.
Élu dans la 2e circonscription de Bordeaux, le 27 janvier 1878, en remplacement de M. Mie, décédé, par 5,008

voix contre 3,242 à M. Delbey, 2,695 à M. Steeg et 1,573 à M. Chavanty (2º tour).

Vota *pour* : Laïcité. Presse. Sém. soldats. Prop. Laisant. Suppr. Vatican.

Contre : Scrut. liste. Mise accusat.

Abstenu : Réunion. Suppr. inamovib. Revision. Supp. cultes.

Extrait de sa profession de foi :

Vos représentants vous ont donné une nouvelle loi sur l'enseignement primaire : l'instruction, désormais, est gratuite dans tous les villages de France, sans que les charges communales en soient le moins du monde aggravées. Cette loi sera complétée par l'obligation et la laïcité déjà votées par la Chambre des députés. Ainsi disparaît la domination de l'église sur l'école, ainsi se trouve établie la véritable liberté des pères de famille. La république met chacun à sa place : le prêtre dans son église, l'instituteur dans son école, le maire à la mairie. A ces conditions l'ordre est assuré.

Tout en respectant la religion, je serai toujours opposé aux empiètements cléricaux. Mon vote est acquis, au contraire, à toutes les mesures démocratiques; et je n'oublierais pas, si j'étais votre élu, que mon appui serait surtout dû aux intérêts agricoles dont je deviendrais le représentant.

Je veux la réduction du service militaire à la plus courte durée possible, et je le veux obligatoire pour tous.

Je veux l'abaissement à 10 francs du permis de chasse, étant bien convaincu que cette réforme aurait le double avantage de donner satisfaction à un grand nombre d'entre vous, et d'augmenter les revenus de l'État et des communes.

Je veux surtout le remaniement des impôts dans un sens largement libéral. Il faut notamment que l'impôt des boissons soit absolument réformé, en attendant que l'état de nos finances nous permette de le supprimer.

Je veux enfin que les premiers excédents disponibles soient consacrés au dégrèvement de l'impôt foncier, en tant qu'il frappe les propriétés non bâties. C'est une réforme impatiemment attendue, qui sera votée à bref délai. Les campagnes sont trop éprouvées pour qu'on leur refuse plus longtemps justice.

M. Caduc s'est fait inscrire à la gauche radicale.

CAMESCASSE (u.).

FINISTÈRE. Brest (1re circ.). — Inscr. 20,223.

Élu au second tour du scrutin le 4 septembre 1881 par 5,025 voix
contre 2,896 à M. de Gasté, député sortant (R.).

Avocat, magistrat, ancien préfet, ancien directeur au ministère de l'intérieur, préfet de police.
Avait décliné la candidature qui lui était offerte.

Après l'élection, il a résumé ainsi son programme
dans une réunion de ses électeurs à Brest :

Revision de la Constitution, en ce qui touche le mode de recrutement du Sénat;
Maintien énergique de la trilogie des lois d'instruction : obligation, gratuité, laïcité;
Répression des écarts du cléricalisme et réforme de la magistrature.
Quant à la question de savoir si les fonctions de député sont
compatibles avec celles de préfet de police, M. Camescasse a déclaré « qu'il se considère comme un soldat en faction à un poste
d'honneur et de péril, et qu'il le gardera tant que le gouvernement
de la République aura besoin de lui ».

CANTAGREL (e. g.) 868.

SEINE. Paris, 13e arr. — Inscr. 16,276.

Élu le 21 août 1881 par 8,417 voix contre 1,699 à M. Martin,
intransigeant.

Né en 1810, avocat, journaliste.
Élu en 1849, condamné à la déportation pour l'affaire du
13 juin.
Amnistié en 1859, échoua en 1869 comme candidat lé-
gislatif.
Conseiller municipal de Paris en 1871.

Élu en 1876 pour le 13e arrondissement, au 2e tour de scrutin, par 5,596 voix.

Réélu en 1877 par 8,327 voix.

A voté *pour* toutes les propositions qui figurent en tête du volume.

A adopté le programme suivant :

Suppression de la présidence.
Gratuité de la justice.
Égalité absolue des enfants devant l'instruction.
Rétribution de toutes les fonctions électives.
Personnalité civile des chambres syndicales.
Suppression des livrets ouvriers.
Révision de la loi sur les prud'hommes.

Inscrit à l'extrême gauche. Partisan du groupe fermé.

CARNOT (Sadi) (G.) 363.

COTE-D'OR. Beaune (2e circ.). — Inscr. 15,617.

Élu sans concurrent le 21 août 1881 par 9,038 voix.

Né en 1837, fils de sénateur, petit-fils de général, élève de l'École polytechnique, sorti le premier à l'École des ponts et chaussées, ingénieur à Annecy de 1864 à 1870.

En 1870, il fut nommé commissaire extraordinaire dans la Seine-Inférieure, l'Eure, le Calvados et préfet de la Seine-Inférieure.

Élu à l'Assemblée nationale en 1871 par la Côte-d'Or.

En 1876, élu par la 2e circonscription de Beaune, avec 7,058 voix contre 3,805 à M. Benoist-Champy.

Réélu en 1877 par 7,534 voix contre 5,324 à M. Benoist-Champy.

Secrétaire de la Chambre, membre de la commission du budget, sous-secrétaire d'État, puis ministre des travaux publics, vice-président du conseil général.

Pendant la dernière législature, il a voté :

Contre : Mise accusat. Réunion. Supp. inamovib. Laïcité. Presse. Sém. sold. Revision. Suppr. cultes. Supp. Vatican.

Voici le passage important de sa circulaire :

Une nation recule quand elle n'avance plus.

La démocratie française compte sur un avenir de progrès; elle veut des réformes dans l'ordre judiciaire et politique, dans l'ordre économique et commercial, dans l'ordre militaire et financier. Ces réformes sont nécessaires, ces progrès s'imposent.

Vous avez à choisir les hommes qui auront charge de les réaliser, et vous leur donnerez mandat de marcher en avant avec résolution, sans compromettre les résultats acquis, de préparer d'accord avec le Sénat, où le renouvellement partiel va bientôt créer une forte majorité, les améliorations que commande l'expérience dans notre loi fondamentale.

———

CASIMIR PÉRIER (G.) 363.

AUBE. Nogent-sur-Seine. — Inscr. 10,082.

Élu le 21 août 1881 par 7,304 voix contre 2,431 à M. Peigné-Crémieux (E. G.).

Jean-Casimir Périer est né à Paris en 1847, fils de l'ancien ministre dont il a été chef de cabinet. Pendant la guerre, il a été mis à l'ordre du jour de l'armée, comme capitaine des mobiles de l'Aube, décoré à Bagneux; conseiller général.

Élu en février 1876 par 6,989 voix, sans concurrent.

Réélu en 1877 par 6,415 voix contre 3,403 données à M. Walekenaer.

Il a été quelque temps sous-secrétaire d'État, rapporteur de la commission chargée d'examiner l'une des dernières propositions d'amnistie. Il a conclu au rejet.

Il a voté *pour : Scrut. liste.*

A voté *contre* et s'est *abstenu* sur toutes les autres propositions.

Dans sa circulaire de 1881, il a formulé son opinion sur les principales questions à l'ordre du jour ; il a conclu ainsi :

Les mandataires que vous allez choisir devront continuer de mettre les lois en harmonie avec la société moderne, réorganiser la magistrature, défendre les prérogatives du pouvoir civil, garantir la liberté de conscience, établir une plus équitable répartition des charges publiques.

Je suivrai toujours cette méthode politique qui oppose la réforme à la révolution, mais qui n'aspire pas à satisfaire toutes les impatiences, qui n'attaque pas toutes les questions à la fois, qui s'attache moins aux formules qu'aux faits, qui ne se borne pas à montrer le but, mais qui trace le chemin pour y parvenir.

La revision de la Constitution n'est pas, à mes yeux, une arme faite pour détruire ou bouleverser la Constitution tout entière. Partisan résolu de deux Chambres, je voterais une modification à la loi électorale du Sénat pour fortifier son autorité et assurer l'accord des pouvoirs publics.

Je ne saurais, dans les étroites limites qui me sont imposées, signaler toutes les mesures législatives, indiquer toutes les solutions auxquelles je suis prêt à donner mon concours.

———————

CASIMIR PÉRIER (P.) (G.).

SEINE-INFÉRIEURE. Le Havre (2ᵉ circ.). Inscr. 11,943.

Élu le 21 août 1881 par 4,477 voix contre 4,328 à M. Dubois (Réac.).

Propriétaire, conseiller général, frère de l'ancien ministre de M. Thiers.

En 1877, échoua avec 4,502 voix contre M. Dubois, 4,954.

Élu le 7 juillet 1878 en remplacement de M. Dubois, invalidé, par 5,014 voix contre 3,132.

A voté *pour* : Suppr. inamovib. Scrut. liste.

Contre : Mise accusat. Réunion. Laïcité. Presse. Sém.

soldats. Revision. Prop. Laisant. Suppr. cultes. Supp. Vatican.

Voici la partie saillante de sa circulaire :

La législature qui va bientôt disparaître a fait de grandes choses. Elle en a commencé d'autres qu'achèvera le nouveau Parlement.

La loi sur l'enseignement, déjà votée deux fois par la Chambre, recevra bientôt l'adhésion du Sénat.

L'instruction est la première des obligations du pays; elle est le droit de l'enfant et le devoir du père, et la liberté du père de famille ne doit pas plus aboutir à priver d'aliment l'esprit de l'enfant qu'à refuser la nourriture au corps.

La grande institution de la magistrature profitera la première d'une réforme que les esprits les plus sages ont proclamée nécessaire; pour oublier des écarts déplorables, il faut en prévenir le retour.

Le service militaire sera constitué démocratiquement et sa durée restreinte autant qu'elle resterait compatible avec la solide organisation de l'armée. L'impôt du sang, le plus noble de tous, ne fera distinction du riche ni du pauvre. Aucune atténuation n'y peut être admise, autres que celles commandées par des nécessités publiques impérieuses.

La question ouvrière a fait de grands pas depuis quatre ans. Le travailleur sait que, dans la République affermie, ses droits, sa liberté, sa part d'influence et d'action, c'est-à-dire, en somme, son bien-être et son avenir, sont et seront chaque jour davantage, et par lui-même, respectés, assurés, garantis.

Il faut que le capital soit de plus en plus accessible à tous et que de bonnes lois économiques en favorisent, ainsi que du travail, l'accroissement, la diffusion et la sécurité.

Le rôle de l'État est, en cette matière, de concilier, d'aider et d'encourager; celui du député, son honneur, son premier devoir au dedans, c'est de rechercher les moyens les plus propres à rendre le travail, en tout et partout, abondant, libre, digne et fécond.

CASSAGNAC (de) (Paul) (B.).

GERS. Mirande. — Inscr. 23,975.

Élu le 21 août 1881 par 11,034 voix contre 8,811 données
à M. de Montbello.

M. Georges de Cassagnac, député sortant (B.), s'était retiré devant
son frère.

Né en 1843, journaliste, rédacteur en chef du *Pays*, dé-
coré en 1868, engagé volontaire en 1870, prisonnier à
Sedan, président du conseil général du Gers, maire de
Plaisance.

Élu en 1876 député de Condom par 9,818 voix contre
6,917 à M. Lacroix.

Réélu en 1877 à Condom par 10,896 voix contre 6,759 à
M. Lacroix.

Invalidé et réélu le 2 février 1879 par 9,563 voix contre
8,628 au docteur Lannelongue.

A voté *pour* : Scrut. liste. Réunion. Prop. Laisant. Revision.

Contre : Mise accusat. Suppr. inamovib. Laïcité. Presse.
Sém. soldats. Suppr. Vatican.

Abstenu : Suppr. cultes.

Extrait de sa profession de foi :

M. de Cassagnac se pose comme candidat de la haine contre la
République, laquelle « campe parmi nous comme une faction, une
horde ravageant, détruisant, persécutant tous ceux qui ne pensent
pas comme elle ».

CASSE (Germain) (E. G.) 363.

SEINE. Paris, 14e arr. — Inscr. 18,436.

Élu le 21 août 1881 par 7,085 voix contre 3,125 à M. Alp. Humbert.

Né à la Pointe-à-Pitre en 1837, fit son droit, exclu de
toutes les Facultés à la suite du congrès de Liège, journaliste.

Élu en 1873 à l'Assemblée nationale pour la Guadeloupe, siégea à l'extrême gauche, vota néanmoins la Constitution.

Élu en 1876 pour le 14ᵉ arrondissement de Paris, au 2ᵉ tour, par 7,651 voix contre 1,479 à M. G. Lachaud.

Réélu en 1877 par 9,009 voix contre 1,419 à M. Lachaud.

S'est *abstenu :* Prop. Laisant.

A voté *pour :* Toutes les autres propositions en tête du volume.

Le programme du comité, accepté par M. Germain Casse, porte :

La revision de la Constitution.
La suppression du Sénat.
Le rétablissement du scrutin de liste.
La suppression de la magistrature.
La magistrature élective.
Les franchises municipales.
La séparation des Églises et de l'État.
La suppression des congrégations.
Le rachat des chemins de fer par l'État.
L'impôt sur le revenu, etc.

Inscrit à l'extrême gauche. Partisan du groupe ouvert.

CASSOU (G.).

BASSES-PYRÉNÉES. Pau (2ᵉ circ.). — Inscr. 17,100.

Élu le 21 août 1881 par 7,732 voix contre 6,045 à M. d'Ariste, député sortant (B.).

Avocat, conseiller général.

CAURANT (C.).

FINISTÈRE. Chateaulin (1ʳᵉ circ.). — Inscr. 15,681.

Élu le 21 août 1881 par 5,956 voix contre 4,756 données à M. Guermeur (C.).

Conseiller général, ancien sous-préfet.

Élu le 31 octobre 1880, en remplacement de M. de Pompery, décédé.

A voté *contre :* Presse. Sém. soldats. Revision. Prop. Laisant. Suppr. cultes. Suppr. Vatican. Scrut. liste.

Abstenu : Supp. inamovib.

Pas député lors des deux premiers votes.

Circulaire anodine ne donnant son opinion sur aucune des questions à l'ordre du jour.

CAVALIÉ (u.) 363.

TARN. Albi. — Inscr. 29,603.

Élu le 21 août 1881 par 14,470 voix, sans concurrent.

Né en 1831 à Albi, licencié en droit, notaire, ancien maire d'Albi, révoqué par M. de Broglie, conseiller général.

Élu en 1876 par 11,126 voix contre 10,353 à M. Gorsse.

Échoua en 1877 avec 11,618 voix contre 11,760 voix à M. Gorsse.

Après invalidation de ce dernier, réélu sans concurrent le 27 janvier 1878 par 14,222 voix.

A voté *pour :* Scrut. liste. Mise accusat. Presse.

Abstenu : Sém. soldats. Prop. Laisant.

Contre : Toutes les autres propositions.

Voici le programme du comité républicain d'Albi qui a soutenu sa candidature.

C'est ainsi qu'il est urgent de réformer les bases constitutives du collège sénatorial, en y donnant aux communes une représentation proportionnée à leur importance. Il n'est pas rationnel qu'un quart du Sénat se perpétue à vie, tandis que les trois autres quarts sont soumis à une réélection périodique. Nous admettons que nos sénateurs procèdent eux-mêmes au choix d'un certain nombre d'entre eux, mais à la condition que leurs élus soient assujettis aux mêmes règles de renouvellement que les élus de la nation.

Jamais un gouvernement n'a supporté, comme le nôtre, des fonctionnaires d'une hostilité notoire et déclarée. C'est une coupuble faiblesse qui pourrait devenir funeste à la République et qui doit cesser promptement, surtout dans l'ordre administratif.

Il faut donc que l'inamovibilité soit suspendue, non pour frapper d'ostracisme tout ce qui ne sera pas républicain, mais pour écarter du prétoire de la justice tous ceux que les passions de parti pourraient mener à l'injustice.

Pas plus que la magistrature, le clergé ne peut prétendre s'affranchir du respect dû aux institutions que le pays s'est librement données. Il est nécessaire qu'un gouvernement ferme, tout en respectant scrupuleusement la liberté de conscience et en pratiquant la plus large tolérance, exige à l'avenir la soumission du clergé aux lois et aux pouvoirs de l'État.

S'il est une obligation devant laquelle il ne doive pas y avoir de privilégiés, c'est le service militaire. Nous estimons que tous, sans exception, doivent y être soumis.

Sous un régime démocratique et de suffrage universel, l'instruction primaire doit être gratuite, laïque et obligatoire.

La gratuité est un fait accompli. La Chambre avait voté, tout récemment, la laïcité et l'obligation. Cette précieuse réforme est venue échouer devant le Sénat. Nos nouveaux députés auront pour devoir de reprendre avec fermeté le projet de leurs prédécesseurs.

Il y aurait beaucoup à dire en matière d'impôts. Surtout et avant tout, la nouvelle Chambre devra poursuivre le dégrèvement des produits de consommation et de nécessité première.

Quant à la politique extérieure, la République ne saurait rechercher ni conquêtes ni aventures militaires. Le développement de sa prospérité intérieure. c'est là sa principale préoccupation, mais sans abdiquer la légitime influence à laquelle elle a droit parmi les nations.

La France veut la paix, mais non sans dignité et sans grandeur.

CAYRADE (u.).

AVEYRON. VILLEFRANCHE (2ᵉ circ.). — Inscr. 17,481.

Élu le 21 août 1881 par 6,910 voix contre 6,648
à M. Mandagat (R.).
Remplace M. Medal, député sortant (U.), qui s'était retiré.

Docteur en médecine, maire de Decazeville, conseiller général.

Dans sa profession de foi, il s'exprime ainsi :

Je veux une République avançant pas à pas et réforme par réforme dans les voies de la démocratie, rassurant ainsi tous les intérêts, et donnant ainsi par sa stabilité un nouvel essor à l'agriculture, au commerce et à l'industrie.

Je suis partisan de la diffusion la plus complète de l'instruction à tous degrés; le parlement a voté la gratuité absolue, l'obligation en est la conséquence inévitable.

Je suivrai le gouvernement dans cette voie, laissant aux conseils municipaux le droit de choisir le mode d'instruction qui leur conviendra.

_____

CAZAUVIEILH (U.).

GIRONDE. BORDEAUX (5e circ. nouvelle). Inscr. 26,506.

Élu au scrutin de ballottage du 4 septembre 1881 par 10,627 voix contre 5,571 données à M. Larieu (L.).
Remplace M. Trarieux, député sortant (G.), qui s'est retiré après le premier tour.

50 ans, maire de Salles, propriétaire, conseiller général depuis 1870.

Voici sa profession de foi :

J'appartiens à cette phalange d'avant-garde qui n'a pas attendu la chute de l'empire pour le combattre : ma candidature est franchement républicaine, elle a aussi un caractère spécial : elle est *rurale*.

J'approuve la liberté de la presse, la liberté de réunion,

J'aspire à la liberté d'association; des garanties me paraissent cependant nécessaires contre les congrégations religieuses, dont la libre expansion serait un danger sérieux pour la société civile; je suis respectueux de la religion, mais *anticlérical*.

Partisan du libre-échange, je m'inspirerai de ce principe si je suis appelé à discuter les traités de commerce; sur cette question, mes votes au conseil général ont toujours confirmé la sincérité de mes convictions.

Aujourd'hui que la loi sur la gratuité de l'instruction primaire est promulguée, je considère l'obligation et la laïcité comme un complément indispensable.

J'ajoute à ce programme l'égalité du service militaire pour tous les citoyens sans exception, et la réduction de sa durée dans les limites compatibles avec la sécurité nationale.

J'adhère à la réforme des impôts indirects, dont le mode de perception est vexatoire, et je m'appliquerai de tout mon pouvoir à diminuer les charges qui pèsent sur l'agriculture.

L'inamovibilité des fonctions me paraît en contradiction flagrante avec le suffrage universel.

D'une manière générale, je voudrais que la législation fût mise en harmonie avec les progrès de la société moderne, et si j'ai l'honneur d'être votre député, j'irai m'asseoir sur les bancs de l'Union républicaine.

Inscrit à la gauche radicale.

CAZE (E.) 368.

HAUTE-GARONNE. Villefranche. — Inscr. 17,064.

Élu le 21 août 1881 par 7,309 voix contre 6,536 à M. d'Ayguesvives.

Né en 1839 à Toulouse, avocat, conseiller général.

Élu en 1876 par 6,712 voix contre 6,376 à M. Montané.

Battu en 1877 par M. Lamothe, cons., 7,135 voix contre 7,142.

Réélu après l'invalidation de ce dernier par 8,368 voix contre 7,189.

A voté *pour* : Scrut. liste.

S'est *abstenu* : Suppr. Vatican.

Contre : Revision.

Dans les réunions publiques, on lui a reproché sa pusillanimité et il a promis d'accentuer ses votes.

Sous-secrétaire d'État à l'agriculture sous le cabinet Gambetta.

CAZEAUX (B.).

HAUTES-PYRÉNÉES. Tarbes (1ʳᵉ circ.).
Inscr. 16,530.

Élu le 21 août 1881 avec 6,527 voix contre 6,124 à M. Fourcade (R.).

Né en 1835, avocat en 1868, substitut à Paris, révoqué au 4 septembre, capitaine des mobiles des Hautes-Pyrénées.

Élu le 5 janvier 1875, membre de l'Assemblée nationale, maire de Benac, conseiller général.

Élu en 1876 par 8,250 voix contre 4,690 à M. Candelle Bayle.

Réélu en 1877 par 8,277 voix contre 5,262 à M. Martial Basile.

A voté *pour* : Scrut. liste. Réunion. Presse.

Abstenu : Revision. Prop. Laisant.

Contre : toutes les autres propositions.

CHABRIE (U.) 363.

TARN-ET-GARONNE. Moissac. — Inscr. 17,728.

Élu le 21 août 1881 par 7,521 voix contre 7,341 à M. Trubert, député sortant (C. D.).

Né en 1823, avocat, ancien maire de Moissac, révoqué au 24 mai, conseiller général depuis 1848.

Élu en 1876 par 7,477 voix contre 7,034 à M. Brassier.

Échoua en 1877 avec 6,434 voix contre 8,630 à M. Trubert. Après invalidation de ce dernier, échoua avec 6,976 voix contre 7,772 à M. Trubert.

CHAIX (G.) 363.

HAUTES-ALPES. GAP. — Inscr. 18,054.

Élu le 21 août 1881 sans concurrent, par 9,930 voix.

Né en 1822, avocat à Gap, fils d'un député à la Constituante, il fut lui-même envoyé à la Législative en 1849, préfet des Basses-Alpes au 4 septembre 1870, conseiller général.

Élu le 8 février 1871 à l'Assemblée nationale et fut invalidé à raison de ses fonctions. M. Thiers le maintint à son poste. Il fut révoqué au 24 mai.

Élu le 20 février 1876 par 10,962 voix, sans concurrent.

Réélu le 27 janvier 1878, après invalidation de M. Bontoux, par 8,622 voix contre 3,214 donnés à M. Bontoux.

A la dernière législature, il a voté :

Pour : Prop. Laisant. Scrut. liste. Mise accusat.

Contre : Réunion. Suppr. inamovib. Presse. Revision. Suppr. cultes. Suppr. Vatican.

Il s'est abstenu dans les autres votes.

CHALAMET (G.) 363.

ARDÈCHE. PRIVAS (1re circ.). — Inscr. 17,298.

Élu le 21 août 1881 contre M. Jules Roche (Rad.).

Né en 1822, élève de l'Ecole normale, professeur, décoré, conseiller général.

Échoua aux élections législatives en 1871.

En 1876, il fut élu par 9,201 voix, sans concurrent.

En 1877, par 9,411 voix contre 4,791 données à M. Chevreau.

A la Chambre dernière, il a voté :

Pour : Mise accusat. Scrut. liste. Laïcité.

Contre : Revision. Prop. Laisant. Suppr. cultes.

Il s'abstint sur les autres questions.

Dans une réunion tenue le 10 août 1881 à Chommerac, M. Chalamet a admis la revision pour modifier le système électoral du Sénat. La séparation de l'Église et de l'État est pour lui un idéal vers lequel on doit tendre, mais qu'il serait dangereux de voter aujourd'hui. Subordination des Églises à l'État.

CHANTEMILLE (u.) 363.

ALLIER. Montluçon (1re circ.). — Inscr. 19,274.

Élu le 21 août 1881 par 7,403 voix contre 4,219 à M. Boursier.

Né en 1827, négociant à Montluçon, maire de cette ville après le 4 septembre, président du conseil général.

Élu le 20 février 1876 par 8,312 voix contre 4,516 à M. Fould.

Réélu en 1877 par 7,200 voix contre 5,939 à M. Mony.

Au cours de la dernière législature, il a voté :

Pour : Mise accusat. Scrut. liste. Presse. Sém. soldats. Prop. Laisant.

Contre : Réunion. Revision. Laïcité.

CHARMES (Francis) (c. g.).

CANTAL. Murat. — Inscr. 9,043.

Élu le 21 août 1881 par 4,207 voix, en remplacement de M. Tessier, député sortant (C. G.).

33 ans, élève de l'École normale, rédacteur des *Débats* puis ministre plénipotentiaire.

Dans sa profession de foi, M. Charmes s'exprime ainsi :

J'ai travaillé à la fondation de la République. J'ai lutté avec quelque honneur contre ses adversaires. Nous avons triomphé. Il s'agit maintenant de mettre nos lois en rapport avec la forme du gouvernement, d'accomplir les grandes réformes démocratiques, do marcher hardiment dans la voie du progrès, et de l'ouvrir à tous en répandant à flots l'enseignement dans nos campagnes.

CHAUVEAU (Franck) (G.) 363.

OISE. Senlis. — Inscr. 24,548.

Élu le 21 août 1881 par 12,228 voix contre 5,344 à M. Pascal Duprat.

Avocat, conseiller général.

Élu le 1er octobre 1876 en remplacement de M. Sebert, décédé, par 10,022 voix contre 9,699 à M. Picard.

Réélu en 1877 par 11,558 voix contre 9,888 à M. Picard.

Absent : Suppr. inamovib.

Contre : toutes les autres propositions.

Sa profession de foi renferme le passage suivant :

La prochaine Chambre devra poursuivre cette œuvre ; compléter nos libertés si nécessaires par une loi sur le droit d'association, et aborder les mesures de réorganisation intérieure : simplifier les rouages administratifs du pays, codifier nos lois municipales, réformer notre organisation judiciaire sur des données plus démocratiques, mais sans porter atteinte à l'indépendance des juges et aux droits des citoyens ; développer l'enseignement secondaire et l'enseignement professionnel, corriger les imperfections et les lacunes que le temps et la pratique ont révélées dans nos lois civiles, criminelles et commerciales ;

Au point de vue économique :

Continuer les grands travaux publics, chemins de fer, ports, routes et canaux, améliorer notre système d'impôts, réformer notamment l'impôt sur les boissons, multiplier les institutions de prévoyance pour les ouvriers industriels et agricoles ; établir, tant par des dégrèvements que par d'autres mesures législatives et sans grever l'alimentation populaire, l'égalité entre l'agriculture et l'industrie ;

Au point de vue militaire :

Achever nos lois d'organisation, rendre l'égalité complète entre les citoyens, soit en supprimant le volontariat, soit en le rendant gratuit et pour tous sans acception de fortune ; réduire à trois ans la durée du service dès que la formation des cadres permettra de le faire sans danger pour la sûreté du pays.

CHAVANNE (Marius) (E. G.).

LOIRE. Saint-Étienne (3e circ.). — Inscr. 21,958.

Élu au scrutin de ballottage du 4 septembre 1881 par 5,726 voix contre 5,407 données à M. Richarme, député sortant (G.).

30 ans, maire de Saint-Chamond, représentant de commerce.

Inscrit à l'extrême gauche. Ne s'est pas prononcé sur la question de fermeture du groupe.

CHAVANNE (E. G.).

RHONE. Lyon (4e circ.). — Inscr. 28,223.

Élu le 21 août 1881 par 11,356 voix contre 3,385 à M. Milleron (R.).

Docteur en médecine.

Élu le 29 septembre 1878 par 8,756 voix contre 3,100 à M. Habeneck et 1,286 à M. Castenier.

A voté *contre* : Réunion.

S'est *abstenu* sur : Revision. Prop. Laisant.

A voté *pour* : toutes les autres propositions.

A adopté le programme rédigé par le comité central et dont on trouvera le texte à la biographie de M. Ballue.

Inscrit à l'extrême gauche. Ne s'est pas prononcé sur la question de fermeture du groupe.

CHAVOIX (Henri) (U.).

DORDOGNE. Périgueux (2e circ.). — Inscr. 14,440.

Élu le 4 septembre 1881 par 7,958 voix contre 2,798 à M. de Lestrade (L.).

En remplacement de M. Chavoix, son oncle, décédé.

CHENEAU (u.).

CHER. Bourges (1re circ.). — Inscr. 21,320.

Élu au scrutin de ballottage par 8,316 voix contre 7,886 au prince d'Arenberg, député sortant (L.).

Conseiller général, décoré.

Dans sa circulaire il se prononce :

Pour l'instruction laïque, gratuite et obligatoire et la revision. Inscrit à la gauche radicale.

CHEVALLAY (G.).

SAVOIE. Chambéry (1re circ.). — Inscr. 19,219.

Élu le 21 août 1881 par 10,357 voix, sans concurrent.

Élu le 22 août 1880 avec 10,000 voix, en remplacement de M. Parent, nommé sénateur. Conseiller général.
S'est *abstenu :* Sur suppr. cultes. Suppr. Vatican.
A voté *pour :* inamovib. Presse. Prop. Laisant. Bourses.
Contre : Toutes les autres.

CHEVANDIER (u.) 363.

DROME. Die. — Inscr. 19,103.

Élu le 21 août 1881 par 10,316 voix contre 3,453 données à M. de Gaillac-Bancel.

Né à Serres (Hautes-Alpes) en 1822, docteur en médecine, membre de l'Assemblée nationale en 1871, conseiller général.
Élu en 1876 par 16,446 voix contre 5,395 données à M. de Courcelles.
Réélu en 1877 par 11,055 contre 5,283 à M. Morin.

A voté *pour* : Mise accusat. Suppr. inamovib. Revision. Prop. Laisant. Suppr. Vatican.

Contre : Scrut. liste. Réunion. Presse. Sém. soldats. Suppr. cultes.

Abstenu : Laïcité.

CHEVREAU (B.).

OISE. BEAUVAIS (2ᵉ circ.). — Inscr. 17,403.

Élu le 21 août 1881 par 7,639 voix contre 5,733 à M. Laffineur, journaliste (R.).

Né en 1827, chef de cabinet de son frère, M. Henri Chevreau, préfet de l'Oise.

Élu en 1876 par 7,910 voix contre 4,256 à M. Laffineur.

Réélu en 1877 par 9,690 voix contre 5,567 à M. Laffineur.

A voté *pour* : Réunion. Presse. Revision.

Contre : Toutes les autres propositions.

Sa profession de foi renferme le passage suivant :

Conservateur sincère et résolu de tous les grands principes sociaux qu'on cherche à détruire, ennemi de tout bouleversement, de toute révolution, je crois aujourd'hui plus nécessaire que jamais d'envoyer à la Chambre des hommes fermement décidés à contenir le gouvernement dans des limites qu'il a franchies trop souvent.

CHIRIS (U.) 363

ALPES-MARITIMES. GRASSE. — Inscr. 21,889.

Élu le 21 août 1881 par 10,777 voix contre 3,336 à M. Giraud (E. G.).

Né à Grasse, en 1839, manufacturier, grand propriétaire dans les Alpes-Maritimes et en Algérie, décoré pour son exposition de parfums en 1867, vice-président du conseil général. Député à l'Assemblée nationale en 1874 comme candidat français et républicain.

Élu le 20 février 1876 sans concurrent, par 11,725 voix.

Réélu en 1877 par 13,204 voix contre 2,971 données à M. Rigal.

A été à plusieurs reprises secrétaire de la Chambre.

A voté *contre* ou s'est *abstenu* sur toutes les propositions, sauf pour le scrutin de liste.

Dans la réunion au Congrès des délégués républicains de l'arrondissement de Grasse, il a accepté un programme portant :

Réforme de la magistrature et suspension temporaire de l'inamovibilité.

Instruction laïque, gratuite et obligatoire à tous les degrés.

Service militaire égal pour tous.

Revision de la constitution et réforme du Sénat.

Séparation de l'Église et de l'État.

Élu sénateur le 8 janvier 1882.

CHOISEUL (de) (G.) 363.

SEINE-ET-MARNE. MELUN. — Inscr. 17,753.

Élu le 21 août 1881 par 8,938 voix contre 3,787 à M. Hennecart (B.) et 940 à M. Sacré (Rad.).

Élu également à Corte (Corse) par 6,634 voix contre 4,143 à M. Paul de Casabianca (R.) et Filippini (B.). M. Gavini, député sortant, s'était retiré.

Né à Paris en 1837, marin, engagé volontaire en Crimée, sous-lieutenant démissionnaire après 12 ans de service, médaille militaire, chevalier de la Légion d'honneur à Magenta, Maire de Maincy, conseiller général de Seine-et-Marne, puis de Corse (président).

Membre de l'Assemblée nationale pour Seine-et-Marne. Nommé par M. Thiers ministre de France à Florence.

Élu à Melun en 1876 par 8,796 contre 2,966 à M. Sacré.

Réélu en 1877 par par 7,582 voix contre 5,666 à M. Hennecart.

Sous-secrétaire d'État aux affaires étrangères.

S'est *abstenu* : Scrut. liste.
A voté *contre* : Toutes les autres propositions.

Dans une réunion tenue à Melun, il a formulé ses opinions sur les principales questions qui font partie du programme républicain.

M. de Choiseul se déclare entièrement dévoué au maintien de la paix. Sur la question de la séparation de l'Église et de l'État, il s'exprime en ces termes :

« Autrefois je vous disais : il faut attendre ; la question n'est pas mûre. Aujourd'hui je vous invite à marcher avec moi vers cette conquête.

Le pouvoir, qui jadis aurait soutenu le cléricalisme réduit à ses propres ressources, n'existe plus aujourd'hui. Mais nous devons apporter dans notre œuvre l'esprit de méthode. Dénonçons d'abord le Concordat et faisons une loi d'association qui ne permette pas à l'Église de se constituer en État dans l'État. »

Sur la question du Sénat, M. Horace de Choiseul cite l'exemple de tous les États républicains. Il demande la suppression de l'inamovibilité et se fait vivement applaudir en réclamant pour le suffrage universel le droit de nommer les sénateurs ainsi qu'il nomme déjà les membres de la Chambre des députés.

L'orateur se prononce ensuite pour l'obligation de l'instruction primaire et laïque, pour l'interdiction aux sénateurs et députés d'entrer dans les sociétés financières, pour le rétablissement du scrutin de liste, pour le service militaire des séminaristes, etc. Il rappelle que, seul à l'Assemblée nationale, il a demandé la suppression du volontariat d'un an.

Sur la question de la magistrature, M. Horace de Choiseul se déclare tout prêt à entrer dans la voie de la suppression de l'inamovibilité ; mais il estime que le choix des magistrats est une question bien délicate, et qu'il y a à redouter dans les pays où la foi religieuse est encore intense, en Bretagne par exemple, que les magistrats choisis par les populations, ne soient pris parmi ceux qui se présenteraient comme les interprètes de la justice divine, parmi les prêtres. Il faudra étudier avec soin l'organisation des collèges spéciaux.

M. Horace de Choiseul s'engage à voter la réforme qui garantira l'équité des tribunaux, en empêchant toute intrusion de la politique dans le choix des juges. Il est convaincu qu'en organisont un collège spécial, présentant ces conditions, le système électif doit procurer une solution très bonne.

CHRISTOPHLE (C. G.). 363.

ORNE. DOMFRONT (1re circ.). — Inscr. 14,609

Élu le 21 août 1881 par 7,759 voix, sans concurrent.

Né en 1830, avocat, avocat au Conseil d'État en 1856, collabora à la *Presse*, préfet de l'Orne au 4 septembre, donna sa démission lors du décret de dissolution des conseils généraux.

Membre de l'Assemblée nationale en 1871, présida le centre gauche.

Élu en 1876 par 8,681 voix contre 1,883 à M. de Saint-Laurent.

Réélu en 1877 par 9,117 voix contre 2,531 à M. Greppon.

Nommé gouverneur du Crédit foncier, ancien ministre, conseiller général,.

Abstenu : Réunion. Suppr. inamovib. Presse. Prop. Laisant. Scrut. liste.

Vota *contre :* Toutes les autres propositions.

CIBIEL (C. D.).

AVEYRON. VILLEFRANCHE (1re circ.). — Inscr. 14,261.

Élu le 21 août 1881 par 6,883 voix contre 2,480 à MM. Marvejols et Galdon (R.).

Né en 1841, petit-fils par sa femme de M. Darblay aîné, allié par sa sœur à la famille Rémusat, grand propriétaire, a été maire de Villefranche et conseiller général.

Élu en 1876 par 8,254 voix contre 3,300 données à MM. Foulquier et Laurens.

Réélu en 1877 par 7,212 voix contre 3,833 données à M. Foulquier.

A la dernière Chambre il, a voté *pour* : Réunion. Scrut. liste.

Contre : Mise accusat. Sém. soldats. Prop. Laisant. Suppr. cultes, Suppr. Vatican.

Dans son programme, il promet la suppression du service militaire.

CIRIER (G.).

NORD. CAMBRAI (2e circ.). — Inscr. 22,679.

Élu le 21 août 1881 par 9,183 voix contre 2,817 données à M. Amigues.

55 ans, avocat, conseiller général.

Élu le 7 décembre 1879 par 9,979 voix contre 8,381 données à M. Amigues.

A voté *pour* : Scrut. liste.

S'est *abstenu* sur : Prop. Laisant. Suppr. cultes. Suppr. inamovib.

Pour : Sém. soldats. Suppr. Vatican.

Contre : Les autres propositions.

CLÉMENCEAU (E. G.) 363.

SEINE. PARIS, 18e arr. (1re circ. nouvelle). Inscr. 20,350.

Élu le 21 août 1881 par 14,837 voix.

Élu également dans la 2e circonscription du 18e arrondissement, par 5,058 voix contre 2,098 à M. Vauthier.

Élu également dans l'arrondissement d'Arles (Bouches-du-Rhône), au scrutin de ballottage par 7,985 voix, M. Granet son concurrent au premier tour s'était désisté.

Né en Vendée, en 1841, docteur en médecine, s'établit à Montmartre en 1870, maire du 18e arrondissement au 4 septembre, démissionnaire au 31 octobre, réélu au 9 novembre.

Élu à l'Assemblée pour la Seine par 9,514 voix, siégea à l'extrême gauche, a démissionné en mars 1871.

A protesté contre toute participation aux affaires de la Commune.

Conseiller municipal de Paris, président du conseil.

Élu en 1876 par 15,204 voix contre 3,772 à M. Arrault.

Réélu en 1877 par 18,617 contre 130 à M. Daguin.

A voté *pour* : Toutes les propositions en tête du volume.

A accepté le programme suivant :

CAHIER DES ÉLECTEURS,

Art. 1er. Revision de la Constitution. — Suppression du Sénat et de la présidence de la République. — Ratification de la Constitution par le peuple.

Art. 2. Liberté individuelle, liberté de la presse, de réunion, d'association garantie par la Constitution. — Abrogation de la loi contre l'Association internationale des travailleurs.

Art. 3. Séparation des Églises et de l'État — Suppression du budget des cultes. — Retour à la nation des biens dits de mainmorte. — Soumission de tous les citoyens, sans distinction, au droit commun.

Art. 4. Droit de l'enfant à l'instruction intégrale. — Instruction laïque, gratuite et obligatoire.

Art. 5. Réduction du service militaire. — Service militaire obligatoire pour tous les citoyens. — Suppression du volontariat d'un an. — Liberté de conscience dans l'armée. — Substitution progressive des milices nationales aux armées permanentes.

Art. 6. Justice gratuite et égale pour tous. — Magistrature élective et temporaire. — Revision des Codes dans le sens démocratique. — Abolition de la peine de mort.

Art. 7. Souveraineté du suffrage universel. — Scrutin de liste. — Diminution de la durée du mandat. — Rétribution des fonctions électives. — Responsabilité personnelle et pécuniaire des fonctionnaires. — Assimilation du mandat politique au mandat civil. — Interdiction du cumul des fonctions publiques.

Art. 8. Décentralisation administrative : à la Chambre des représentants, les intérêts nationaux; aux conseils généraux, les intérêts régionaux; aux conseils municipaux, les intérêts communaux.

Art. 9. Autonomie communale. La commune maîtresse de son

administration, de ses finances, de sa police, dans les limites compatibles avec l'unité nationale.

Art. 10. Revision des contrats ayant aliéné la propriété publique : mines, canaux, chemins de fer, etc., etc.

Art. 11. Réforme de l'assiette de l'impôt. — Suppression des octrois et des taxes de consommation.

Impôt progressif sur le capital ou sur le revenu.

Art. 12. Impôt progressif sur les mutations par successions.

Art. 13. Rétablissement du divorce.

Art. 14. Réduction de la durée légale du travail à la journée. — Interdiction du travail des enfants au-dessous de quatorze ans dans les ateliers, mines, usines, manufactures. — L'établissement de caisses de retraite pour les vieillards et les invalides du travail.

Art. 15. Revision de la loi sur les prud'hommes. Extension de leurs attributions. — Abolition du livret, Responsabilité des patrons en matière d'accidents garantie par voie d'assurance. — Intervention des ouvriers dans l'établissement et l'application des règlements d'atelier.

Art. 16. Reconnaissance de la personnalité civile des syndicats ouvriers. — Participation des syndicats ouvriers aux adjudications publiques. — Crédit au travail.

Art. 17. Réforme du système pénitentiaire et suppression de l'exploitation du travail des prisonniers.

Article additionnel. Le présent programme sera accepté et signé par le candidat. — L'élu s'engage à rendre compte de sa mission au moins une fois par session.

> Signé : *Le comité républicain radical socialiste du 18e arrondissement.*

M. Clémenceau est inscrit à l'extrême gauche et partisan du groupe fermé.

COCHERY (G.) 363.

LOIRET. Montargis. — Inscr. 23,588.

Élu le 21 août 1881 sans concurrent, par 15,374 voix.

Né à Paris en 1820, avocat, chef du cabinet du ministre de la justice en 1848, refusa le poste de substitut du procureur général du parquet de Paris et celui de préfet. Au barreau, plaida des procès politiques.

En 1869, élu au Corps législatif comme candidat de l'opposition, fit partie de la commission du budget.

Au 4 septembre, fit avec M. Jules Grévy une démarche au nom du Corps législatif auprès du gouvernement provisoire.

Il se rendit à Orléans, fut nommé commissaire à la défense du département, accompagna M. Thiers à Versailles.

Aux élections de 1871, il fut élu le premier pour le département du Loiret.

Après la répression de la Commune, proposa la motion qui déclarait que « M. Thiers avait bien mérité de la patrie », et il a soutenu énergiquement l'ex-président jusqu'au bout.

Président du conseil général, président de la commission supérieure du jury de l'Exposition internationale.

Sous-secrétaire d'État au ministère des finances, ministre des postes et télégraphes sous le ministère Freycinet et le ministère Ferry.

Ministre des postes et télégraphes sous le cabinet Gambetta.

Élu en 1876 par 13,862 voix, sans concurrent.

Réélu en 1877 par 14,042 voix contre 5,487 à M. Boyenval.

A voté *contre* : Suppr. inamovib. Laïcité. Revision. Suppr. cultes.

S'est *abstenu* : Scrut. liste.

Sa circulaire, conçue en termes généraux, contient le passage suivant :

Vous vous rappelez les graves circonstances dans lesquelles furent élus les députés dont le mandat vient d'expirer. Le pays nous avait donné pour mission de défendre, de consolider la République.

La République est aujourd'hui incontestée. Les élections actuelles vont encore grossir la majorité républicaine.

Le gouvernement a justifié la confiance de la France en lui assurant le calme et la prospérité à l'intérieur, en maintenant la paix avec les autres États européens, paix que veut la nation et qui ne sera pas troublée.

Il reste des libertés à garantir, des réformes à réaliser. La Chambre nouvelle devra y consacrer tous ses efforts. Un grand État démocratique est tenu de marcher sans cesse dans la voie du progrès.

CODET (Jean) (U.).

HAUTE-VIENNE. ROCHECHOUART. — Inscr. 13,538.

Élu le 21 août 1881 par 4,839 voix contre 4,758 à M. Pouliot, député sortant (U. R.).

Ancien sous-préfet, adjoint au maire de Limoges.

Remplace M. Pouliot, qui avait succédé à M. Codet père, décédé. M. Jean Codet a été invalidé.

Voici le passage important de sa profession de foi :

Réunion du Congrès. Revision de la Constitution. Suppression du Sénat.

Réforme de la magistrature par la suspension de l'inamovibilité.

Révocation des fonctionnaires hostiles à la République.

Laïcisation de l'État sous toutes ses formes. Liberté accordée à toute religion, sous la réserve des droits de l'État. Suppression du budget des cultes. Dans le cas où cette solution ne serait pas acceptée, gratuité des services rendus par le clergé.

Instruction primaire gratuite, obligatoire et laïque ; instruction secondaire et supérieure gratuite après concours. Organisation de l'instruction professionnelle.

Nouvelle impulsion donnée aux travaux publics. Amélioration et extension de toutes nos voies de communication.

Abolition des monopoles, et spécialement des privilèges de nos grandes compagnies de chemins de fer. Abaissement des tarifs de grande et de petite vitesse. Application d'un tarif uniforme à base kilométrique décroissante.

Continuation des dégrèvements. Suppression des octrois, et généralement remplacement des impôts indirects par un impôt unique et proportionnel.

6.

Allègement des charges qui pèsent sur l'agriculture.

Conclusion de traités de commerce conciliant dans une juste mesure l'intérêt du producteur et du consommateur.

Obligation du service militaire pour tous. Sa réduction à trois ans. Organisation du cadre des sous-officiers.

Application, dans la plus large mesure, des droits de réunion et d'association. Reconaissance des chambres syndicales, leur admission aux adjudications données par l'État, les départements et les communes

Organisation d'un système de crédit destiné à faciliter le travail sous toutes ses formes.

Perfectionnement du contrôle exercé sur l'emploi des fonds votés au budget.

Dans ses relations extérieures, le gouvernemént devra, écartant toute idée de conquête, conserver toute la réserve compatible avec la dignité et la sécurité du pays.

COLBERT-LAPLACE (de) (B.)

CALVADOS. Lisieux. — Inscr. 18,114.

Élu le 21 août 1881 par 7,212 voix contre 6,516 données à M. Bonaston (R.).

Né en 1843, 3e secrétaire d'ambassade sous l'Empire, propriétaire, conseiller général.

Élu en 1876 au scrut. de ball. par 7,027 voix contre 5,516 à M. Lavallée, rép.

Réélu en 1877 par 8,898 voix contre 5,966 à M. G. Duchesne-Fournet.

Il dit dans son programme :

J'ai voté la revision constitutionnelle parce qu'il me paraît essentiel que le principe de l'appel au peuple soit inscrit en tête de nos institutions, mais je ne voterai ni la suppression du Sénat ni la suppression d'aucun des organes qui me paraissent être des garanties d'ordre, de contrôle et de sécurité.

COMPAYRÉ (u.)

TARN. Lavaur. — Inscr. 16,363.

Élu le 21 août 1881 par 7,014 voix contre 6,231 à M. Daguilhon-Pujol, député sortant (B.).

40 ans, professeur à la Faculté des lettres de Toulouse, a publié chez Hachette une histoire du système d'éducation en France.

CONSTANS (u.) 363.

HAUTE-GARONNE. Toulouse. (1re circ.). Inscr. 18,948.

Élu le 21 août 1881 par 6,528 voix contre 2,816 à M. Castelbon (R.) et 3,948 à M. de Lacroix (Réac.).
Élu également à Bagnères (Hautes-Pyrénées), contre M. Fould (B.). M. Larrey, député sortant (B.) s'était retiré.

Né à Béziers (Hérault) en 1833, avocat, commerçant en Espagne, professeur de droit à la Faculté de Douai, puis à celle de Dijon, enfin à celle de Toulouse (agrégé, droit romain), président du conseil général de la Haute-Garonne.

Ministre de l'intérieur du cabinet Ferry, a présidé aux élections générales de 1881.

Élu en 1876 au scrutin de ballottage par 6,489 voix contre 3,440 voix à M. de Lacroix, et 1,630 à M. Leygue.

Réélu en 1877 par 9,742 voix contre 3,951 à M. de Lacroix.

A voté *pour* : Mise accusat.

Contre : Réunion. Suppr. inamovib. Laïcité. Presse. Sém. soldats. Revision. Suppr. cultes. Suppr. Vatican.

Son programme de Toulouse renferme :

Instruction gratuite, laïque, obligatoire ; instruction secondaire gratuite pour les plus méritants.
Liberté de réunion et d'association.

Liberté de la presse tempérée par une seule loi contre la calomnie et la diffamation contre les tiers.

Réforme de la magistrature, suppression de l'inamovibilité.

Réduction de la durée du service, suppression des 1,500 francs pour le volontariat.

Extension des franchises communales.

Revision de la Constitution.

Diminution progressive des impôts.

Création de caisses de retraite pour les invalides du travail.

Soumettre l'Église au droit commun en attendant la séparation.

A opté pour Toulouse.

CORENTIN GUYHO (g.). 368.

FINISTÈRE. Quimperlé. — Inscr. 12,614.

Élu le 21 août 1881 par 4,891 voix contre 4,819 à M. Lorois (Cons.).

Né en 1844, avocat au Conseil d'État et à la Cour de cassation.

Élu le 20 février 1876 par 5,229 voix contre 3,194 voix à M. du Couëdu.

Battu en 1877 par M. Lorois, qui réunit 5,333 voix contre lui 4,652.

Il fut réélu après l'invalidation de son concurrent par 5,681 voix contre 3,970.

Il a voté *pour :* Scrut. liste. Réunion.

Contre toutes les autres propositions.

CORNEAU (u.).

ARDENNES. Mézières. — Inscr. 12,248.

Élu le 21 août 1881 par 12,248 voix contre 6,154 données à M. de Vignancourt (L.).

Ancien industriel; a succédé à M. Gailly, nommé sénateur, le 5 septembre 1880 avec 10,500 voix.

A voté *pour :* Presse. Sém. soldats. Laïcité. Scrut. liste. Suppr. inamovib.

Absent ou *abstenu* : Revision. Prop. Laisant. Suppr. cultes. Suppr. Vatican.

Dans la réunion électorale tenue le 14 août 1881 à Nouzon, il s'est prononcé pour :

La gratuité et la laïcité de l'instruction.
Service militaire égal pour tous.
Revision.
Suppression des inamovibles et du droit de dissolution.
Scrutin de liste.
Trois lois nécessaires avant de voter la séparation de l'Église et de l'État : la première restituant aux municipalités la police des églises; la seconde retirant aux diverses Églises le droit de posséder; la troisième faisant rentrer le clergé dans le droit commun pour les délits dont ses membres peuvent être les auteurs.
Suppression de l'inamovibilité.
Liberté d'association, à l'exclusion des congrégations.
Droit commun pour la presse.
Impôt sur le revenu.

_____

CORNIL (U.) 363.

ALLIER. La Palisse. — Inscr. 26,870.

Élu le 21 août 1881 par 7,639 voix contre 4,522 données à M. Préveraud (E. G.).

Né en 1838, professeur agrégé à la Faculté de médecine de Paris, ami personnel de M. Gambetta, préfet de l'Allier au 4 septembre, président du conseil général de ce département.

Élu le 20 février 1876 pour l'arrondissement de La Palisse, par 9,194 voix contre 5,757 données à M. Desmaroux et 2,087 à M. Gallay.

Réélu en 1877 par 11,884 contre 8,035 à M. Martinet.

A la dernière législative, il vota :

Pour : Mise accusat. Suppr. Vatican. Prop. Laisant. Scrut liste.

Contre : Réunion. Revision.

Il s'*abstint* : Presse. Suppr. inamovib. Sém. soldats. Suppr. cultes. Laïcité.

Voici son programme :

La Chambre de 1877 a déjà brisé un certain nombre des liens qui unissent l'État à l'Église ; tel a été l'effet de la loi sur les bureaux de bienfaisance, sur le service militaire imposé aux séminaristes; tel sera le résultat de la laïcité des programmes de l'instruction primaire et du rétablissement du divorce. L'heure a semblé venue à la majorité des réunions et du comité élu par elles de séparer définitivement les Églises de l'État par la suppression du budget des cultes. Ma ligne de conduite est par conséquent toute tracée.

L'impôt sur les revenus permettra de réduire les impôts sur les objets de consommation qui pèsent si lourdement sur les travailleurs.

L'opposition du Sénat a beaucoup de lois, et des plus importantes, émanées de l'initiative de la Chambre, impose une revision de la Constitution.

L'existence même du Sénat est mise en jeu. Je me suis engagé à voter sa suppression. Si elle n'était pas adoptée par le Congrès, je me rallierais à une réforme portant à la fois sur le mode de nomination des sénateurs, sur la nomination des inamovibles et sur les attributions du Sénat.

COSTES (u.) 363.

PUY-DE-DOME. AMBERT. — Inscr. 22,215.

Élu le 21 août 1881 par 10,565 voix, sans concurrent.

Né en 1813, ancien banquier, conseiller général.
Élu en 1876 par 8,126 voix contre 5,189 à M. Chassaigne.
Réélu en 1877 par 9,692 voix contre 5,166 à M. de Nervo.
A voté *pour* : Mise accusat. Suppr. inamovib. Suppr. cultes.
Contre : Scrut. liste. Réunion. Presse. Revision.
Abstenu : Laïcité. Sém. soldats. Suppr. Vatican.

COURMEAUX (E. G.).

MARNE. Reims. — Inscr. 26,900.

Élu le 4 septembre 1881 au scrutin de ballottage par 6,242 voix contre 5,689 à M. Monesson-Champagne (R.), 3,150 à M. Lelièvre (R.).

M. Diancourt, député sortant (R.), ne s'était pas représenté.

Professeur, directeur du *Radical de l'Est*, à Reims, conseiller général.

Avait échoué le 6 avril 1879 contre M. Diancourt, avec 7,729 voix contre 9,051.

Il a adhéré sans restriction au programme suivant élaboré par le comité radical de Reims :

La liberté de la presse, la liberté de réunion, la liberté d'association ;

La séparation des Églises et de l'État, c'est-à-dire l'abrogation du Concordat, la suppression du budget des cultes et le retour à la nation de tous les biens de mainmorte ;

L'instruction primaire gratuite, obligatoire et laïque ;

La réforme de la magistrature par la suppression de l'inamovibilité et par l'application du principe électif dans des conditions d'aptitudes déterminées ;

L'égalité de tous les citoyens devant le service militaire, réduit à trois ans ;

La réforme de l'impôt sur des bases qui assurent une répartition plus équitable, et l'abolition des taxes iniques et vexatoires, telles que l'octroi, etc.;

L'autonomie communale, sans atteinte à l'unité nationale.

Mais pour réaliser ce programme, la condition unique, essentielle c'est la *Revision de la Constitution dans un sens largement démocratique*, notamment par la suppression du Sénat, qui n'est qu'un rouage inutile et une source de conflits.

Enfin, pour faciliter l'élévation constante du niveau moral et matériel de l'ouvrier, nous voulons :

La suppression du travail de nuit et la réduction légale de la journée à dix heures ;

De plus, nous demandons :

Des mesures tendant à amener l'association du travail et du capital, et à favoriser l'établissement et le développement des syndicats professionnels ;

La fondation d'une caisse nationale destinée à assurer une retraite aux invalides du travail.

Inscrit à l'extrême gauche. Partisan du groupe fermé.

COUTURIER (u.) 363.

ISÈRE. Vienne (2e circ.). — Inscr. 19,766.

Élu le 21 août 1881 sans concurrent, par 11,563 voix.

Né en 1813, docteur en médecine, s'est beaucoup occupé de questions sociales, vice-président du conseil général.

Élu en 1876 par 10,761 voix contre 3,162 à M. Baboin, et 1,831 à M. Teste.

Réélu en 1877 par 10,628 voix contre 5,704 à M. Jourdan.

A voté *pour* : Scrut. liste. Mise accusat. Suppr. inamovib. Presse. Sém. soldats. Prop. Laisant. Suppr. Vatican.

Contre : Réunion. Laïcité. Suppr. cultes.

Abstenu : Revision.

Dans sa profession de foi, voici ce qu'il dit des réformes à accomplir.

Nous avons la législation sur l'instruction primaire à compléter, le volontariat d'un an à abolir, et le service militaire à abréger.

Nous avons les lois sur la magistrature à refaire, les rapports de l'Église et de l'État à régler, l'équité à établir dans les impôts, le travail à protéger, des institutions sociales à créer ou à seconder. Ces réformes, vitales pour la société, doivent être étudiées et résolues à aussi bref délai que possible. Aux plus impérieuses d'entre elles, la législature qui va s'ouvrir aura peine à suffire.

Il dit autre part :

Beaucoup de réformes urgentes sont attendues avec impatience. Elles touchent à notre domaine administratif, au régime de nos impôts.

Elles intéressent de près notre organisme politique, où une revision nécessaire doit modifier cette Constitution bâtarde de 1875, dont les manifestations énergiques du suffrage universel ont pu seules conjurer les pièges et les périls.

Elles comprennent aussi, ces réformes, les rapports de l'Église et de l'État qui réclament l'œil vigilant de vos mandataires, et qui ne pourraient rester tels qu'ils sont, sans semer dans le pays les plus graves germes de divisions et de discordes.

Sur tous les points de la politique contemporaine, vous connaissez mon sentiment par mes votes, ou vous pouvez le déduire des principes que j'ai professés toute ma vie.

CUNÉO d'ORNANO (B.).

CHARENTE. Cognac. — Inscr. 21,637.

Élu le 21 août 1881 par 8,621 voix contre 8,132 données à M. Delamain (R.).

Né en 1845, licencié en droit, journaliste, officier de mobiles en 1870, volontaire dans l'armée de Versailles.

Élu en 1876 député de Cognac par 8,318 voix contre 6,491 données à M. Planat.

Invalidé et réélu le 21 mars 1876 par 9,496 voix contre 6,627 à M. Planat.

Réélu en 1877 par 9,911 voix contre 7,704 données à M. Delamain, républicain.

A la Chambre dernière a voté:

Pour : Réunion. Presse. Scrut. liste. Prop. Laisant. Revision.

Contre : Mise accusat. Suppr. inamovib. Suppr. cultes. Suppr. Vatican.

Abstenu : Laïcité. Sém. soldats.

A signé le programme électoral du comité revisionniste napoléonien, dont voici le texte :

Électeurs,

Vous êtes appelés à nommer vos députés.

Le scrutin de liste, se rapprochant d'un vote plébiscitaire, a été rejeté par le Sénat, et les élections vont se faire par arrondissement.

7

Notre devoir est de constituer un comité électora central pour soutenir et éclairer nos amis.

Le nom de notre comité est à lui seul un programme, c'est le *Comité revisionniste napoléonien.*

Nous pensons que les élections doivent se faire sur la question de la *revision*, parce qu'elle domine toutes les autres.

La revision ne met pas en cause la forme du gouvernement; elle restitue au peuple son droit inaliénable de nommer le président de la République et le Sénat, comme les députés.

La souveraineté du peuple est la base de notre droit public. Dans toute démocratie, le peuple ne doit déléguer que les pouvoirs qu'il ne peut exercer directement.

Il peut nommer le président de la République et les sénateurs, donc il le doit. Son devoir est de l'exiger.

La Constitution actuelle nous donne un déplorable spectacle : c'est une monarchie élective avec un chef irresponsable nommé pour sept ans; c'est une oligarchie sanctionnant tous les abus, ajournant toutes les réformes.

Depuis que vos gouvernants sont au pouvoir, voyez les résultats de leur politique :

Conflit entre les deux Chambres ;

Lutte entre le président de la République et le président de la Chambre ;

Accroissement incessant des charges publiques et gaspillage financier ;

Un budget mensonger se soldant par des déficits dissimulés et comblés au moyen d'emprunts successifs ;

Une politique étrangère, tantôt fanfaronne, tantôt humiliée, qui, au lieu de nous donner la paix digne, augmente chaque jour notre isolement ;

Toutes les réformes ajournées, toutes les promesses oubliées.

La politique actuelle se caractérise en deux mots : déception et impuissance.

Nous sommes des napoléoniens parce que nous nous souvenons que les bases de l'organisation française sont dues à Napoléon Ier et nos réformes populaires à Napoléon III; parce que toutes les fois que le peuple français a été consulté, il a nommé un Napoléon pour organiser et faire vivre la société française.

Hommes de principes, nous ne cachons pas nos vœux, mais nous savons les subordonner à la volonté du souverain, le peuple.

Allez donc aux élections en imposant à vos candidats la *revision.*

Pas d'abstentions ! votez pour ceux qui reconnaîtront notre programme.

Le devoir de tout parti politique est de s'affirmer hautement avec franchise et loyauté.

Si vous voulez affranchir la France des misérables intrigues du présent et des dangers de l'avenir, écoutez nos patriotiques conseils.

Le prince Napoléon a répondu à ce manifeste par la lettre suivante :

Paris, 31 juillet 1881.

Messieurs,

Votre programme électoral expose bien la situation.

La France est exploitée par des hommes asservis à un parti; le devoir d'un gouvernement est de dominer les partis et non de s'y asservir.

Autorité, démocratie, suffrage universel, telle est notre devise.

L'avenir prouvera que l'on n'efface pas du cœur du peuple français les souvenirs d'un passé qui fut si glorieux, si grand avec Napoléon Ier et si prospère avec Napoléon III.

Nos gouvernants peuvent fausser l'histoire et nous calomnier; ils ne rompront pas les liens qui unissent les Napoléons au peuple français.

Héritier des Napoléons, je me souviens des votes populaires, et je ne faillirai pas aux devoirs qu'ils m'imposent de demander que le peuple français nomme son chef.

Peu soucieux de la forme et de la dénomination du gouvernement, occupons-nous de la politique à suivre.

Le monde est divisé entre les partisans du passé et ceux de la Révolution, entre les réactionnaires et les progressistes. Restons toujours résolument avec ceux-ci : notre place est à leur tête.

Ne puisons dans le passé que de salutaires enseignements. De stériles regrets ne sont pas une politique.

Envisageons les problèmes que soulève notre société moderne pour les résoudre dans l'intérêt des masses et surtout de ceux qui souffrent.

Si tous les enfants de la Révolution étaient unis, ils seraient invincibles. Travaillons à cette union; le progrès démocratique est à ce prix.

Ceux qui nous gouvernent aujourd'hui ne le réalisent pas ils trompent le pays ; ils exploitent les plus mauvais sentiments, ils ne voient que leurs intérêts personnels, ils renient toutes leurs promesses, ils méconnaissent tous leurs principes.

Les malheurs de la patrie, après des fautes commises, leur ont seuls permis de prendre le pouvoir.

La France est compromise par eux.

La Constitution de 1875 ne peut durer.

C'est à la nation, par ses votes, à prévenir de nouveaux bouleversements.

Nous voulons la revision pour obtenir que la voix du peuple se fasse enfin entendre et désigne directement son chef responsable.

Tant que le peuple n'exercera pas ce droit, il sera le jouet des ambitieux, des intrigants et des impuissants.

Le but que nous poursuivons est tout pour le peuple et par le peuple.

Recevez, etc.

NAPOLÉON BONAPARTE
(JÉRÔME).

DAGORNE (L.).

COTES-DU-NORD. DINAN (1re circ.). —Inscr. 16,034.

Élu le 4 septembre 1881 au scrutin de ballottage par 5,715 voix contre 5,482 données à M. Even, député sortant (R.).

Abbé, chanoine honoraire, ancien supérieur du petit séminaire de Dinan, fermé il y a quelques semaines par le gouvernement.

On lit dans sa circulaire :

Je soutiendrai avec énergie contre l'impiété qui bannit Dieu de l'école la cause sacrée de l'enseignement catholique.

A été invalidé.

DANELLE-BERNARDIN (G.) 363.

HAUTE-MARNE. VASSY. — Inscr. 22,465.

Élu le 21 août 1881 par 10,752 voix contre 6,678 à M. Rozet (R.). et 1,116 à M. Veltreau-Villeneuve (M.).

Né en 1826, grand usinier, conseiller général, maire de

Louvemont, vice-président du chemin de fer de Vassy à Saint-Dizier.

Échoua avec 11,000 voix en 1863 au Corps législatif.

Élu en 1874 à l'Assemblée nationale par 35,000 voix.

En 1876, réélu par 14,304 voix, sans concurrent.

En 1877, réélu par 13,220 voix contre 6,004 à M. de Sarty.

A voté *pour* : Scrut. liste et *contre* toutes les autres propositions.

Inscrit au centre gauche, a fait un pas en avant depuis.

Voici le passage saillant de sa profession de foi :

Vos élus se montreront réformateurs soucieux d'éviter des divisions contraires à l'intérêt du pays.

Je suis de ceux qui pensent, comme l'a dit si éloquemment M. le président de la Chambre, que sans troubler la confiance du pays dans la stabilité des institutions qu'il s'est données, pour les sauvegarder, au contraire, il sera nécessaire d'introduire, dans le régime électoral du Sénat et dans ses attributions supérieures, des modifications qui le fortifient et lui donnent plus d'autorité et de prestige.

Si vous voulez, Messieurs, persévérer dans cette politique honnête et pacifique, choisissez pour vous représenter des hommes résolus à soutenir sans ambition personnelle, dans une majorité une et unie, le ministère voulu par cette majorité, laissez de côté ceux dont l'entourage militant a toujours mitraillé nos meilleurs républicains, prenez des citoyens qui se sont tenus debout en face des grands révoltés de 1877.

Vous étiez 13,000 alors, et je ne sache pas qu'aucun de vous se soit démis ou soumis.

Depuis, j'en connais et en grand nombre qui, un instant abusés, ont abandonné avec indignation ceux qui avaient mis la France en péril et sont venus avec désintéressement prendre rang au milieu de vous.

Vous êtes la force, la raison, la légalité, vous êtes le pays lui-même.

J'attends avec confiance votre décision. Si vous m'accordez vos suffrages, serviteur de la loi, membre convaincu de la majorité républicaine, défenseur des intérêts des classes ouvrières et agricoles, je continuerai à faire mon devoir.

DARON (v.) 363.

SAONE-ET-LOIRE. Chalon-s.-Saone (2° circ.). Inscr. 21,009.

Élu le 21 août 1881 par 9,989 voix contre 204 à M. Josserand.

Né à Chalon-sur-Saône, avocat; maire en 1848.
Élu en 1871 par 59,197 voix.
Élu en 1876 par 10,929 voix.
Réélu en 1877 par 11,925 voix contre 5,350 au candidat officiel.

A voté *pour :* Scrut. liste. Suppr. inamovib. Suppr. cultes. Bourses. Suppr. Vatican.

Abstenu : Sém. soldats. Révision.

Contre : Toutes les autres propositions.

DATAS (e. g.).

ALLIER. Moulins (1re circ.). — Inscr. 13,223.

Élu le 21 août 1881 par 4,459 voix, sans concurrent.

Ancien sous-intendant.
Élu au scrutin de ballottage le 29 septembre 1878, par 3,092 voix contre 1,631 données à M. Vigne, en remplacement de M. Laussedat, décédé.

A la dernière législature, il vota :

Pour : Mise accusat. Réunion. Presse. Suppr. Vatican. Suppr. inamovib. Sém. soldats. Révision. Prop. Laisant. Suppr. cultes. Laïcité.

S'est abstenu : Scrut. liste.

Aux élections de 1881, il formula ainsi son programme :

Révision de la Constitution dans le sens le plus démocratique.
Suppression du Sénat.
Suppression de la présidence de la République.
Magistrature élective.

Séparation des Églises et de l'État.
Retour à la nation des biens de mainmorte.
Retour du clergé au droit commun.
Impôt progressif sur le revenu.
Scrutin de liste.
Instruction gratuite, obligatoire et laïque.

Inscrit à l'extrême gauche. Partisan du groupe fermé.

DAUMAS (e. g.) 363.

VAR. Toulon (1re circ.). — Inscr. 16,621.

Élu le 21 août 1881 par 5,605 voix contre 4,047 à M. Blache (U.).

Né en 1826 à Toulon, négociant, ancien ouvrier mécani-
cien, condamné en 1851 et détenu dix ans à Belle-Isle et au
Mont-Saint-Michel, commissaire de la défense dans le Midi
au 4 septembre.
Membre de la défense nationale.
Élu en 1876 par 6,098 voix.
Réélu en 1877 par 8,186 voix contre 2,243 voix au contre-
amiral Martin.
A voté *pour* toutes les propositions.

Inscrit à l'extrême gauche. Partisan du groupe ouvert.

DAUTRESME (u.). 365.

SEINE-INFÉRIEURE. Rouen (2e circ.).
Inscr. 21,897.

Élu le 21 août 1881 par 12,789 voix contre 1,083
à M. de Secondigné (Rad.).

Né à Elbeuf en 1826, ancien élève de l'École polytech-
nique, ingénieur, compositeur de musique, conseiller gé-
néral.
Élu en 1876 par 10,117 voix contre 4,828 à M. Sevaistre.
Réélu en 1877 par 10,126 voix contre 4,952 à M. Revelle.
A voté *pour* : Scrut. liste. Suppr. inamovib. Laïcité.

Presse. Sém. soldats. Revision. Prop. Laisant. Suppr. cultes. Suppr. Vatican.

Contre : Mise accusat. Réunion.

On lit dans sa profession de foi :

Pour l'avenir, un mot suffit : je continuerai de suivre une politique libérale et progressive.

Si c'est une erreur de croire que la civilisation procède par coups de théâtre, et que les transformations sociales s'opèrent comme des changements à vue, il n'en est pas moins vrai que la République a pour devoir d'assurer à la démocratie française des institutions qui lui permettent de s'organiser et d'acquérir à la longue son plein épanouissement. Aborder prudemment, mais avec résolution, les réformes pratiques, réaliser toutes les améliorations possibles, telle est l'œuvre que le pays attend de la prochaine législature ; si vous m'accordez de nouveau votre confiance, je n'hésiterai pas, pour ma part, à y consacrer tous mes efforts et tout mon dévoûment.

Inscrit à la gauche radicale.

DAVID (Jean) (u.).

GERS. Auch. — Inscr. 18,844.

Élu le 21 août 1881 par 8,722 voix contre 6,845 à M. Peyrusse (B.)

Avocat, secrétaire à la dernière Chambre.

En 1876, il obtint 6,631 voix contre 6,936 à M. Peyrusse et 1,291 à M. de la Roque.

Au scrutin de ballottage de 1876, 7,186 voix contre 7,763 à M. Peyrusse.

A la suite de l'invalidation de ce dernier, 7,758 contre 7,851 (21 mars 1876).

A la suite d'une nouvelle invalidation, 7,509 voix contre 8,111 (1er octobre 1876).

En 1877, il obtint 7,555 voix contre 8,253 à M. Peyrusse, élu.

A la suite de l'invalidation de ce dernier, M. David fut enfin élu par 8,661 voix contre 7,714 à M. Peyrusse (7 avril 1878).

A voté *pour* : Scrut. liste. Réunion. Suppr. inamovib. Laïcité. Revision. Suppr. Vatican.

Contre : Mise accusat. Presse.

Abstenu : Sém. soldats. Prop. Laisant. Suppr. cultes.

Dans sa profession de foi, il se prononce pour :

Revision de la Constitution.

Modification du mode de recrutement et des attributions du Sénat.

Magistrature démocratique.

L'armée dont il faut, malgré tout, changer l'organisation..

Les rapports de l'Église et de l'État qu'il faut régler.

Liberté d'association complète et égale pour tous.

Abolition du cumul.

———

DAVID (G.).

INDRE. CHATEAUROUX (2ᵉ circ.). — Inscr. 12,338.

Élu le 21 août 1881 par 5,613 voix contre 4,243 à M. Paul Dufour (R.).

Docteur en médecine, conseiller général.

Échoua en 1876 contre M. Dufour (4,382 voix contre 5,239).

Élu en 1877, contre le même, par 4,935 voix contre 4,914.

A voté *pour* : Suppr. inamovib.

Contre : Scrut. liste. Mise accusat. Réunion. Sém. soldats. Revision. Suppr. cultes. Suppr. Vatican.

Abstenu : Prop. Laisant.

Absent : Presse.

———

DAYNAUD (B.).

GERS. CONDOM. — Inscr. 22,448.

Élu le 21 août 1881 par 8,263 voix contre 7,897 données à M. le docteur Launelongue (R.).

M. Paul de Cassagnac, député sortant (B.), s'était retiré.

Avoué, ancien vice-président du conseil général et maire de sa commune.

———

DEBUCHY (C. D.).

NORD. LILLE (6e circ.). — Inscr. 14,639.

Élu le 21 août 1881 par 6,123 voix contre 5,238 à M. Léon
Ducrocq (R.).

Filateur et fabricant de tissus.
Élu en 1877 par 7,541 voix contre 8,880 à M. Cazier.
S'est *abstenu* : Réunion. Revision.
A voté *pour* : Presse.
Contre toutes les autres propositions.

Voici son programme !

Avec vous, je veux :

A L'EXTÉRIEUR :

La Paix avec les pays voisins ;

A L'INTÉRIEUR :

La Liberté pour tous ;
Le Droit, pour les pères de famille, de choisir les maîtres qu'ils
entendent donner à leurs enfants :
Le maintien du Concordat ;
Le maintien du Sénat ;
La bonne administration des deniers du pays ;
Le dégrèvement des impôts qui pèsent trop lourdement sur
l'agriculture et les classes laborieuses ;
Le travail national suffisamment protégé contre la concurrence
ruineuse des produits étrangers ;
Si vous me faites l'honneur d'une réélection, je continuerai,
dans la nouvelle Chambre, de défendre les grands principes sociaux, sans lesquels une nation ne peut vivre dans l'ordre et finit
toujours par déchoir de son rang.

DELAFOSSE (B.).

CALVADOS. Vire. — Inscr. 20,843.

Élu le 21 août 1881 par 8,863 voix contre 8,820 données
à M. Hebert (R.).

Élève de l'École normale, journaliste, chevalier de la
Légion d'honneur.

On lit dans sa profession de foi :

Je suis et j'entends rester l'adversaire de la politique d'aventure et de guerre sans raison.

DELATTRE (E. G.).

SEINE. Saint-Denis (1re circ.). — Inscr. 23,048.

Élu au second tour le 4 septembre, par 10,326 voix contre 1,470
à M. Camille Sée.

51 ans, né à Remburelles, avocat, fit campagne en 1869,
dans les réunions publiques pour Rochefort et Gambetta,
préfet de la Mayenne au 4 septembre, démissionnaire après
l'armistice, conseiller municipal de la Villette.
A plaidé dans de nombreux procès de presse.

A accepté un programme radical très accentué :

Inscrit à l'extrême gauche. Partisan du groupe ouvert.

DELUNS-MONTAUD (G.).

LOT-ET-GARONNE. Marmande. — Inscr. 31,106.

Élu le 21 août 1881 par 12,855 voix contre 10,669 à M. de Luppé (L.).

Avocat.

Élu le 6 avril 1879 en remplacement de M. Faye nommé
sénateur, par 14,576 voix contre 2,029 à M. Pomarède.

N'était pas député lors du vote sur la mise en accusation.

A voté *pour* : Scrut. liste. Laïcité. Presse. Sém. soldats. Prop. Laisant. Suppr. Vatican.

Contre : Réunion. Suppr. inamovib. Revision. Suppr. cultes.

Voici les points principaux de sa profession de foi :

Revision de la loi électorale sénatoriale dans le sens du principe de la représentation proportionnelle des communes.

Règlement des attributions des deux Chambres en matière de budget.

Réforme de la magistrature.

Égalité devant la conscription et réduction du service militaire.

Dégrèvement de l'impôt foncier.

DEMARCAY (u).

VIENNE. Montmorillon. — Inscr. 19,652.

Élu le 21 août 1881 par 7,951 voix contre 7,810 à M. de Beauchamp, député sortant (B.) et beau-frère de M. de Soubeyran.

36 ans, propriétaire, agriculteur, petit-fils du général du Iᵉʳ empire, officier de mobiles pendant la guerre, officier de 'armée territoriale, conseiller général.

En 1876 avait obtenu 4,810 voix contre M. Lesbrun.

Voici quelques extraits de sa profession de foi :

Je suis républicain, fermement convaincu que la forme de gouvernement sous laquelle nous vivons est la seule compatible avec les idées modernes, la seule qui puisse donner à notre pays honneur, calme, puissance, richesse.

Je regarde comme bonne la Constitution qui nous régit; certes, comme toute institution humaine elle est perfectible, mais je n'accepterai de modifications qu'en vue d'améliorer, d'affermir le gouvernement établi.

Et plus loin :

Bien des questions restent à examiner : soyez convaincus que je chercherai toujours des solutions libérales.

Deux surtout nous intéressent particulièrement ; je veux parler de la diminution des charges qui pèsent sur la propriété foncière, de la réduction du temps dans le service militaire. J'ai la conviction qu'on peut, en ces matières, donner une juste satisfaction à vos désirs sans nuire à l'équilibre du budget, à la puissance de l'armée.

DENIAU (v.).

LOIR-ET-CHER. Blois (1re circ.). — Inscr. 22,973.

Élu le 21 août 1881 par 10,520 voix contre 1,092 à M. Catalo (Rad.).

Propriétaire, conseiller général.

Élu au 2e tour de scrutin, le 6 avril 1879, par 8,316 voix contre 4,912 données à M. Jullien, républicain. L'élection avait lieu en remplacement de M. Dufay, député républicain, décédé.

A voté *pour :* Scrut. liste. Sém. soldats. Prop. Laisant. Suppr. Vatican.

Contre : Réunion. Suppr. inamovib. Laïcité. Presse. Revision.

Abstenu : Suppr. cultes.

N'était pas député lors du premier vote.

Voici sa profession de foi :

Une République, du reste, ne peut être vraie et durable que par les droits qu'elle confère, la justice qu'elle assure et l'égalité qu'elle consacre.

Il lui faut autre chose que le mot.

Elle doit être réelle et substantielle. Ses institutions doivent être des libertés et des garanties.

Il faut que sa Constitution, œuvre de logique et de sagesse, faite pour le temps et non pour un jour favorable à la marche en avant et au progrès social, soit en parfaite harmonie avec les grands principes des sociétés modernes et se prête au développement naturel et rationnel de toutes les vérités utiles et démocratiques.

Aussi, pour l'heure présente, et en *politique*, la revision partielle de la Constitution est-elle absolument indispensable, afin que la souveraineté du peuple soit pleinement garantie dans le présent et dans l'avenir, et que les différents corps de l'État, par les contradictions dans l'origine et dans l'action, n'entravent plus la volonté du peuple et les intérêts du pays.

Le Sénat doit être, lui aussi, l'expression du nombre et du suffrage universel, et s'il convient d'en faire un pondérateur et un coopérateur législatif, il ne faut pas qu'il puisse devenir un agent de réaction, d'opposition et même de révolution. L'inamovibilité d'une partie de ses membres doit être supprimée, et l'origine du présent Sénat le condamne tout au moins aux modifications que la souveraineté du peuple a le droit et le devoir d'exiger.

Il est également juste et démocratique qu'on opère la réduction du service militaire pour tous à trois ans et qu'on supprime le volontariat d'une année.

Le rétablissement du scrutin de liste est nécessaire.

Quant à l'instruction publique, sans laquelle un peuple se traîne plutôt qu'il ne marche, car l'instruction est le principe de toute liberté et de toute lumière, il la faut non seulement gratuite, mais encore laïque et obligatoire telle qu'elle a été votée par la Chambre. Bien plus, l'instruction secondaire et supérieure par la création d'écoles spéciales et par la multiplication de bourses, strictement accordées à l'examen et au mérite, doit cesser d'être une faveur de la fortune et le privilège de la richesse.

Il est inutile de dire que l'opposition incessante et énergique aux empiétements du cléricalisme est le premier de nos devoirs de patriotes et de républicains. Car le cléricalisme, romain et non français, est l'ennemi de toute liberté et de tout progrès. Il hait la lumière et n'a point de patrie.

La séparation des Églises et de l'État, réclamée par la raison et par la liberté de conscience, doit donc, dès que cela sera possible, devenir un fait positif et irrévocable.

Un budget des cultes ne convient point à une démocratie, et la croyance individuelle a seule le droit et le privilège de salarier les sacerdoces et les religions.

Dans l'ordre *judiciaire*, comme urgence et comme principe, il convient de diminuer le personnel, d'en supprimer l'inamovibilité et de le nommer par élection ou concours. Le magistrat, quel qu'il soit, doit émaner et relever du peuple. Il doit être debout pour servir la loi et non pas assis pour être maître. Tout fonctionnaire public, juge ou non, ne peut s'imposer à la démocratie, qu'il hait souvent et à la République qu'il trahit parfois.

DESCAMPS (G.) 308.

GERS. LECTOURE. — Inscr. 14,687.

Élu le 21 août 1881 par 6,278 voix contre 5,636 à M. Delpech-Canteloup (B.).

Né en 1838 à Lectoure, avocat, maire de Lectoure, conseiller général.

Élu en 1876 par 6,465 voix contre 5,424 à M. de Lagrange.

Réélu en 1877 par 6,580 voix contre 6,486 à M. de Lagrange.

La commission de recensement avait fait procéder à un second tour de scrutin que la Chambre a annulé.

A voté *pour* : Suppr. inamovib.

Contre : Scrut. liste. Mise accusat. Réunion. Laïcité. Sém. soldats. Revision. Suppr. cultes. Suppr. Vatican.

S'est *abstenu* sur les autres propositions.

DESMONS (E. G.).

GARD. ALAIS (1re circ.). — Inscr. 18,700.

Élu au scrutin de ballottage du 4 septembre 1881 par 7,968 voix.

50 ans, pasteur protestant.

Élu le 19 juin 1881 en remplacement du colonel Favand, décédé.

N'a pris part qu'au vote sur la suppression de l'ambassade du Vatican. A voté contre.

Dans sa profession de foi il se prononce pour :

Revision immédiate de la Constitution dans le sens le plus largement démocratique.

Suppression du Sénat.

Chambre unique déléguant le pouvoir exécutif au président du conseil des ministres, selon le système proposé en 1848 par l'amendement Grévy.

Administration par des fonctionnaires républicains.

Abolition du cumul.

Réforme dans la magistrature.

Suppression de l'inamovibilité.

Élection des juges.

Autonomie départementale et communale.

Suppression des sous-préfectures.

Nomination des maires par les conseils municipaux.

Liberté de la presse, de réunion, d'association.

Liberté absolue de conscience.

Séparation des Églises et de l'État.

Inscrit à l'extrême gauche. Partisan du groupe fermé.

DESMOUTIERS (G.) 363.

NORD. Douai (2e circ.). — Inscr. 15,753.

Élu le 21 août 1881 par 8,262 voix, sans concurrent.
M. Mention député sortant (G.), s'était retiré.

Né à Tanmont, le 2 février 1810, beau-frère de M. Corne, cultivateur, fabricant de sucre.

Élu à la Constituante en 1848.

Élu en 1876 par 11,159 voix contre 9,333 à M. Brabant.

Non réélu en 1877.

Extrait de sa profession de foi :

A une époque récente, membre de la Chambre des députés de 1876, j'étais du nombre des 363 qui s'efforçaient d'asseoir nos nouvelles institutions sur des principes sincères d'ordre, de liberté et de progrès. Ce sont ces principes qu'en toute occasion je continuerai à soutenir avec indépendance et fermeté, si vous jugez bon de me confier le mandat de vous représenter.

Une question de politique constitutionnelle s'agite dans un certain nombre de collèges électoraux. Je vous dirai franchement mon opinion à cet égard. J'estime que pour épargner à un pays des causes d'inquiétude et d'agitation nuisibles à ses intérêts, il est sage d'assurer aux institutions, qu'il s'est librement données, le plus de stabilité possible. Sans doute, la Constitution actuelle de la France n'est point sortie parfaite des délibérations de la dernière Assemblée nationale, mais ma conviction est, qu'avant de mettre en question notre pacte fondamental, nous devons laisser le temps et l'expérience démontrer quels sont les points qui peuvent être utilement revisés et réformés.

DESPREZ (G.).

PAS-DE-CALAIS. Béthune (2e circ.). — Inscr. 26,028.

Élu le 21 août 1881 par 11,769 voix contre 9,596
à M. de Clercq, député sortant (C. D.).

Ancien notaire, cultivateur, maire d'Harnes, conseiller général.

Dans sa profession de foi, après avoir promis le dégrèvement de l'impôt foncier, et celui des sucres et des alcools, il conclut ainsi :

Tout gouvernement qui veut vivre doit être loyalement servi; il faut donc que tous les fonctionnaires soient républicains ou que ceux qui ne le sont pas cessent de combattre ouvertement la République.

Le service militaire est trop long et doit être réduit sans amoindrir toutefois la défense nationale.

La création et le fonctionnement de caisses publiques de prévoyance et de retraite relevant de l'État et destinées à assurer le sort des invalides du travail me paraissent devoir être poursuivis et menés à bonne fin.

Ai-je besoin d'ajouter que tous mes efforts tendront à rendre plus étendue l'instruction à tous les degrés, à répandre, en un mot, la lumière, si nécessaire dans un pays qui veut se gouverner lui-même.

Paix à l'extérieur, ordre et liberté à l'intérieur.

Tel est en résumé mon programme.

DESSON de SAINT-AIGNAN (L.).

SEINE-INFÉRIEURE. Yvetot (2° circ.).
Inscr. 14,529.

Élu le 21 août 1881 par 4,705 voix contre 4,311 à M. de Souef (R.).

Docteur en droit, propriétaire.

On lit dans sa circulaire :

Enfin, ne craignons pas de le dire, la République nous mène à la guerre, non pas seulement à la guerre en Algérie et en Tunisie, mais à bref délai, à une guerre européenne entreprise sans alliés, avec des finances obérées et une armée désorganisée.

Électeurs, je me présente à vos suffrages. Quelque tardive que soit ma candidature, du moins mon nom servira de point de ralliement aux défenseurs de la religion, de l'agriculture et de la paix.

DÉTHOMAS (u).

SEINE-ET-MARNE. Meaux. — Inscr. 26,220.

Élu au scrutin de ballottage du 4 septembre 1881 par 11,190 voix contre 2,013 à M. de Jouvenel (R.), 2,701 à M. Ponton-d'Amecourt (L.), 531 à M. Camille Raspail (Rad.).

Ancien chef de cabinet des ministres de l'intérieur et de l'agriculture, conseiller général.

Élu en 1880, en remplacement de M. Ménier, décédé.

N'étant pas député lors des 6 premiers votes, a voté pour : Scrut. liste. Sém. soldats. Suppr. Vatican. Contre : Les autres propositions.

DÉTHOU (u.) 363.

YONNE. Joigny. — Inscr. 28,184.

Élu le 21 août 1881 par 15,759 voix, sans concurrent.

Né à Bléneau en 1849, propriétaire, proscrit en 1852, rentré en France en 1859.

Échoua en 1871.

Élu en 1870 par 14,509 voix contre 7,012 à M. Brincard.

Réélu en 1877, par 17,039 voix contre 6,270 à M. Bénard.

A voté *contre* : Réunion.

Pour : Toutes les autres propositions.

Compte rendu d'une réunion où a parlé M. Dethou.

Il s'engage à soutenir toutes les réformes dont la réalisation est urgente et possible, pendant la durée de son nouveau mandat, et il place en première ligne la revision de la Constitution, en ce qui concerne les différents modes d'élection du Sénat et ses attributions, tout en exprimant le regret de ne pouvoir le supprimer entièrement.

Il voudrait l'extension de la juridiction des justices de paix, la réduction des tribunaux de première instance, et surtout des juges, mais une augmentation de traitement en rapport avec le travail, la suppression de l'inamovibilité de la magistrature et une diminution considérable dans les frais de procédure.

Il voudrait ensuite la liberté complète de la commune en ce qui concerne les affaires purement communales et la suppression des sous-préfectures, celle du budget des cultes, l'attribution à chaque commune, pourvue d'une cure, de sa part dans les 53 millions du budget de l'État, avec la faculté d'en disposer selon les besoins religieux de la population et les services rendus par le curé.

Il voudrait encore la diminution des charges qui pèsent sur l'agriculture, non en frappant les produits étrangers de droits d'entrée, mais en développant les moyens de transport en en diminuant le prix et en mettant à la portée du petit cultivateur de l'argent à bon marché.

En ce qui concerne l'instruction, M. Dethou la veut gratuite à tous les degrés. Il demande en conséquence la création d'écoles primaires supérieures au canton, de collèges professionnels à l'arrondissement et de lycées au département. Il veut que l'instruction de la femme soit mise en rapport avec le rôle qu'elle a à remplir dans la famille.

Il veut aussi que le service militaire soit obligatoire pour tous et réduit à trois ans, ne l'abaissant à un an qu'en faveur des soutiens de familles nécessiteuses ; que l'impôt de capitation soit supprimé et remplacé par un impôt unique et proportionnel au revenu.

Il veut encore la liberté du droit d'association civile, qui décuple les forces productives et assure le développement de la richesse nationale ; il s'opposerait au droit d'association religieuse, qui détruit la liberté individuelle et la famille et, comme conséquence, il demande la dissolution immédiate des congrégations existantes et la liquidation à bref délai de l'avoir de ces sociétés.

Il voudrait enfin le rachat des chemins de fer par l'État, la création d'une caisse de secours pour les invalides du travail et les jeunes enfants nécessiteux.

DEVADE (g.) 363.

LOIRET. Gien. — Inscr. 15,849.

Élu le 21 août 1881 par 7,949 voix, sans concurrent.

Né en 1818, docteur en médecine, médecin en chef de l'hôpital de Gien, révoqué au coup d'État, conseiller municipal, conseiller d'arrondissement, décoré aux ambulances de l'armée de la Loire.

Élu en 1876 par 6,494 voix contre 4,860 à M. Despond.

Réélu en 1877 par 8,268 voix contre 4,330 à M. de Chasseval.

A voté *pour* : Suppr. inamovib. Suppr. Vatican.

Contre : Laïcité. Presse. Sém. soldats. Revision. Prop. Laisant. Scrut. liste.

Abstenu : Suppr. cultes.

Sa circulaire renfermait le passage suivant :

La République peut enfin marcher dans la voie du progrès.

La réorganisation de l'armée nationale, la réduction des impôts, l'augmentation des petits traitements, l'amnistie, la liberté de réunion, la liberté de la presse, la gratuité de l'enseignement, sans parler des lois multiples autorisant les grands travaux sur toute la surface du pays, sont les principaux jalons de la route parcourue.

Bien des projets sont élaborés, bien des réformes restent à accomplir, dont la solution soulève chez certains de généreuses impatiences.

La Chambre aurait été plus loin encore dans la voie des réformes ; mais ne fallait-il pas compter avec le Sénat, qui, par son mode d'élection absolument défectueux, ne peut être animé des mêmes principes que vos députés ?

A chaque jour sa tâche; pour qu'une œuvre soit durable et solide, il faut l'édifier à son heure et sans précipitation.

DEVAUX (G.) 363.

PAS-DE-CALAIS. Saint-Omer (1re circ.).
Inscr. 13,739.

Élu le 21 août 1881 par 6,116 voix contre 4,482 à M. Lefebvre de Prey (L.).

Né en 1819 à Saint-Omer, avocat, procureur de la République à Arras, en 1848, juge d'instruction à Saint-Omer, démissionnaire au 2 décembre, avocat à Lille, sous-préfet de Saint-Omer au 4 septembre, Rédacteur en chef du *Progrès du Nord*, conseiller municipal de Lille en 1874, président du conseil général.

Élu en 1876 par 7,226 voix, sans concurrent.

Réélu en 1877 par 5,628 voix contre 5,387 à M. Lefebvre du Prey.

Abstenu : Scrut. liste.

Absent : Sem. soldats Revision.

Contre : Toutes les autres propositions.

Voici le passage important de sa profession de foi :

Si j'étais appelé par vos suffrages à la réalisation de cette œuvre, j'y apporterais le même esprit de modération, d'examen et d'étude que par le passé.

Ainsi je ne m'associerai pas absolument à une revision de la Constitution dont je crois prudent et sage de poursuivre l'expérimentation jusqu'après l'élection de la troisième série sénatoriale.

Ce n'est pas que je considère cette constitution comme parfaite et je verrais sans déplaisir les deux Chambres se réunir en congrès pour supprimer par extinction l'inamovibilité de 75 sénateurs et modifier le système inique du recrutement pratiqué aujourd'hui ; le suffrage universel ou tout au moins le suffrage proportionnel à la population des communes rendrait au Sénat l'autorité et la popularité que les mécontents lui refusent, non sans raison peut-être.

Je ne m'associerai pas davantage au projet de séparer l'Église de l'État et de supprimer le budget des cultes. J'ai le respect de tous les contrats et je ne crois pas à l'existence de deux morales, une pour les petits qui les oblige, une pour les grands qui leur laisse la liberté du bon plaisir. Le Concordat est un contrat et tant qu'il n'aura pas été rompu d'un commun accord, il me semble illégal autant qu'injuste de le briser l'autorité, même parlementaire.

Je suis d'avis qu'il y a lieu de réformer la magistrature en diminuant le nombre des magistrats et en modifiant profondément le mode de recrutement et les conditions requises pour l'exercice de ces importantes et indispensables fonctions, mais en conservant le principe de l'inamovibilité que je considère comme la garantie nécessaire à l'indépendance du juge.

Partisan de l'abaissement à trois ans du temps de service militaire, je ne consentirais cependant pas à le voter immédiatement et sans avoir acquis la certitude absolue que la nouvelle loi sur le recrutement des sous-officiers produira l'effet attendu, c'est-à-dire la possibilité d'obtenir des cadres solides, sans lesquels l'armée n'est qu'une apparence.

Élu sénateur du Pas-de-Calais, le 8 janvier 1882, par 507 voix.

DEVELLE (G.),

EURE. LOUVIERS. — Inscr. 18,855.

Élu le 21 août 1881 par 8,791 voix contre 7,307 à M. Raoul Duval, ancien député.

38 ans. Avocat, ancien préfet, ancien sous-secrétaire d'État.

Élu en 1877 par 8,250 voix contre 7,893 données à M. Raoul Duval.

A voté *pour :* Scrut. liste.
Absent : Suppr. inamovib.
Abstenu : Suppr. Vatican.
Contre : Toutes les autres propositions.

DEVELLE (Louis) (G.).

MEUSE. Bar-le-Duc. — Inscr. 22,981.

Élu le 21 août 1881 par 12,293 voix, sans concurrent.

Avocat, ancien avoué, conseiller général.
Élu le 6 avril 1879 par 11,724 voix, en remplacement de M. Grandpierre, décédé.

A voté *pour* : Scrut. liste. Suppr. inamovib.

Contre : Mise accusat. Laïcité. Presse. Sém. soldats. Revision. Prop. Laisant. Suppr. cultes. Suppr. Vatican.

Voici le passage principal de sa profession de foi :

Poursuivre avec une énergie nouvelle l'œuvre commencée ; assurer le droit d'association, permettre aux communes de gérer d'une manière plus directe et plus libre leurs propres affaires ; modifier la loi relative à la composition des commissions administratives des hospices ; respecter le principe fondamental de la séparation des pouvoirs, le gouvernement ayant seul le choix et la responsabilité de son personnel administratif, dans le triple intérêt du producteur, du consommateur et du Trésor public, reviser la législation sur les boissons, favoriser la création de secours mutuels et des caisses d'assurances ; fonder une caisse de retraites pour les ouvriers de l'industrie et de l'agriculture ; subordonner la réduction du service militaire à la constitution de cadres solides et expérimentés ; placer sur le pied d'égalité au point de vue de la pension tous les officiers retraités ; diminuer l'impôt foncier et les droits de mutation au moyen des excédents du budget ; admettre gratuitement, et après concours, les intelligences d'élite aux bienfaits de l'enseignement secondaire et de l'enseignement supérieur ; reviser le mode de recrutement du Sénat et rétablir autant que possible l'égalité proportionnelle entre les villes et les campagnes ; résoudre la question de l'organisation judiciaire en constituant un corps de magistrature éclairé, inspirant confiance au pays et respectueux de nos lois constitutionnelles ; au nom de la liberté de conscience, donner aux religions la liberté pleine et entière de leur culte, mais réprimer avec fermeté les envahissements du cléricalisme, c'est-à-dire d'un parti politique qui, sous prétexte de servir la religion, s'en sert dans l'espoir d'arriver à la domination ; sans porter la moindre atteinte à leur mission sacerdotale, exiger des membres du clergé rétribués par l'État l'obéissance aux lois et le respect du gouvernement de la République,

En un mot, entourer la République d'institutions de plus en plus libérales et démocratiques; assurer le maintien d'une paix féconde et glorieuse par la sagesse et par la dignité de notre politique extérieure.

DEVES (G.) 363.

HÉRAULT. BÉZIERS (2° circ.). — Inscr. 25,686.

Élu au scrutin de ballottage du 4 septembre 1881 par 10,597 voix contre 487 voix perdues.

Né à Aurillac (Cantal), en 1837, avocat de Béziers, conseiller général au 4 septembre, maire de Béziers.

Élu en 1876 par 11,325 voix contre 4,983 à M. de Larrey et 3,133 à M. Armely.

Réélu en 1877 par 11,374 voix contre 9,552 à M. Las Cases.

Président de l'ancienne gauche républicaine.

A voté *pour* : Suppr. Vatican.

Contre : Scrut. liste. Revision.

S'est *abstenu* : Suppr. inamovib. Laïcité.

Voici le programme qu'il trace dans sa profession de foi :

C'est ainsi que j'ai voté et que je voterai encore :

La réduction du service militaire à trois ans, obligatoire pour tous, sans admission des immunités ou privilèges ecclésiastiques, et l'abolition du volontariat d'un an ;

L'obligation, la laïcité absolue de l'instruction primaire, conséquence de la gratuité inscrite dans nos lois ;

La réorganisation de la magistrature avec suppression de l'inamovibilité ;

Les dégrèvements nombreux et les immenses travaux qui ont développé si magnifiquement la richesse publique.

Il y faudra joindre l'étude d'une meilleure assiette des impôts et de larges réformes économiques profitables aux travailleurs des champs et des villes.

J'aurais fini si je n'avais à cœur de m'expliquer devant vous avec une netteté parfaite, sur deux questions d'une importance capitale.

. La revision de la constitution qui ne pouvait pas être l'œuvre de la dernière Chambre à la veille de sa séparation, doit être le premier souci de la Chambre nouvelle, interprète autorisé des vœux du pays.

Je veux « le maintien du Sénat, mais je veux en même temps l'élection de ses membres par le suffrage universel direct » dans des conditions analogues à celle que pratique la grande République américaine.

Quant à la séparation des Églises et de l'État, je considère que cette mesure d'ordre supérieur s'imposera dans un avenir peut-être très prochain. Elle apparaîtra de plus en plus comme le seul moyen d'apaiser des conflits sans cesse renaissants et de consacrer les garanties d'indépendance philosophique et religieuse qui sont l'honneur et la force des peuples libres.

Il y faut partout préparer l'opinion et restituer à cette grande réforme son caractère de pacification égalitaire et impersonnelle.

Un remaniement complet de notre législation doit la précéder, et sur une solution immédiate qui désarmerait imprudemment l'autorité civile, je ne dois prendre aucun engagement prématuré.

Ministre de l'Agriculture dans le cabinet Gambetta.
Élu le 18 décembre 1881 à Bagnères-de-Bigorre par 13,878 voix. — A opté pour Bagnères.

DEVIC (v.).

AVEYRON. Espalion. — Inscr. 16,765.

Élu le 21 août 1881 par 7,187 voix contre 5,739 données à M. Affre (B.).

40 ans, avocat, conseiller général, ancien sous-préfet d'Espalion.

En 1879, au 2e tour de scrutin, il avait obtenu 5,059 voix

contre 8,359 données à M. Baduel d'Oustrac, bonapartiste, qui fut élu, et ne s'est pas représenté aux dernières élections.

DIEU (u.).

SOMME. Amiens (2ᵉ circ.). — Inscr. 28,642.

Élu le 21 août 1881 par 13,597 voix contre 10,062 à M. de Septenville, député sortant (B.).

50 ans, manufacturier et maire à Villers-Bretonneux, conseiller général républicain.

En 1877, avait réuni 10,959 voix contre 14,665 au député sortant.

DONNET (u.).

HAUTE-VIENNE. Saint-Yrieix. — Inscr. 12,068.

Élu le 21 août 1881 par 5,505 voix, sans concurrent. M. Baury, député sortant (G.), s'était retiré.

Docteur en médecine.

S'est fait inscrire à la gauche radicale.

DOUVILLE-MAILLEFEU (De) (e. g.) 363

SOMME. Amiens (2ᵉ circ.). — Inscr. 19,093.

Élu le 21 août 1881 contre M. de Rainvilliers par 9,123 voix contre 6,537.

Né à Paris en 1835, officier de marine, a pris part aux expéditions contre la Tartarie russe (1855), la Chine (1857), la guerre d'Italie (1859).

Pendant le siège de Paris, adjudant major en 1ᵉʳ à la légion du génie auxiliaire. Arrêté le 18 mars comme otage avec les généraux Clément Thomas et Lecomte, et conduit rue des Rosiers.

Conseiller général.

Élu en 1876 par 7,719 voix contre 7,069 à M. de Rainvilliers.

Échoua en 1877 avec 8,019 voix contre 8,076 à M. de Rainvilliers, élu.

Après invalidation de ce dernier, M. de Douville fut réélu le 3 mars 1878 par 8,240 voix contre 7,740 à son adversaire.

A voté *pour* toutes les propositions mentionnées ci-dessus.

Inscrit à l'extrême gauche. S'est abstenu sur la question du groupe fermé.

DRÉO (U.) 363.

VAR. BRIGNOLES. — Inscr. 20,445.

Élu le 21 août 1881 par 9,401 voix contre 4,099 à M. Barbes (L.).

Né en 1829, avocat, gendre de Garnier-Pagès, opposant sous l'Empire, secrétaire du gouvernement de la défense nationale.

Membre de l'Assemblée nationale.

Élu en 1876 par 9,737 voix contre 5,116 à M. Émile Ollivier.

Réélu en 1877 par 9,098 voix contre 8,123 à M. Bagarry.

A voté *pour* : Scrut. liste. Mise accusat. Suppr. inamovib. Laïcité. Presse. Sém. soldats. Révision. Prop. Laisant. Suppr. Vatican.

Abstenu : Réunion.

Absent : Suppr. cultes.

DREOLLE (B.).

GIRONDE. BLAYE. — Inscr. 18,364.

Élu le 4 septembre 1881 au scrutin de ballottage par 8,049 voix contre 5,465 données à M. Maréchal (R.).

Né en 1829, journaliste, conseiller général, officier de la Légion d'honneur.

Candidat à le députation en 1863, échoua.
Élu comme candidat officiel en 1869.
Élu en 1876 par 8,575 voix contre 4,645 à M. Moreau.
Réélu en 1877 par 8,844 voix contre 4,385 à M. Maréchal.
A voté *pour :* Réunion. Revision.
S'est *abstenu :* Presse. Prop. Laisant.
A voté *contre* toutes les autres propositions.

Dans une lettre au *Journal de Bordeaux*, il dit :

« J'ai ma place marquée aux premiers rangs de la minorité. »
A signé le programme du comité revisionniste napoléonien
(Cunéo).

___

DREUX (G.) 363.

EURE-ET-LOIR. CHATEAUDUN. — Inscr. 17,786.

Élu le 21 août 1881 par 9,816 voix contre 3,369 données à M. Isambert
rédacteur en chef de la *République française.*

Né en 1829, agriculteur, maire de Cormainville, conseiller
d'arrondissement, conseiller général.
Élu en 1876 par 10,510 voix contre 3,907 à M. Amédée
Lefèvre-Portalis.
Réélu en 1877 par 11,074 voix contre 4,226 données à
M. Amédée Lefèvre-Portalis.
A voté *contre :* Mise accusat. Réunion. Laïcité. Presse.
Sém. soldats. Suppr. cultes. Suppr. Vatican.
Absent : Scrut. liste. Revision. Prop. Laisant.

___

DREYFUS (G.).

SEINE-ET-OISE. RAMBOUILLET. — Inscr. 19,256.

Élu le 21 août 1881 par 9,486 voix contre 5,103
à M. Maurice Richard (B.).

Avocat, israélite, conseiller général.
Élu le 14 mars 1880, en remplacement de M. Carrey, dé-

cédé, par 8,208 voix contre 5,618 à M. Maurice Richard.

N'était pas député au moment des deux premiers votes.

A voté *pour* : Scrut. liste. Laïcité.

Contre : Presse. Sém. soldats. Revision.

Abstenu : Suppr. inamovib. Suppr. Vatican.

Absent : Prop. Laïsant. Supp. cultes.

Voici son programme :

Au point de vue agricole et économique, il faut continuer l'œuvre des dégrèvements :

Diminuer l'impôt foncier et les droits de mutation.

Réformer les tarifs des chemins de fer et développer le réseau de nos voies de communication.

Au point de vue de l'enseignement, il faut :

Établir d'une façon définitive l'école gratuite, obligatoire et laïque ;

Développer l'enseignement professionnel et agricole ;

Multiplier les bourses et mettre ainsi l'instruction à la portée des déshérités de la fortune.

Il faut reprendre sur de larges bases la réforme judiciaire ;

Compléter nos lois militaires et rendre pour tous le service obligatoire, sans privilèges, sans exceptions ;

Voter une loi municipale qui donne à nos communes plus d'expansion et de liberté ;

Assurer par des mesures protectrices, le sort de l'enfance et de la vieillesse.

Développer les institutions d'épargne et de secours mutuels et réorganiser les caisses de retraites pour les vieux ouvriers de l'agriculture et de l'industrie.

Pour réaliser ce programme, deux conditions sont nécessaires : un parlement uni sur un terrain progressiste, un gouvernement capable et décidé.

Je suis partisan d'une réforme constitutionnelle limitée au mode d'élection et du recrutement du Sénat. Je contribuerai de toutes mes forces à la formation d'une majorité compacte, unie par un programme commun et résolue à aboutir.

DRUMEL (c. g.). 363.

ARDENNES. RETHEL. — Inscr. 17,216.

Élu le 21 août 1881 par 7,500 voix contre 6,175 à M. Karcher (U.).

Né à Jamault (Ardennes) en 1844, professeur de droit à la Faculté de Douai, conseiller général, membre du conseil supérieur de l'instruction publique.

Élu en 1876, au second tour, par 5,982 voix contre 5,518 données à M. Karcher.

Réélu en 1877 par 9,204 voix contre 6,094 à M. Crampon (Cons.).

A la dernière Chambre, il a voté :

Contre : Mise accusat. Réunion. Presse. Sém. soldats. Revision. Prop. Laisant. Suppr. cultes. Suppr. Vatican. Laïcité. Scrut. liste.

Dans sa profession de foi, il a reconnu qu'il y avait des réformes à accomplir.

Il a déclaré qu'il s'associerait à toutes celles qui seraient proposées pour assurer le développement progressif de nos institutions démocratiques, et améliorer la situation matérielle et intellectuelle du pays.

DUBOIS (u.) 363.

COTE-D'OR. DIJON (1re circ.). — Inscr. 21,450.

Élu le 21 août 1881 par 11,341 voix contre 909 données à M. Buffenoir, socialiste.

Né en 1814, avoué de la Cour d'appel de Dijon, maire de Dijon sous l'Empire, se signala par son énergie au moment de l'occupation allemande, conseiller général.

Élu député à l'Assemblée nationale, 8 février 1871.

Donna sa démission de maire, 1872, conseiller général.

Élu en 1876, sans concurrent, par 10,742 voix.

Réélu en 1877 par 11,237 voix contre 4,808 à M. Piet.

A la dernière législature, il a voté :

Pour : Mise accusat. Suppr. inamovib. Laïcité. Presse. Sém. soldats. Revision. Prop. Laïsant. Suppr. Vatican.
Contre : Réunion. Suppr. cultes.

DUBOST (u.).

ISÈRE. La Tour-du-Pin (1re circ.). — Inscr. 18,600.
Élu le 21 août 1881 par 9,324 voix contre 1,245
à M. Boyer-Lapierre.

Avocat, chef de cabinet de la préfecture de police au 4 septembre, préfet du gouvernement de la défense nationale, chef de cabinet du garde des sceaux, conseiller général.
Élu le 19 décembre 1880 en remplacement de M. Raymond, décédé.
A voté *pour :* Scrut. liste. Sém. soldats. Prop. Laïsant. Suppr. Vatican.
Contre : Suppr. cultes.
S'est *abstenu :* Presse. Revision.
N'était pas député quand ont eu lieu les cinq premiers votes.

Voici le programme qu'il a adopté :

1° Revision de la Constitution ;
2° Abolition de toutes les lois et décrets d'exception
3° Réforme profonde de l'Église et de l'État, si c'est possible, par la séparation des Églises et de l'État, ou du moins en soumettant au vote des conseils municipaux le budget des cultes, notamment le traitement des fonctionnaires ecclésiastiques ;
4° Application régulière des libertés de la presse, de réunion, et établissement du droit d'association sous les garanties qu'il importe à l'État d'exiger ;
5° Organisation définitive et développement incessant de l'instruction laïque, gratuite et obligatoire ;
6° Examen des lois sur l'armée, afin de réduire à trois ans la durée du service militaire rendu applicable à tous sans exception ;
7° Revision des lois d'impôt ;
8° Nécessité d'une politique de paix à l'extérieur.

DUCHASSEINT (u.) 363.

PUY-DE-DOME. Thiers. — Inscr. 23,556.

Élu le 21 août 1881 par 12,003 voix contre 837 à M. Chornette (E. G.).

Né en 1814, licencié en droit, agriculteur.
Obtint 10,000 voix dans les élections à la Constituante.
Conseiller général en 1848, refusa le serment en 1852, réélu après le 4 septembre.
Élu en 1876 par 8,056 voix contre 7,544 à M. Chassaigne.
Réélu en 1877 par 11,641 voix contre 3,821 à M. Chassaigne, et 3,127 à M. de Barante.
A voté pour : Mise accusat. Suppr. inamovib. Presse.
Abstenu : Sém. soldats. Suppr. Vatican.
Contre les autres propositions.

DUCHESNE-FOURNET (g.).

CALVADOS. Pont-l'Évêque. — Inscr. 16,209.

Élu le 21 août 1881 par 7,419 voix contre 4,625 données à M. Flandin, député sortant (B.).

50 ans, grand manufacturier à Lisieux, conseiller général.

Dans sa circulaire il se prononce pour :

Le maintien de la Constitution et celui du Sénat, avec quelques modifications dans le mode d'élection des sénateurs, pour donner aux communes une représentation plus en rapport avec leur importance ;
L'établissement d'un système d'éducation vraiment nationale ;
L'exécution complète des lois qui règlent les rapports de l'Église et de l'État ;
La diminution de l'impôt foncier.

DUCLAUD (u.) 363.

CHARENTE. Confolens. Inscr. 18,725.

Élu sans concurrent le 21 août 1881 par 9,002 voix.

Né à Confolens en 1824, avocat, conseiller municipal, conseiller général, au 4 septembre sous-préfet de Confolens, eut un duel avec M. Cunéo d'Ornano.

Candidat malheureux aux élections de 1871.

Élu le 20 février 1876 par 7,230 voix contre 3,062 données à M. Boreau Lasanadre et 3,014 à M. Marchand.

Réélu en 1877 par 7,765 voix contre 6,673 à M. Marchand.

A voté *pour :* Mise accusat. Scrut. liste.

Contre : Réunion. Sém. soldats. Revision. Prop. Laisant. Suppr. cultes. Suppr. Vatican.

Absent : Laïcité. Suppr. inamovib.

Inscrit à la gauche radicale.

DUCROZ (u.) 363.

HAUTE–SAVOIE. Bonneville. — Inscr. 18,311.

Élu le 21 août 1881 sans concurrent, par 8,500 voix.

Né en 1820 à Sallanches, juge de paix, avoué, conseiller général.

Élu en 1876 par 8,417 voix contre 4,468 à M. Bouverat.

Réélu en 1877 par 9,360 voix contre 5,462 à M. Guy.

S'est *abstenu :* Suppr. cultes. Suppr. Vatican.

A voté *contre :* Réunion. Revision. Scrut. liste.

Pour toutes les autres propositions.

DUFOUR (b.).

LOT. Gourdon. — Inscr. 24,802.

Élu le 4 septembre 1881 au scrutin de ballottage par 8,817 voix contre 6,286 à M. Calmon fils (R.) et 6,080 à M. de Verninac (R.).

Né en 1824, fils du général, propriétaire, maire, conseiller d'arrondissement, conseiller général.

Député au Corps législatif.

Élu en 1876 par 13,094 contre 8,057 à M. de Verninac.

Réélu en 1877 par 11,660 voix contre 8,170 à M. de Verninac et 1,175 à M. de Gozon.

A voté *pour* : Scrut. liste. Presse. Revision. Prop. Laisant.

Contre : Mise accusat. Suppr. inamovib. Laïcité. Sém. soldats. Suppr. cultes. Suppr. Vatican.

A signé le programme du comité revisionniste napoléonien. (Cunéo.)

DUPONT (c.).

HAUTE-SAVOIE. Saint-Julien. — Inscr. 17,857.

Élu le 21 août 1881 sans concurrent, par 9,420 voix.

Avocat, conseiller général.

Élu le 14 novembre 1877 par 8,140 voix contre 5,150 à M. Mongellaz. M. Silva, 363, s'était retiré.

S'est *abstenu* : Suppr. Vatican.

Absent : Prop. Laisant. Suppr. cultes.

A voté *pour* : Mise accusat. Suppr. inamovib. Sém. soldats.

Contre toutes les autres propositions.

DUPORTAL (E. G.) 363.

HAUTE-GARONNE. Toulouse (2ᵉ circ.).
Inscr. 19,028.

Élu au scrutin de ballottage du 4 septembre 1881 par 4,630 voix contre 4,241 à M. Calès (U.) et 3,635 à M. Oldekop (B.).

Né en 1814, journaliste, disciple de Proudhon, rédacteur en chef de l'*Émancipation*, exilé au 2 décembre, rentré en France en 1853, employé au chemin de fer du Midi, s'occupa ensuite d'affaires industrielles. On lui a beaucoup reproché une lettre adressée à l'empereur dans un moment de faiblesse.

Préfet de la Haute-Garonne après le 4 septembre, commissaire général de la défense, démissionnaire après la paix, reprit la publication de l'*Émancipation* qui fut supprimé, ainsi que l'*Émancipateur* qui lui succéda.

Échoua aux élections de 1869 et de 1871.

Élu au scrutin de ballottage en 1876 par 6,512 voix contre 3,573 à M. Oldekop et 1,522 à M. Benezet.

Réélu en 1877 par 8,246 voix contre 3,789 à M. d'Adhemar et 2,118 à M. Oldekop.

A voté *contre :* Scrut. liste.

Et *pour* toutes les autres propositions.

Dans la réunion de la salle Tivoli, après avoir expliqué ses votes, a dit qu'il n'avait pas besoin de plus longue profession de foi.

A sollicité vainement de l'extrême gauche son inscription.

DURAND (G.) 363.

ILLE-ET-VILAINE. Saint-Malo (2ᵉ circ.).
Inscr. 17,735.

Élu le 21 août 1881 par 7,373 voix contre 5,172 à M. de Kergariou.

Professeur de droit, conseiller général.

Élu après la mort de M. Le Pommelec, le 6 mai 1877, par 7,347 voix contre 4,985 à M. de Kerloguen.

Réélu en 1877, après la dissolution, par 6,693 voix contre 6,495 à M. Rouxin.

La commission de recensement avait fait procéder à un second tour de scrutin qui a été annulé par la Chambre.

A voté *pour* : Scrut. liste.

Contre : Mise accusat. Réunion. Suppr. inamovib. Laïcité. Presse. Sém. soldats. Prop. Laisant. Suppr. cultes. Suppr. Vatican.

DUREAU de VAULCOMTE (u.).

COLONIES. Réunion (1re circ.). — Inscr. 17,000.

Élu au scrutin de ballottage du 25 septembre 1881 par 3,354 voix contre 3,159 à M. Dufour-Brunet (R.) moins avancé que son concurrent.

DURFORT de CIVRAC (L.).

MAINE-ET-LOIRE. Cholet (2e circ.). — Inscr. 9,685.

Élu le 21 août 1881 par 11,143 voix contre 3,102 à M. Arthur Janvier de la Motte (R.)

Né en 1813, grand propriétaire, conseiller d'arrondissement, conseiller général, président du conseil.

Député au Corps législatif après le coup d'État.

Non réélu en 1857.

Réélu en 1869 contre le candidat officiel.

Signa l'interpellation des 116 et vota le 4 septembre la proposition de déchéance de la famille impériale présentée par M. Thiers.

Membre de l'Assemblée nationale.

Élu en 1876 par 10,781 voix sans concurrent. A été nommé vice-président de la Chambre.

Réélu en 1877 par 12,097 contre 2,015 à M. Béchet.

A voté *pour* : Réunion. Presse.

Contre : Scrut. liste. Mise accusat. Suppr. inamovib. Laïcité. Sém. soldats. Prop. Laisant. Suppr. cultes. Suppr. Vatican.

Abstenu : Revision.

DURIEU (u.) 363.

CANTAL. Mauriac. — Inscr. 15,170.

Élu sans concurrent le 21 août 1881, par 7,257 voix.

Né en 1812, avocat, sous-commissaire de la République à Mauriac en 1848.

Envoyé à la Constituante, siégea à la Montagne.

A la Législative, il vota avec la minorité démocratique.

Emprisonné à Vincennes au 2 décembre.

A fait partie de l'Assemblée nationale.

Échoua aux élections sénatoriales en janvier 1876.

Fut élu au scrutin de ballot. en 1876, député pour l'arrondissement de Mauriac par 5,495 voix contre 5,191 données à M. Excourbanies.

Réélu en 1877 par 5,644 voix contre 5,379 données au même M. Excourbanies.

A la dernière Chambre, il a voté *pour :* Sém. soldats. Scrut. liste. Prop. Laisant.

Contre : Réunion. Revision. Suppr. cultes. Suppr. Vatican.

S'est *abstenu :* Mise accusat. Suppr. inamovib. Presse.

DUSOLIER (u.).

DORDOGNE. Nontron. — Inscr. 23,902.

Élu le 21 août 1881 par 9,654 voix contre 8,084 données à M. Sarlande, député sortant (B.).

Né en 1835 à Nontron, fils d'un ancien représentant du peuple, débuta vers 1860 dans les journaux du quartier latin.

Était lié avec Baudelaire, Barbey d'Aurevilly, a fait des volumes d'articles critiques, secrétaire de Gambetta à Tours, sous-préfet de la Défense nationale, conseiller général.

Aux élections de 1877, il avait obtenu 7,036 voix contre 10,441 données à M. Sarlande.

Dans sa profession de foi de 1881, il se prononce :

Pour la suppression de l'inamovibilité ;
La revision avec modification du mode de recrutement et suppression des inamovibles ;
Il fait l'éloge de l'œuvre législative de la Chambre défunte et approuve sans réserve le service militaire de trois ans ;
La dissolution des congrégations ;
La liberté de la presse et de réunion ;
La gratuité, l'obligation et la laïcité de l'enseignement primaire.

DUTAILLY (E. G.).

HAUTE-MARNE. CHAUMONT. — Inscr. 24,493.

Élu le 4 septembre 1881 au scrutin de ballottage par 10,007 voix contre 9,670 à M. de Beurges.

Professeur à la Faculté des sciences de Lyon, conseiller général.

Dans sa profession de foi, il a tracé le programme des réformes dont il demanderait la réalisation.

Suppression du Sénat, et, en attendant, si elle n'est pas immédiatement possible, revision, suppression des inamovibles, transformation du mode d'élection ;
Séparation de l'Église et de l'État ; en attendant suppression de l'exemption militaire pour les séminaristes, suppression de l'ambassade du Vatican, utilisation pour les besoins généraux des édifices prêtés à l'Église ;
Suppression de l'inamovibilité de la magistrature, extension de la compétence des juges de paix ;
Service de trois ans, suppression du volontariat, enseignement

aux enfants dans les écoles du métier de soldat pour réduire le
service à deux ans ;

Droit de réunion, droit d'association, liberté de la presse ;

Instruction primaire gratuite, obligatoire, laïque, développement
des écoles professionnelles et des écoles de filles, enseignement
secondaire gratuit, enseignement supérieur (externat) gratuit,
bourses au concours ;

Création d'orphelinats laïcs ;

Caisses nationales de retraite pour les invalides du travail ;

Impôt sur le revenu, revision du cadastre, réduction de l'impôt
foncier ;

Extension des libertés de la commune, du canton, de l'arrondissement, du département.

Inscrit à l'extrême gauche, partisan du groupe fermé.

DUVAUX (u.) 363.

MEURTHE-ET-MOSELLE. NANCY (1re circ.).
Inscr. 22,830.

Élu le 21 août 1881, sans concurrent, par 12,453 voix.

Né à Nancy en 1827, élève de l'École normale, professeur,
conseiller municipal après 1870, puis conseiller général,
démissionnaire au 24 mai.

Élu en 1876 par 11,172 voix contre 4,976 à M. de Coet-
losquet.

Réélu en 1877 par 11,861 voix contre 5,768 à M. Welche,
ministre du 16 mai, préfet.

A voté *pour* : Suppr. inamovib. Laïcité. Suppr. Vatican.

Contre : Scrut. liste. Mise accusat. Presse. Sém. soldats.
Revision. Prop. Laisant. Suppr. cultes.

Abstenu : Réunion.

Voici le passage important de sa circulaire :

Nous en avons fini avec cette lutte pour l'existence que nous
avons soutenue au milieu des plus pénibles épreuves, forts de la
volonté nationale qui se manifestait sans relâche. La République,

aujourd'hui définitivement assise, peut travailler, sans craindre les compétitions ou les révolutions, à sa prospérité matérielle, à son développement intellectuel et moral.

DUVIVIER (u.).

SEINE-INFÉRIEURE. Rouen (1re circ.). — Inscr. 21,558.

Élu le 21 août 1881 par 7,441 voix contre 4,472
à M. Letellier (G.).

Élu en 1881 en remplacement de M. Desseaux, décédé.
A voté *contre* : Prop. Laisant.
Pour : Suppr. cultes. Suppr. Vatican. Scrut. liste.
Pas encore député lors des autres votes.

L'une de ses circulaires est ainsi conçue :

Les comités républicains qui m'avaient patronné dans la dernière élection législative, ont cru devoir encore vous demander le renouvellement du mandat que vous m'avez confié.

Dans un but d'union fraternelle, ils ont ensemble élaboré le programme suivant :

1° Revision de la Constitution sur des bases démocratiques;
2° Suppression du budget des cultes ;
3° Instruction gratuite, obligatoire et laïque ;
4° Service militaire obligatoire et égal pour tous ;
5° Revision des codes, réforme de la magistrature ;
6° Réforme de l'impôt dans un sens équitable ;
7° Étude de toutes les questions sociales ayant pour but l'amélioration du sort des travailleurs ;
8° Réduction des heures de travail à dix heures dans les manufactures.

Ce programme est le mien.

J'accepte les termes qui le formulent, comme l'expression de la confiance que les républicains veulent bien avoir en moi.

Si l'exécution m'en était confiée, je ferais mon devoir avec prudence, mais avec une énergique fermeté.

ESCANDE (u.).

DORDOGNE. Sarlat. (2e circ.). — Inscr. 15,312.

Élu le 21 août 1881 par 7,234 voix contre 5,977 données
à M. Taillefer, député sortant (B.).

Docteur en médecine, maire de Saint-Cyprien, conseiller général.

Voici sa profession de foi :

Nous ne changerions rien à notre ancien programme, si une situation nouvelle ne nous imposait de nouveaux devoirs, et, en premier lieu, celui d'aborder les réformes demandées par la France pour la perfection de ses institutions et l'apaisement des esprits.

Il faut achever les lois sur l'instruction primaire, réduire le service militaire à trois ans et le rendre obligatoire, afin que nos soldats, qui supportent les fatigues de la vie militaire, n'y voient pas une injustice ; il faut reviser la loi sur la magistrature pour éviter aux justiciables les retards indéfinis, et rétablir entre les pouvoirs publics l'harmonie nécessaire.

Voilà des questions mûres et qu'il faut résoudre avec calme et fermeté, mais promptement, car elles troublent le pays. Cependant, une autre réforme paraît devoir précéder celles-ci et les rendre faciles : c'est la réforme de la loi électorale sénatoriale. Car cette loi ne tient aucun compte du nombre des électeurs, malgré les droits imprescriptibles du suffrage universel. Si ces questions ont amené des divisions, on peut dire qu'actuellement l'union est faite dans tout le parti républicain.

Si j'étais élu, je voterais ces réformes.

ESCANYÉ (u.) 363.

PYRÉNÉES-ORIENTALES. Prades. — Inscr. 14,348.

Élu le 21 août 1881 par 4,864 voix contre 3,562
à M. Albiot (Rad.).

Né en 1833, avocat, conseiller de préfecture à Perpignan

après le 4 septembre, lieutenant de mobilisés, conseiller municipal de Perpignan, conseiller général.

Élu en 1876 au deuxième tour par 5,056 voix contre 5,051 à M. de Gelcen.

Échoua en 1877 avec 5,261 voix contre 5,381 à M. de Gelcen.

Réélu sans concurrent le 27 janvier 1878 par 6,084 voix après invalidation de son concurrent.

A voté *contre* : Revision. Réunion.

Abstenu : Mise accusat. Prop. Laisant. Suppr. cultes.

A voté *pour* toutes les autres propositions.

Inscrit à la gauche radicale.

ESCARGUEL (U.) 363.

PYRÉNÉES-ORIENTALES. PERPIGNAN. (1re circ.). Inscr. 17,045.

Élu le 21 août 1881 par 4,802 voix contre 4,038 à M. Magnan (Rad.).

Né dans l'Aude en 1816, grand minotier, maire de Perpignan après le 4 septembre, révoqué au 24 mai, conseiller général.

Membre de l'Assemblée nationale en 1871, siégea à l'extrême gauche.

Élu en 1876 par 13,364 voix contre 5,847 à M. Saint-Malo.

Réélu en 1877 par 13,235 voix contre 8,101 à M. Falcon.

A voté *contre* : Réunion.

S'est *abstenu* : Laïcité.

A voté *pour* toutes les autres propositions.

Dans sa profession de foi il s'est prononcé pour :

La revision;

La réforme de la magistrature, la séparation de l'Église et de l'État, ou tout au moins l'exécution stricte du Concordat.

Les lois sur l'instruction et la réforme de l'impôt.

Inscrit à la gauche radicale.

ESCHASSERIAUX (père) (B.).

CHARENTE-INFÉRIEURE. JONZAC. — Inscr. 25,126.

Élu le 21 août 1881 par 9,790 voix contre 9,308 à M. Dupin (R.),
M. René Eschasseriaux, son fils, député sortant (B.) s'était
retiré.

Né en 1823, avocat, conseiller général.
Représentant du peuple en 1849.
Député au Corps législatif en 1852, 1857, 1863, 1869.
Élu à l'Assemblée nationale en 1871.
Présida l'appel au peuple, officier de la Légion d'honneur.

En 1876, élu député de la première circonscription de Saintes
(Charente-Inférieure) par 6,662 voix contre 5,415 données à
M. Mesteau.

En 1877, réélu par 7,254 voix contre 5,847 à M. Bisseuil.

A la Chambre dernière, a voté *pour* : Réunion. Presse.
Scrut. liste. Revision. Prop. Laisant.

Contre : Mise accusat. Suppr. inamovib. Laïcité. Suppr.
cultes. Suppr. Vatican.

Abstenu : Sem. soldats.

Dans sa profession de foi, il dit :

J'estime en ce qui concerne la forme du gouvernement que si
l'appel au peuple nous est encore refusé par des adversaires qui
redoutent le verdict universel, il y aura lieu de réclamer par la nation le droit qui leur appartient d'élire directement le chef de
l'État.

ESNAULT (G.).

CALVADOS. FALAISE. — Inscr. 15,097.

Élu le 21 août 1881 par 6,246 voix contre 5,226 données à M. Paul-
mier (Cons.). M. le duc d'Harcourt, député sortant (Mon.)
s'était retiré.

65 ans, avocat, maire de Falaise, chevalier de la Légion
d'honneur, conseiller général.

Toute la circulaire du candidat peut se résumer dans cette phrase :

Interrogez mon passé, il vous répondra de mon avenir.

La République, dit-il, peut seule désormais, sans secousse et sans révolution, accroître la prospérité et assurer le bonheur de la France.

ESPEUILLES (D') (B.).

NIÈVRE. Chateau-Chinon. — Inscr. 19,802.

Élu le 21 août 1881 par 7,399 voix contre 5,771 à M. Gudin (R.).

35 ans, secrétaire d'ambassade.

Élu en 1877 au 2ᵉ tour par 8,256 voix contre 7,185 à M. Gudin, député sortant, gauche. Invalidé et réélu en 1878 par 6,945 voix contre 6,739 à M. Gudin.

S'est *abstenu* sur : Laïcité. Prop. Laisant.

Absent : Réunion.

Contre toutes les autres propositions.

ÉTIENNE (U.).

ALGÉRIE. Oran. (1ʳᵉ circ.). — Inscr. 7,240.

Élu le 21 août 1881 par 2,242 voix contre 1,842 données à M. Cely.

Né à Tlemcen, 45 ans, ingénieur, inspecteur général des chemins de fer de l'État, ami personnel de M. Gambetta.

Autonomiste, soutenu par l'élément israélite.

EVEN (U.).

COTES-DU-NORD. Lannion (1ʳᵉ circ.). — Inscr. 13,775.

Élu le 21 août 1881 par 4,721 voix contre 4,330 données à M. de Kergariou (L.).

52 ans, docteur en médecine, conseiller général, succède

à M. Huon de Penanster, député sortant légitimiste qui s'é-
tait retiré.

FABRE (Joseph) (u.).

AVEYRON. Rodez. (1re circ.). -- Inscr. 14,832.

Élu le 21 août 1881 par 6,072 voix contre 5,344 à M. Azemar,
député sortant (B.).

Professeur de philosophie au lycée Saint-Louis, à Paris,
conseiller général.

Dans sa profession de foi, il s'est prononcé pour :

Le développement du commerce et de l'agriculture ;
La diminution de l'impôt foncier.

Il faut encore que l'exercice de la justice devienne moins onéreux
et qu'un temps arrive où il n'y aura plus lieu de dire : Même un
procès gagné coûte très cher.

Je veux que l'enseignement soit distribué gratuitement à tous,
dans des écoles richement munies de tous les instruments du travail intellectuel.

Je veux que les jeunes citoyens, formés dans les écoles au ma-
niement des armes, ne soient plus forcés de quitter si longtemps
leur famille pour aller vivre dans les casernes.

Je réclamerai enfin toutes les réformes justes et raisonnables
qu'il vous plaira de me signaler soit dans vos lettres particulières,
soit dans ces réunions publiques auxquelles je vous convie tous les
jours et où j'ai le regret de ne voir jamais paraître mon honorable
adversaire, quoiqu'il y soit expressément invité.

FALLIERES (g.) 363.

LOT-ET-GARONNE. Nérac. — Insc. 18,698.

Élu le 21 août 1881 par 8,355 voix, sans concurrent.

Né en 1841, avoué à Nérac, vice-président du conseil gé-
néral, maire révoqué au 24 mai.
Élu en 1876 par 12,862 voix contre 12,682 à M. Boisvert.
Réélu en 1877 par 8,961 voix contre 6,619 à M. Dollfus.

9.

Sous-secrétaire d'État au ministère de l'intérieur sous le cabinet J. Ferry.

A voté *pour* : Scrut. liste. Suppr. inamovib.

Contre : Mise accusat. Réunion. Laïcité. Presse. Sém. soldats. Revision. Prop. Laisant. Suppr. cultes. Suppr. Vatican.

Extrait de sa profession de foi :

Je vous demande vos suffrages pour continuer l'œuvre de progrès qu'a poursuivie sans relâche et sans faiblesse la Chambre issue du scrutin mémorable du 14 octobre 1877.

La capitulation du pouvoir personnel, la campagne contre le cléricalisme, la réforme de la magistrature, la liberté de la presse et des réunions publiques, la reconnaissance légale des syndicats professionnels, l'instruction primaire gratuite, laïque et obligatoire ; le tarif général des douanes, préface indispensable des traités de commerce ; l'extension de nos grandes voies de communication, chemins de fer et canaux; l'amélioration de nos ports, 380 millions destinés aux chemins vicinaux, 1 milliard de la dette amorti, 286 millions de dégrèvements : voilà, sans compter, ce qu'a fait, dans l'ordre et dans la paix, la Chambre qui s'en va.

Si vous me maintenez le mandat que, pendant cinq ans, j'ai tenu de votre confiance, ai-je besoin de vous dire que je donnerai mon concours dévoué à toutes les réformes pratiques qui, sans compromettre les résultats acquis, assureront le développement normal et nécessaire de notre démocratie?

Telle est, par exemple, l'extension des libertés municipales : le moment est venu, non de constituer l'autonomie de la commune, qui serait la ruine de l'unité nationale, mais de briser certaines de ces entraves qui gênent la rapide expédition des affaires et de donner aux conseils municipaux cette indépendance que leur valent les choix éclairés du suffrage universel.

Les rapports de l'Église et de l'État ont fait naître d'irritantes difficultés. L'application du Concordat les dénouera à l'avantage de tous.

Partisan résolu de deux Chambres, je n'accepterai de la revision de la Constitution que ce qui peut assurer l'harmonie des pouvoirs publics; mais adversaire persévérant de toute manifestation stérile et de tout conflit sans issue, je ne donnerai mon adhésion à cette réforme qu'à l'heure où elle sera réalisable.

FANIEN (g.).

PAS-DE-CALAIS. Béthune. (1ʳᵉ circ.) — 24,308.

Élu le 21 août 1881 par 10,919 voix contre 9,073 à M. Hermary, député sortant (B.).

Industriel à Lillers, maire, conseiller général.

Échoua en 1876 avec 7,816 voix contre 9,669 à M. Hermary.

Échoua en 1877 avec 8,730 voix contre 11,294 à M. Hermary.

Voici le passage important de sa profession de foi :

Je demeure convaincu que le gouvernement républicain seul a la vertu nécessaire pour garantir les grands intérêts sociaux et particulièrement ceux qui vous sont, comme à moi, les plus chers : l'ordre et la paix.

Il aura dans ce rôle mon plus ferme appui ; et cet appui ne lui fera pas non plus défaut dans tout ce qui sera fait pour le développement de l'instruction à tous les degrés.

Je veux travailler à l'affermissement de nos libres institutions, maintenir la République dans les voies où elle a commencé d'entrer, en faire l'instrument d'un progrès patient mais continu, réglé mais indéfini.

Voici donc ma devise :

Tout pour le développement intellectuel, agricole et industriel de nos contrées sous un gouvernement républicain, libéral et pacifique.

FARCY (u.) 363.

SEINE. Paris (15ᵉ arrond.). — Inscr. 18,444.

Élu le 21 août 1881 par 8,089 voix contre 3,427 à M. Hovelacque, intransigeant.

Né à Paris en 1830, élève de l'École navale, fit le tour du monde, lieutenant de vaisseau, s'occupa du matériel naval, monta des canonnières dont l'une rendit des services lors du siège de Paris.

Élu à l'Assemblée nationale en 1871 pour la Seine.

Demanda la mise en jugement de Bazaine et la réduction du service militaire à deux ans.

Élu en 1876 par 8,222 voix contre 1,418 à M. Moussy au 2e tour.

Réélu en 1877 par 9,215 voix contre 2,002 à M. Le Brun de Rabot.

Était absent lors du vote sur l'élection des magistrats.

A voté *pour* toutes les autres propositions en tête du volume, et *contre* le scrutin de liste.

A accepté le programme suivant :

1e Revision de la Constitution ;
2e Suppression de l'inamovibilité de la magistrature;
3e Abolition du Concordat; séparation de l'Église et de l'État;
4e Enseignement laïque, gratuit et obligatoire ;
5e Service militaire réduit à trois ans; abolition du volontariat;
6e Revision des impôts;
7e Rétablissement du divorce.

Voilà en quelque sorte les numéros principaux du programme qu'adopte M. Farcy, député sortant.

FAURE (G.).

MARNE. CHALONS-SUR-MARNE. — Inscr. 15,226.

Élu le 21 août 1881 par 7,543 voix contre 2,056 à M. Ponsard (C.).

Pharmacien, maire de Châlons, conseiller général.

En 1876, il avait réuni 5,860 voix contre 6,436 à M. Ponsard, réactionnaire élu.

En 1877, il fut élu par 6,549 voix contre 6,503 au même M. Ponsard.

.A voté *pour :* Scrut. liste.

Contre : Mise accusat. Réunion. Suppr. inamovib. Sém. soldats. Revision. Suppr. cultes. Suppr. Vatican.

Abstenu : Laïcité. Prop. Laisant.

Voici le passage important de sa profession de foi :

Dégagée des craintes d'un retour en arrière, la Chambre nouvelle devra s'efforcer, par des réformes sérieuses introduites dans les lois et dans toutes les branches de l'administration, de se rapprocher progressivement et sans secousse d'un état social meilleur, fondé sur la liberté et la justice et tel que le réclament à bon droit les vrais amis de la démocratie. Chaque question devra être examinée et, si c'est possible, résolue dans cette vue. Chaque jour devra marquer un progrès, car c'est en marchant toujours en avant que nous verrons la réalisation des promesses formellement exprimées et qu'attend de ses représentants la démocratie, c'est-à-dire la nation tout entière.

Dans une réunion publique il a complété ses déclarations.

Il s'est déclaré partisan du service militaire réduit à trois ans et obligatoire pour tous, sans exception, ce qui, bien entendu, entraîne la suppression du volontariat.

Partisan de la revision de la constitution, mais seulement en ce qui concerne l'élection et les attributions du Sénat; de la réforme de la magistrature et, même, de la suppression de l'inamovibilité, cette forteresse derrière laquelle se cantonnent trop de magistrats hostiles au gouvernement; l'inamovibilité n'ajoute rien à l'indépendance du juge, qui, d'ailleurs, n'a pas besoin d'être protégé, d'être déclaré irresponsable pour faire son devoir, c'est-à-dire pour rendre justice.

La nouvelle Chambre, d'après lui, sera une Chambre véritablement réformatrice.

FAURE (Félix) (U.).

SEINE-INFÉRIEURE. Le Havre (3e circ.).
Inscr. 15,382.

Élu le 21 août 1881 par 5,876 voix contre 5,615 a M. du Douët, député sortant (L.).

Membre de la chambre de commerce du Havre, ancien adjoint.

En 1871, lors des incendies de la Commune, il équipa et

amena à ses frais à Paris les pompiers du Havre, a été décoré pour ce fait.

A mené une vigoureuse campagne pour la création du nouveau département de Seine-Maritime.

A développé, aux élections, un programme analogue à celui de M. Gambetta.

Sous-secrétaire d'État au commerce sous le ministère Gambetta.

———

FAURÉ (B.).

GERS. Lombez. — Inscr. 18,814.

Élu le 21 août 1881 par 5,356 voix contre 4,256 à M. Cavaré (R.).

Né en 1842, avocat, substitut en janvier 1870, révoqué, conseiller général.

Élu en 1876 par 5,007 voix contre 3,059 à M. Brocas, républicain, et 1,897 à M. de Rességuier.

Réélu en 1877 par 6,555 voix contre 3,101 à M. Brocas.

A voté *pour* : Scrut. liste. Réunion.

Contre : Mise accusat. Suppr. inamovib. Laïcité.

S'est *abstenu* ou a été *absent* lors des autres scrutins.

Dans sa profession de foi, il dit :

Si j'avais l'honneur d'être votre élu, je persévérerais dans la même voie, en conservant les regrets du passé et les espérances de l'avenir.

———

FÉAU (U.).

SEINE-ET-OISE. Étampes. — Inscr. 11,378.

Élu le 4 septembre 1881 au 2e tour de scrutin par 3,183 voix contre 2,655 à M. Menault (union), et 2,278 à M. Charpentier (gauche), député sortant.

Voici sa profession de foi :

S'est prononcé pour le vote en principe de la séparation de

l'Église et de l'État, le service de trois ans, les libertés de la presse, d'association et de réunion et la revision.

Inscrit à la gauche radicale.

FELTRE (De) (B.).

COTES-DU-NORD. Guingamp (2ᵉ circ.).— Inscr. 15,217.

Élu sans concurrent, le 21 août 1881, par 6,189 voix.

Né en 1844, licencié en droit, attaché d'ambassade. S'engagea en 1870. Prisonnier, s'évada. Sous-lieutenant dans l'armée de Faidherbe.

Échoua en 1875 dans une élection partielle.

Élu en 1876 par 6,142 voix contre 4,868 à M. P. de Saisy.

Réélu en 1877 par 8,028 voix, sans concurrent.

A voté *pour :* Scrut. liste. Presse. Revision.

Contre : Mise accusat. Laïcité. Sém. soldats. Projet Laisant. Suppr. cultes. Suppr. Vatican.

Absent pour les autres votes.

FERRARY (u.) 363.

HAUTES-ALPES. Embrun. — Inscr. 7,408.

Élu le 21 août 1881 par 3,677 voix.

Né en 1827, fils d'un entrepreneur, naturalisé français, entrepreneur, maire d'Embrun, en 1871.

Élu le 17 septembre 1876 en remplacement de M. de Cezanne, décédé, par 2,825 voix contre 2,745 données à M. de Pruniers.

Réélu le 7 juillet 1878 à la suite de l'invalidation de M. de Pruniers, par 3,008 contre 2,687, données à ce dernier.

A la dernière législature il a voté :

Pour : Scrut. liste. Suppr. inamovib. Sém. soldats.

Revision. Prop. Laisant. Suppr. cultes. Suppr. Vatican. Laïcité.

Contre : mise accusation.

Il s'est abstenu dans les autres votes.

En août 1881, il terminait sa profession de foi par cette déclaration :

« Comme républicain et anti-clérical, je veux l'indépendance de
« l'État à l'égard de toutes les Églises, la soumission de tous les
« fonctionnaires quels qu'ils soient, prêtres, magistrats ou officiers,
« à la loi du pays. »

FERRY (Albert) (u.).

VOSGES. Saint-Dié (2e circ.). — Inscr. 13,625.

Élu le 21 août 1881 par 5,682 voix contre 2,616 à M. Rovel.

Avocat, maire de Saint-Dié, conseiller général.

A adressé aux électeurs de Saint-Dié une circulaire où il dit :

Je sais le prix de la stabilité de nos institutions nationales et je suis bien d'avis qu'il n'y faut toucher que d'une main légère et avec la plus extrême circonspection. Mais il doit y avoir une mesure en tout, même dans le respect des lois constitutionnelles. J'estime qu'il n'est pas excessif et qu'il est nécessaire de demander la revision en ce qui concerne le mode de recrutement du Sénat et l'inamovibilité d'une partie de ses membres. Il y a là un privilège et une disposition contraire à l'esprit même de notre démocratie : l'inamovibilité sénatoriale facilite toutes les trahisons.

Je suis partisan du principe de la réduction du service obligatoire, mais à la condition que les forces de la patrie ne puissent pas en être diminuées. Pour cela, il faut que dès l'école nos enfants reçoivent une sérieuse et pratique éducation militaire qui les prépare à devenir en peu de temps de véritables soldats, capables de défendre et le territoire et notre drapeau tricolore, le seul que je respecte.

Il faut que nous soyons toujours prêts à faire victorieusement la guerre, si nous voulons la paix.

Or, nous avons besoin de paix et d'une paix aussi solidement assurée que les choses humaines le comportent.

J'approuve hautement toutes les lois auxquelles l'opinion républicaine a attaché le nom de M. le ministre de l'instruction publique ; je suis pour la gratuité, pour l'obligation, pour la laïcité de l'enseignement, pour la défense énergique de l'État contre les envahissements de l'esprit clérical ; pour l'indépendance de toutes les Églises au point de vue religieux et dogmatique, mais aussi pour leur juste subordination à l'État dans leur organisation et leur police extérieure.

FERRY (Charles) (G.).

VOSGES. ÉPINAL (2e circ.). — Inscr. 12,937.

Élu le 21 août 1881, sans concurrent, par 6,598 voix.

Frère du ministre. Né en 1833. Chef du cabinet de Jules Favre pendant le Siège. Préfet de Saône-et-Loire. Envoyé extraordinaire en Corse. Préfet de la Haute-Garonne. Démissionnaire au 24 mai.

Voici son programme :

Réforme judiciaire par la suppression de la hiérarchie des juges et des conseillers, et par la réduction du nombre des magistrats ;
Conversion de la rente 5 0/0 ; grands travaux publics ;
Organisation des chemins de fer sur le modèle de la Banque de France, avec des administrateurs nommés par l'État ;
Maintien du Concordat, tant que le clergé ne descendra pas dans l'arène politique ;
Renvoi de la réforme sénatoriale après les élections sénatoriales de janvier :
Développement de l'instruction publique et dégrèvements.

FERRY (Jules) (G.) 363.

VOSGES. SAINT-DIÉ (1re circ.). — Inscr. 14,520.

Élu le 21 août 1881 par 7,331 voix contre 1,251 à M. Rovel.

Né en 1832 à Saint-Dié. Avocat. Impliqué dans le procès des Treize. Collabor. au *Temps*.

Échoua à Paris en 1863.

Élu en 1869 par 15,723 contre 13,944, dans la 6ᵉ circonscription.

Membre du gouvernement de la Défense.

Présida l'assemblée des maires, le 18 janvier 1871.

Élu, en 1871, par les Vosges.

Préfet de la Seine pendant dix jours. Ministre de France à Athènes.

Élu en 1876 par 11,739 voix contre 6,204 à M. Champy.

Réélu en 1877 par 13,208 voix contre 8,686 à M. de Ravinel.

Ministre de l'instruction publique sous le cabinet de Freycinet. Auteur de l'article 7.

Président du conseil et ministre de l'instruction publique (1880-81).

A voté *contre* toutes les propositions.

M. Ferry a dit dans sa profession de foi :

La Chambre que vous allez élire aura pour mission de poursuivre dans l'ordre scolaire, administratif, économique et financier, les progrès réalisés ou abordés par sa devancière, en s'inspirant du même esprit de fermeté et de sagesse.

Il lui appartiendra, notamment, de doter la République d'une bonne loi sur la magistrature ; — non pas seulement une loi d'expédient, mais une loi de principe — et d'une bonne loi sur les associations, qui règle enfin l'exercice d'une liberté nécessaire, sans porter atteinte aux droits de l'État, la première, la plus haute, la plus nécessaire des associations.

Dans l'ordre économique, la nouvelle Chambre devra tout faire pour étendre à notre agriculture, soumise à de si rudes épreuves, les bienfaits de cette politique de dégrèvements qui n'est pas un des moindres titres de la Chambre des 363 à la gratitude du pays.

M. Jules Ferry a donné sa démission après la réunion du Parlement, novembre 1881.

FLEURY (u.).

ORNE. MORTAGNE (2° circ.). — Inscr. 15,506.

Élu le 21 août 1881 par 6,755 voix contre 5,870 à M. Bianchi, député sortant (B.).

60 ans, fils d'un éleveur, ancien notaire, conseiller général.
En 1876, il avait obtenu 5,692 voix contre 7,102 à M. Bianchi.

En 1877, il réunit 6,478 voix contre 7,220 à M. Bianchi élu.

Voici le passage principal de sa profession de foi :

La République, aujourd'hui, est établie sur des bases solides. Pourquoi, vous, populations laborieuses qui ne pouvez rien que par la tranquillité, ne vous rallieriez-vous pas tous au gouvernement qui vous l'assure ?

Pouvez-vous lui reprocher de ne pas s'occuper de vos intérêts ? A-t-il jamais cessé de venir à votre aide lorsque vous avez fait appel à son appui ?

N'est-ce pas lui qui, par de larges subventions, a permis aux communes les plus pauvres de bâtir des maisons d'école, de restaurer les églises et d'ouvrir partout des chemins vicinaux qui, dans quelques années, auront doublé la prospérité de l'agriculture ?

Croyez-moi, il serait dangereux pour le pays et vos intérêts les plus chers, de nommer des hommes hostiles à la République, des hommes qui se prétendent conservateurs et qui, dans le vain espoir de renverser le gouvernement, ne craignent pas de s'allier aux partis les plus extrêmes.

FLOQUET (u.). 363.

SEINE. PARIS, 11° arr. (1re circ. nouvelle).
Inscr. 19,858.

Élu le 21 août 1881 par 11,779 voix contre 1,914 à M. Labusquière, socialiste.

Né à Saint-Jean-de-Luz le 5 octobre 1828. Avocat. Journaliste. Condamné dans le procès des Treize. Échoua comme candidat législatif en 1864 et 1869. Plaida pour la famille de Victor Noir et fit acquitter Cournet. Adjoint au maire de Paris le 5 septembre 1870. Démissionnaire après le 31 octobre.

Élu pour la Seine à l'Assemblée nationale en 1871, vota contre la paix. Démissionnaire. Arrêté et retenu au château de Pau sous la Commune. Conseiller municipal de Paris en 1872 ; réélu en 1874. Échoua comme candidat au Sénat en 1876.

Élu en 1876 pour le 11ᵉ arrondissement par 21,889 voix. Réélu en 1877 par 24,432 voix, sans concurrent.

S'est *abstenu* sur le droit d'association, et la revision de la Constitution.

A voté *pour* les autres propositions qui figurent en tête du volume.

Voici le programme rédigé par son comité et qu'il a accepté de concert avec M. Lockroy :

1° Revision de la Constitution ;

2° Liberté de parler, d'écrire, de se réunir, de s'associer, soumise au droit commun ;

3° Égalité de tous les citoyens sans exception devant le service militaire ;

4° Instruction primaire laïque, gratuite et obligatoire, gratuite aux degrés supérieurs par voie de concours ;

5° Dénonciation du Concordat, suppression du budget des cultes, application de la loi sur l'interdiction des vœux ;

6° Retour à l'État des biens de mainmorte appartenant aux congrégations religieuses ; leur revenu affecté à la caisse de retraite pour les travailleurs ;

7° Création d'une caisse de retraite pour les travailleurs des deux sexes ;

8° Élections de la magistrature par un corps électoral spécial, suspension de l'inamovibilité ;

9° Réforme de l'assiette de l'impôt, abrogation des droits sur les boissons ;

10° Revision du cadastre ;

11° Rétribution de toutes les fonctions publiques, interdiction du cumul;

12° Transportation des récidivistes de droit commun;

13° Rétablissement de la loi sur le divorce;

14° Établissement du scrutin de liste.

Les candidats qui ont accepté le programme ci-dessus ont cru devoir, en outre, y ajouter les numéros suivants :

1° Assurances par l'État;

2° Extension de la compétence des juges de paix;

3° Réforme du Code en général et, spécialement, réforme sur les frais de justice et de procédure;

4° Franchises municipales;

5° Suppression des congrégations religieuses;

6° Reconnaissance de tous les syndicats ouvriers.

Nommé préfet de la Seine, le 6 janvier 1882, et par conséquent démissionnaire.

———

FLORENT-LEFEBVRE (G.) 363.

PAS-DE-CALAIS. ARRAS (2° circ.). — Inscr. 23,981.

Élu le 21 août 1881, sans concurrent, par 10,838 voix.
M. le Marquis d'Havrincourt, député sortant (B.) s'était retiré.

Né en 1821, propriétaire cultivateur, maire de Monchy-le-Preux, conseiller général.

Échoua sous l'Empire contre le candidat officiel.

Élu en 1876 par 10,319 voix contre 8,315 à M. d'Havrincourt.

Échoua en 1877 avec 8,079 voix contre 11,434 à M. d'Havrincourt.

Inscrit à la gauche radicale.

———

FOLLIET (G.) 363.

HAUTE-SAVOIE. THONON. — Inscr. 18,417.

Élu le 21 août 1881 par 9,423 voix, sans concurrent.

Né en 1838, à Saint-Jean-de-Maurienne, avocat.
Élu en 1871 à l'Assemblée nationale.
Élu en 1876 par 7,939 voix contre 6,814 à M. de Boigne, primitivement invalidé.
Réélu en 1877 par 8,356 voix contre 6,128 au baron d'Yvoire.
Absent sur : Mise accusat. Suppr. cultes. Bourses et Ambassade.
A voté *pour* : Propos. Laisant.
Contre toutes les autres.

FORGE (Anatole de la) (U.).

SEINE. PARIS, 9e arr. (1re circ.). — Inscr. 10,205.

Élu le 21 août 1881 par 4,927 voix.

Né à Paris le 1er avril 1821. Entra dans la diplomatie, fut chargé en 1846 d'une mission en Espagne. Se fit journaliste en 1848. Entra au *Siècle* où il s'occupa de politique étrangère. Préfet de l'Aisne au 4 septembre. Organisa la défense de Saint-Quentin. Blessé à la jambe. Promu officier de la Légion d'honneur. Préfet des Basses-Pyrénées. Démissionnaire après la paix. Porté aux élections du 14 octobre 1877 dans le 8e arrondissement de Paris, il échoua avec 5,241 voix contre 6,334 données à l'amiral Touchard. Directeur de la presse. Rédigea un rapport tendant à la liberté absolue. Démissionnaire le 25 mai 1879.

Élu en 1881, dans le 9e, en remplacement de M. E. de Girardin, décédé. Il n'a pu prendre part qu'aux quatre derniers votes.

S'est *abstenu* sur la question de suppression ; et *pour* les trois autres propositions.

Dans les réunions publiques, M. A. de la Forge s'est déclaré adversaire du mandat impératif et de tout ce qui y ressemble, adversaire du cumul des fonctions, partisan de la loi Raspail, de l'abolition du scrutin secret au Parlement, de la réduction du service militaire à trois années, du divorce, de l'inscription des droits de réunion et d'association dans la Constitution.

FORNÉ (U.).

PYRÉNÉES-ORIENTALES. Céret. — Inscr. 11,894.

Élu le 21 août 1881 par 5,455 voix.

Docteur-médecin à Amélie-les-Bains.

Élu le 27 janvier 1878 en remplacement de M. Paul Massot, nommé sénateur. M. Forné a réuni 4,966 voix et n'a pas eu de concurrent.

A voté *pour :* Scrut. liste. Suppr. inamovib. Sém. soldats. Suppr. cultes. Suppr. Vatican. Laïcité.

Contre : Réunion. Presse.

Abstenu : Revision. Prop. Laisant.

Voici le passage important de sa circulaire :

J'estime donc que le pays doit demander à tous les candidats à la Chambre ou au Sénat l'engagement de voter la revision de la Constitution afin d'arriver dans le plus bref délai possible à modifier le Sénat par la suppression des inamovibles, par l'élargissement rationnel de sa base électorale, et surtout par une détermination très précise et une limitation de ses attributions. Le second obstacle est la magistrature. Notre magistrature est non seulement la citadelle de la réaction, mais envisagée simplement comme institution, elle est un véritable anachronisme. Inamovibilité et démocratie sont deux termes incompatibles. L'inamovibilité tient en échec la souveraineté nationale elle-même. Or, la justice ne pouvant et ne devant désormais être considérée que comme une émanation de cette souveraineté, il est indispensable, pour ramener l'institution à son principe, d'établir la responsabilité du juge de ne lui confier que des fonctions temporaires et de le soumettre à l'élection en s'entourant d'ailleurs de toutes les précautions nécessaires pour créer un personnel éclairé, instruit, expérimenté et indépendant. Il faudra en même temps élever les traitements pour rendre ces fonctions accessibles à tous.

Il faut séparer les Églises de l'État, ce qui amènera la dénonciation du Concordat et la suppression du budget des cultes. Mais il y aura quelques précautions à prendre soit pour prévenir et atténuer le trouble qui pourrait résulter d'une brusque rupture, soit pour éviter que les Églises ne puissent devenir des États dans l'État. Outre les trois questions capitales que je viens d'examiner rapidement, il y a d'autres questions politiques et sociales qui intéressent sérieusement la démocratie : le rétablissement du scrutin de liste dont je demeure le partisan de plus en plus convaincu ; le développement des associations syndicales et de la liberté d'association en général; les institutions destinées à assurer l'avenir des travailleurs, etc., etc.

FOUQUET (G.). 363.

AISNE. Laon (2e circ.). — Inscr. 22,496.

Élu le 21 août 1881 par 13,440 voix, sans concurrent.

Né à Sinceny (Aisne), en 1825, cultivateur, grand fabricant de sucre.

Élu en 1871 membre de l'Assemblée nationale où il siégea au centre gauche.

Le 20 février 1876, il a été élu par 11,127 voix contre M. Hebert, ancien questeur au Corps législatif.

En 1877, il a été réélu par 11,481 voix.

A la dernière législature, il a voté *pour :* Mise accusat.

Contre : Scrut. liste. Réunion. Presse. Suppr. inamovib. Sém. soldats. Révision. Suppr. cultes. Laïcité.

On lit dans sa profession de foi :

Mes votes antérieurs vous sont connus. Le libéralisme qui les a inspirés vous indique quelle large part j'entends prendre aux réformes, aux améliorations que le progrès nous impose.

Les lois sur l'instruction;

L'adoption de tous les moyens propres à venir efficacement en aide à l'agriculture; la revision des impôts; la réforme de la magistrature;

La séparation de l'Église et de l'État dès que cette grave mesure pourra être appliquée sans porter préjudice à la société civile;

La revision de la Constitution en ce qui touche le mode d'élection des sénateurs;

La réduction du temps de service dans l'armée, en l'entourant de toutes les garanties destinées à maintenir nos forces militaires; de sages dégrèvements,

Seront, de ma part, l'objet d'études approfondies au nom de l'égalité et de la liberté pour tous.

FOURCAND (u.).

GIRONDE. BORDEAUX (2ᵉ circ.). — Inscr. 17,703.

Élu au scrutin de ballottage du 4 septembre 1881 par 3,876 voix contre 3,763 à M. Gilbert Martin (Rad.).
Remplace M. Caduc, député sortant (R.) qui s'est présenté à la Réole.

Commerçant, conseiller municipal, conseiller d'arrondissement, fils du sénateur inamovible récemment décédé, conseiller général.

Dans sa profession de foi, il se prononce pour : Enseignement primaire laïc, gratuit et obligatoire. Dégrèvement des petites patentes. Réduction du droit sur les vins. Lois sur la presse, sur les réunions, avec espoir que leur exécution sera largement favorisée par le libéralisme des fonctionnaires.

Revision de la Constitution. Plus de droit de dissolution. Modification du mode de recrutement du Sénat.

Suppression de l'inamovibilité. Séparation de l'Église et de l'État, ou, tout au moins, stricte exécution du Concordat. Service militaire obligatoire.

Voici le passage principal de ce document :

Entre autres grandes décisions dont la nécessité s'impose à la future Chambre, je place au premier rang la revision de la Constitution, pour retirer au président et au Sénat le droit de dissoudre la Chambre des députés, les élus du suffrage universel ; est-il admissible que le mandant censure ceux qui l'ont créé.

Les propositions du Sénat doivent être précises et son mode de recrutement modifié. Comprend-on que le Conseil municipal de Bordeaux qui représente 200,000 habitants ne puisse nommer qu'un électeur sénatorial, à l'égal des agglomérations rurales formant des communes de 400 âmes et moins, telles qu'il s'en trouve beaucoup dans le département de la Gironde !

Les réformes des lois constitutionnelles et organiques opérées, il faudra reprendre celles concernant les tribunaux. Que pourrait-on objecter contre elles ? Le complot de faire échec au gouvernement républicain n'est-il point manifeste de la part de magistrats qui ne puisent leur audace que dans leur inamovibilité. Le clergé aussi, par son hostilité aux lois civiles, fait ressortir la nécessité de séparer les Églises de l'État. Beaucoup de bons esprits, patriotes incontestés, inclinent à l'application *rigoureuse* du Concordat et des lois organiques. Si j'avais l'honneur de vous représenter, je ne prendrais point l'initiative de proposer la séparation, croyant qu'avec le Concordat et les lois organiques, le gouvernement est maître de la situation ; mais, la question venant en delibération, mon vote acquis déjà à la séparation serait subordonné aux garanties inscrites contre les congrégations religieuses dans la loi sur les associations. Je réclamerai aussi le service militaire obligatoire pour tous et réduit au temps le plus restreint, sans compromettre la sécurité du pays.

S'est fait inscrire à la gauche radicale.

OUROT (u.) 368.

CREUSE. Aubusson (1re circ.). — Inscr. 15,268.

Élu le 21 août 1881 par 6,679 voix contre M. Depoux, intransigeant.

Né en 1834, grand agriculteur, maire d'Evaux, révoqué au 24 mai, conseiller général.

Élu en 1876 par 7,697 voix contre 4,403 à M. Sallandrouze de Lamornaux.

Réélu en 1877 par 8,022 voix contre 2,198 à M. le marquis de La Roche-Aymon.

A la dernière Chambre, a voté *pour :* Suppr. inamovib.

Contre : Mise accusat. Réunion. Laïcité. Sém. soldats. Revision. Scrut. liste.

S'est *abstenu* sur les autres questions.

Dans sa profession de foi, il dit :

Le Sénat n'est pas constitué sur une base assez démocratique; son origine est en désaccord avec les principes du suffrage universel. Il sera nécessaire d'y remédier.

Réorganisation de la magistrature. Il est impolitique et même dangereux de laisser aux mains des ennemis les plus avérés de nos institutions, le soin d'appliquer et d'interpréter les lois, et surtout l'autorité sur la fortune et la liberté des citoyens.

Sur l'enseignement. L'enseignement a été arraché aux jésuites. Ce n'est pas assez : j'estime, avec la grande majorité du pays, que les laïques seuls doivent être appelés à donner l'enseignement national à tous ses degrés.

Obéissance des fonctionnaires.

FOUSSET (u.).

LOIRET. ORLÉANS (1re circ.). — Inscr. 20,238.

Élu le 21 août 1881 par 8,451 voix contre 1,736 à M. Delagrange.

Négociant, conseiller général.

Élu le 6 avril 1879 par 8,348 voix contre 1,767 à M. Malapert, en remplacement de M. Robert de Massy, élu sénateur.

A voté *pour :* Suppr. Vatican.

Contre : Scrut. liste. Réunion. Presse. Sém. soldats. Revision. Prop. Laisant. Suppr. cultes.

Abstenu : Laïcité.

Voici le passage important de cette profession de foi :

Les entraves fâcheuses apportées par le Sénat à la réalisation des réformes réclamées par l'opinion publique, ont amené à poser la grave question de la revision de la Constitution.

Je suis partisan du maintien du système des deux Chambres que je considère comme un gage de stabilité et d'équilibre; mais j'estime que le mode de recrutement du Sénat appelle des modifications sérieuses.

Partant de ce principe, j'étudierai, avec la plus scrupuleuse attention, les différents modes de revision qui seront proposés, en me préoccupant surtout d'arriver à la solution la plus pratique et la plus conforme aux principes et aux intérêts de la République et de la démocratie.

Au point de vue économique, je suis le partisan résolu de toutes les réformes qui assureront une répartition plus équitable des charges qui pèsent sur la nation; la revision du cadastre, la suppression de l'impôt sur les boissons et, en général, sur les objets de consommation, trouveront en moi un défenseur convaincu.

Parmi les réformes d'un autre ordre, il en est une à laquelle j'attache à tous les points de vue une importance considérable et qui présente, à mes yeux, un caractère d'impérieuse urgence: c'est la réorganisation de la magistrature.

Sur cette question, comme sur beaucoup d'autres, la nouvelle Chambre va hériter de sa devancière d'un ensemble de projets de loi, fruit des travaux de ses commissions, qui permettront de discuter promptement et utilement les réformes qui touchent d'une façon si intime aux intérêts du pays, et j'ai la conviction que la prochaine législature aura l'honneur de les résoudre.

FRANCONIE (E. G.).

COLONIES. GUYANE.

40 ans, négociant, fils d'un républicain de Cayenne, qui était l'ami de Delescluze.

Élu le 22 juin 1879 par 1,034 voix contre 984 à M. Pelletan.

A voté *contre :* Scrut. liste.
Pour toutes les autres propositions.

Inscrit à la gauche radicale.
Inscrit à l'extrême gauche. Absent lors du vote sur la fermeture du groupe.

FRÉBAULT (u.) 363.

SEINE. Paris (7e arr.). — Inscr. 17,871.

Élu le 21 août 1881 par 6,480 voix contre 4,773 à
M. D. Cochin (Mon.).

Né à Metz en 1825, docteur en médecine, conseiller municipal de Paris en 1871.
Candidat radical aux élections législatives de 1876.
Élu au second tour, pour le 7e arrondissement, par 6,148 voix contre M. Bartholoni.
Réélu en 1877 par 7,078 contre 6,136 à M. Bartholoni..
A voté *pour* toutes les propositions portées en tête du volume.

Programme Floquet.

Inscrit à la gauche radicale.

FREPPEL (L.).

FINISTÈRE. Brest (3e circ.). — Inscr. 17,160.

Élu le 21 août 1881 par 9,267 voix contre 3,254 données à
M. Glaizot (R.).

Évêque d'Angers, ultramontain.
Élu en 1879 en remplacement de M. Louis de Kerjégu, décédé.
A voté *pour :* Presse. Revision.
Contre toutes les autres propositions.

Dans sa profession de foi, il proteste :

Contre les décrets ;

Contre les mesures fiscales dirigées contre les ordres religieux;
Contre la suppression de l'inamovibilité;
Contre la gratuité, l'obligation et la laïcité de l'enseignement.

FRÉRY (u.).

HAUT-RHIN. Belfort. — Inscr. 16,954.

Élu le 21 août 1881 par 7,436 voix contre 6,438 à M. Keller, député sortant (L.).

Docteur en médecine, membre de la commission départementale.

GAGNEUR (u.) 363.

JURA. Poligny. — Inscr. 19,123.

Élu le 21 août 1881 par 9,826 voix contre 4,636 à M. de Froissard (L.).

Né en 1807, avocat et économiste, déporté au 2 décembre, puis commué.

En 1869, élu comme candidat de l'opposition au Corps législatif.

Signa l'interpellation des 116.

Fit partie de l'Assemblée nationale en 1871.

Élu en 1876 par 9,521 voix contre 5,411 à M. Bouvet.

Réélu en 1877 par 10,907 voix contre 5,748 à M. Boyenval.

A voté *pour* : Scrut. liste. Suppr. inamovib. Laïcité. Presse. Sém. soldats. Prop. Laisant. Suppr. cultes. Suppr. Vatican.

Contre : Mise accusat. Réunion. Revision.

GALPIN (G.) 363.

SARTHE. LA FLÈCHE. — Inscr. 28,057.

Élu le 21 août 1881 par 15,980 voix contre 6,928 à
M. de La Bouillerie (L.).

Né au Mans en 1832, maire de Pontvallain, conseiller général, étudia la médecine, collabora aux journaux d'opposition du Mans.

Échoua en 1871.

Élu en 1876 par 13,126 voix contre 8,463 à M. de Juigné.

Réélu en 1877 par 13,380 voix contre 10,985 à M. de Juigné.

A voté *pour* : Scrut. liste. Suppr. inamovib. Sém. soldats. Suppr. Vatican.

Contre : Réunion. Presse. Revision.

Abstenu : Mise accusat.

Absent : Laïcité.

Voici le passage important de sa circulaire :

Enfin, une des questions principales posées aux élections prochaines, c'est la revision de la Constitution.

Là encore, il y a des précautions à prendre, car parmi ceux qui demandent à remettre en question les lois constitutionnelles, il en est qui cherchent non pas à améliorer les institutions républicaines, mais à les détruire. Pour ce qui concerne le Sénat, la question a été surtout posée à la suite de ses votes récents sur le scrutin de liste et sur les lois d'enseignement primaire, votes qui ont mécontenté dans le pays beaucoup de membres du parti républicain.

C'est ce sentiment qui se traduit aujourd'hui dans le corps électoral, sentiment legitime dont nous devons tenir compte tout en reconnaissant que le renouvellement partiel du Sénat permettra, au mois de janvier, d'y renforcer la majorité républicaine et d'amener ainsi un accord plus complet entre les grands pouvoirs de l'État. Si d'ailleurs on procédait à la revision de la Constitution, c'est surtout le mode d'élection du Sénat et la détermination plus nette de ses attributions qui demanderaient l'examen de l'Assemblée nationale.

GAMBETTA (u.) 363.

SEINE. Paris, 20e arr. (1re circ. nouvelle).
Inscr. 11,419.

Élu le 21 août 1881 par 4,510 voix contre 3,536 à M. Sigismond
Lacroix, intransigeant.

Né à Cahors le 2 avril 1838, avocat, plaida dans l'affaire
Baudin qui le mit tout particulièrement en lumière.

Élu en 1869 député au Corps législatif pour Belleville.

Membre du gouvernement de la défense nationale.

Élu en 1871 par neuf départements; opta pour le Rhône.

Démissionnaire après le vote des préliminaires de paix.

Réélu en juillet 1871 par trois départements; opta pour la
Seine.

Fonda la *République française*.

Élu en 1876 par 11,589 voix contre 1,490 à M. Domay.

Condamné sous le 16 mai pour un discours où il déclarait
que le maréchal devrait se soumettre ou se démettre.

Réélu en 1877 par 13,812 voix contre 1,611 à M. Perron,
bonapartiste. Président de la Chambre et, comme tel, s'est
abstenu, sauf dans le scrutin de liste où il a voté *pour*.

Non élu dans la 2e circonscription du 20e arrondissement
au 21 août 1881.

A accepté le programme suivant :

Citoyens,

Nous sommes aujourd'hui ce que nous étions hier. En 1881,
comme en 1876 et en 1869, nous sommes des républicains et des
patriotes.

Nous revendiquons cette double qualification au moment où des
gens qui se croient républicains déclarent que la patrie est un pré-
jugé bourgeois.

Notre conception républicaine s'adapte exactement à la patrie
française, et si nous ne pouvons ni ne voulons, sans renier toutes

nos traditions, être indifférents au sort des autres peuples, nous déclarons hautement que nous aimons la France d'un amour d'autant plus exclusif, qu'à l'heure douloureuse de la défaite et de l'invasion, elle n'a rencontré dans le monde, comme prix de ses luttes désintéressées et chevaleresques pour la liberté des peuples, que l'ingratitude et l'abandon.

Le caractère français, — certains diront peut-être chauvin, de cette politique, mais peu nous en chault, — explique que des esprits superficiels, pour laisser de côté les gens de mauvaise foi, s'efforcent de trouver et de démontrer des contradictions là où il n'y a que des modifications impérieusement exigées par les événements, des temps d'arrêt imposés par la prudence, mais sans que jamais nous ayons perdu de vue l'objectif qui donne à la politique républicaine son caractère spécial, à savoir : l'émancipation intellectuelle et sociale, le relèvement moral de la nation par la liberté.

Est-ce à dire, pourtant, que nous prétendions qu'en 1871 ou 1876 nous avons demandé à notre député la réalisation immédiate et intégrale du programme de 1869?

Telle n'a jamais été notre pensée.

Il s'était passé, dans l'intervalle, des événements qui avaient éclairé d'un jour tout nouveau ce qu'il pouvait y avoir de dangereux dans certains de ses articles.

La France qui, se berçant de beaux rêves de paix universelle, réclamait le désarmement général, l'abolition des armées permanentes et leur remplacement par des milices nationales, a bien le droit de faire un retour en arrière et de s'en tenir à la lutte pour l'existence, après cette horrible aventure de 1870-1871 où elle a failli périr, et de se dire que, longtemps encore — nous souhaitons que ce ne soit pas toujours — la meilleure sauvegarde de l'honneur, de la dignité, de la vie même du pays, ce sera un corps robuste et bien armé au service d'un cœur vaillant.

Toutes les modifications au programme de 1869 découlent du même esprit et ont été le résultat de la même expérience.

Il y a eu, cela est incontestable, chez tous ceux qu'anime l'amour de la patrie, une sensation d'effroi et un mouvement de recul à la vue de l'abîme où nous avons failli nous engloutir.

Nous avions, avec les libéraux de toutes nuances, partagé dans une certaine mesure l'engouement pour les doctrines de l'école anglaise et les principes de la décentralisation à outrance.

La France forte et respectée parce que, depuis longtemps, elle était invaincue, pouvait bien se permettre la fantaisie de quelques expériences sans danger alors, bien que hasardées.

Mais depuis, nous avons touché du doigt le péril de ces théories dans un pays dont la Révolution a cimenté toutes les parties pour le faire plus fort.

N'avons-nous pas vu combien ces liens, que nous croyions si serrés, pouvaient se relâcher sous le coup de la folie enfantée par les désastres?

Est-il si loin de nous le temps où l'on parlait couramment de Ligue du Midi, de Ligue de l'Ouest? Et ne pensez-vous pas, citoyens, qu'il faut pousser l'amour de la doctrine jusqu'au délire pour ne pas se sentir ébranlés par une pareille expérience?

Ce fanatisme des principes abstraits, nous ne l'avons pas; et, à la lueur lugubre des événements, nous sommes bien vite redevenus ce que nous étions auparavant : des républicains unitaires et indivisibles.

Aussi le mandat de 1869 a-t-il été, non pas déserté par le député, comme se plaisent à le dire des gens qui n'en croient pas un mot, mais modifié de consentement mutuel par l'électeur et l'élu.

En 1876, le comité républicain du 20ᵉ arrondissement a, en effet, formulé la déclaration suivante, acceptée par le citoyen Gambetta et ratifiée, à la majorité que vous savez, par le corps électoral :

Le mandat, disions-nous, tel qu'il s'est transformé sous l'action impérieuse des événements et des circonstances, tient toujours et plus que jamais.

Au point de vue des indications actuelles, nous le résumons :

La Constitution de 1875 comme point de départ;

Sa pratique loyale et sincère jusqu'en 1880;

Le développement pacifique et régulier des améliorations qu'elle-même a prévues et qu'elle contient en germe pour arriver à constituer progressivement la République démocratique.

Certains trouveront que ce mandat est large et peu défini dans ses termes.

Nous le faisons ainsi en connaissance de cause et avec préméditation.

Nous indiquons et vous acceptez le but : la République définitive, progressive et largement démocratique.

Des voies et moyens, ni les uns ni les autres nous ne sommes maîtres.

Ce mandat est, comme nous le disions plus haut, si peu défini que c'est à proprement parler un mandat en blanc.

Il a été donné comme un témoignage éclatant de la confiance de l'électeur dans le candidat, et il les honore tous deux : celui-ci pour avoir su inspirer de pareils sentiments ; ceux-là parce qu'ils ont su apprécier le patriotisme, le sens politique et la hauteur des vues de l'homme à qui ils donnaient un pareil blanc-seing.

Cette indépendance si complète laissée par le mandant au mandataire ; cette faculté que nous lui reconnaissions de se mouvoir en en toute liberté sur le terrain de la République démocratique et d'agir, comme on dit, au mieux des intérêts de la patrie, peuvent sembler étranges, et le seraient en effet dans l'immense majorité des cas. Elles se comprennent cependant, si l'on se souvient de l'histoire des douze dernières années ; des rapports fréquents, suivis, du député avec ses électeurs ; de l'identité de leurs idées, non pas seulement à propos du but à atteindre, mais encore sur les moyens à employer et la méthode à pratiquer.

Est-ce en effet l'électeur ou bien serait-ce le candidat qui parle dans ce passage du manifeste de 1876 :

Eh bien, ce qui a été ébauché, il faut l'achever. Il faut, s'éclairant des principes comme d'un flambeau, les yeux fixés sur l'idéal pour ne pas perdre de vue le but élevé à atteindre, marcher en avant avec autant de prudence que de résolution, en tenant compte du terrain, des milieux, des impulsions trop énergiques, mais légitimes de l'esprit de progrès, aussi bien que des résistances de l'esprit de conservation.

Il faut procéder par parties plutôt que par masses ; décomposer les problèmes et chercher successivement les solutions partielles ; résoudre les questions quand et comme elles se présentent, au jour le jour ; n'entamer une opération, une agitation, comme on dit si heureusement dans les pays libres, qu'après avoir terminé l'agitation précédente et consolidé la conquête qui en a été le résultat.

Cette identité de vues, cette pénétration intellectuelle réciproque expliquent ou, mieux encore, légitiment, absolument l'octroi du blanc-seing.

Le citoyen Gambetta incarne à ce point la pensée du 20e arrondissement, qu'il en est comme l'émanation naturelle et le représentant nécessaire.

En résumé, citoyens, vous aurez, non pas un programme nouveau à formuler et un candidat à choisir, mais bien une politique à juger, la vôtre, celle que vous avez inaugurée il y a douze ans et que vous avez, depuis, pratiquée avec la persistance que l'on met à suivre les desseins mûrement réfléchis.

Il s'agit de déclarer si les résultats obtenus doivent vous engager à persévérer.

En ce qui le concerne, votre comité n'hésite pas. Il vous connaît trop bien pour avoir besoin de vous adjurer, au nom de la patrie républicaine, de donner la consécration d'un nouveau vote à cette politique et à l'homme qui en est la plus haute expression.

La République, disions-nous en 1876, est fondée. Mais, pour s'être amoindries, les difficultés n'ont pas complètement disparu ; on pourrait même, sans exagération, dire que la tâche la plus ardue reste à accomplir, à savoir : montrer à la France et au monde qu'elle n'est pas seulement la seule forme de gouvernement qui donne satisfaction aux aspirations les plus élevées de l'esprit humain, qui affranchisse l'homme et le mette en pleine possession de lui-même, mais encore la seule qui présente des garanties efficaces de liberté et d'ordre, de paix sociale et d'amélioration matérielle.

La seule qui, par l'introduction, dans une proportion de plus en plus considérable, de la justice dans les rapports sociaux, puisse diminuer les antagonismes, apaiser les haines et conduire la France, par un progrès continu et sans secousses, à une prospérité que les monarchies lui ont toutes promise, mais sans la réaliser jamais, et que les catastrophes qui marquent leur fin ont toujours ajournée.

La solution de ce problème, tant et si justement cherchée, est dans nos mains à tous.

Si nous savons persévérer dans la méthode expérimentée depuis cinq ans et qui a conduit à de si grands résultats, nous ferons la démonstration si impatiemment attendue.

Eh bien ! citoyens, nous avons persévéré, et la démonstration est faite.

Jamais une monarchie n'a associé dans d'aussi larges proportions la liberté et l'ordre.

Jamais la paix sociale n'a été aussi complètement assurée.

Jamais la situation matérielle du pays n'a été aussi florissante.

Le philosophe à qui on demandait la démonstration du mouvement s'est mis à marcher.

La République, pour montrer sa supériorité, s'est mise à agir.

Avant de se faire réformatrice, il lui fallait assurer son existence et déloger le pouvoir personnel des dernières positions qu'il occupait.

La tâche était d'autant plus difficile, qu'il importait de vaincre sans avoir recours à la force.

Eh bien, dans une campagne de cinq mois, conduite avec un entrain, une énergie et un tact dont vous n'avez pas perdu le souvenir, le pouvoir personnel, soutenu furieusement par la coalition de tous les partis antirépublicains qui sentaient que c'était là leur dernier espoir, le pouvoir personnel a capitulé.

Avons-nous besoin de dire que votre député a été l'âme de cette victorieuse résistance?

Immédiatement après on s'est mis à l'œuvre:

315 millions ont été annuellement consacrés aux travaux publics, et particulièrement à rendre nos ports de mer plus accessibles et plus sûrs; à compléter notre réseau de voies navigables et de nos chemins de fer.

Puis il s'est produit un fait économique sans précédent: un gouvernement qui dégrève sérieusement. 300 millions ont été rendus aux contribuables, et cela en même temps que l'on amortissait la dette publique d'un milliard.

Paul-Louis Courier, ayant remarqué que l'argent des contribuables s'en allait comme entraîné par les lois de la pesanteur vers la cour — on dirait aujourd'hui l'État — sans que jamais il en revînt rien aux citoyens, en avait conclu que la cour est un bas-fond.

Aujourd'hui, ou bien le gouvernement est à un niveau plus élevé, ou bien la pesanteur a des lois nouvelles, puisqu'il nous revient, grâce à la République, 300 millions de notre argent.

Dans le même temps, nous reconstituons notre matériel de guerre et nous y consacrons 559 millions par an.

Nous nous en tenons à ces trois grands faits de l'ordre matériel.

Au point de vue intellectuel et moral, le bilan non plus n'est pas à dédaigner.

La République est rentrée dans la tradition de la Révolution française en assurant la liberté de conscience par la laïcisation de l'instruction publique, en attendant la séparation de l'Eglise et de l'État.

La presse, libre de fait, plus qu'elle ne l'a jamais été dans aucun temps, vient de voir voter une loi qui, si elle n'est pas parfaite est plus libérale cependant qu'aucune de celles qui l'ont précédée.

L'instruction publique, cette préoccupation dominante du présent parce qu'elle est la force de l'avenir, a reçu une dotation qui s'accroîtra encore, mais qui, telle qu'elle est, sera l'éternel honneur des pouvoirs publics qui l'ont proposée et votée.

Entendez plutôt l'éloquence des chiffres:

Le dernier budget de l'Empire, celui de 1871, se soldait en dépenses par la somme de 26,795,000 francs.

Cinq ans plus tard, en 1876, il s'élevait à 38 millions.

Aujourd'hui, nous payons, pour faire de nos enfants des hommes éclairés et des citoyens dévoués, la somme relativement énorme de 106 millions.

C'est-à-dire que le budget auquel se mesure la valeur morale d'un gouvernement, celui de l'enseignement, est aujourd'hui quatre fois mieux doté que sous l'Empire, et que depuis 1876, c'est-à-dire depuis que le mouvement républicain s'est accéléré, il s'est accru dans la proportion des deux tiers.

Ce sont là, il semble, des résultats dont une politique a le droit de s'honorer en montrant aux impatients que le temps n'a pas été tout à fait perdu depuis 1876.

Est-ce à dire cependant qu'il faille se décerner des couronnes et monter au Capitole ? Nous n'avons pas de pareilles prétentions. Nous nous contentons de signaler le bien qui a été fait, les progrès qui ont été accomplis et d'en reporter le mérite à la politique que nous défendons, à la méthode que nous préconisons, mais sans nous dissimuler qu'il reste beaucoup à faire.

Nous savons d'ailleurs que le progrès, comme tous les faits sociaux, se soustrait aux lois de l'absolu, qu'il est indéfini ;

Que le but à atteindre ressemble à un mirage ;

Qu'après avoir marché longtemps à sa poursuite, on est tout étonné de s'en trouver aussi peu rapproché.

Assurément, il reste beaucoup à faire, au double point de vue politique et social.

La Constitution de 1875 ne nous a jamais semblé un chef-d'œuvre de mécanique politique, et, tout en la respectant, comme nous respectons toujours la loi, émanation de la souveraineté, nous ne nous en dissimulons pas les défauts.

Le mode de recrutement des pouvoirs publics, leurs attributions et les lois qui règlent leurs rapports, nous paraissent devoir être modifiés.

Il nous semble, pour préciser, que la Chambre des députés aurait plus d'homogénéité et d'indépendance si elle émanait du scrutin de liste ;

Que le Sénat gagnerait en autorité si sa base était plus large ;

Qu'il y a inconvénient à ce qu'il soit une Chambre faite à l'image de la première et avec les mêmes attributions qu'elle ;

Que le droit de dissolution dont il est investi de compte à demi avec le pouvoir exécutif lui constitue une situation assez haute pour qu'il renonce à certaines attributions qui, en créant des conflits entre la Chambre des députés et lui, l'affaiblissent en le dépopularisant.

Au point de vue judiciaire, nous désirons une réforme de la magistrature sur la base de la sélection combinée avec l'inamovibilité.

Au point de vue militaire, nous sommes partisans du service obligatoire pour tous, et pour tous d'une durée égale.

Nous le voulons aussi court que le comporte la sécurité nationale.

Nous le voulons de trois ans, si cette période de temps est compatible avec la solidité de l'armée, en permettant la formation des cadres.

C'est là, pour nous, une condition absolue. Nous voulons être forts pour être libres et respectés.

Il est superflu de dire que nous voulons l'instruction gratuite, libre et laïque.

Nous voulons la décentralisation administrative et la centralisation politique.

Sur ce point, en particulier, nous ne transigeons pas. En laissant la commune indépendante sur le terrain des intérêts locaux, nous la voulons fortement rattachée au pouvoir central. C'est pour nous mieux qu'une question de force pour le gouvernement, c'est une question de vie ou de mort pour le pays.

Cette force du pays, que nous voulons sauvegarder par les institutions civiles et militaires, nous voulons qu'elle soit une garantie de paix intérieure et extérieure.

Nous voulons qu'elle soit employée au développement intellectuel de la nation, à son relèvement moral et au développement de ses richesses matérielles.

Quant à celles-ci, nous estimons que la justice ne préside pas à leur répartition.

C'est là une question brûlante et qui préoccupe à bon droit les esprits qui pensent que l'homme ne vit pas seulement de beau langage.

Nous accordons toutes nos sympathies à ceux que la générosité de leurs sentiments pousse à creuser le problème ardu de l'inégalité des conditions économiques et à chercher les moyens d'y porter remède; mais nous nous gardons des déclamations creuses et des systèmes préconçus, et nous pensons que les relations du travail et du capital se modifieront progressivement en faveur de celui-là, sous l'influence des progrès politiques de la liberté d'association, du groupement des corps syndiqués et de la fondation de caisses de retraite pour la vieillesse. Nous désirons, en outre, dans l'intérêt des mœurs publiques et de leur épuration, que les repris de justice soient envoyés, par mesure administrative, dans une colonie pénitentiaire.

Telles sont, si nous ne nous trompons, les questions principales dont se préoccupe l'opinion publique, et qui devront aboutir dans le cours de la prochaine législature.

Nous les résolvons toutes, aussi bien que les questions secondaires sur lesquelles il serait trop long de s'étendre, en républicains progressistes et aussi, comme nous l'avons dit en commençant, en patriotes.

Nous sommes les adversaires des théoriciens de l'absolu et des doctrinaires de toutes les écoles.

Nous croyons au progrès par l'évolution, la liberté et la paix.

Nous pensons que la France se reconstituera sûrement, en tenant compte de ces éléments, aussi bien au point de vue de sa grandeur morale et matérielle qu'au point de vue de son intégrité territoriale, et qu'elle devra à la République une longue période de paix, de prospérité et d'honneur.

Vive la République !

Pour le comité :

A. MÉTIVIER, président; LÉON GARNIER et H. PASSE, vice-présidents; H. BUREAU, secrétaire.

Mes chers amis,

Je viens de lire votre excellent manifeste; j'approuve et j'adopte toutes les idées qui y sont contenues.

Merci, et bien à vous.

LÉON GAMBETTA.

Appelé à la présidence du Conseil des ministres le 14 novembre 1881.

GANAULT (u.).

AISNE. Laon (1re circ.). — Inscr. 23,503.

Élu le 21 août 1881 par 11,771 voix contre 5,739 à M. Babled (C.).
M. Leroux, député sortant (C. G.) ne se représentait pas.

Élu à l'Assemblée nationale en 1871.

50 ans, avocat, adjoint de Laon après le 4 septembre, conseiller général.

Dans sa profession de foi, il a déclaré qu'il ira grossir le groupe de l'Union. Il s'est prononcé pour la décentralisation administrative.

Voici le passage caractéristique de cette circulaire :

Combattre sous toutes ses formes et dans tous ses envahissements cet esprit clérical, qui puise hors de la patrie ses inspirations, et pour y parvenir, défait bien nettement pour les enfants de tout sexe, de tout âge et de toute condition, l'enseignement religieux que le prêtre peut donner à l'Église, de l'enseignement moral et civique, dont l'instituteur et le professeur doivent être les dispensateurs brevetés ou diplômés par l'État, et toujours surveillés par lui. Tel a toujours été mon programme.

Il s'est prononcé pour l'amélioration sans secousses de la constitution et pour le service de trois ans obligatoire pour tous.

GANNE (c. g.).

DEUX-SÈVRES. Parthenay. — Inscr. 21,606.

Élu le 21 août 1881 par 9,214 voix contre 7,289 à M. Taudière (L.).

Docteur en médecine, conseiller général.

Élu en 1877 au 2e tour par 8,408 voix contre 8,176 à M. Taudière.

En 1876, il avait obtenu 6,085 voix contre 8,806 à M. Allard.

A voté *pour :* Laïcité.

Contre toutes les autres propositions.

M. Ganne a adressé aux électeurs une circulaire dont nous détachons ce passage :

De graves questions préoccupent aujourd'hui, et à juste titre, tous les bons esprits ; il importe de les résoudre prochainement :

Parlons d'abord de la Constitution.

A peine en eût-on fait l'essai, que l'on s'aperçut de ses défectuo-tuosités provenant de son origine.

Le moment est proche, je n'en doute pas, où il deviendra nécessaire de la modifier dans toutes les parties qui gênent et empêchent même l'application et le développement des principes démocratiques.

Pour ce qui concerne le Sénat, je suis disposé à le maintenir, en modifiant toutefois le mode de recrutement de ses membres.

Nos libertés publiques ne peuvent être à la merci de coalitions organisées contre les intérêts du gouvernement de la République.

***

GARRIGAT (G.) 363.

DORDOGNE. BERGERAC (1re circ.). — Inscr. 19,045.

Élu le 21 août 1881 par 9,216 voix contre 3,520 à M. de Colncy et 2,624 à M. de La Panouse.

Né en 1839, médecin à Bergerac. Fit de l'opposition à l'Empire.

Eu 1870, chirurgien-major de la 2e légion des mobilisés de la Dordogne, conseiller général.

Élu en 1876 par 7,611 voix contre 6,286 à M. Boudet.

Réélu au scrutin de ballot. en 1877 par 8,457 voix contre 7,304 à M. de Losse.

A voté contre : Scrut. liste. Mise accusat. Réunion. Laï-cité. Presse. Sém. soldats. Revision. Prop. Laisant. Suppr. cultes. Suppr. Vatican.

GASCONI (u.).

COLONIES. Sénégal.

Élu en octobre 1881.

Avocat.

Élu le 8 juin 1879 par 1,179 voix contre 1,131 à M. Maréchal, et 111 à M. Crespin (2ᵉ tour).

Abstenu : Suppr. inamovib. Presse. Sém. soldats. Prop. Laisant. Suppr. cultes. Suppr. Vatican.

Absent : Laïcité.

Contre : Scrut. liste.

Pour les autres propositions.

M. Gasconi, député sortant, a adressé à ses électeurs une profession de foi dans laquelle il récapitule les améliorations réalisées depuis que le Parlement a restitué au Sénégal le député que lui avait enlevé l'Assemblée nationale.

Il conclut ainsi :

Il nous reste à obtenir :

L'exercice d'un contrôle permanent sur les actes de l'administration, par l'institution d'une commission coloniale choisie parmi les membres du conseil général;

L'exécution des grands travaux indispensables aux deux arrondissements;

L'abrogation de tous droits différentiels et la liberté commerciale étendue à toute la colonie;

Le développement de l'instruction publique.

Nous devons réclamer encore de l'autorité les mesures propres à empêcher le retour d'un fléau qui sévit cruellement sur nos vaillants soldats, nous décime et ralentit ainsi notre essor civilisateur et commercial.

Vous n'exigez pas de moi une profession de foi politique; cependant, je tiens à la faire.

Vous connaissez mes votes, et vous les avez appréciés; ils vous ont montré et mon caractère et mon indépendance.

Fidèle à mon programme, je puis dire que j'ai été le député de tous, sans distinction de parti, restant étroitement uni à mes collègues des colonies dans nos revendications communes, ne subissant aucune influence, mais recherchant, partout et toujours, le bien suprême du citoyen : la liberté!

Réélu et chargé par vous, mes chers compatriotes, de représenter mon pays, je continuerai, comme par le passé et avec l'énergie que me donnera mon nouveau mandat, à défendre la liberté sous toutes ses formes, la voulant pour tous entière et sans épithète, car elle est l'essence même de la République.

Le gouvernement de la République a réalisé une partie des progrès désirés, et je lui en exprime ici ma gratitude, assuré que je suis d'être votre interprète fidèle et sincère.

Mais tout n'est pas accompli au gré de nos aspirations. Donc, convaincu qu'il faut absolument une solution favorable aux grandes questions à l'ordre du jour, je me placerai résolûment à côté de ceux qui veulent les améliorations et les réformes nécessaires au fonctionnement plus régulier de nos institutions.

S'est fait inscrire à la gauche radicale.

GASSIER (G.) 363.

BASSES-ALPES. BARCELONNETTE. — Inscr. 3,643.
Élu le 21 août 1881 par 2,572 voix, sans concurrent.

Né en 1834 à Barcelonnette, banquier, membre du conseil général.
Élu le 20 février 1876 par 2,871 voix sans concurrent.
Réélu en 1877 par 1,774 voix contre 1,350 données à M. Gariel.
A la dernière législature il vota :
Contre : Mise accusat. Presse. Sém. soldats. Prop. Laisant. Suppr. cultes.
Il a été absent ou s'est abstenu dans les autres votes.

GATINEAU (U.) 363.

EURE-ET-LOIR. DREUX. — Inscr. 19,412.
Élu le 21 août 1881 par 8,686 voix contre 7,469 données à M. Deschanel fils.

Né en 1828, avocat.
Candidat de l'opposition en 1869 dans Eure-et-Loir, prit part à la campagne antiplébiscitaire.

Élu en 1876 au scrutin de ballott. par 9,205 voix contre 7,530 données à M. Moreau.

Réélu en 1877 par 11,167 voix contre 5,962 à M. Léon Vingtain.

Il a voté *pour* : Presse. Sém. soldats. Revision. Suppr. Vatican.

Contre : Suppr. inamovib. Suppr. cultes. Scrut. liste. Réunion.

Abstenu : Mise accusat.

Absent : Prop. Laisant.

S'est fait inscrire à la gauche radicale.

GAUDIN (B.).

LOIRE-INFÉRIEURE. Nantes (2e circ.).
Inscr. 26,793.

Élu le 21 août 1881 par 14,277 voix contre 5,100 à M. Normand (R.).

Né en 1825, avocat, auditeur au Conseil d'État, ministre plénipotentiaire en 1858, conseiller d'État, commandeur de la Légion d'honneur, conseiller général.

Élu comme candidat officiel au Corps législatif en 1869.

Réélu en 1876 par 8,425 voix contre 7,689 à M. de Cazenove.

Réélu en 1877 au 2e tour par 10,588 voix contre 6,911 à M. Vincent.

A voté *pour* : Scrut. liste. Réunion. Revision.

Contre : Laïcité. Sém. soldats. Prop. Laisant. Suppr. cultes. Suppr. Vatican. Suppr. inamovib. Mise accusat.

Abstenu : Presse.

On lit dans sa profession de foi :

La mort héroïque du prince impérial a été pour moi la plus cruelle douleur; mais elle n'a ni modifié mes opinions conservatrices, ni diminué l'inaltérable amour que j'aurai toujours pour la France.

GAUDY (U.) 363.

DOUBS. Besançon (2ᵉ circ.). — Inscr. 16,195.

Élu le 21 août 1881 par 8,729 voix contre 3,818 données
à M. de Vauchier (C.).

Né à Besançon en 1832, propriétaire, maire de Vuilla-
fans, fondateur du *Républicain de l'Est*.
Élu député à l'Assemblée nationale en 1871.
Réélu en 1876 par 9,193 voix contre 4,230 données à
M. Terrier de Loray.
Réélu en 1877 par 8,723 voix contre 5,471 données à M. J.
Vautherin.
A la dernière Chambre, il a voté *pour :* Mise accusat.
Suppr. inamovib. Prop. Laisant. Suppr. Vatican.
Contre : Scrut. liste. Réunion. Laïcité. Sém. soldats. Re-
vision. Suppr. cultes.

GAUTIER (Réné) (B.).

CHARENTE. Ruffec. — Inscr. 17,057.

Élu le 21 août 1881 par 7,969 voix contre 6,854 données
à M. Barillier (R.).

30 ans, héritier du siège de son père qui s'est désisté en
sa faveur en 1879, conseiller général.

Il dit dans sa profession de foi :

Partisan résolu de la souveraineté nationale, je reste convaincu
que l'appel au peuple s'impose plus que jamais comme le seul
moyen d'effacer toutes les discordes, de pousser les esprits, de
fonder un gouvernement assuré du respect des lois.

GAVINI (B. CONST.).

CORSE. BASTIA. — Inscr. 21,353.

Élu le 4 septembre 1881 au scrutin de ballottage par 7,364 voix contre 6,568 données à M. P. de Casabianca (R.).

M. Gavini, député sortant de Corte, remplace M. Raphaël de Casabianca, député sortant (B.) qui ne se représentait pas.

Né en Corse en 1820, avocat à Bastia.

Élu à la Constituante, vota avec la gauche.

Élu à l'Assemblée législative, se rallia à l'Élysée.

Conseiller d'État sous l'empire, puis préfet du Lot et de l'Hérault. Il était préfet des Alpes-Maritimes au 4 septembre.

Fit partie de l'Assemblée nationale.

Élu député de Corte en 1876 par 6,804 voix contre 4,078 données à M. Limperani.

Réélu en 1877 par 7,717 voix contre 3,659 données à M. Astima.

Dans la dernière Chambre, il a voté *pour :* Réunion. Revision. Scrut. liste. Presse.

Contre : Mise accusat. Suppr. inamovib. Sém. soldats. Prop. Laisant. Suppr. cultes. Suppr. Vatican.

Le seul survivant de ceux qui ont voté contre la déchéance à Bordeaux.

GENT (U.) 363.

VAUCLUSE. ORANGE. — Inscr. 22,328.

Élu le 21 août 1881 par 6,822 voix contre 5,366 à M. Raspail (Eugène).

Né en 1813 à Roquemaure, avocat, commissaire du gouvernement provisoire.

Élu à la Constituante, duels.

Échoua à la Législative, déporté en 1852.

Banni, avocat à Valparaiso. Vint à Madrid en 1863 comme correspondant du *Siecle* et du *Temps*.

Préfet des Bouches-du-Rhône au 4 septembre.

Élu en 1871.

Élu en 1876 par 9,435 voix contre 5,998 à M. de Biliotti et 2,623 à M. Nogent-Saint-Laurent.

Échoüa en 1877 avec 8,582 voix contre 10,484 à M. de Biliotti.

Après invalidation de ce dernier, il fut réélu le 7 avril 1878 par 10,325 voix contre 8,093 à M. de Biliotti.

Nommé gouverneur dans les colonies, presque aussitôt destitué par le ministre de la marine, donna sa démission de député et fut réélu le 21 décembre 1879 par 6,175 voix contre 4,121 à M. Alph. Humbert.

S'est *abstenu* : Mise accusat.

A voté *contre* : Réunion.

Pour : Toutes les autres.

Élu sénateur le 8 janvier 1882, dans Vaucluse, avec 163 voix.

———

Bon GÉRARD (c. d.).

CALVADOS. BAYEUX. — Inscr. 18,843.

Élu au scrutin de ballottage du 4 septembre par 7,444 voix contre 6,657 données à M. Tremoulet (R.).

Le député sortant, M. Le Prevost de Launay, père, s'était retiré.

60 ans, 20 millions de fortune, conseiller général, administrateur de la Compagnie de l'Ouest, neveu du baron Gérard, le grand peintre de l'Empire et de la Restauration.

———

GERMAIN (u.) 363.

AIN. TRÉVOUX. — Inscr. 24,827.

Élu le 21 août 1881, sans concurrent, par 11,400 voix.

Né à Lyon en 1824, gendre de M. Vuitry, ancien ministre président le Conseil d'État.

En 1869, il fut élu comme candidat gouvernemental libéral, député de la 3ᵉ circonscription de l'Ain par 17,959 voix contre 10,242 à M. Bodin, candidat officiel. Au plébiscite, il engagea ses électeurs à voter : Oui.

Aux élections du 8 février 1871 il fut élu membre de l'Assemblée nationale par 58,109 voix.

Il prit place au centre gauche et se fit remarquer par sa compétence dans les discussions financières.

Élu le 20 février 1876 (arrondissement de Trévoux) par 13,565 voix contre 1,385 à Denfert-Rochereau.

Réélu en 1877 par 15,924 voix contre 4,530 données à M. Munet.

Pendant la dernière législature, il a voté *pour* : Sém. soldats. Scrut. liste.

Contre : Mise accusat. Réunion. Presse. Suppr. Vatican. Suppr. inamovib.

S'est *abstenu* : Prop. Laisant. Laïcité.

Président du conseil d'administration du Crédit lyonnais et de plusieurs grandes sociétés financières, M. Germain est président du conseil général de l'Ain depuis quelques années.

Il appartenait au centre gauche à la dernière législature, mais à la réunion de Montluel (août 1881) il a accepté un programme portant revision de la Constitution, séparation de l'Église et de l'État, service militaire obligatoire, instruction laïque, gratuite et obligatoire.

GERMAIN (u.).

HAUTE-GARONNE. Muret. — Inscr. 28,290.

Élu le 21 août 1881 par 10,999 voix contre 10,418 à M. Niel, député sortant (B.).

45 ans, agréé au tribunal de commerce de Toulouse, conseiller général.

GERVILLE-REACHE (e. g.).

COLONIES. GUADELOUPE, BASSE-TERRE
(2ᵉ circ. nouvelle).

Élu le 2 octobre par 2,000 voix contre 1,000 à M. Réaux.

29 ans. Avocat.
Rédacteur à la *Justice*.
Inscrit à l'extrême gauche. Partisan du groupe ouvert.

GEVELOT (c. g.) 368.

ORNE. DOMFRONT (2ᵉ circ.). — Inscr. 20,298.

Élu le 21 août 1881 par 10,120 voix, sans concurrent.

Né à Paris en 1826, directeur d'une manufacture de cartouches.
Élu en 1869 comme candidat indépendant au Corps législatif.
Présida la commission d'armement pendant le siège de Paris.
Élu à l'Assemblée nationale par 56,535 voix.
Échoua aux élections sénatoriales de 1876.
Élu en 1876 par 11,287 voix contre 3,551 à M. de Banville.
Réélu en 1877 par 11,399 voix contre 139 à M. de Torcy et 114 à M. Lefébure.
A voté *contre* toutes les propositions énumérées en tête du volume.

GILLIOT (u.) 368.

SAONE-ET-LOIRE. AUTUN (1ʳᵉ circ.). — Inscr. 16,215.

Élu le 21 août 1881 par 6,451 voix, sans concurrent.

Né en 1822, notaire, conseiller général.
Élu en 1876 par 7,132 voix contre 4,146 à M. Pinard.

Réélu en 1877 par 7,548 voix contre 4,817 à M. de Ganay.
A voté *contre* : Réunion. Presse. Suppr. cultes.
Pour toutes les autres propositions.
Absent : Sém. soldats. Revision.

M. Gilliot dit dans sa circulaire :

La Chambre nouvelle, elle aussi, a sa tâche moins périlleuse sans doute, mais non moins difficile et glorieuse. Débarrassée des dangers et des préoccupations de l'avenir, il faut qu'elle entre résolûment dans la voie des réformes. Sa marche en avant doit être incessante.

La réforme de la magistrature, la revision légale de la Constitution, les modifications à apporter au recrutement du Sénat, les limites à indiquer à ses attributions, la suppression de l'inamovibilité de ses membres sont autant de questions qui s'imposent d'urgence au Parlement.

La question cléricale ne doit pas solliciter moins vivement l'attention de la Chambre. Il faut, par une série d'actes et de lois, soustraire l'école, les pouvoirs publics, la société civile, aux influences cléricales, et alors, mais seulement alors, on pourra aborder la discussion de la séparation des Églises et de l'État.

Inscrit à la gauche radicale.

————

GINOUX de FERMON (B.).

LOIRE-INFÉRIEURE. Châteaubriand. — Inscr. 21,570.

Élu le 21 août 1881, sans concurrent, par 8,972 voix.

Né en 1828 à Paris, ancien auditeur au Conseil d'État, conseiller général.

Élu au scrutin de ballot. en 1876 par 6,264 voix contre 4,945 à M. Gahier et 4,882 à M. Recipon.

Réélu en 1877 par 9,110 voix contre 5,966 à M. Recipon.

A voté *pour :* Scrut. liste. Revision. Presse.

Contre : Mise accusat. Suppr. inamovib. Laïcité. Sém. soldats. Prop. Laisant. Suppr. cultes. Suppr. Vatican.

Abstenu : Réunion.

————

GIRARD (u.).

NORD. Valenciennes (2ᵉ circ.). — Inscr. 27,883.

Élu le 21 août 1881 par 13,130 voix.

45 ans, avocat.

Élu le 7 juillet 1878 par 11,479 voix contre 11,169 à M. Léon Renard (C.), second tour.

S'est *abstenu* : Mise accusat.

A voté *contre* : Réunion. Presse. Revision. Suppr. cultes. *Pour* : Suppr. inamovib. Laïcité. Sém. soldats. Prop. Laisant. Suppr. Vatican.

M. Girard termine ainsi sa profession de foi :

La Chambre qui s'en va a réalisé bien des réformes. Elle en a préparé beaucoup d'autres que la Chambre nouvelle accomplira.

Parmi les premières à aborder, j'indiquerai seulement ici : la réduction du service militaire à trois ans, pour laquelle j'ai déjà voté, — et la suppression du service aux colonies pour les jeunes soldats ayant amené les plus bas numéros au tirage cantonal.

La prospérité inouïe et toujours croissante des finances de l'État se traduit, depuis 1876, par les constatations et les chiffres suivants :

300 millions de dégrèvement d'impôts ; un milliard de la dette amorti ; quinze cents millions donnés aux grands travaux publics ; le budget de l'instruction publique triplé en dix ans, etc...

Voilà ce que nous devons à la République.

GIRAUD (g.) 363.

DEUX-SÈVRES. Melle. — Inscr. 23,843.

Élu le 21 août 1881 par 11,615 voix contre 8,267 à M. Delavant.

Né en 1814, avocat, président du tribunal de Niort, maire en 1848.

Élu en 1876 par 10,448 voix contre 9,406 à M. de La Chevrelière.

Réélu en 1877 par 10,459 voix contre 10,001 à M. de La Chevrelière.

Absent : Presse. Suppr. Vatican.

A voté *pour :* Suppr. inamovib. Laïcité. Sém. soldats. Prop. Laisant. Suppr. cultes.

Contre toutes les autres propositions.

M. Giraud dit dans sa circulaire :

Nous, nous disons : plus d'instruction jésuitique; instruction primaire laïque, donnée gratuitement à tous les enfants, que les pères de famille devront envoyer à l'école, s'ils ne les instruisent pas chez eux.

Aucune dispense du service militaire pour les séminaristes ou les instituteurs; aucun privilège pour les riches; une loi égale pour tous; trois ans de service au plus; suppression des appels de 13 et de 28 jours.

Maintien de la paix. Nous sommes en paix avec tous les peuples, et ce n'est pas la guerre en Afrique. Il fallait sacrifier l'Algérie ou la défendre contre des malfaiteurs et réprimer une insurrection qui est aujourd'hui dominée.

Supprimer la guerre. Arbitrage international, proposé par la Société des amis de la paix.

Réforme judiciaire. Diminution des frais de procédure. Conservation des petits tribunaux. Suppression de l'inamovibilité de la magistrature.

Révision de la Constitution. Suppression des sénateurs inamovibles. Élection directe de tous les sénateurs par le suffrage universel.

GIRAULT (E. G.) 363.

CHER. SAINT-AMAND (1re circ.). — Inscr. 18,382.

Élu par 9,151 voix, le 21 août 1881, contre 3,607 à M. Durand.

Né en 1826, minotier, conseiller général.

Élu en 1869 comme candidat de l'opposition, protesta énergiquement contre la déclaration de guerre.

En 1876, il fut élu pour la 1re circonscription de Saint-

Amand par 6,885 voix contre 4,186 au baron Corvisart et 2,001 à M. de Bonnault.

En 1877, il fut réélu par 8,076 voix contre 6,343 au baron Corvisart.

A la Chambre dernière, il vota *contre* le scrutin de liste, et *pour* la série des autres propositions que nous avons énumérées en tête de ce volume.

Inscrit à l'extrême gauche. Absent au vote sur le groupe fermé.

GIRODET (E. G.).

LOIRE. Saint-Étienne (2e circ.). — Inscr. 22,165.

Élu le 21 août 1881 par 6,674 voix contre 5,895 à M. Crozet Fourneyron, député sortant (U.).

45 ans, négociant, conseiller municipal, adjoint au maire, maire et conseiller général en 1880.

Inscrit à l'extrême gauche. Partisan du groupe fermé.

GIROT-POUZOL (G.) 363.

PUY-DE-DOME. Issoire. — Inscr. 28,753.

Élu le 21 août 1881 par 16,535 voix, sans concurrent.

Né en 1832, petit-fils d'un conventionnel, licencié en droit conseiller général.

Élu à Issoire en 1865 après la mort de M. de Morny comme candidat indépendant, fit partie du groupe des 17.

Échoua en 1869 contre le candidat officiel.

Préfet du Puy-de-Dôme au 4 septembre.

Élu membre de l'Assemblée nationale en 1871, protesta contre le traité de paix en donnant sa démission.

Élu en 1876 par 10,936 voix contre 10,252 à M. Burin-Desroziers, réactionnaire.

Réélu en 1877 par 12,885 voix contre 10,890 au même.

A voté *pour* : Mise accusat. Suppr. Vatican.

Contre : Scrut. liste. Réunion. Suppr. inamovib. Laïcité. Presse. Revision. Suppr. cultes.

Abstenu : Sém. soldats.

GIROUD (G.).

NORD. Douai (1re circ.). — Inscr. 16,505.

Élu le 21 août 1881 par 8,298 voix contre 392 à M. Massard, candidat ouvrier.

50 ans, conseiller général.

Élu le 6 avril 1879 en remplacement de M. Merlin, nommé sénateur, par 6,491 voix.

A voté *contre :* Revision, Presse. Réunion.

Pour les autres propositions.

· Absent au moment du vote sur Suppr. Vatican. Prop. Laisant.

M. Giroud a adressé aux électeuurs de la 1re circonscription de Douai une circulaire dont nous détachons ce passage :

La réduction des charges publiques par de nouveaux dégrèvements d'impôts ;

La réforme de la magistrature, dont la constitution actuelle n'est plus en harmonie avec l'esprit de notre société démocratique ;

La substitution du scrutin de liste au scrutin uninominal dans les élections des députés ;

La revision de la Constitution, particulièrement quant au mode d'élection des membres du Sénat et des attributions de ce grand corps ;

La dénonciation du Concordat, dont, dès 1871, je me déclarais partisan.

GOBLET (René) (U.).

SOMME. Amiens (1re circ.). — Inscr. 28,086.

Élu le 21 août 1881 par 12,253 voix contre 6,694 à M. de Franqueville et 2,260 à M. Delambre (Rad.).

Né en 1828, avocat à Amiens, fit une vive opposition à l'Empire, au 4 septembre nommé procureur général près la Cour d'Amiens, démissionnaire au mois de juin.

Élu membre de l'Assemblée nationale le 2 juillet par 75,505 voix.

Échoua en 1876 avec 10,885 voix au 2e tour contre 13,815 à M. de Septenville (2e circ. d'Amiens).

Élu en 1877 dans la 1re circonscription d'Amiens à la suite de la mort de M. Barni, par 13,279 voix contre 9,070 à M. Faton de Faverny.

Ancien sous-secrétaire d'État à la justice.

A voté *pour* : Scrut. liste. Laïcité.

Contre : Mise accusat. Sém. soldats. Revision. Prop. Laisant. Suppr. cultes. Suppr. Vatican.

Abstenu : Réunion. Presse.

Inscrit à la gauche radicale.

GOMOT (U.).

PUY-DE-DOME. Riom (1re circ.). — Inscr. 20,236.

Élu le 21 août 1881 par 9,231 voix contre 6,374 à M. Marius Martin (B.).

M. Rouher, député sortant (B.), s'était retiré.

Conseiller à la Cour de Riom, conseiller général.

GONIDEC de TRAISSAN (Le) (L.)

ILLE-ET-VILAINE. Vitré. — Inscr. 20,370.

Élu le 21 août 1881 par 10,322 voix contre 5,142 à M. Ragot (R.).

Né en 1839, ancien capitaine aux zouaves pontificaux, a

fait la campagne de la Loire comme chef de bataillon dans les volontaires de l'Ouest, décoré de la Légion d'honneur,

Élu en 1876 au 2ᵉ tour par 9,997 voix contre 4,841 à M. de Montluc.

Réélu en 1877 par 13,022 voix contre 4,237 à M. de Montluc. Secrétaire de la Chambre.

A voté *pour* : Presse. Réunion. Révision.

Contre : Toutes les autres propositions.

Il dit dans sa profession de foi :

Amoindrie par la Révolution dans sa lutte acharnée contre la religion, la France ne se relèvera que par la monarchie nationale et traditonnelle.

GRANET.

BOUCHES-DU-RHONE. ARLES. — Inscr. 19,720.

Élu le 18 décembre 1881 par 8,402 voix contre 5,990 à M. Hélion de Barrême (L.), 1240 à M. Rabuel (R.), en remplacement de M. Clémenceau optant pour Paris.

53 ans, ancien préfet, ancien directeur du personnel au ministère de l'intérieur, sous M. Constans.

S'était porté aux élections du 21 août 1881 contre M. Clémenceau et avait échoué avec 5,667 voix contre 5,735 à M. Clémenceau.

A publié une profession de foi opportuniste.

GRAUX (u.).

PAS-DE-CALAIS. SAINT-POL. Inscr. 22,632.

Élu le 21 août 1881 par 10,687 voix contre 8,595 à M. le marquis de Partz, député sortant (L.).

Avocat à la cour de Paris, ancien secrétaire de la Chambre, ancien chef de cabinet de M. Martel, président du Sénat, a épousé Mme veuve Duvergier de Hauranne, con-seiller général.

GRAZIANI (G.).

CORSE. Calvi. — Inscr. 6,628.

Élu le 21 août 1881 par 2,829 voix contre un autre républicain,
M. Paul Savelli, 2,166 voix.
Le duc de Padoue, député sortant (B.), s'était retiré.

52 ans, directeur de la comptabilité au ministère de la justice, conseiller général.

GREPPO (E. G.) 363.

SEINE. Paris, 12e ar. — Inscr. 18,316.

Élu le 21 août 1881 par 7,242 voix contre 3,847 à M. Jules Roche,
intransigeant.

Né à Pouilly en 1810, chef d'atelier à Lyon.
Élu en 1848 représentant du peuple.
Réélu à la Législative.
Banni au coup d'État, rentra après l'amnistie, maire du 4e arrondissement le 15 septembre 1870, remplacé le 5 novembre par M. Vautrain.
Élu en 1871 membre de l'Assemblée nationale pour la Seine, siégea à l'extrême gauche,
Élu en 1876 pour le 12e arrondissement, par 7,314 voix.
Réélu en 1877 par 11,716 voix.
A voté pour toutes les propositions en tête du volume.

En guise de déclaration, son comité a adressé aux électeurs une proclamation où on lit:

Rappeler ses années qu'il porte d'ailleurs bravement, n'est-ce pas rappeler ses longs services, les luttes auxquelles il a pris part, son dévouement, son courage, ses sacrifices, son exil? Tout autant de titres dont nous aimons à lui tenir compte, et qui sont pour les électeurs la meilleure des garanties.

Nous connaissons le citoyen Greppo : il vit au milieu de nous, nous avons pu apprécier ses vertus civiques et privées, son honorabilité, son inflexible probité, sa cordialité, son empressement à secourir le malheur.

Par ce qu'il a été, par ce qu'il est, nous savons ce qu'il sera. Votons pour Greppo, député sortant.

Inscrit à l'extrême gauche.

GROLLIER (c.g.) 363.

ORNE. ALENÇON. — Inscr. 18, 968.

Élu le 21 août 1881 par 9,713 voix contre 1,152 à M. Lorcot (R.).

Né en 1807, industriel, maire d'Alençon, démissionnaire au coup d'État, nommé maire en 1861, conseiller général.

Député au Corps législatif en 1869, signa l'interpellation des 116.

Échoua aux élections sénatoriales de 1876.

Élu en 1876 par 8,259 voix contre 5,833 à M. Lecointre.

Réélu en 1877 par 8,433 voix contre 7,658 à M. Rœderer.

A voté *pour* : Suppr. inamovib.

Contre : Scrut. liste. Mise accusat. Réunion, Laïcité. Presse. Sém. soldats. Revision. Prop. Laisant. Suppr. cultes. Suppr. Vatican.

GUEGEN (g.).

FINISTÈRE. CHATEAULIN (2e circ.). — Inscr. 11,966.

Élu le 21 août 1881 par 5,344 voix contre 3,927 à M. Paul de Saisy (L.).

Remplace M. de Nedellec, député sortant (G.), qui s'était retiré.

Notaire, conseiller général.

Il dit dans sa circulaire :

Sincèrement attaché aux institutions républicaines et respectueux de la religion, ami de l'ordre et de la paix, je mettrai tous mes soins, si je suis élu, à assurer le bien-être des classes laborieuses, et à hâter les études et l'exécution des grands travaux qui vont bientôt apporter un surcroît de richesse au commerce, à l'industrie et à l'agriculture de notre région.

GUICHARD (G.) 363.

YONNE. Sens. — Inscr. 19,626.

Élu le 21 août 1881 par 12,583 voix, sans concurrent.

Né en 1803, avocat, élu à la Constituante, exilé en 1852.
Élu en 1871 à l'Assemblée nationale.
Élu en 1876 par 11,193 voix contre 3,212 à M. Raudot.
Réélu en 1877 par 12,162 voix contre 4,453 à M. Provent.
A voté *contre* : Mise accusat. Réunion. Laïcité. Presse. Revision. Scrut. liste.
Pour : Toutes les autres propositions.

GUILLEMIN (G.) 363.

NORD. Avesnes (1re circ.). — Inscr. 22,597.

Élu le 21 août 1881 par 10,767 voix contre M. Antonin Lefèvre-Pontalis.

Né à Avesnes, le 19 décembre 1828, avocat, ancien bâtonnier, conseiller général, sous-préfet d'Avesnes au 4 septembre.
Démissionnaire en 1871, candidat sans succès à l'Assemblée nationale en 1871.
Élu en 1876 par 8,484 voix contre 7,633 à M. A. Lefebvre-Pontalis.
Réélu en 1877 par 9,279 voix contre 8,791 à M. A. Lefèvre-Pontalis.
A voté *contre* : Toutes les propositions en tête du volume.

GUILLOT (u.).

ISÈRE. Grenoble (3ᵉ circ.). — Inscr. 18,989.

Élu le 21 août 1881 par 9,294 voix, sans concurrent.

Propriétaire, conseiller général.

Élu le 7 juillet 1878 en remplacement de M. Paul Breton décédé, par 6,315 voix contre 4,956 à M. Vogeli.

A voté *pour* : Scrut. liste. Mise accusat. Suppr. inamov. Laïcité. Presse. Sém. soldats. Revision. Prop. Laisant. Suppr. cultes. Suppr. Vatican.

Contre : Réunion.

Inscrit à la gauche radicale.

GUILLOUTET (De) (b.).

LANDES. Mont-de-Marsan (1ʳᵉ circ.). — Inscr. 16,638.

Élu le 21 août 1881 par 7,201 voix contre 5,573 à M. Pazat (R.).

Né en 1819, marquis, riche propriétaire, conseiller général des Landes.

Élu en 1863 comme candidat officiel au Corps législatif, auteur de l'amendement qui porte son nom.

Réélu en 1868, secrétaire du Corps législatif.

Élu en 1876 par 7,326 voix contre 4,586 à M. de Dampierre.

Réélu en 1877 par 8,676 voix contre 4,542 à M. Pazat.

Il a voté *pour* : Scrutin liste. Réunion. Revision.

Contre : Suppr. inamov. Sém. soldats. Prop. Laisant. Suppr. cultes. Suppr. Vatican.

Absent ou *abstenu :* Mise accusat. Laïcité. Presse.

Dans sa circulaire, il se déclare toujours prêt à combattre « ces ennemis de Dieu, de la famille, de la société, qui nous ont précipités dans le malheur pour s'emparer du pouvoir et pour le conserver ; ces hommes qu'il faut abattre si vous voulez sauver vos enfants, votre propriété, votre travail ».

GUYOT (u.).

MARNE. VITRY-LE-FRANÇOIS. — Inscr. 14,961.

Élu le 4 septembre 1881 au scrutin de ballottage par 6,198 voix contre 5,767 à M. Félix (R.).

M. Alphonse Picart, député sortant (R.), ne s'était pas représenté.

Ancien percepteur, maire de Vitry, conseiller général.

Voici le passage important de sa circulaire :

La République est faite, acceptée. Le pays attend de la nouvelle Chambre qu'elle entre résolûment dans la voie du progrès, des réformes. Satisfaction doit être donnée au pays.

Elle devra, cette Chambre :

Achever la grande œuvre de restauration de notre armée; adopter, en cette occasion, le principe d'une large réduction dans la durée du service militaire, assujettir à ce service réduit, tous les jeunes hommes sans exception, et supprimer ce privilège, le volontariat;

Assurer le développement de l'instruction populaire et la laïcité de notre enseignement à tous les degrés;

Opérer d'urgence la réforme si nécessaire, si instamment réclamée, de la magistrature;

Prêter son énergique concours au gouvernement dans toutes les luttes qu'il aura encore à soutenir contre le cléricalisme, qui n'a pas cessé d'être *l'ennemi.*

Et si le Sénat veut faire obstacle à cette marche en avant, que l'organisation du Sénat soit modifiée! Que, par suite, et pour rendre cette modification possible, il soit procédé à la revision de la Constitution !

———

GUYOT (u.) 368.

RHONE. VILLEFRANCHE (1re circ.). — Inscr. 24,348.

Élu le 21 août 1881 par 12,857 voix, sans concurrent.

Né en 1830, médecin.
Élu en 1873 à l'Assemblée nationale.
Élu en 1876 par 12,995 voix contre 5,275 à M. Humbelot.

Réélu en 1877 par 13,722 voix contre 5,078 à M. Abel Sauzey.

A voté *contre* : Réunion.

Absent : Suppr. inamovib. Élection juges.

Abstenu : Revision.

Pour : Toutes les autres propositions.

M. Guyot a accepté le programme suivant, rédigé par son comité électoral :

1° Revision de la Constitution. Rétablissement du scrutin de liste;

2° Suppression du Sénat;

3° Séparation des Églises et de l'État. Suppression de toute allocation aux cultes et de l'ambassade près le Vatican;

4° Suppression absolue de toutes les communautés religieuses ;

5° Loi supprimant toutes les manifestations religieuses en dehors des édifices consacrés au culte;

6° Que l'instruction religieuse ne soit pas donnée à l'école;

7° Service militaire obligatoire et égal pour tous les citoyens sans exception ni privilège. Suppression du volontariat;

8° Que l'instruction militaire et l'enseignement de la gymnastique soient donnés dans toutes les écoles communales;

9° Réforme de la magistrature. Suppression de l'inamovibilité;

10° (Loi sur les récidivistes.) Application de la déportation à la troisième condamnation;

11° Revision du système d'impôt. Création d'un impôt unique;

12° Dégrèvement des impôts qui pèsent sur l'agriculture et l'industrie;

13° Réfection du cadastre, afin d'arriver à une répartition plus équitable de l'impôt foncier;

14° Suppression du timbre de quittances;

15° Création de collèges cantonaux;

16° Création d'une caisse nationale pour la vieillesse et les invalides du travail; — affectation des 55 millions du budget des cultes ;

17° Changement à bref délai de tous les fonctionnaires hostiles à la République;

18° Que les fonctions publiques ne soient données qu'aux citoyens qui justifient de trois ans de séjour dans un établissement universitaire;

19° Incompatibilité des fonctions de député avec celle de conseiller général, d'arrondissement et municipal; liberté aux communes de rétribuer elles-mêmes les fonctions électives, si bon leur semble ;

20° Nomination du maire par les conseils municipaux; que les séances soient publiques ;

21° Liberté absolue aux conseils généraux, d'arrondissement et municipaux, d'émettre des vœux politiques ;

22° Interdiction à tout député de prêter son concours à toute société financière ;

23° Liberté d'association pour le commerce et l'industrie ;

24° Loi ordonnant que le député qui aura voté contrairement au mandat qu'il aura signé puisse être déclaré démissionnaire sur la demande des membres du comité de sa circonscription.

HAMILLE (B.).

PAS-DE-CALAIS. MONTREUIL. — Inscr. 18,909.

Élu le 21 août 1881 par 8,095 voix contre 7,764 à M. Fresnaye-Laligant (R.).

Né à Montreuil en 1812, avocat, neveu de Martin du Nord, directeur des cultes, conseiller général, commandeur de la Légion d'honneur.

Membre de l'Assemblée nationale.

Élu en 1876 par 13,040 voix sans concurrent.

Réélu en 1877 par 12,180 voix contre 5,245 à M. Fresnaye-Laligant.

A voté *pour :* Scrut. liste, Réunion. Presse. Revision.

Contre : Toutes les autres propositions.

Voici le passage important de sa profession de foi :

J'attends vos votes avec confiance ; car vous savez tous que je suis indépendant ; que n'ayant rien à demander pour moi, n'ayant pas de famille à pourvoir, j'emploierai tout mon temps, toute mon énergie à défendre les intérêts de nos populations agricoles si injustement délaissées, à réclamer une répartition plus équitable des charges publiques, une diminution sérieuse des impôts ; car vous savez que je veux: la paix, la prospérité et le bonheur de la France.

HÉMON (G.) 363.

FINISTÈRE. Quimper (1re circ.). — Inscr. 13,379.

Élu le 21 août 1881 par 5,561 voix contre 4,015 à M. Roussin (Cons.).

Avocat. A fondé sous l'Empire le premier journal républicain de la région, le *Finistère*. A pris part au siège de Paris comme volontaire dans les mobiles.

Élu en 1876 par 5,219 voix contre 3,458 à M. Dumarnay.

Réélu en 1877 par 6,267 voix contre 3,506 à M. Bolloré.

A voté *contre* : Scrut. liste. Mise accus. Suppr. inamovib. Sém. soldats. Revision. Suppr. cultes. Suppr. Vatican.

Absent : Laïcité. Presse.

Extrait de sa profession de foi :

Notre République, sortie d'une longue période d'épreuves, est devenue maîtresse de ses destinées; elle n'a plus guère à redouter de périls que ceux qui lui viendraient d'elle-même. Souhaitons à notre parti de le comprendre : les admirables qualités qu'il a su montrer en face de la mauvaise fortune lui sont plus que jamais nécessaires pour rester digne de sa victoire. Dans le présent comme dans le passé, toute sa force lui viendra de son constant accord avec l'opinion populaire, cette opinion qu'aucun gouvernement n'a impunément méconnue, mais à laquelle un gouvernement républicain surtout doit se faire gloire de conformer ses actes.

Les adhérents ne manqueront pas en France à la politique ferme et sage suivie par la Chambre dernière. Plus qu'ailleurs, peut-être, ils doivent être nombreux dans ce département breton qui s'est librement donné à la République, et qui apporte au service de cette foi nouvelle les qualités traditionnelles de notre race: prudence dans le progrès et loyauté dans le dévouement.

HENRY (U.).

CALVADOS. Caen (1re circ.). — Inscr. 16,038.

Élu le 21 août 1881 par 6,789 voix contre 5,167 données à
M. de Bois-Brunet (L.).
Le général de Vendœuvre, député sortant (L.), s'était retiré.

Avocat, ancien directeur du *Journal de Caen*, chevalier
de la Légion d'honneur.

Voici le programme accepté et signé par le candidat :

Le candidat s'engage-t-il à défendre et à faire triompher, dans
la mesure du possible, les propositions suivantes :

1° La représentation exacte de la nation par une Chambre nommée au scrutin de liste départemental, avec un nombre de députés proportionnel à la population ;

2° En matière militaire, la suppression du volontariat d'un an ;
le service réellement obligatoire pour tous les citoyens valides, y
compris les membres de l'enseignement et les séminaristes. La
libération des hommes au fur et à mesure qu'il sera établi que
leur éducation militaire est complète ;

3° L'instruction publique, *laïque* et gratuite, même dans les
établissements d'enseignement secondaire (lycées et collèges);
obligatoire pour l'instruction primaire, *avec une sanction sérieuse
de l'obligation ;*

*Le recrutement des écoles du gouvernement par le concours
exclusivement réservé aux élèves des lycées et collèges ou autres
établissements de l'État;*

4° L'exécution complète, de la part du clergé, comme de la
part de l'État, du Concordat qui règle les rapports de l'Église
catholique avec le gouvernement, et à défaut d'exécution, la *dénonciation du Concordat. L'application rigoureuse des lois concernant les congrégations religieuses non autorisées;*

5° La réforme de la magistrature et la *suppression de l'inamovibilité;*

6° La revision de la Constitution dans le sens d'une modification profonde du mode d'élection des sénateurs, de la durée de
leur mandat, de l'*inamovibilité* et des attributions du Sénat ;

7° L'encouragement des associations ouvrières au moyen de prêts ou de subventions ;

8° La réforme de l'assiette des impôts et l'établissement d'un impôt, *soit sur le capital, soit sur le revenu*, en exemptant les petits capitaux et les petits revenus pour arriver à la suppression de toutes les taxes indirectes ;

9° La réforme de la législation, en vue de fonder un véritable crédit agricole ;

10° En matière municipale, la nomination des maires par les conseils municipaux, dans les plus grandes villes comme dans les plus petites communes.

Le candidat, s'il est élu, s'engage-t-il à venir, pendant les vacances parlementaires, rendre compte à ses électeurs de la manière dont il aura accompli son mandat ?

HÉRAULT (G.) 363.

VIENNE.. CHATELLERAULT. — Inscr. 18,771.

Élu le 21 août 1881 par 9,826 voix contre 178 à M. Massard (Soc.).

42 ans, fils d'un banquier, propriétaire, conseiller général.

Échoua aux élections de 1869.

Élu en 1876 par 7,350 voix contre 7,083 à M. Treuille.

Réélu en 1877 par 8,374 voix contre 7,156 à M. Treuille.

A voté *pour* : Suppr. inamovib.

Contre toutes les autres propositions.

Voici le passage principal de sa circulaire :

Partisan convaincu de la nécessité de l'existence de deux Chambres, désireux de donner au Sénat toute l'indépendance qui lui est nécessaire pour remplir le rôle que la Constitution lui attribue, je suis en même temps de ceux qui pensent que le mode d'élection par lequel il se recrute, l'affaiblit et compromet son existence même.

Donner à ce mode d'élection une base plus large et plus rationnelle, faire disparaître l'inamovibilité qui ne peut se justifier, ce n'est pas désorganiser le Sénat, c'est le fortifier au contraire. Je voterai donc sur ce point la revision de la Constitution de 1875.

La situation florissante des finances de la République impose à la Chambre future une tâche spéciale ; en même temps qu'il lui faudra, par une politique sage et pacifique à l'extérieur, assurer la continuation de la prospérité présente, elle en devra profiter non seulement pour exécuter les grands travaux publics déjà entrepris, mais encore pour reviser notre système d'impôts dans un sens démocratique et pour alléger, d'une façon ou d'une autre, les charges qui pèsent sur l'agriculture.

C'est là une œuvre capitale à laquelle je consacrerai tous mes efforts, si j'ai encore l'honneur d'être votre représentant à la Chambre des députés.

HEREDIA (De) (E. G.).

SEINE. Paris, 17e arr. (1re circ. nouvelle). Inscr. 8,135.

Élu le 21 août 1881 par 3,368 voix.

Né à Cuba, 42 ans, naturalisé Français en 1871, conseiller municipal de Paris pour le quartier des Ternes, président du conseil municipal et de la commission du budget, rédacteur au *Globe*, à la *Vérité* et à la *Ville de Paris*.

A accepté le programme suivant :

1° La revision de la Constitution : la suppression du Sénat issu du suffrage restreint, qui, dans une République fondée sur la souveraineté du suffrage universel, est une anomalie et un danger.

2° La séparation irrévocable des Églises et de l'État. La suppression du budget des cultes.

3° Le respect absolu de toutes les libertés individuelles : liberté de la presse, liberté de réunion et d'association.

4° L'autonomie administrative des communes et des départements, dans les conditions compatibles avec l'unité nationale.

5° Le droit pour tous à l'instruction primaire, professionnelle et primaire supérieure. La laïcité absolue des programmes.

6° L'accès aussi large que possible pour tous à l'enseignement secondaire et supérieur par le concours et par la création de bourses municipales et nationales.

7° Le service militaire obligatoire pour tous, sans privilèges ni catégories : la suppression du volontariat d'un an.

8° Suppression de l'inamovibilité de la magistrature ; son recrutement par le concours.

9° La réforme de tout notre système d'impôts, qui pèse trop lourdement sur le travail et la consommation.

10° La solution des questions économiques et sociales par la liberté et l'association.

Inscrit à la gauche radicale, à l'extrême gauche. Partisan du groupe ouvert.

HÉRISSON (Sylvestre) (U.),

NIÈVRE. CLAMECY. — Inscr. 22,190.

Élu le 21 août 1881 par 8,922 voix contre 8,046 à M. Le Peletier d'Aunay, député sortant (B.).

45 ans, ancien avoué, président du conseil général.

Voici son programme :

1° Revision de la Constitution. Suppression du Sénat, ou tout au moins modification profonde tant dans le mode de recrutement du Sénat que dans ses attributions.

2° La liberté de réunion. Liberté d'association.

3° Liberté de la presse. Application du droit commun aux délits de presse.

4° Séparation de l'Église avec l'État, en réservant les droits de surveillance et de police de l'État. Suppression du budget des cultes.

5° Revision de la loi sur la magistrature. Recrutement par un mode électif.

6° Réduction du service militaire à trois ans. Suppression du volontariat. Service obligatoire pour tous sans exception.

7° Instruction gratuite, obligatoire et laïque.

8° Décentralisation administrative la plus étendue, tout en conservant le principe de l'unité nationale.

9° Proportionnalité dans tous les impôts, suppression de l'impôt des prestations en nature et des octrois. Réfection du cadastre.

HÉRISSON (u.).

SEINE. Paris, 6e arr. — Inscr. 21,952.

Élu le 21 août 1881 par 9,880 voix contre 3,971 à M. de Rougé (Mon.).

Né en 1831 à Surgy, avocat au Conseil d'État en 1858, impliqué dans le procès des Treize, au 4 septembre maire du 6e arrondissement, adjoint au maire de Paris, maire du 6e, expulsé au 18 mars, démissionnaire le 5 août, conseiller municipal pour le quartier de la Monnaie, soutint la canditure Barodet:

Élu à l'Assemblée nationale pour la Haute-Saône par 37,129 voix. Siégea à l'union républicaine et vota la Constitution.

Échoua à Lure en 1876.

Élu le 7 juillet 1878 dans le 6e arrondissement, en remplacement du colonel Denfert, décédé, par 8,931 voix.

Absent lors de la mise en accusation.

Vota *contre* le droit de réunion.

S'abstint sur la suppression de la magistrature.

Et *pour* toutes les autres propositions qui figurent en tête du volume.

A fait, dans une réunion publique, les déclarations suivantes :

Citoyens, vous le savez, je suis partisan et fort ardent de la suppression de l'inamovibilité de la magistrature, derrière laquelle les magistrats se sont réfugiés pour tirer sur la République ; mais, d'autre part, je ne saurais admettre encore (étant donnée notre jeunesse républicaine) la nomination du magistrat par le peuple.

Si, au point de vue théorique, le meilleur des juges est l'arbitre, en pratique et à cette heure, il devrait être nommé par les délégués des conseils municipaux, des conseils généraux et des corps spéciaux.

Libre-échangiste, j'ai voté les emprunts destinés aux chemins de fer, aux canaux et aux routes.

J'admets la liberté de la presse dans toute son intégrité, basée sur les droits communs. J'ai d'ailleurs voté à ce sujet avec M. Floquet.

On me demande si j'admets la preuve de la diffamation faite contre un fonctionnaire en exercice ou non : à mon avis, tous les fontionnaires doivent être responsables de leurs actes, au civil comme un criminel.

Quelle est mon opinion sur les événements d'Algérie? Citoyens, malgré tout mon respect pour le président de la République, dont nul plus que moi n'admire le caractère, je demande la démission de M. Albert Grévy, et celui-ci la présentant de plein gré, épargnerait ainsi à son frère un acte de sévérité nécessaire. (Applaudissements.)

HERVÉ-MANGON (G.).

MANCHE. Valognes. — Inscr. 20,916.

Élu le 21 août 1881 par 8,482 voix contre 6,263 à M. du Mesnildot (M.).

M. Le Marois, député sortant (B.), s'était retiré.

Gendre de J.-B. Dumas, académicien, membre de l'Institut, directeur du Conservatoire des arts et métiers.

Avait obtenu 5,349 voix contre 11,354 à M. Le Marois en 1877.

Voici le passage topique de sa profession de foi :

Vous connaissez mon passé, messieurs les électeurs, il vous garantit mon indépendance et la fermeté de mes convictions franchement républicaines.

Je crois à l'avenir de la démocratie française; je n'admets pas qu'on prétende s'arrêter sur la voie du progrès. Je repousserais avec horreur toute tentative du gouvernement monarchique ou personnel, si jamais elle se produisait.

Respectant profondément, vous le savez bien, les croyances religieuses sincères, je voudrais voir la religion rester toujours étrangère aux luttes politiques. Je souhaite également que la magistrature, impartiale comme la loi, ne se mêle jamais à nos discussions passionnées.

Je m'honore, ainsi que je le disais il y a quatre ans, d'être un parvenu du travail et je serai toujours un défenseur ardent des intérêts des classes laborieuses et surtout des travailleurs des campagnes, si souvent oubliés jusqu'à présent.

La réduction de l'impôt foncier s'imposera prochainement à l'attention du Parlement. Je soutiendrai les propositions de dégrèvement destinées à profiter surtout à ceux qui labourent, aux petits cultivateurs qui forment la grande majorité de l'arrondissement.

Mon programme de 1877 est en partie réalisé : je ne le rappellerai pas en détail. Il faut maintenant continuer l'œuvre commencée : il faut donner l'enseignement supérieur aux plus capables désignés par des concours, afin de leur ouvrir l'accès des hautes positions; il faut terminer les travaux des ports de mer, des routes et des chemins de fer, améliorer encore les conditions du service militaire et maritime, accroître la prospérité des finances publiques, du commerce et de l'agriculture !

La République a pris racine : elle portera ses fruits. Unissons nos efforts, mes chers concitoyens, à ceux de la France entière pour assurer la grandeur de la patrie, pour conserver la prospérité, l'ordre, la paix et la liberté que nous donne la République.

HORTEUR (g.) 363.

SAVOIE. Saint-Jean-de-Maurienne. — Inscr. 13,928.

Élu le 21 août 1881 par 8,029 voix, sans concurrent.

Né en 1832, avocat, maire de Chavannes, conseiller général.

Élu en 1876, au 2e tour, par 5,595 voix contre 4,284 à M. Grange.

Réélu en 1877 par 5,785 voix contre 5,037 à M. Grange.

S'est *abstenu* sur séminaristes.

Était *absent* sur revision.

A voté *contre* toutes les autres propositions.

HOVIUS (G.).

ILLE-ET-VILAINE. Saint-Malo (1re circ.).
Inscr. 16,183.

Élu le 21 août 1881 par 6,328 voix contre 3,679 à M. La Chambre
(Cons.) et 2,100 à M. Mainsard (L.).

Armateur de Saint-Malo, président du tribunal et de la
chambre de commerce, décoré, conseiller général.

En 1876, il réunit 5,944 voix contre M. de La Chambre
élu par 6,034 voix.

En 1877, 5,456 voix contre 7,128 à M. de la Chambre.

Après invalidation de ce dernier, il fut réélu par 7,525
voix, 5,214 à M. de La Chambre.

A voté *pour* : Scrut. liste.

Contre : Mise accusat. Réunion. Sém. soldats. Revision.
Prop. Laisant. Suppr. cultes. Suppr. Vatican.

Absent : Suppr. inamovib. Presse.

———

HUGOT (G.) 363.

COTE-D'OR. Semur. — Inscr. 19,954.

Élu le 21 août 1881 par 11,311 voix contre 1,055 à M. Levy.

Né en 1836, licencié en droit, négociant, conseiller d'arrondissement, maire de Montbard en 1871, révoqué au
26 mai, conférencier.

Élu député en 1876 par 8,336 voix contre 6,673 données à
M. Beleurgey.

Réélu en 1877 par 11,016 voix contre 6,070 données à
M. Beleurgey.

Dans la dernière législative, il a voté :

Pour : Mise accusat. Suppr. inamovib. Sém. soldats.
Prop. Laisant. Suppr. Vatican.

Contre : Scrut. liste. Réunion. Laïcité. Presse. Revision. Suppr. cultes.

Dans sa circulaire, il déclare qu'il se conformera à l'avis de ses électeurs sur la question du scrutin de liste.

Sur la question du Sénat : « Le mode de recrutement, a-t-il dit, me paraît inadmissible à un double point de vue. Le nombre des délégués doit être en raison du chiffre de la population. Rien ne peut justifier non plus le maintien des inamovibles. L'irresponsabilité est incompatible avec les principes essentiels de la démocratie. Je n'hésiterai pas à voter la revision. »

Dans la réunion de Montbard, il a conclu à la réforme de l'impôt et de la magistrature, à la suppression du volontariat et au service de trois ans, enfin à l'exécution stricte du Concordat en attendant la séparation de l'Église et de l'État.

HUGUES (Clovis) (E. G.).

BOUCHES-DU-RHONE. MARSEILLE (2° circ.).
Inscr. 19,941.

Élu au scrutin de ballottage du 4 septembre 1881 par 5,456 voix contre 4,514 données à M. Simonin.
M. Amat, député sortant, ne s'était pas représenté.

Poète provençal et journaliste.

Le 3 mars 1878, après la mort de Raspail, il avait réuni au 2° tour 4,284 voix contre 4,422 à M. Amat, élu.

Dans la réunion du 5 août, il s'est déclaré socialiste.

A accepté le mandat impératif et a promis de défendre le programme voté par la 21° section.

A la salle des Folles-Marseillaises, il s'est prononcé pour :

La revision ;

La suppression de la présidence de la République ;

L'instruction intégrale et absolue ;

Abolition des armées permanentes.

Inscrit à l'extrême gauche. Partisan du groupe ouvert.

HURARD (u.).

COLONIES. La Martinique (2e circ.).

Élu le 18 septembre 1881.
Élu également au scrutin de ballottage dans la 1re circonscription
de la Martinique.

Rédacteur en chef du journal républicain *les Colonies*,
président du conseil général.

___

JACQUES (u.) 363.

ALGÉRIE. Oran (2e circ.). — Inscr. 8,904.

Élu le 21 août 1881 par 3,281 voix contre 1,739 données
à M. Vagnon.

Né en 1817 à Breteuil (Oise), avocat au barreau d'Oran,
nommé le 9 juillet 1871 membre de l'Assemblée nationale.
Son élection fut annulée pour irrégularité dans le recensement.

Réélu le 7 janvier 1872.

Au scrutin du 20 février 1876, il fut élu sans concurrent
par 5,638 voix.

Réélu en 1877 par 7,772 voix.

Membre de la commission du budget.

Il a voté dans la dernière législature *pour* tous les projets
dont nous avons donné la nomenclature.

Adversaire décidé de la politique des rattachements.

___

JAMETEL (g.) 363.

SOMME. Montdider. — Inscr. 19,607.

Élu le 21 août 1881 par 10,603 voix contre 3,405 à M. de Beaure-
paire (L.) et 2,283 à M. de Fransures (Mon.).

Né à Paris le 28 mai 1821, avocat, agréé du tribunal de

commerce de la Seine, maire de Maresmoutiers, conseiller général.

Élu en 1876 par 8,737 voix contre 7,310 à M. Hamel.

Réélu en 1877 par 9,322 voix contre 7,913 à M. de Fourment.

A voté *pour : Scrut. liste.*

Abstenu : Sém. soldats.

Contre toutes les autres popositions.

JANVIER de la MOTTE (père) (B.).

EURE. BERNAY. — Inscr. 19,160.

Élu le 21 août 1881 par 10,240 voix contre 6,035 à M. Parissot (R.).

59 ans. En 1850, sous-préfet de Saint-Étienne. En 1852, préfet de la Lozère. En 1855, préfet de l'Eure. Démissionnaire en 1867 à la suite de voies de fait contre M. Alaboisette, avoué. Préfet du Gard en 1869, puis du Morbihan. Mis en disponibilité par le ministère Chevandier de Valdrôme. Arrêté sous le gouvernement de M. Thiers sous inculpation de détournements et concussion. Se réfugia en Suisse. Fut extradé et acquitté par la cour d'assises de Rouen à la suite d'une déposition de M. Pouyer-Quertier qui coûta à celui-ci son portefeuille de ministre des finances. Conseiller général.

Élu en 1876 par 9,939 voix contre 3,763 à M. Sevaistre et 2,187 à M. Join Lambert.

Réélu en 1877 par 9,773 voix contre 5,171 à M. Loisel.

Il a voté *pour : Réunion. Presse. Revision. Prop. Laisant.*

S'est *abstenu : Mise accusat. Laïcité.*

A voté *contre* toutes les autres propositions.

JOIGNEAUX (u.) 363.

COTE-DOR. Beaune (1re circ.). — Inscr. 20,394.

Élu sans concurrent le 21 août 1881, par 11,226 voix.

Né à Varennes, en 1815, élève de l'École centrale, collabora sous Louis-Philippe à divers journaux républicains, ce qui lui valut trois ans de prison. Fonda dans la Côte-d'Or plusieurs organes républicains, s'occupa surtout d'agriculture. Sous-commissaire de la République à Châtillon.

Élu à la Législative, siégea à l'extrême gauche et signa la mise en accusation de Louis Bonaparte.

S'exila en Belgique après le coup d'État, s'occupa de nouveau d'agriculture, fut le collaborateur de Proudhon, rentra en France après l'amnistie et collabora au *Siècle*.

Échoua en 1869 comme candidat républicain dans la Côte-d'Or, organisa les cultures maraîchères à Paris pendant le siège, conseiller général.

Élu membre de l'Assemblée nationale en 1871.

Nommé député de Beaune en 1876 par 10,811 voix contre 5,511 données à M. Dupont.

Réélu en 1877 par 11,789 voix contre 5,359 à M. Delimoges.

A la dernière Chambre, il vota :

Pour : Mise accusat. Réunion. Suppr. inamovib. Laïcité. Presse. Sém. soldats. Suppr. cultes. Suppr. Vatican.

S'abstint : Scrut. liste. Revision. Prop. Laisant.

Dans la réunion électorale de nuit, 18 août, il a déclaré qu'il voterait :

1° Le droit d'association avec réserve pour les associations religieuses ; 2° la réduction du service militaire à trois ans pour tous ; 3° l'abolition du volontariat ; 4° l'élection des juges de paix. Puis il s'est prononcé pour la revision de la Constitution, le Sénat nommé par le suffrage universel, ou bien encore la suppression du Sénat, l'élection des députés au scrutin de liste.

JOLIBOIS (B.).

CHARENTE-INFÉRIEURE. SAINTES (2e circ.). Inscr. 17,639.

Élu le 21 août 1881 par 7,486 voix contre 6,924 données à M. Combes (R.).

60 ans, procureur général, préfet de la Savoie, conseiller d'État sous l'Empire, officier de la Légion d'honneur, a plaidé beaucoup de procès de presse et tout dernièrement pour Mme de Kaulla, conseiller général.

Élu en 1876 député de Saintes, 2e circonscription, par 6,933 voix contre le comte Lemercier 6,536.

Réélu en 1877 par 8,994 voix contre le comte Lemercier 5,758.

A la dernière Chambre, il a voté :

Pour : Scrut. liste. Réunion. Presse. Revision. Prop. Laisant.

Contre : Mise accusat. Laïcité. Suppr. cultes. Suppr. Vatican.

Abstenu : Sém. soldats.

Dans sa profession de foi, il dit :

Mon principe politique, c'est l'appel au peuple. J'en demanderai toujours la réalisation et j'en poursuivrai surtout l'application pour la nomination du chef de l'État.

———

JOUBERT (U.) 363.

INDRE-ET-LOIRE. CHINON. — Inscr. 26,653.

Élu le 21 août 1881 sans concurrent, par 12,941 voix.

Né en 1844, docteur en médecine, maire de Chinon en 1848 et en 1870, conseiller général.

Élu en 1876 au 2e tour de scrutin par 10,878 voix contre 10,032 à M. Podevin.

Réélu en 1877 par 11,608 voix contre 10,620 à M. Podevin.

A voté *pour* : Mise accusat. Suppr. inamovib. Laïcité. Sém. soldats. Prop. Laisant. Suppr. Vatican.

Contre : Scrut. liste. Presse. Revision. Suppr. cultes.

Inscrit à la gauche radicale.

JOURNAULT (u.) 868.

SEINE-ET-OISE. VERSAILLES. (1re circ.).
Inscr. 23,159.

Élu le 21 août 1881 par 9,604 voix contre 3,710 données à
M. Olivier Pain, socialiste.

Né à Paris en 1827, avocat, publiciste, ancien maître clerc de notaire, collabora à la *Tribune* jusqu'en 1870.

Maire de Sèvres au 4 septembre, démissionnaire au 24 mai.

Élu à l'Assemblée nationale.

Élu en 1876 pour la 2e circonscription de Versailles par 5,078 voix contre 3,315 à M. Gautier.

Réélu en 1877 par 5,890 voix contre 3,300 à M. Gautier.

Secrétaire du gouverneur général de l'Algérie, se démit en 1879 de son mandat de député et quitta l'Algérie quelques temps après avec éclat.

On lit dans sa circulaire :

Ma pensée vous est connue sur les diverses questions qui préoccupent la démocratie : revision de la Constitution, — séparation de l'Église et de l'État, — remaniement de la loi militaire, — réforme de l'impôt, — réorganisation de la magistrature, etc.

Tout ce que je demandais avec vous il y a six mois, je le demande encore aujourd'hui.

L'heure est venue pour la République de réaliser ses promesses.

JOUVE (u.).

HAUTE-LOIRE. Le Puy (1re circ.). — Inscr. 20,046.

Élu le 21 août 1881 par 7,795 voix contre 5,153 à
M. Miramon Fargues (L.).
Remplace M. Guyot-Montpayroux, député sortant.

Né en 1820 à Craponne, fils d'un hôtelier, conducteur des
ponts et chaussées, déporté en 1852, grâcié, envoyé à Lambessa après l'attentat d'Orsini, rentra quatre ans après,
marchand de bois, ancien maire de Craponne, conseiller général.

Voici le passage important de sa profession de foi.

D'accord sur la théorie républicaine, vous ne pouvez voir surgir
entre lui et vous d'autres divergences que celles qui viendraient
du mouvement plus ou moins rapide à imprimer à la réalisation
des réformes; or, en ce cas tout exceptionnel, le député, simple
mandataire, a pour devoir de conscience de s'inspirer dans ses
votes de la volonté de ses électeurs et de ne pas substituer son
avis personnel à cette volonté souveraine.

Ne voulant ou ne pouvant s'y soumettre, il doit donner sa démission. C'est ainsi que je comprends et que je définis le devoir du
député.

L'ordre public, la liberté et la paix me semblent les compagnons
obligés d'une République bien ordonnée où le travail est la source
de toute richesse et en fait de plus en plus chaque jour la légitimité.

Je les mets hors de discussion si ce n'est pour cause de salut
public.

Quant au progrès, je le veux continu, incessant, à cette seule
condition que, mis en balance avec les résistances et même les
abus acquis, ses avantages soient bien établis et ne compromettent
pas des intérêts supérieurs.

JUIGNÉ (De) (L.).

LOIRE-INFÉRIEURE. PAIMBŒUF. — Inscr. 12,765.

Élu le 21 août 1881 par 5,589 voix contre 4,413 à M. Boquien (R.).

Né à Paris en 1825, grand propriétaire, membre du Jockey. Ancien, président du conseil général.
Élu à l'Assemblée nationale par 66,254 voix.
Réélu en 1876 par 5,572 voix contre 3,635 à M. Rousse.
Réélu en 1877 par 6,180 voix contre 2,952 à M. Goullin.
A voté *pour :* Scrut. liste. Presse.
Contre : Mise accusat. Suppr. inamovib. Laïcité. Prop. Laisant.
Absent ou *abstenu :* Réunion. Sém. soldats. Revision. Suppr. cultes. Suppr. Vatican.

On lit dans sa profession de foi :

Sachez bien qu'en nommant un républicain, de quelque nuance qu'il soit, c'est dire au gouvernement :
J'approuve vos actes ;
Le crochetage des serrures des couvents ;
La persécution contre les frères et les sœurs ;
L'introduction en franchise des blés et bestiaux qui nous ruine ;
L'expédition de Tunisie et la guerre qui va suivre.

JULLIEN (U.).

LOIR-ET-CHER. ROMORANTIN. — Inscr. 15,274.

Élu le 21 août 1881 par 6,569 voix contre 4,937 à M. Durand (R.).

Secrétaire du conseil général, maire de Mer.
Élu en 1881 en remplacement de M. Lesguillon, décédé.
A voté *pour :* Scrut. liste. Sém. soldats. Prop. Laisant. Suppr. Vatican.
Contre : Revision.
Abstenu : Suppr. cultes.
Pas encore député lors des six premiers votes.

13.

Voici le passage topique de sa profession de foi :

Je veux l'instruction gratuite, obligatoire et laïque que nous avions faite et qu'une autre Chambre a remise en question.

La réforme de la magistrature et la suppression au moins temporaire de l'inamovibilité ; la réduction du service militaire et l'application à tous de la loi commune ; la liberté d'association largement comprise et appliquée ; l'extension de notre réseau de chemins de fer ; l'abaissement du prix des transports ; le dégrèvement des impôts les plus onéreux, notamment de l'impôt des boissons et de l'impôt foncier, qui pèse si lourdement sur l'agriculture, déjà tant éprouvée.

Je veux la revision de la Constitution dans la mesure nécessaire pour interdire au Sénat la possibilité d'entraver dans l'avenir la marche en avant. Les deux moyens auxquels je m'attache sont : 1° Suppression de l'inamovibilité ; 2° modification du mode d'élection du Sénat.

Mes efforts tendront encore à trouver la solution de la question cléricale de façon à couper court aux empiètements du clergé, à supprimer ses privilèges, à réduire ses membres aux droits et aux devoirs de simples citoyens.

Inscrit à la gauche radicale.

KERGORLAY (De) (L.).

HAUTE-LOIRE. Le Puy (2ᵉ circ.). — Inscr. 18,752.

Élu au scrutin de ballotage du 4 septembre contre M. Morel, député sortant gauche. Au premier tour M. de Kergorlay avait obtenu 6,825 voix, M. Morel 6,786.

Auditeur au Conseil d'État, démissionnaire, officier de mobiles pendant la guerre, conseiller général.

En 1876, il avait échoué contre le même M. Morel et avait réuni 7,043 voix contre 7,443.

KERMENGUY (De) (L.).

FINISTÈRE. Morlaix (2e circ.). — Inscr. 17,589.

Élu le 21 août 1881 par 8,713 voix contre 4,094 à M. Drouillard (R.).

Né en 1810, donne sa démission de maire au coup d'État.
Candidat de l'opposition non élu en 1863.
Élu membre de l'Assemblée nationale en 1871,
Signa la proposition tendant au rétablissement de la monarchie, conseiller général.
Élu en 1876 par 7,480 voix contre 5,005 données à M. Drouillard.
Réélu en 1877 par 8,719 voix contre 4,761 données à M. Drouillard.
A voté *pour* : Réunion. Presse. Revision.
Contre toutes les autres propositions.

LA BASSETIÈRE (De) (L.).

VENDÉE. Sables-d'Olonnes (1re circ.). — Inscr. 17,816.

Élu le 21 août 1881 par 7,027 voix contre 5,562 à
M. Marcel Garnier (R.).

Né en 1825, propriétaire, conseiller général.
Membre de l'Assemblée nationale, conseiller général.
Élu en 1876 par 6,922 voix contre 4,657 à M. Fruneau,
Réélu en 1877 par 7,476 voix contre 4,581 à M. Garnier et 1,470 à M. Pughesi Conti.
A voté *pour* : Réunion. Presse.
Absent : Sém. soldats. Revision. Prop. Laisant. Suppr. cultes. Suppr. Vatican.
Abstenu : Laïcité.
Contre toutes les autres propositions.

LABAT (B.).

PYRÉNÉES-BASSES. Bayonne. (2º circ. nouvelle).
Inscr. 10,042.

Élu le 21 août 1881 par 4,143 voix contre 3,590 à M. Lafont (R.).

Né en 1819, maire de Bayonne sous l'Empire, propriétaire.
Élu député en 1869 par 22,021 voix.
Élu en 1876, au 2º tour, par 8,545 voix contre 6,138 à M. Plantié.
Réélu en 1877 par 10,354 voix contre 5,778 à M. Renaud.
A voté *pour* : Presse. Revision.
Contre : Mise accusat. Scrut. liste. Suppr. inamovib. Laïcité. Sém. soldats. Prop. Laisant. Suppr. cultes. Suppr. Vatican.
Abstenu : Réunion.

Dans sa profession de foi, il se borne à rappeler ses votes,

LABITTE (G.) 363.

SOMME. Abbeville (1re circ.), — Inscr. 19,246.

Élu le 21 août 1881 sans concurrent, par 10,157 voix.

Né en 1823, à Abbeville, naturaliste, préparateur au Collège de France, collabora au *Journal de l'Instruction publique* et à la *Revue de Paris*, capitaine de la garde nationale, blessé en juin 1848, conseiller général, maire de Blangermont (Pas-de-Calais).
Élu en 1876 par 8,804 voix contre 6,440 à M. Courbet-Poulard .
Réélu en 1877 par 9,554 voix contre 6,923 à M. Cornuau.
A voté *pour* : Scrut. liste.
Abstenu : Mise accusat. Laïcité, Presse. Prop. Laisant.
Contre : Toutes les autres propositions.

LABUSSIÈRE (u.).

ALLIER. Gannat. — Inscr. 20,959.

Élu le 21 août 1881 par 8,248 voix, sans concurrent.
M. Bonnaud, député sortant, s'était retiré.

45 ans, procureur de la République à Clermont-Ferrand.

Dans son programme, il s'est prononcé pour la révision partielle de la constitution :

Suppression des sénateurs inamovibles. Nomination des délégués sénatoriaux par le suffrage universel en nombre proportionnel à la population de la commune.

En matière de lois de finances, le dernier mot à la Chambre des députés.

Épuration du personnel.

Suppression immédiate de l'inamovibilité.

Pas de suppression du budget des cultes pour le moment, mais application stricte du Concordat et de toutes les lois.

Service militaire de trois ans obligatoire pour tous, clercs et laïcs.

LABUZE (u.).

HAUTE-VIENNE. Bellac. — Inscr. 22,773.

Élu le 21 août 1881 par 7,552 voix contre MM. Pressat (R.) 2,638 et de Monvallier (Cons.) 3,330.

Docteur en médecine, maire de Bellac, président du conseil général.

Élu le 7 avril 1878 par 8,621 voix contre 6,803 à M. Lezaud, réactionnaire.

A voté *pour* : Mise accusat. Suppr. inamovib. Laïcité. Presse. Sém. soldats. Suppr. Vatican.

Abstenu : Revision.

Contre : Les autres propositions.

Inscrit à la gauche radicale.

LA CAZE (a.g.) 863.

BASSES-PYRÉNÉES. Oloron. — Inscr. 16,925.

Élu le 21 août 1881 par 7,612 voix, sans concurrent.

Né en 1826, auditeur au Conseil d'État, démissionnaire au coup d'État, conseiller général.

Candidat malheureux en 1863 et en 1869 contre M. Chesnelong.

Élu à l'Assemblée nationale le 8 février 1871 par 58,734 voix.

Réélu en 1876 par 9,825 voix contre 2,405 à M. Louis.

Réélu en 1877 par 9,961 voix sans concurrent.

A voté *pour :* Scrut. liste.

Contre : Toutes les autres propositions.

Sa profession de foi renferme le passage suivant :

Si vous croyez, messieurs, que j'ai agi en bon citoyen et en fidèle Béarnais, nous travaillerons ensemble, non pas à reconstruire par la base cette société de la Révolution française, qui est fondée sur le droit et la justice, mais à assurer son dévelopment pacifique ; non pas à remettre sans cesse en question l'œuvre de dix années de sagesse et d'efforts, mais à l'affermir, à y rallier les esprits, à créer des mœurs républicaines, à servir la République non comme une souveraine ombrageuse et défiante, mais comme une mère au gré de laquelle il n'y aura jamais trop d'enfants au foyer de la patrie.

LACOTE (e.g.).

CREUSE. Guéret. — 27,237.

Élu le 4 septembre 1881 au scrutin de ballottage par 9,765 voix contre 4,162 à M. Moreau, député sortant.

35 ans, docteur, conseiller général.

On lit dans sa profession :

Je réclamerai les réformes suivantes, sans relâche, sans trêve :

1° Revision de la Constitution ;

2° Suppression du Sénat ou sa modification complète ;

3° Service militaire de trois ans, — suppression du volontariat d'un an ;

4° Suspension de l'inamovibilité de la magistrature et nouvelle investiture ;

5° Instruction gratuite, obligatoire et laïque ;

6° Liberté d'association, de réunion et de presse ;

7° Répartition plus équitable de l'impôt.

LACRETELLE (u.) 363.

SAONE-ET-LOIRE. MACON (2° circ.). — Inscr. 17,630.

Élu le 21 août 1881 par 10,974 voix, sans concurrent.

Né en 1816, fils de l'historien et neveu de l'encyclopédiste, littérateur, romancier, dramaturge.

Élu en 1871 à l'Assemblée nationale.

Élu en 1876 par 11,320 voix contre 2,094 à M. de Murard.

Réélu en 1877 par 11,306 voix contre 2,628 à M. de Murard.

S'est *abstenu* : Réunion. Presse.

A voté *pour* : Toutes les autres propositions.

M. de Lacretelle dit dans sa profession de foi :

Je suis heureux d'accepter vos programmes qui sont les miens :

Revision de la Constitution, dans le sens sinon de la suppression immédiate du Sénat, au moins, la profonde modification de ses origines et de ses attributions.

Séparation des Églises et de l'État.

Réforme de la magistrature.

Loi sur l'instruction primaire, gratuite, obligatoire et laïque, que nous avons faite et qu'il faudra refaire parce que le Sénat y a apporté des modifications déplorables ;

Réduction du service militaire à trois ans ;

Suppression du volontariat ;

Rétablissement du scrutin de liste ;

Transportation dans nos colonies des récidivistes, sous la tutelle de la moralisation qui leur sera enseignée, et avec la part qui leur sera faite dans le travail et dans sa rémunération.

J'accepte tout puisque j'ai tout voté.

J'ajouterai aux formules de ce mandat le remplacement des contributions indirectes par un impôt moins vexatoire et plus démocratique : une banque nationale, agricole, qui sera à l'amélioration du sol ce que la Banque de France a été aux progrès de l'industrie ; les encouragements effectifs aux associations ouvrières ; la caisse de retraite pour les vieillards et les invalides du travail ; l'autonomie de la commune au point de vue administratif, et enfin, par-dessus tout, et sans rien humilier dans notre dignité nationale, la revendication de la paix dans notre politique extérieure.

LADOUCETTE (De) (C.D.).

ARDENNES. VOUZIERS. — Inscr. 16,650.

Élu au scrutin de ballottage par 7,237 voix contre 7,089 à M. Peronne, député sortant (G.).

Né en 1846, auditeur au Conseil d'État, secrétaire du conseil général de Meurthe-et-Moselle, non réélu.

Aux élections de 1876, il se présenta à Briey (Meurthe-et-Moselle) comme constitutionnel et fut élu par 8,279 voix contre 6,140 données à M. Deschanges, républicain.

En 1877, il fut réélu par 7,860 voix contre 7,142 données à M. Mezière, républicain.

Il abandonna la Meurthe-et-Moselle pour les Ardennes où il a été présenté par un comité dit républicain constitutionnel.

La Chambre a soumis son élection à l'enquête.

LAFFITTE de LAJOANNENQUE (De) (G.) 363.

LOT-ET-GARONNE. AGEN. — Inscr. 24,236.

Élu le 21 août 1881 par 11,343 voix contre 5,907 à M. Groussou (Clér.).

Né en 1804, propriétaire viticulteur, avocat, maire, vice-président du conseil général.

Échoua en 1875 aux élections sénatoriales.

Élu en 1876 par 10,452 voix contre 7,315 à M. Dollfus et 1,583 à M. Cazenove de Pradines.

Réélu en 1877 par 11,455 voix contre 8,683 à M. de Chateaurenard.

A voté *pour* : Mise accusat. Suppr. inamovib. Presse. Sém. soldats. Prop. Laisant.

Contre : Scrut. liste. Réunion. Suppr. cultes. Suppr. Vatican.

Abstenu : Laïcité.

Absent : Revision.

Extrait de sa profession de foi :

Je suis partisan de la revision de la Constitution, mais de cette revision qui a pour but de l'améliorer, non de la détruire. J'estime que dans une démocratie comme la nôtre, le Sénat doit cesser d'être une menace permanente à nos institutions pour en devenir la sauvegarde

Comme les députés, les sénateurs doivent tous être les élus du suffrage universel.

Dans le vote du budget, dans la formation des ministères, c'est à la Chambre des députés que doit demeurer le dernier mot.

J'ai voté pour la réforme de la magistrature. L'ordre ne peut être définitivement assuré dans notre pays que par le rétablissement de l'accord du pouvoir judiciaire avec le pouvoir exécutif et le pouvoir législatif.

A mon sens, l'heure de la séparation des Églises et de l'État n'a pas encore sonné. Le Concordat nous a assuré quatre-vingts ans de paix religieuse. En sauvegardant la liberté de conscience, il permet à l'État d'être maître chez lui: Les souvenirs des entreprises du cléricalisme sont encore récents, ils attestent qu'en faisant abandon de ses droits, l'État, qui doit protéger efficacement la société civile, nos libertés, nos fortunes contre les empiétements et les convoitises du clergé, manquerait à sa mission historique et traditionnelle.

Je me suis associé à cette politique qui a eu pour résultat :

Une diminution d'impôts de deux cent quatre-vingt-dix millions par an ;

L'amortissement de notre dette nationale jusqu'à concurrence d'un milliard ;

Une vigoureuse impulsion donnée aux grands travaux publics auxquels, sans grever nos ressources et en diminuant nos charges, il a pu être consacré une dotation d'un milliard cinq cent millions.

Le développement de l'instruction publique, à laquelle l'Empire ne donnait que vingt-quatre millions et dont le budget est aujourd'hui porté à quatre-vingt-dix millions.

La République, mes chers concitoyens, en assurant tous les services, en amortissant la dette, est le premier, le seul gouvernement qui, grâce à dix années de paix et d'économie, ait diminué vos impôts.

LAFONT (E. G.).

SEINE. Paris, 18e arr. (1re circ.).

Élu le 18 décembre 1881 en remplacement de M. Clémenceau (optant) par 6,862 voix contre 2,744 à M. Joffrin, candidat ouvrier et 1,028 à M. G. Berry (Cons.).

45 ans. Rédacteur du Bulletin commercial du *Temps*. Ancien conseiller municipal. Ancien adjoint de M. Clémenceau, à Montmartre, pendant le Siège et la Commune. Partisan de l'autonomie communale.

LAGRANGE (E. G.).

RHONE. Lyon (3e circ.). — Inscr. 14,628.

Élu le 18 décembre 1881 par 4,764 voix contre 4,061 à M. Humbert, en remplacement de M. Bonnet-Duverdier qui a opté pour la 2e circonscription de Lyon.

LAISANT (E. G.) 363.

LOIRE-INFÉRIEURE. Nantes (1re circ.). Inscr. 23,956.

Élu au scrutin de ballottage du 4 septembre 1881 par 6,804 voix.

Né en 1841, ancien élève de l'École polytechnique, licencié ès sciences mathématiques, capitaine du génie chargé des travaux de défense du fort d'Issy, fut décoré pour sa belle conduite à cette occasion, démissionnaire en 1875, conseiller général.

Élu en 1870 par 8,720 voix contre 5,870 à M. Polo.

Réélu en 1877 par 9,692 voix contre 5,162 à M. de Cornulier Lucinière.

A voté *contre* : Scrut. liste.

Et *pour* : Toutes les autres propositions.

S'est signalé par une série de propositions touchant à la réorganisation de l'armée (réduction du service militaire à trois ans, suppression du volontariat d'un an). En 1877, il se fit recevoir docteur ès sciences. En 1879, il devint rédacteur en chef du *Petit Parisien* et provoqua par ses révélations l'enquête sur les actes du général Cissey (affaire Kaulla).

Il a accepté le programme des comités électoraux républicains de Nantes et s'est engagé à réclamer énergiquement :

La revision de la Constitution monarchique qui régit aujourd'hui la République : ne pas effectuer cette revision serait exposer notre pays à des conflits sans fin ;

La modification de la loi électorale, profondément illogique, au moyen de laquelle se recrute le Sénat, si l'on ne peut arriver tout de suite à la suppression totale du Sénat lui-même.

La séparation des Églises et de l'État, et la suppression du budget des cultes, mesures sans lesquelles la lutte prétendue de l'État contre le cléricalisme ne sera jamais qu'une duperie dont la société laïque continuera à être victime ;

La réforme complète de la magistrature dans le sens de l'abolition totale de l'inamovibilité et de l'élection des juges par le suffrage universel ;

La modification de nos lois militaires et spécialement de celle du recrutement, ayant pour objet la constitution d'une armée nationale et l'égalité de tous les citoyens devant le service militaire ;

Les libertés complètes de la presse, des réunions et des associations, avec des mesures de défense à l'égard des congrégations religieuses ;

La laïcité complète et absolue de l'enseignement ;

Les fonctions électives rétribuées ;

La création d'une caisse nationale de retraite pour la vieillesse des travailleurs.

Il est indispensable aussi que notre représentant étudie spécialement les moyens d'arriver à une répartition moins injuste des impôts qui pèsent aujourd'hui sur le contribuable, d'autant plus lourdement que celui-ci est plus pauvre.

Toutes ces questions doivent être résolues à bref délai, c'est l'arriéré de la République ; c'est un minimum que la démocratie est en droit d'exiger.

Nous demandons enfin à notre représentant de suivre et de préparer les questions qui touchent aux grands intérêts de notre ville et de notre région.

A cet égard, le moment nous semble venu d'étudier d'une façon sérieuse et définitive la canalisation de la Loire, en amont de Nantes, complément nécessaire du canal voté, de manière à mettre notre ville en communications commerciales régulières et faciles avec l'intérieur de la France.

Inscrit à l'extrême gauche. Partisan du groupe ouvert.

LALANDE (G.).

GIRONDE. LESPARRE. — Inscr. 14,483.

Élu au scrutin de ballottage du 4 septembre 1881 par 5,524 voix contre 5,165 données à M. Pascal (B.).
Au premier tour, M. Pascal avait obtenu 3,070, M. le baron Haussmann 2,462 et M. Lalande 5,018.
Remplace M. le comte de Bouville, député sortant (B.), qui ne se représente pas.

Président de la chambre de commerce de Bordeaux, grand propriétaire en Médoc, négociant, officier de la Légion d'honneur.

Dans sa profession de foi, il s'exprime ainsi :

J'ai dit, et je tiens à le répéter : je suis conservateur, et crois que tout homme doit l'être, car la première condition pour réaliser le progrès, c'est le maintien de l'ordre, c'est la conservation de tout ce qui est bien, de tout ce qui est juste dans nos lois ou dans notre état social actuel.

Je crois, par contre, qu'on n'est véritablement conservateur qu'à la condition d'être homme de progrès : car un gouvernement n'a la force morale de résister aux aspirations dangereuses et illégitimes que s'il a prouvé par ses actes qu'il voulait donner satisfaction à toutes les aspirations légitimes et justes.

Enfin, Messieurs et chers concitoyens, je suis républicain convaincu et sincère. Je veux l'affermissement de la République, qui nous assure de la manière la plus absolue les inestimables bienfaits d'un gouvernement libre, c'est-à-dire du gouvernement du pays par le pays.

Je veux la République par nécessité, par conviction, et j'ajouterai par des idées de prudence.

Je la veux par nécessité, car s'il m'est permis de faire intervenir ici un nom illustre, je pense avec M. Thiers qu'aucune autre forme de gouvernement n'est possible en France, quels que soient les services passés et quelque honorables que soient les hommes restés inébranlablement fidèles à ce passé. Mais n'oublions jamais que M. Thiers, ce grand patriote, nous a dit aussi : « La République sera conservatrice ou elle ne sera pas. »

LALANNE (u.) 363.

GIRONDE. Libourne (2e circ.). — Inscr. 18,379.

Élu le 21 août 1881 par 8,125 voix contre 4,475 à M. de La Tranchère (L.).

Né à Coutras en 1827, docteur en médecine, fit une vive opposition à l'Empire, maire révoqué par le duc de Broglie, conseiller général.

Élu en 1876 par 7,675 voix contre 6,466 à M. Dufoussat.

Réélu en 1877 par 8,181 voix contre 6,933 à M. Pascal.

A voté *pour* : Scrut liste. Mise accusat. Suppr. inamovib. Laïcité. Sém. soldats. Prop. Laisant. Suppr. Vatican.

Contre : Presse. Réunion. Revision. Suppr. cultes.

Extrait de sa circulaire :

Dans la prochaine législature, si vous renouvelez mon mandat, je travaillerai avec ardeur à l'accomplissement des réformes voulues par la démocratie ; en première ligne, la réforme de la magistrature, la réduction de la durée du service militaire, une modification dans les pouvoirs publics, telle qu'il ne puisse plus s'élever entre le Sénat et la Chambre des députés de conflits insolubles. Nous aurons aussi à compléter l'ensemble des lois sur l'instruction publique que l'opposition du Sénat a empêché d'aboutir.

La Chambre nouvelle, on l'a dit, doit être celle des réformes ; pour qu'elle puisse faire son œuvre, il faut que les électeurs choisissent exclusivement des députés prêts à marcher prudemment, sans doute, mais constamment vers le but à atteindre, c'est-à-dire le développement complet de notre programme républicain.

C'est là votre vœu, et je vous demande de le manifester par votre vote; vous vous montrerez ainsi vraiment conservateurs en mettant définitivement la République au-dessus de toute atteinte, et en assurant au pays la paix et la liberté.

Inscrit à la gauche radicale.

LANEL (c. g.) 363.

SEINE-INFÉRIEURE. Dieppe (1re circ.).
Inscr. 13,946.

Élu le 21 août 1881 par 6,487 voix contre M. Vimard (Cons.).

Né en 1813 à Dieppe, notaire, maire pendant la guerre, beau-père de M. John Lemoinne.

Élu en 1871 membre de l'Assemblée nationale, déposa une proposition de revision du cadastre.

Réélu en 1876 par 5,553 voix contre 4,933 à M. Estancelin.

Réélu en 1877 par 5,803 voix contre 5,581 à M. Estancelin.

À voté *contre* toutes les propositions inscrites en tête du volume.

Voici le passage important de sa circulaire :

D'ailleurs, la Chambre qui se retire aura fait œuvre durable ; elle a déblayé le terrain. La nouvelle Chambre ne pourra qu'avancer dans la voie des réformes qu'elle lui a ouvertes. La loi sur les pensions des officiers et des soldats des armées de terre et de mer et la loi d'unification de ces pensions pour les anciens pensionnés, seront saluées comme un bienfait par tout le pays. La loi d'amélioration des demi-soldes des inscrits maritimes et la loi d'unification au profit des anciens pensionnés seront également accueillies sur tout notre littoral comme un bienfait. Je n'ai cessé de m'y employer de tout mon pouvoir.

Comme membre de la commission du cadastre, j'ai concouru à la mesure qui consacre, pour la perception de l'impôt foncier, la séparation des propriétés bâties et des propriétés non bâties, et qui met en évidence les possibilités du dégrèvement en faveur de l'agriculture.

LANESSAN (De) (E. G.).

SEINE. Paris, 5ᵉ arr. (2ᵉ circ.). — Inscr. 10,268.

Élu le 21 août 1881 par 3,574 voix contre M. Collin (U.), 2,574.

45 ans, docteur et professeur agrégé à la Faculté de médecine de Paris, conseiller municipal de Paris, s'est occupé des questions d'assistance publique, a demandé la laïcisation des hospices, a déposé la pétition de M. Rochefort demandant un monument pour les victimes de la Commune, a fait maintenir le prix de la Ville de Paris pour les courses.

M. de Lanessan a adopté le programme suivant :

Revision de la Constitution dans le sens le plus démocratique. (Suppression du Sénat et de la présidence de la République.)

Liberté individuelle et liberté de la presse, de réunion, d'association, garanties par la Constitution et mises au-dessus de toute législation.

Autonomie communale, c'est-à-dire la commune maîtresse de son administration, de ses finances, de sa police, de son assistance publique, de ses écoles, dans les limites compatibles avec l'unité de la patrie française.

Séparation des Églises et de l'État. Suppression du budget des cultes. Dénonciation du Concordat. Suppression de tous les privilèges des divers clergés. Retour à la nation ou à la commune des biens de mainmorte.

Suppression de l'inamovibilité. Magistrature élue. Justice gratuite. Revision égalitaire des Codes.

Service obligatoire pour tous, avec diminution de durée, au moins à trois ans. Suppression du volontariat et du tirage au sort.

Réforme de l'assiette de l'impôt. Suppression des octrois et des taxes de consommation. Impôt unique.

Abolition du livret. Réduction de la durée légale du travail à la journée dans les usines et manufactures.

Inscrit à l'extrême gauche. S'est abstenu sur la question du groupe ouvert.

LANGLOIS (g.) 363.

SEINE-ET-OISE. Pontoise (2e circ.). — Inscr. 15,142.

Élu le 21 août 1881 par 8,572 voix contre 256 à M. Brincard.

Né à Paris en 1819, fils du peintre d'histoire, a son fils qui fait de la peinture, entra à l'École navale, démissionnaire en 1848, au moment où il allait passer lieutenant de vaisseau, pour s'occuper d'économie politique et de journalisme. Collaborateur et exécuteur testamentaire de Proudhon.

Échoua aux élections à la Législative.

Condamné à la déportation pour l'affaire du 13 juin, membre de l'Internationale, assista en 1869 au congrès de Bâle ; au 4 septembre, chef de bataillon du 116e de la garde nationale, se distingua au combat de la gare aux bœufs, cité à l'ordre du jour de l'armée, promu lieutenant-colonel, blessé à Buzenval et décoré.

Élu en 1871, nommé commandant de la garde nationale par les maires de Paris, démissionnaire le 19 mars, chef d'état-major de l'amiral Saisset,

Proposa l'impôt sur le revenu à l'Assemblée nationale, rapporteur au budget de la guerre.

Élu en 1876 au 2e tour, par 5,628 voix contre 4,961 à M. Brincard.

Réélu en 1877 par 7,522 voix contre 4,794 à M. Brincard.

A voté *pour* : Suppr. inamovib.

Contre toutes les autres propositions.

Il a admis le programme suivant que lui ont proposé les délégués de la deuxième circonscription de Pontoise réunis au grand Orient.

1° La séparation de l'Église et de l'État et, comme conséquence, la suppression du budget des cultes et de l'ambassadeur auprès du Vatican;

2° La revision de la Constitution et la transformation du Sénat, en prenant pour base le suffrage universel limité aux listes municipales;

3° Les droits absolus de réunion et d'association;

4° La liberté absolue de la presse;

5° La réforme de la magistrature, basée sur la suppression de l'inamovibilité;

7° Le rétablissement du divorce.

LANJUINAIS (L.).

MORBIHAN. PONTIVY. (1re circ.). — Inscr. 15,352.

Élu le 21 août 1881 par 7,042 voix contre 4,948 à M. Lemaguet, député sortant (U.).

Petit-fils du pair de France, 45 ans. Propriétaire.

LAPORTE (E. G.).

NIÈVRE. NEVERS (1re circ.). — Inscr. 21,641.

Élu le 4 septembre 1881, au second tour, par 7,775 voix contre 6,187 à M. Martin.
M. Girerd, ancien sous-secrétaire d'État et député sortant (U.) s'était désisté.

40 ans, conseiller général, journaliste, rédacteur en chef du *Patriote de la Nièvre*.

Voici le programme qu'il a adopté dans une importante réunion électorale, présidée par M. Turigny, député de la Nièvre :

1° Suppression du Sénat ;
2° Séparation de l'Église et de l'État ;
3° Instruction primaire, gratuite, laïque et obligatoire ;
4° Refonte des impôts ;
5° Suppression des octrois et de la prestation en nature.

Inscrit à l'extrême gauche. Partisan du groupe ouvert.

LA PORTE (De) (G.).

DEUX-SÈVRES. Niort (2° circ.). — Inscr. 15,742.

Élu le 21 août 1881 par 7,833 voix contre 5,031 à M. Petiet.

35 ans, avocat, conseiller général.
Élu en 1877 par 6,999 voix contre 6,487 à M. Petiet.
A voté *pour* : Mise accusat. Suppr. inamovib. Sém. soldats. Prop. Laisant. Suppr. bourse.
Contre : Réunion. Élect. juges. Laïcité. Presse. Revision Suppr. cultes. Suppr. Vatican.

Dans sa circulaire, M. de La Porte dit :

Les délégués de toutes vos communes ont été d'accord avec moi pour placer au premier rang :

La réforme des tarifs des chemins de fer et celle des impôts qui doivent devenir, autant que possible, proportionnels à la fortune de chaque contribuable ;

La réforme de la magistrature, qu'il faut rendre partout impartiale et respectueuse de nos institutions ;

La modification de la loi militaire, où le moment est venu d'inscrire le principe du service de trois ans en effaçant les privilèges que la loi de 1872 a laissé subsister ;

Une loi nouvelle sur les rapports entre l'Église et l'État ;

La revision de la Constitution en ce qui concerne le Sénat.

LARGENTAYE (Rioust de) (L.).

COTES-DU-NORD. DINAN (2e circ.). — Inscr. 16,552.

Élu le 21 août 1881 par 9,202 voix, sans concurrent.

Né en 1848, propriétaire, conseiller général.
Membre de l'Assemblée nationale.
Élu en 1876 par 10,679 voix sans concurrent.
Réélu en 1877 par 11,032 voix sans concurrent.
A la dernière Chambre, il a voté :
Pour : Réunion. Presse.
Contre : Scrut. liste. Mise accusat. Suppr. inamovib.
Laïcité, Sém, soldats. Prop. Laisant, Suppr, cultes. Suppr.
Vatican.

___

LA ROCHEFOUCAULD-BISACCIA (De) (L.).

SARTHE. MAMERS (1re circ.). — Inscr. 15,761.

Élu le 21 août 1881 par 6,471 voix contre 4,148 à M. Leporché (R.)
et 2,037 à M. Granger (R.).

Né en 1825, époux en secondes noces de la princesse de
Ligne.
Membre de l'Assemblée nationale, il participa à la mani-
festation des bonnets à poil. Nommé ambassadeur à Lon-
dres par le gouvernement du maréchal de Mac-Mahon.
Démissionnaire à la suite du dépôt qu'il fit d'une propo-
sition tendant au rétablissement de la monarchie. A voté
contre la Constitution.
Élu en 1876 par 6,527 voix contre 6,118 à M. Granger.
Réélu en 1877 par 7,241 voix contre 2,884 à M. de Beau-
repaire, 1,946 à M. Granger et 1,645 à M. Girard.
Invalidé et réélu le 3 mars 1878 par 7,307 voix contre 5,233
à M. Lhermimer.
A voté *pour* : Réunion. Presse. Revision.
Abstenu : Mise accusat.
Contre toutes les autres propositions.

Le comité royaliste, présidé par M. de La Rochefou-
cauld, duc de Bisaccia, député, a publié le manifeste
suivant :

Il a pu entrer dans la politique du gouvernement de précipiter
la date des élections et de tenter l'effet d'une surprise; le gouvernement s'est mépris, il portera la peine des périls qu'il a mé-
thodiquement accumulés.

Sous l'influence des événements et des actes persévérants de la
dernière législature, l'opinion publique s'est sensiblement éloignée
des candidatures républicaines. La confiscation arbitraire des libertés les plus nécessaires, le mépris des droits revendiqués par
tous les citoyens, la compromission flagrante de nos intérêts sur
la terre d'Afrique, l'imminence de grandes levées d'hommes et la
perpective d'une guerre ruineuse imposée par une série de fautes
et de témérités inouïes ont suffisamment démontré ce que peut
la République pour l'honneur de la patrie et le progrès de ses
institutions.

Dans ces conditions, les nombreuses candidatures royalistes qui
se produisent deviennent, pour tous les hommes de cœur, un
signe de ralliement et un gage de réparation. Notre but et notre
devoir sont de leur venir en aide et de les mettre à même de lutter contre les pressions qui tendent à paralyser le libre mouvement de l'opinion.

LA ROCHEJAQUELEIN (De) (L.).

DEUX-SÈVRES. Bressuire. — Inscr. 22,862.

Élu le 21 août 1881 par 9,862 voix contre 8,292 à M. Jouffrault (R.),
député sortant (U.).

Né en 1833, petit-fils de l'agitateur de la Vendée, ancien
conseiller général des Deux-Sèvres, grand agriculteur.

Élu représentant à l'Assemblée nationale en 1871, signa
la proposition du rétablissement de la monarchie.

Élu en 1876 par 8,998 voix contre 8,779 à M. Bernard.

Invalidé et réélu le 21 mai 1876 par 8,940 voix contre
8,918 à M. Bernard.

Réélu en 1877 par 9,802 voix contre 8,956 à M. Jouffrault.

Invalidé, échoua le 2 février 1879 avec 8,823 voix contre M. Jouffrault, républicain.

LAROCHE-JOUBERT (B.).

CHARENTE. Angoulême (1re circ.). — Inscr. 20,522.

Élu le 21 août 1881 par 8,394 voix contre 6,443 données à M. Guimberteau (R.).

Né en 1820, allié à la famille Barrot, fabricant de papier, juge, puis président du tribunal de commerce d'Angoulême, conseiller général.

Élu comme candidat indépendant en 1868, appuya le plébiscite, vota la guerre, demanda l'impôt unique portant sur l'avoir immobilier, fabriqua des cartouches pour le gouvernement de la Défense.

Candidat malheureux aux élections de 1871.

Élu en 1876 par 9,221 voix contre 4,010 données à M. Broquisse (2e tour).

Réélu en 1877 par 9,910 voix contre 5,954 données à M. Guimberteau.

S'est signalé aux dernières législatures par le dépôt de propositions tendant à l'amélioration du sort du plus grand nombre.

Il a voté à la Chambre dernière :

Pour : Réunion. Presse. Revision.

Contre : Mise accusat. Suppr. inamovib. Laïcité. Prop. Laisant. Suppr. cultes. Suppr. Vatican.

LA ROCHETTE (De) (L.).

LOIRE-INFÉRIEURE. Saint-Nazaire (2e circ.).
Inscr. 19,365.

Élu le 21 août 1881 par 7,835 voix contre 4,045 à M. Léon Benoît (R.).

45 ans, fils aîné du sénateur inamovible, décédé en 1876 ;

14.

frère du député, décédé en 1878 ; officier dans les dragons pontificaux, assista à la bataille de Mentana, commanda un régiment de mobiles en 1870 et fut décoré.

Maire d'Asserac, propriétaire de l'*Espérance du peuple*, journal légitimiste de Nantes.

Élu le 6 avril 1879 en remplacement de son fils décédé, par 8,398 voix, sans concurrent.

A voté *pour* : Scrut. liste. Réunion. Presse. Revision.

Contre : Suppr. inamovib. Sém. soldats. Prop. Laisant. Suppr. cultes. Suppr. Vatican.

Absent ou *abstenu* : Laïcité.

LAROZE (G.).

GIRONDE. BAZAS. — Inscr. 16,837.

Élu au scrutin de ballottage du 4 septembre 1881 par 7,084 voix contre 6,205 à M. de Lur-Saluces (L.).
Remplace M. Jérôme David, député sortant (B.), qui ne s'est pas représenté.

45 ans, avocat à Bordeaux, ancien bâtonnier, conseiller municipal de Bordeaux.

Sa profession de foi renferme les déclarations suivantes :

Il faut faire de la République une réalité dans les mœurs et dans les lois ; il faut que la législature tout entière s'inspire de cet esprit : c'est vous dire que je marcherai avec ardeur vers le progrès...

... Sachons, dans les choses de la politique, apporter le sens pratique, la sagacité, la prudence qui sont les qualités dominantes du peuple français...

... Tout fait penser que la gauche et l'union républicaine vont former dans le Parlement un grand et solide pacte de gouvernement. Si vous m'envoyez à la Chambre, je contribuerai, pour mon humble part, à la formation de cette majorité républicaine à qui le pays va confier le soin de mener à fin les réformes commencées.

LASBAYSSES (u.).

ARIÈGE. Pamiers. — Inscr. 23,674,

Élu le 21 août 1881 sans concurrent, par 9,951 voix.

Avocat, maire de Pamiers.

Élu en 1877 par 10,713 voix contre 8,860 données à M. de Saintenac.

A voté *pour :* Mise accusat. Suppr. inamovib. Presse. Sém. soldats. Prop. Laisant. Suppr. Vatican. Laïcité.

Contre : Scrut. liste.

S'est *abstenu* dans les autres votes.

Dans une réunion au Mas d'Azil M. Lasbaysses s'est prononcé pour :

La revision.
L'instruction laïque, gratuite et obligatoire.
La réorganisation de la magistrature.
Il a déclaré que la question de séparation de l'Église et de l'État n'était pas mûre.

LASSERRE (g.) 363.

TARN-ET-GARONNE. Castelsarrazin. — Inscr. 22,020.

Élu le 21 août 1881 par 11,512 voix contre 5,784 à M. de Guiringand (L.).

Né en 1836, propriétaire, conseiller général.

Élu en 1876 par 9,645 voix contre 9,084 à M. Buffet, alors ministre de l'intérieur.

Réélu en 1877 par 10,363 voix contre 9,176 à M. Cavalié.

S'est *abstenu :* Prop. Laisant.

A voté *contre* toutes les autres propositions.

LATOUR (u.).

HAUTE-GARONNE. Saint-Gaudens (2e circ.). Inscr. 17,632.

Élu le 21 août 1881 par 7,147 voix contre 2,050 à M. Boué (Rad.). Remplace M. Tron, député sortant (B.), décédé.

Propriétaire, conseiller général pour le canton d'Aspet.

LATRADE (u.) 368.

CORRÈZE. Brive (2e circ.). — Inscr. 16,107.

Élu le 21 août 1881 par 8,940 voix, sans concurrent.

Né en 1811, ancien élève de l'École polytechnique, collabora au *National* avec Armand Carrel.

Après 1848, commissaire provisoire dans la Gironde, puis dans la Dordogne.

Élu à la Constituante pour la Corrèze et la Dordogne, opta pour la première.

Réélu à la Législative.

Expulsé de France au 2 décembre. Se réfugia en Belgique, puis en Espagne, où il dirigea l'exploitation du chemin de fer du Nord. Rentra après l'amnistie.

Au 4 septembre, préfet de la Corrèze.

Élu représentant à l'Assemblée nationale le 2 avril 1873.

Élu député de Brives, 2e circ., en 1876, par 7,967 voix contre 3,731 données à M. Fauqueux.

Réélu en 1877 par 8,281 voix contre 4,536 à M. Roque.

Président du conseil général.

A la dernière Chambre, il vota :

Pour : Mise accusat. Sém. soldats. Scrut. liste.

Contre : Réunion. Laïcité. Presse. Revision. Prop. Laisant. Suppr. cultes.

Dans sa profession de foi, il se prononce pour :

La revision, le développement de l'instruction à tous les degrés, et constate que la dernière Chambre a été arrêtée en chemin par le Sénat, non seulement sur la question de la gratuité, mais sur celle de la magistrature, du rétablissement du scrutin de liste, des syndicats professionnels.

Il conclut ainsi :

J'aime à espérer que ces obstacles disparaîtront devant la Chambre nouvelle, qui sortira du vote du 21 août.

Il est vivement à désirer, en effet, que nous puissions entrer résolument dans la voie des réformes, et mettre enfin nos institutions et nos lois en harmonie avec les principes qui doivent régir une République démocratique.

La marche de la nation vers le progrès ne doit éprouver ni fatigue, ni temps d'arrêt, ni retours en arrière.

En ce qui me concerne, vous me verrez toujours disposé à accueillir tous progrès et toutes réformes, qui auront l'assentiment du pays. Sans cet assentiment, réformes et progrès seraient éphémères. Nous en avons eu plus d'une fois la preuve, et je suis de ceux qui pensent que, si le devoir de chacun de nous — devoir que je me suis toujours attaché à remplir — est d'éclairer le pays sur ses véritables intérêts, au point de vue politique, comme au point de vue économique, nul n'a le droit de lui imposer, malgré lui, ses idées et sa volonté.

Vous ne serez pas étonnés après ce que j'ai dit plus haut de me voir vous signaler une réforme qui me paraît désirable, et à laquelle le pays me semble préparé. C'est celle qui aurait pour résultat de modifier les conditions dans lesquelles les membres du Sénat sont élus. L'institution du Sénat, dont je crois le maintien nécessaire, n'aura vraiment son utilité que lorsque les membres qui le composent procéderont du suffrage universel, et devront, à des époques déterminées, aller demander à la démocratie, à la fois, le renouvellement de leur mandat et ses inspirations.

LAURENÇON (c. g.).

HAUTES-ALPES. Briançon. — Inscr. 6,384.

Élu le 21 août 1881 par 4,712 voix, sans concurrent.

Avocat, conseiller général.

Le 14 octobre 1877, il fut élu par 2,566 voix contre 1,779 à M. Meyer.

A la dernière législature, il a voté:

Pour : Scrut. liste.

Contre : Mise accusat. Réunion. Suppr. inamovib. Presse. Sém. soldats. Revision. Prop. Laisant. Suppr. cultes. Suppr. Vatican. Laïcité.

Dans la profession de foi qu'il a adressée à ses électeurs, en août 1881, il disait :

La prochaine Chambre persévérera dans les réformes libérales entreprises par celle qui vient de se séparer. La démocratie n'est pas stationnaire; elle cherche le progrès sous toutes les formes. Je saurai me pénétrer de ses aspirations, et vous me verrez aussi déterminé à marcher en avant que prudent vis-à-vis de ce que je regarderai comme des théories simplement dangereuses.

LAVERGNE (Bernard) (u.) 368.

TARN. GAILLAC. — Inscr. 21,815.

Élu le 21 août 1881 par 10,491 voix contre 6,254 à M. Prouho.

Né en 1815, docteur en médecine.

A fait partie de l'Assemblée législative.

Sous l'Empire, a collaboré aux journaux d'opposition.

Depuis 1871, a collaboré au *Patriote albigeois* et au *Télégraphe*, où il a fait une campagne en règle contre le scrutin de liste.

Élu en 1876 par 10,324 voix contre 6,220 à M. de Gélin.

Réélu en 1877 par 9,968 voix contre 8,239 à M. le duc Decazes.

A voté *contre* toutes les propositions inscrites en tête du volume.

Le comité républicain de Gaillac voulait lui opposer un candidat plus avancé; mais M. de Lavergne ayant accepté le programme de l'Union, a été déclaré seul candidat républicain.

LA VIEILLE (G.) 363.

MANCHE. CHERBOURG. — Inscr. 22,872.

Élu le 21 août 1881, sans concurrent, par 14,089 voix.

Ancien commissaire de la marine. Décoré.
En 1876, obtint au premier tour 6,313 voix contre 4,682 à M. de Tocqueville et 4,024 à M. de la Germonière.
Au scrutin de ballottage 6,861 contre 7,193 à M. de Tocqueville, élu.
En 1877, élu par 9,559 contre 7,986 à M. de Tocqueville.
A voté *pour* : Scrut. liste. Suppr. inamovib.
Contre : Mise accusat. Réunion. Laïcité. Sém. soldats. Revision. Prop. Laisant. Suppr. cultes. Suppr. Vatican.

LAVILLE (U.).

PUY-DE-DOME. RIOM (2º circ.). — Inscr. 23,215.

Élu le 21 août 1881 par 12,078 voix, sans concurrent.
M. Roux, député sortant (R.), s'était retiré.

45 ans, ancien notaire, vice-président du conseil général, maire de Montaigut.
Candidat malheureux en 1869.

LEBAUDY (C. G.) 363.

SEINE-ET-OISE. MANTES. — Inscr. 16,443.

Élu le 21 août 1881 par 7,551 voix contre M. Hèvre (U.), 6,267.

Né à Paris en 1827, grand raffineur. De 1860 à 1869, a fait partie de la commission municipale de Paris. Membre de la commission de l'exposition universelle de 1867. Chevalier de la Légion d'honneur, membre de la chambre de commerce de Paris, vice-président du conseil d'administration des chemins de fer de l'État, vice-président du conseil général.

Élu en 1876 au 2ᵉ tour par 7,217 voix contre 6,951 à M. Hèvre.

Réélu en 1877 par 8,699 voix contre 4,316 à M. Hèvre.

A voté *contre* toutes les propositions.

LECHERBONNIER (u.) 363.

CORRÈZE. BRIVE (1ʳᵉ circ.). — Inscr. 17,663.

Élu le 21 août 1881 par 8,629 voix contre 3,358 données à M. Maillard, candidat radical.

Né en 1821, avocat. Fonda en 1843 le *Journal des Écoles*, Entra dans l'administration en 1848. Expulsé après le coup d'État. Conseiller municipal de Brive en 1865. Fonda au lendemain du 4 septembre un journal républicain. Conseiller général.

Élu en 1876 au scrutin de ballottage (1ʳᵉ circ. de Brive), par 8,138 voix contre 3,451 à M. de Jouvenel.

Réélu en 1877 par 8,370 voix contre 5,735 données à M. Chauviniat.

A la dernière Chambre, il a voté :

Pour : Suppr. inamovib. Laïcité. Sém. soldats. Suppr. Vatican. Scrut. liste.

Contre : Presse. Revision.

S'est *abstenu* dans les autres votes.

LECHEVALLIER (G.).

SEINE-INFÉRIEURE. YVETOT (1ʳᵉ circ.).
Inscr. 15,461.

Élu le 21 août 1881 par 6,084 voix contre 5,142 données à M. Anisson Duperrin, député sortant (C. D.).

52 ans, maire d'Yvetot, fabricant de rouenneries, juge

du tribunal de commerce, membre de la chambre de commerce de Rouen.

Sa circulaire renferme la déclaration suivante :

Au point de vue politique, je dois également vous indiquer la ligne de conduite que je suivrai ; mes opinions, vous le savez, n'ont jamais varié. — Mon programme sera court : Je suis républicain.

C'est vous dire, Messieurs, que je me montrerai favorable à toutes les réformes pratiques, à toutes celles dont l'expérience aura nettement établi la nécessité.— Mais je n'hésiterai pas à combattre les théories extrêmes dont l'application ne saurait, en aucun cas, être profitable au pays.

Tels sont, Messieurs, les principes qui m'ont guidé pendant une existence consacrée au travail. Ce sont eux qui inspireront mes votes. Si, comme je l'espère, ce sont aussi les vôtres, vous pouvez compter sur mon dévouement le plus absolu.

LECOMTE (G.) 363.

MAYENNE. Laval (2ᵉ circ.). — Inscr 13,568.

Élu le 21 août 1881 par 5,506 voix contre 3,104 à M. de Plazanet (Mon.) et 1,736 à M. Eugène Dutreil (Mon.).

Né en 1805 à Laval (Mayenne), manufacturier à Paris, maire du 10ᵉ arrondissement en 1848, démissionnaire au coup d'État. Sauva la vie à Lamoricière. Officier de la Légion d'honneur.

Élu en 1876 par 6,295 voix contre 3,713 à M. Lorière.

Échoua en 1877 avec 5,508 voix contre 6,022 à M. Dutreil (lég.).

Après invalidation de ce dernier, il fut réélu le 7 juillet 1878 par 5,749 voix.

A voté *pour* : Suppr. inamovib.

Contre toutes les autres propositions.

LECONTE (E. G.) 363.

INDRE. Issoudun. — Inscr. 15,173.

Élu le 21 août 1881 par 7,823 voix contre 1,613 à M. Cottard (R.) et 2,471 à M. Daussigny (B.).

Né en 1824, ancien pharmacien, rédacteur en chef de la *Chanson française*, conseiller municipal d'Issoudun, conseiller général.

Élu en 1876 par 6,674 voix contre 5,772 à M. Jean Dufour.

Réélu en 1877 par 7,376 voix contre 5,463 à M. Jean Dufour.

À voté *contre* : Scrut. liste. Réunion.

Pour : Toutes les autres propositions.

Dans sa profession de foi, il dit :

Libre penseur, j'ai voté la séparation de l'Église et de l'État, la liberté absolue de la presse, le droit complet de réunion.

Homme de liberté et de justice, j'ai voté le service obligatoire de trois ans pour tous, la réforme de la magistrature et la suppression des droits qui entravent le commerce et l'agriculture.

.... Je vous promets de voter tout ce qui peut améliorer, consolider la République et surtout la revision de la Constitution pour forcer le Sénat à ne plus entraver tout progrès.

Inscrit à l'extrême gauche. Absent lors du vote sur la question du groupe ouvert.

LEFEBVRE (E.).

SEINE-ET-MARNE. Fontainebleau. — Inscr. 23,644.

Élu le 4 septembre 1881 au scrutin de ballottage par 11,142 voix. Remplace M. Jozon, député sortant (G.), décédé.

Maire d'Avon, conseiller général. Collabora au journal *Le Travail* de Melun. Administrateur du bureau *Veritas*.

Inscrit à la gauche radicale.

LEFEVRE (Ernest) (E. G.).

SEINE (1re circ. du 10e arr. de Paris). — Inscr. 15,496.

Élu le 4 septembre 1881 par 3,931 voix contre 2,616 à M. Murat (socialiste), en remplacement de M. Camille Pelletan qui a opté pour la 2e circonscription d'Aix.

50 ans, journaliste, administrateur du *Rappel*, ancien conseiller municipal de Paris et président du conseil.

S'est présenté le 21 août 1881 dans la 1re circ. du Havre et a échoué avec 5,758 voix contre 6,506 à M. Peulevey.

A publié une profession de foi où nous lisons :

Je veux la revision de la Constitution. Le Sénat doit disparaître. Condamné par ses actes, il l'est aussi par les principes. Les élus du suffrage universel ne sauraient rester soumis à la tutelle d'un corps privilégié.

Les rapports de la société civile avec les Églises ne peuvent pas subsister dans leur état actuel. Je ne crois pas qu'en donnant de l'argent aux prêtres, on se donne de l'influence sur eux, je crois qu'on ne fait que leur donner de la force. Je suis pour la suppression du budget des cultes, pour la dénonciation du Concordat et pour le rappel de l'ambassadeur auprès du pape.

Je veux la commune maîtresse de ses intérêts communaux, la presse entièrement libre, le droit d'association et de réunion reconnu sans restriction, les lois d'exception remplacées partout par le droit commun, l'abolition de l'inamovibilité de la magistrature, la justice rendue gratuitement par des juges élus, l'instruction sincèrement laïque et accessible, dans tous ses degrés, à toutes les capacités, l'enseignement professionnel développé, l'éducation rendue franchement républicaine et civique.

Le service militaire doit être réduit à trois ans. Il doit être obligatoire et égal pour tous. Plus de volontariat. Plus de privilèges ni d'abusives exemptions. Les instituteurs réclament eux-mêmes contre la dispense qui leur est accordée. Quant aux ecclésiastiques, ils n'en peuvent légitimement en conserver aucune.

Les impôts, qui grèvent si lourdement les travailleurs, sont à réformer. Pourquoi tolérer, au profit des villes et sous le nom d'octrois, les douanes intérieures que la Révolution a abolies ?

La question sociale mérite, entre toutes, la sollicitude du législateur. Les travailleurs trouveront en moi un défenseur convaincu. Les questions qui les intéressent sont innombrables : le droit d'association sous toutes les formes, les chambres syndicales, la concurrence que le travail des prisons fait au travail libre, la concurrence que le travail des couvents fait à celui de l'ouvrière, les indemnités à assurer aux ouvriers blessés, la caisse de retraite des vieux travailleurs, la situation de la femme et de l'enfant dans l'atelier, les garanties à donner aux employés des grandes entreprises et des grandes Compagnies, le crédit au travail à créer, ces questions et mille autres du même genre ne sauraient trop préoccuper un mandataire du pays.

Je crois, spécialement, que les heures du travail, dans les usines et les manufactures, peuvent et doivent être législativement réglementées. Il faut que l'ouvrier ou l'employé, quand il a donné au travail sa dette journalière, ait des heures où il puisse se retrouver lui-même et redevenir homme, citoyen, mari et père. On invoque à tort contre cette réglementation la liberté. Il n'y pas de liberté là où il n'y a pas d'égalité. La liberté ne consiste pas à permettre au fort tout l'exercice de sa force ; elle consiste, au contraire, à protéger le faible contre les abus de la puissance du fort.

Inscrit à l'extrême gauche. Partisan du groupe fermé.

LEGLIZE (G.).

LANDES. DAX (2ᵉ circ.). — Inscr. 15,194.

Élu le 21 août 1881 par 7,055 voix contre 5,090 à M. Boulart, député sortant (B.).

Conseiller d'arrondissement, membre de la chambre de commerce de Bayonne.

Voici le passage topique de sa profession de foi :

Je suis républicain. La République, dans ma conviction, est la seule forme de gouvernement qui puisse donner à la France la garantie de la prospérité et du bien-être.

Dans la République, je veux le progrès et une marche prudente et sûre vers la plus grande somme de liberté. Ennemi des entreprises violentes, j'estime que les réformes à apporter à notre système politique dans le sens du progrès et de la liberté ne sont pas l'œuvre d'un jour ; la modification des mœurs publiques est lente à s'opérer et il faut compter avec les droits acquis et les intérêts légitimes.

Je veux l'ordre et je n'entends pas seulement le maintien de la tranquillité publique qui n'a d'ailleurs jamais été aussi grande, mais j'entends le respect des lois par tous. Je veux le maintien de chaque autorité dans la sphère de son action, de l'État et de ses représentants dans leurs droits, de la religion et de ses ministres dans l'intégrité de leur indépendance, mais dans la limite de leurs attributions.

LEGRAND (Arthur) (B.).

MANCHE. MORTAIN. — Inscr. 18,132.

Élu le 21 août 1881 par 7,597 voix contre 6,906 à M. Lefresne (R.).

Né en 1833, auditeur au Conseil d'État, puis attaché à la section des travaux publics. Décoré en 1863. Commissaire du gouvernement près le conseil de préfecture de la Seine, Maître des requêtes. Conseiller général en 1869. Maire de Milly. A collaboré à la *Revue contemporaine*.

Élu en 1871 membre de l'Assemblée nationale.

Réélu en 1876 par 9,898 voix contre 3,904 à M. Labiche.

Réélu en 1877 par 9,577 voix contre 5,750 à M. Labiche.

A voté *pour* : Presse. Revision.

Abstenu : Réunion.

Contre : Les autres propositions.

LEGRAND (Louis) (G.) 363.

NORD. VALENCIENNES (1re circ.). — Inscr. 19,745.

Élu le 21 août 1881 par 9,843 voix, sans concurrent.

39 ans, avocat, conseiller général. Sous-préfet de Valenciennes au 4 septembre. Lauréat de l'Académie. Vice-président du conseil général.

Élu en 1876 par 9,014 voix contre 5,244 au baron de Michel.

Réélu en 1877 par 9,476 voix contre 6,444 à M. Mariage.

A voté *contre* toutes les propositions.

Était absent lors du vote sur la suppression de l'inamovibilité et l'élection des juges.

Dans une réunion publique, M. Louis Legrand a fait les déclarations suivantes :

Il trouve mauvais le volontariat d'un an et en voterait de suite la suppression. Il dit que le Concordat est une arme dans les mains du gouvernement pour empêcher les empiétements du clergé. Des réformes de la magistrature sont nécessaires, urgentes mêmes. On connaît son opinion sur le divorce. Il a publié deux livres contre. (Un électeur : « Vous n'êtes pas marié, alors ! ») On peut être sincèrement républicain sans être partisan du divorce ; il cite des noms très connus dans la démocratie qui ne sont pas partisans du divorce.

M. Legrand n'est pas partisan de la suppression du Sénat. Il reconnaît qu'il y a des réformes à faire dans la manière de le recruter ; l'inamovibilité doit être supprimée, et il n'admet pas que le plus petit des villages ait la même voix délibérative que Paris. Une répartition plus équitable des votants est nécessaire, mais il ne croit pas que ces imperfections appellent la revision immédiate de la Constitution.

Dans le scrutin de liste, M. Legrand déclare avoir été très indécis, il a écrit à tous les maires de l'arrondissement de Valenciennes. Sur 34 communes, 25 ont déclaré qu'ils étaient partisans du scrutin d'arrondissement ; un autre s'en rapportait à l'opinion de ses collègues et enfin les maires de Valenciennes et d'Anzin ont déclaré que les opinions du conseil se partageaient par moitié ; deux autres n'ont pas répondu.

LEGRAND (Pierre) (U.) 363.

NORD. LILLE (1re circ.). — Inscr. 16,159.

Élu le 21 août 1881 par 9,229 voix contre 2,799 à M. Clouet (Clér.).

Né en 1835, bâtonnier de l'ordre des avocats de Lille, adjoint au maire de Lille quelques semaines avant la chute de l'empire, secrétaire général de la préfecture du Nord au

4 septembre, puis préfet du Nord, démissionnaire à la suite du décret dissolvant les conseils généraux, conseiller général en 1874.

Élu en 1876 par 9,127 voix.

Réélu en 1877 par 8,978 voix contre 3,847 à M. Bernard.

A voté *pour* : Suppr. inamovib. Suppr. Vatican. Scrut. liste.

Contre toutes les autres propositions.

Dans sa circulaire s'est prononcé *contre* l'inamovibilité, *pour* le divorce, l'impôt sur le revenu, et rachat des chemins de fer, le rétablissement des tours, la suppression du volontariat.

Dans une réunion à Lille, M. P. Legrand a dit que trois grandes questions résument en elles le document tout entier. La revision partielle de la Constitution, l'épuration de la magistrature avec la suspension de l'inamovibilité, et la séparation de l'Église et de l'État. Il estime qu'il est opportun de reviser la Constitution, parce que, faite en 1875, elle n'a été instituée que dans des vues réactionnaires. Il pense qu'il y a une réforme à apporter aussi dans l'application du principe de l'inamovibilité sénatoriale.

LELIÈVRE (u.) 262.

JURA. Lons-le-Saulnier. — Inscr. 28,392.

Élu le 21 août 1881 par 15,691 voix contre 6,289 à M. de Merona (Cons.).

Né en 1836, entra dans l'enregistrement. En 1869 donna sa démission et se fit inscrire au barreau de Lons-le-Saulnier, se signala par son opposition à l'empire ; conseiller municipal, président du Conseil général du Jura.

Élu en 1876 par 14,952 voix contre 7,293 à M. Moreau.

Réélu en 1877 par 16,438 voix contre 6,877 à M. Piquet.

Il a voté *pour* : Scrut. liste. Suppr. inamovib. Laïcité. Sém. soldats.

Contre : Réunion. Presse. Revision.

Absent lors du vote sur la suppression du budget des cultes.

Voici un extrait de sa profession de foi :

Mais il reste encore, pour l'avenir, de nombreuses et profondes réformes à accomplir. Il appartiendra à l'Assemblée que vous allez élire d'en compléter l'étude et d'en ordonner l'application.

Parmi les plus urgentes, je signale la nécessité d'une loi réglant les attributions municipales ;

La réorganisation de la magistrature ;

L'obligation et la laïcité de l'enseignement primaire ;

La liberté du droit d'association ;

La réduction définitive et par voie légale du service militaire à trois ans ;

La suppression du volontariat qui, tout en violant l'égalité, nuit au recrutement des cadres de notre armée ;

Le dégrèvement dans une notable proportion des charges qui pèsent sur la propriété rurale ;

L'interdiction pour les membres du Parlement d'exercer des fonctions publiques ou d'accepter la direction et le patronage d'entreprises financières.

Toutes ces réformes, préparées par la dernière Chambre, sont aujourd'hui acceptées, réclamées par l'opinion publique. Il importe de les réaliser sans retard.

Enfin, il est une question qui préoccupe tous les esprits : la révision de la Constitution.

Il faut, selon moi, la réaliser, non seulement par l'adoption d'un mode de scrutin plus large appliqué à l'élection des sénateurs, ce qui, si on se bornait à cette réforme, ne pourrait qu'augmenter les occasions de conflit entre les deux Chambres, mais aussi — et pour faire disparaître cet antagonisme aussi fâcheux que nuisible à la bonne direction des affaires publiques — par une distinction et une limitation bien nette des pouvoirs attribués à chacune d'elles.

Reviser la Constitution j'estime que ce n'est pas la détruire et que nul, fût-il premier ministre et président du conseil, ne saurait se plaindre qu'on veuille améliorer une loi à laquelle les républicains les plus sages ne se sont ralliés qu'à regret, une loi dont les imperfections ont depuis cinq années éclaté à tous les yeux, une loi enfin qui a eu la mauvaise fortune de compter au nombre de ses adversaires l'homme éminent qui préside aux destinées du pays.

Sous-secrétaire d'État aux finances dans le cabinet Gambetta.

LE MONNIER de LARIÈRE (u.) 363.

SARTHE. Saint-Calais. — Inscr. 18,266.

Élu le 21 août 1881 sans concurrent, par 10,824 voix.

Né en 1815, docteur en médecine, conseiller municipal, conseiller général depuis 1863.

Interné en 1852 et en 1855, transporté en Afrique.

Maire de Château-du-Loir, révoqué au 24 mars.

Élu en 1876 par 10,776 voix contre 3,886 à M. Gruau.

Réélu en 1877 par 10,313 voix contre 4,795 à M. Chauveau.

A voté *pour :* Scrut. liste. Mise accusat. Suppr. inamovib. Laïcité. Suppr. Vatican.

Contre : Réunion. Presse. Revision. Prop. Laisant.

Abstenu : Suppr. cultes.

Voici le passage saillant de sa profession de foi :

Fils de la Révolution française, nous sommes appelés à fonder sur des bases stables et définitives une République de paix, de travail et d'avenir.

La mienne, vous la connaissez :

C'est la République de ceux qui comprennent que l'on n'a rempli son devoir qu'autant qu'on a travaillé et vécu, non seulement pour soi, mais aussi et avant tout pour les autres ;

La République de ceux qui, à travers les luttes de la vie, cherchent, non pas ce qui divise, mais ce qui rapproche les hommes ;

De ceux qui ont horreur du mensonge et de la calomnie ;

La République de ceux qui ne croient pas que tout peut se faire en un instant, sans peine, sans patience et comme par un coup de baguette, mais qui attendent tout d'efforts persévérants et de l'énergie de ceux qui, placés à la tête de l'administration, traduisent en actes les aspirations de la France ;

De ceux qui aiment mieux un bon et rude conseil qu'une flatterie intéressée et mensongère ;

Enfin la République de ceux qui n'ont qu'une pensée, le service de la patrie et le salut de la République.

LÉON (Prince de) (L.).

MORBIHAN. Ploërmel. — Inscr. 24,658.

Élu le 21 août 1881 par 12,050 voix contre 7,621 à M. Carouge de Rohan Chabot.

Né à Paris en 1844.
Capitaine de mobiles pendant la guerre.
A fondé des cercles catholiques d'ouvriers en Bretagne, commandant du 85e régiment de l'armée territoriale.
Élu en 1876 par 11,434 voix.
Réélu en 1877 par 13,148 voix.
Pour : Réunion.
Contre : Mise accusat. Suppr. inamovib. Presse. Revision. Prop. Laisant et les autres propositions.
S'est *abstenu :* Élect. juges.

LEPÈRE (u.) 363.

YONNE. Auxerre (1re circ.). — Inscr. 16,644.

Élu le 21 août 1881 sans concurrent, par 7,832 voix.

Né en 1823, avocat, conseiller général.
Échoua aux élections de 1869.
Élu en 1871 à l'Assemblée nationale, protesta contre la rentrée des princes d'Orléans. Ministre de l'intérieur, démissionnaire en 1880.
Président du Conseil général.
Élu en 1870 par 9,633 voix sans concurrent.
Réélu en 1877 par 10,218 voix contre 3,524 à M. Remacle.
A voté *contre :* Mise accusat. Réunion.
Pour les autres.
S'est *abstenu :* Presse. Prop. Laisant. Suppr. cultes.

Extrait de sa circulaire :

En ce qui concerne la revision de la Constitution :

Je suis resté partisan d'une chambre unique ; mais, sur cette grave question constitutionnelle, les meilleurs esprits du parti républicain sont divisés ; quelques-uns même ont vu se modifier leur opinion. Poursuivre la revision de la Constitution en demandant la suppression du Sénat serait donc une tentative prématurée ; vaine d'ailleurs et illusoire, puisqu'on ne saurait espérer du Sénat qu'il vote son suicide ; et de nature en outre à compromettre les réformes constitutionnelles sur lesquelles l'accord entre la Chambre et le Sénat est possible et ne tardera pas à s'imposer si le suffrage universel se prononce avec énergie et avec ensemble.

Ces réformes, que je voterai, sont notamment :

La suppression de l'inamovibilité sénatoriale ;

La modification des conditions de l'élection sénatoriale ; et le scrutin de liste pour l'élection des députés ;

L'insertion dans la loi constitutionnelle d'une disposition nett et précise qui reconnaisse à la Chambre des députés le droit qui lui appartient d'avoir le dernier mot dans le vote des lois de finances ;

En ce qui concerne les rapports des Églises et de l'État :

Dès 1869, j'affirmais le principe de « la séparation absolue des Églises et de l'État, dont la conséquence est la suppression du budget des cultes. »

Le pays n'était point alors, pas plus que dans ces dernières années, préparé à une solution aussi radicale des questions religieuses.

On a cru trouver un remède aux empiétements et aux résistances du clergé dans le retour à l'application des prescriptions concordataires trop longtemps oubliées. J'ai été associé à la mise en pratique de cette politique dite politique concordataire ; je crois, en toutes circonstances, avoir fait du concordat et des articles organiques qui, à mon sens, ne font qu'un avec lui, une application tout à la fois ferme et loyale. De cette expérience, de mon passage au ministère des cultes, il ne m'est resté que la conviction de l'inanité, dans l'état actuel de l'Église, des prétendues garanties concordataires.

Vice-président de la Chambre des députés en 1881 et 1882.

LEP OUZÉ (u 863.

EURE. ÉVREUX (1re circ.). — Inscr. 17,254.

Élu sans concurrent le 21 août 1881, par 8,029 voix.

56 ans, ancien avoué, maire d'Évreux pendant l'occupation allemande, conseiller général.

Membre de l'Assemblée nationale en 1872.

Échoua en 1876 comme candidat sénatorial.

Élu en 1876 par 8,732 voix contre 3,939 à M. Deschamps.

Réélu en 1877 par 9,792 voix contre 4,930 à M. Trulat.

Il a voté *pour* : Scrut. liste.

Contre : Mise accusat. Réunion. Laïcité. Presse. Sém. soldats. Revision. Prop. Laisant. Suppr. cultes. Suppr. Vatican.

S'est *abstenu :* Suppr. inamovib.

Extrait de sa circulaire :

En 1877, la République menacée dans son existence par la coalition des anciens partis ; nos finances obérées ; la fermeté des anciens 363 amenant la démission du maréchal président de la République et son remplacement par M. Jules Grévy, respecté de tous — aussi bien en France qu'à l'étranger ; — le commerce et l'industrie reprenant leur essor ; les grands travaux publics décrétés ; chemins de fer, canaux, routes nationales, largement dotés ; l'instruction publique pourvue de toutes les ressources nécessaires pour instruire et former la nation ; l'ordre dans les finances rétabli ; des excédents de recettes qui ont permis de faire des dégrèvements supérieurs à trois millions, tel est le résumé bien affaibli de l'histoire des quatre dernières années.

Aujourd'hui, de quoi s'agit-il ? Uniquement de continuer l'œuvre si bien commencée.

Élu sénateur de l'Eure le 8 janvier 1882.

LE PROVOST de LAUNAY (B.).

COTES-DU-NORD. Lannion (2e circ.). — Inscr. 14,911.

Élu sans concurrent le 21 août 1881, par 7,826 voix.

Né en 1850, engagé en 1870, avocat, conseiller général.
Élu en 1876 par 7,076 voix contre 4,237 à M. Le Gac.
Réélu en 1877 par 10,001 voix.
A voté *pour :* Scrut. liste. Réunion. Revision.
Contre toutes les autres propositions.

LEROUX (Paul) (B.).

VENDÉE. Fontenay-le-Comte (2e circ.).
Inscr. 21,083.

Élu le 21 août 1881 par 8,033 voix contre 7,789 à M. Roger (R.).
M. Beaussire, député sortant (C. G.), s'était retiré.

32 ans, fils de l'ancien vice-président du Corps législatif,
ce dernier élu en 1877 dans la même circonscription, invalidé et non réélu.

LEROY (G.).

COTE-D'OR. Chatillon-sur-Seine. — Inscr. 14,802.

Élu le 21 août 1881 par 6,510 voix contre 3,460 données
à M. Cernesson (Rad.).

Avoué, conseiller général.
Échoua en 1876.
Son concurrent, M. Bordet, fut élu au scrut. de ballott.
par 6,588 voix contre 6,203.
En 1877 il fut élu par 7,014 voix contre 6,040 à M. Bordet.
Il a voté *contre :* Scrut. liste. Mise accusat. Réunion.
Suppr. inamovib. Laïcité. Presse. Sém. soldats. Revision.
Suppr. cultes. Suppr. Vatican.

Extrait de sa profession de foi :

Si nos lois constitutionnelles, surtout en ce qui concerne la part
de chaque commune dans la désignation des électeurs sénatoriaux,

peuvent appeler dans l'avenir des modifications, je tiens à déclarer que je repousserai toute mesure qui aurait pour but la constitution d'une Chambre unique. L'expérience des États-Unis et de la France elle-même devrait suffire à ceux qui appellent cette imprudente réforme. Pour les hommes politiques comme pour les assemblées délibérantes, rien n'est plus funeste que de ne connaître ni la contradiction ni la résistance. En regard de la prudente et sûre élaboration des lois, il importe peu que telle ou telle réforme soit différée : car avec des élections libres, c'est toujours l'opinion publique qui finit par imposer sa volonté. Je ne veux pas plus de la dictature d'une assemblée unique que de la dictature d'un seul homme ; or, c'est à l'un ou à l'autre de ces résultats que nous conduirait la suppression du Sénat.

Ai-je besoin de vous entretenir d'une question d'une autre nature, qui n'a rien de commun avec un programme républicain et qui a été récemment soulevée au sein du Parlement, au milieu de l'étonnement et de l'indifférence de la nation? J'ai voté le maintien du scrutin d'arrondissement, parce que, sans en faire une question de dogme, j'y ai vu dans l'état de nos mœurs électorales une garantie d'indépendance pour l'électeur comme pour le député. Les préférences d'un très grand nombre d'entre vous s'étaient d'ailleurs hautement manifestées en faveur de ce mode de scrutin.

LESGUILLER (u.).

AISNE. Chateau-Thierry. — Inscr. 16,957.

Élu sans concurrent, le 21 août 1881, par 8,441 voix.

Ingénieur, directeur des chemins de fer de l'État.
Échoua en 1876 aux élections sénatoriales de la Haute-Vienne.
Élu en 1879 en remplacement de M. de Tillancourt, décédé.
A voté *contre* la revision.

Extrait de sa profession de foi :

Il y a quelques mois à peine que vous avez bien voulu me choisir comme député. Vous avez pu juger si mes actes ont répondu aux engagements que j'avais pris vis-à-vis de vous. Dans cette situation, de longues explications seraient superflues.

Toujours disposé, comme je vous l'avais dit, à marcher à l'avant garde du progrès, j'ai adhéré au programme du comité républicain de l'arrondissement de Château-Thierry, qui résume toutes les revendications de la démocratie.

Certaines de ces réformes ne sont peut-être pas immédiatement réalisables. Notre devoir, à tous, est de hâter par tous les moyens le moment où nous pourrons, sans danger, mettre nos institutions en harmonie complète avec la forme républicaine.

Quant à présent, le nœud de la situation est dans la revision de la Constitution, dans la réforme du Sénat.

C'est donc à juste titre que, prenant l'initiative d'un mouvement qui depuis semble s'accentuer, le comité républicain de l'arrondissement de Château-Thierry a placé cette question en tête de son programme.

Vous savez, mes chers concitoyens, qu'aussitôt après le rejet du scrutin de liste, je m'étais moi-même nettement prononcé dans le sens d'une revision immédiate.

Sous-secrétaire d'État aux Travaux publics dans le ministère Gambetta.

LETELLIER (u.).

ALGÉRIE. Alger (1re circ.). — Inscr. 9,090.

Élu le 21 août 1881 par 2,606 voix contre 2,183 données à M. Gastu, député sortant.

Avocat défenseur, membre du conseil général.

Voici un extrait de sa circulaire :

Je proclame donc à nouveau ici, en attendant que je puisse le faire en réunion publique, que mon programme politique ne peut pas être celui que j'ai accepté, il y a quelques mois à peine, que je suis plus que jamais partisan absolu de la séparation de l'Église et de l'État, de la suppression du budget des cultes, de la réforme et de l'amovibilité de la magistrature, de l'instruction laïque et gratuite à touts les degrés, obligatoire pour le premier degré, que je suis et serai toujours opposé à toute législation établissant une différence quelconque entre les citoyens français de l'Algérie, que je poursuivrai énergiquement soit en demandant la revision de la Constitution, soit en réclamant toutes les liberté sans lesquelles un État républicain ne saurait exister, la solution des questions sociales qui s'imposent à cette heure.

J'ajouterai, puisque l'occasion m'est à nouveau donnée de prendre la parole, que le sentiment public, presque général des Algériens républicains, réclamant la suppression du Sénat, si j'avais l'honneur d'être élu député, je n'oublierais pas que le mandataire ne doit jamais se substituer à son mandat, et, exécuteur respectueux des volontés de la majorité de mes électeurs, quelle que soit mon appréciation sur une question à la solution de laquelle ni ma dignité ni mes principes ne sont attachés, je voterai, si elle était proposée, la déchéance de ce grand corps de l'État.

Opposé au cumul des fonctions électives, j'ai dit que je ne conserverais mon mandat de conseiller général que si mes électeurs appréciaient que cela pût être indispensable à la défense de leurs intérêts; ma pensée, exprimée certainement avec trop de précipitation, a donné lieu à des interprétations inexactes. Je le déclare ici de la façon la plus simple : je donnerai, si je suis élu député, ma démission de conseiller général, le jour même où mon élection sera proclamée.

Inscrit à la gauche radicale.

LEVAVASSEUR (G.) 363.

OISE. Clermont. — Inscr. 24,870.

Élu au scrutin de ballottage du 4 septembre 1881 par 11,567 voix contre 3,815 à divers.

Né en 1826, propriétaire, conseiller général.

Échoua à l'Assemblée nationale en 1871 avec 19,626 voix, en 1874 avec 18,574.

En 1876, élu par 10,642 voix contre 10,191 à M. Labitte.

Échoua en 1877 avec 10,735 voix contre 11,408 à M. Labitte, bonapartiste.

Après invalidation de ce dernier, réélu le 3 mars 1878 par 11,619 voix contre 8,029 à M. de Chatenay.

A voté *contre* toutes les propositions.

LEVEQUE (G.) 363.

COTE-D'OR. DIJON (2ᵉ circ.). — Inscr. 23,084.

Élu sans concurrent le 21 août 1881, par 11,131 voix.

Né en 1830, avocat, Procureur de la République au 4 septembre, envoyé comme otage en Allemagne, s'évada.

Élu à l'Assemblée nationale en 1871.

Élu en 1876 par la 2ᵉ circonscription de Dijon, par 10,276 voix contre 7,723 à M. Legeas.

Réélu en 1877 par 11,100 voix contre 8,415 à M. Legeas.

A la dernière législature, il a voté :

Bour : Scrut. liste.

Contre : Mise accusat. Réunion. Laïcité. Presse. Sém. soldats. Revision. Prop. Laisant. Suppr. cultes. Suppr. Vatican.

S'est *abstenu* sur les autres questions.

Dans une réunion électorale tenue à Mirebeau le député s'est expliqué sur les réformes que devra, selon lui, réaliser la prochaine Chambre :

Instruction primaire gratuite, obligatoire et laïque.

Scrutin de liste.

Modification des attributions et du mode de recrutement du Sénat.

Législation sur les rapports de la société civile avec la société religieuse.

Dégrèvements.

Réduction des frais de justice, etc.

LEVERT (B.).

PAS-DE-CALAIS. Saint-Omer (2ᵉ circ.).
Inscr. 16,547.

Élu le 21 août 1881 par 6,541 voix contre 6,402 à M. Bremard (R.).

Né en 1825, conseiller de préfecture à Arras, sous-préfet de Saint-Omer, Valenciennes ; préfet de l'Ardèche, d'Alger, du Pas-de-Calais, de la Loire, de la Vienne, des Bouches-du-Rhône ; blessé grièvement au 5 septembre 1870, par la foule qui envahissait l'hôtel préfectoral à Marseille.

Élu en 1872 à l'Assemblée nationale, a été président de l'appel au peuple, commandeur de la Légion d'honneur.

Élu en 1876 par 7,567 voix contre 4,150 à M. de Saint-Just, légitimiste, et 1,068 à M. Liot, républicain.

Réélu en 1877 par 9,682 voix contre 3,786 à M. Duhamel, républicain.

A voté *pour* : Scrut. listé. Presse. Revision.

Abstenu : Réunion.

Contre toutes les autres propositions.

Sa profession de foi renferme les déclarations suivantes :

Les oppositions systématiques n'ont pas de raison d'être. Il faut accepter le bien d'où qu'il vienne et n'avoir pour unique but que le bonheur et la prospérité de son pays.

Tout en conservant fidèlement les convictions que vous me connaissez, je ne suis pas un de ces révolutionnaires qui, pour hâter le triomphe de leurs idées, ne reculent pas devant le bouleversement de leur patrie.

Je respecte la Constitution, mais fort du droit qu'elle me confère, j'en réclamerai la revision dans le but de vous rendre, comme autrefois, la nomination directe du chef de l'État, et j'attendrai de la marche et du progrès de la raison humaine ce que je crois être la justice et le droit.

En agissant ainsi, je me conforme à la dernière pensée du prince impérial, dont nous garderons toujours pieusement le souvenir. Sa mort héroïque a provoqué parmi nous d'unanimes regrets.

Rendez-vous le 21 août au scrutin, en vous rappelant sa devise qui doit rester la nôtre :

Tout pour le peuple et par le peuple.

LEVET (G.).

LOIRE. MONTBRISON (1re circ.). — Inscr. 18,205.

Élu le 21 août 1881 par 7,469 voix contre 4,415 à M. Du Chevalard (Cons.).

Propriétaire, conseiller général, ancien élève de l'École polytechnique.

Élu le 6 avril 1879 après la mort de M. Chavassieu, par 7,551 voix contre 1,487 à M. Martin Bernard.

A voté *pour* : Scrut. liste. Laïcité. Sém. soldats. Prop. Laisant. Suppr. Vatican.

Contre : Réunion. Suppr. inamovib. Presse.

Abstenu : Revision. Suppr. cultes.

Pas encore député au moment du vote de mise en accusation.

Extrait de sa circulaire :

La Chambre future va pouvoir marcher résolument, sans hésitation, dans la voie progressive des réformes.

Avec l'examen des graves problèmes économiques sociaux qui s'imposent, il faudra étudier une meilleure et plus équitable répartition de l'impôt;

Poursuivre l'œuvre déjà commencée des dégrèvements par l'abolition des taxes établies à la suite de la guerre follement entreprise par l'empire, et la diminution des charges qui pèsent surtout sur les populations laborieuses;

Achever l'outillage industriel et agricole de la France en complétant son réseau de routes et de chemins vicinaux, de chemins de fer et de canaux,

Remanier la loi militaire et réduire la durée du service dans l'armée active;

Compléter les lois d'enseignement afin de rendre l'instruction accessible à tous;

Développer les libertés municipales et politiques du pays;

Et enfin améliorer la Constitution dans un sens républicain en donnant au Sénat des attributions et un mode de recrutement qui soient en harmonie avec le principe d'un gouvernement démocratique qui a pour base le suffrage universel.

LEYDET (E. G.).

BOUCHES-DU-RHONE. Aix (1re circ.).
Inscr. 15,838.

Élu le 18 décembre 1881 par 4,919 voix contre 4,870 à M. Pautrier, en remplacement de M. Lockroy, optant pour Paris.

Négociant, 55 ans, adjoint au maire, conseiller municipal, d'arrondissement et général a donné sa démission d'adjoint.

A publié une profession de foi où on lit :

La démocratie de la 1re circonscription d'Aix, par l'organe de son comité central, m'a fait l'honneur de me choisir pour candidat.

Le programme, conforme à celui que le grand parti républicain radical a fait consacrer dans toute la France aux dernières élections, vous indique qu'un accord complet règne entre la démocratie aixoise et son candidat.

D'ailleurs, ce qui vaut mieux qu'une affiche et ce qui devrait toujours guider les électeurs, ce sont les actes et le passé du candidat.

Mon programme est dans ma vie entière, de mes compatriotes connue.

Né au milieu de vous, n'ayant jamais quitté le pays, j'ai partagé pendant quinze ans vos luttes, vos souffrances et vos travaux. Dans les diverses assemblées où votre confiance m'a placé, conseiller municipal, conseiller d'arrondissement, conseiller général, j'ai constamment suivi la même ligne politique que je résume en quelques mots :

Fermeté inébranlable sur les grands principes républicains; développement absolu aux intérêts du pays; développement du commerce, de l'industrie et de l'agriculture. Amélioration constante des classes laborieuses.

LIOUVILLE (G.) 363.

MEUSE. COMMERCY. — Inscr. 22,892.

Élu le 21 août 1881 par 13,243 voix, sans concurrent.

50 ans, docteur médecin; en 1874, professeur agrégé à la Faculté de Paris; en 1875, médecin des hôpitaux, et chef du laboratoire de l'Hôtel-Dieu, vice-président du conseil général.

Élu en 1876 par 10,593 voix contre 8,365 à M. Buffet.

Réélu en 1877 par 11,252 voix contre 8,484 à M. Joba.

A voté *pour* : Scrut. liste. Suppr. inamovib.

Absent : Presse. Prop. Laisant.

Contre toutes les autres.

Nous détachons de sa circulaire le passage suivant :

Au nom de la liberté de conscience, donner aux religions la liberté pleine et entière de leur culte, mais réprimer avec fermeté les envahissements du cléricalisme, c'est-à-dire d'un parti politique qui, sous prétexte de servir la religion, s'en sert dans l'espoir d'arriver à la domination; sans porter la moindre atteinte à la mission sacerdotale, exiger des membres du clergé, rétribués par l'État français, l'obéissance aux lois et le respect du gouvernement de la France;

Résoudre la question de l'organisation judiciaire en constituant un corps de magistrature éclairé, inspirant confiance au pays et respectueux de nos lois constitutionnelles;

Reviser le mode de recrutement du Sénat et rétablir autant que possible l'égalité proportionnelle entre les villes et les campagnes.

———

LOCKROY (E. G.) 363.

SEINE. PARIS, 11e arr. (2e circ. nouvelle).
Inscr. 19,711.

Élu le 21 août 1881 par 8,501 voix contre 4,424 à M. Mathé (intransig.)
Élu également dans la 1re circonscription d'Aix (Bouches-du-Rhône), par 5,285 voix contre 2,607 à M. Pautrier (R.). A opté pour Paris.

Né en 1840, fit la campagne de Sicile avec Garibaldi,

secrétaire de Renan qu'il accompagna en Judée et en Phénicie, collabora au *Figaro*, au *Diable-à-Quatre* et au *Rappel*, a épousé la veuve Ch. Hugo ; un de ses articles lui valut 4 mois de prison et 3,000 francs d'amende. Au 4 septembre, chef de bataillon de la garde nationale.

Élu en 1871 par le département de la Seine, démissionnaire le 2 avril, arrêté le 15 avril et incarcéré, relâché en juin, sans jugement. Conseiller municipal de Paris dans le 11e, rédacteur en chef du *Peuple souverain*, publia des articles qui lui valurent une comparution en cour d'assises et un duel avec P. Cassagnac.

Élu dans les Bouches-du-Rhône en 1873.

En 1876, élu à Aix et dans le 17e arrondissement de Paris, opta pour Aix.

Réélu en 1877 par 7,514 voix contre 4,921 données à M. Rigaud.

A la dernière Chambre, il a voté :

Pour : Mise accusat. Réunion. Supp. inamovib. Laïcité. Presse, Sém. soldats. Revision. Prop. Laisant. Suppr. cultes. Suppr. Vatican. Scrut. liste.

M. Lockroy a accepté le même programme que M. Floquet (voir la biographie de ce dernier).

Inscrit à l'extrême gauche, partisan du groupe ouvert.
Inscrit à la gauche radicale.

LOGEROTTE (g.) 363.

SAONE-ET-LOIRE. LOUHANS. — Inscr. 24,214.

Élu le 21 août 1881 par 10,617 voix contre 6,007 à
M. de Chavanne (M.).

Né en 1823, avocat, conseiller général.

Élu en 1876 par 10,915 voix contre 6,640 à M. de Truchis.

Réélu en 1877 par 12,236 voix contre 6,450 à M. Guillabert.

Abstenu : Suppr. Vatican.
Contre : Toutes les autres.
Absent : Suppr. inamovib.

Extrait d'un compte rendu de réunion publique :

M. Logerotte est partisan de la revision de la Constitution en ce qui concerne le mode d'élection des sénateurs. S'expliquant sur les bruits de guerre que font courir les réactionnaires, il dit que, grâce à la constitution républicaine, la guerre ne peut être faite qu'avec l'assentiment du parlement, que le parlement c'est le pays voulant la paix, le parlement ne peut que vouloir la paix.

En terminant, M. Logerotte promet de voter tous les dégrèvements d'impôts que la situation budgétaire comportera.. Il a dit encore que la réforme de la magistrature était la loi la plus urgente à faire, et que l'inamovibilité était jugée; qu'il était partisan du service militaire de trois ans ; que pour la question d'enseignement, il a voté cette loi dans sa plus complète extension : instruction primaire, gratuite, obligatoire et laïque.

LOMBARD (u.).

JURA. DOLE. — Inscr. 20,128.

Élu le 4 septembre 1881 au scrutin de ballottage, par 9,466 voix contre 5,277 à M. Picot d'Aligny.

Docteur en médecine, vice-président du conseil général.

Élu en remplacement de M. Jules Grévy, le 6 avril 1879, par 11,845 voix contre 829 à M. Picot d'Aligny.

A voté *pour :* Scrut. liste. Suppr. inamovib. Laïcité. Sém. soldats. Prop. Lajsant.

Contre : Réunion. Presse. Revision.

Abstenu : Suppr. cultes. Suppr. Vatican.

Pas élu au premier vote.

LOROIS (c. d.).

MORBIHAN. Vannes (2e circ.). — Inscr. 19,041.

Élu le 21 août 1881 par 9,847 voix contre 2,456 à M. Juhel (R.).

Né à Laeken (Belgique) en 1849. Fonctionnaire sous la monarchie de Juillet, conseiller de préfecture, secrétaire général des Côtes-du-Nord de 1842 à 1845, sous-préfet de Savenay jusqu'en 1848, démissionnaire, conseiller général.

Élu en 1876 au 2e tour par 11,987 voix contre 6,104 à M. Pioger.

Élu en 1877 par 8,264 contre 2,060 à M. Simon.

A voté *pour* : Réunion. Presse.

Abstenu : Élections. Revision.

Absent : Suppr. cultes. Sém. soldats.

A voté *contre* les autres propositions.

LOUBET (g.) 363.

DROME. Montélimar. — Inscr. 20,849.

Élu le 21 août 1881, sans concurrent, par 11,201 voix.

Né en 1838, avocat, maire de Montélimar, président du conseil général de la Drôme.

Élu en 1876 par 13,295 voix, sans concurrent.

Réélu en 1877 par 11,012 voix contre 7,006 à M. Lacroix Saint-Pierre.

A voté *pour* : Mise accusat. Prop. Laisant. Suppr. Vatican.

Contre : Réunion. Press. Sém. Soldats. Suppr. cultes.

Abstenu : Laïcité. Revision.

Absent : Prop. Laisant. Suppr. cultes.

Extrait de sa profession de foi :

Si vous me faites l'honneur de me confier de nouveau le mandat de député, voici quelques-uns des points du programme dont je poursuivrai la réalisation :

Maintien de la paix avec les nations voisines et politique extérieure tendant à nous assurer des alliances.

Développement de nos rapports commerciaux et extension de notre commerce d'importation.

A l'intérieur : Établissement le plus prochain possible de l'obligation et de la laïcité de l'instruction primaire; accès de l'enseignement secondaire et supérieur facilité par l'augmentation des bourses et la diminution du prix de la pension dans les établissements de l'État.

Réorganisation de la magistrature dans le sens de la loi votée par la Chambre des députés ou de l'élection des magistrats par un corps électoral spécial.

Amélioration de notre législation militaire en rendant autant que possible le service léger et égal pour tous les citoyens, mais sans compromettre la sécurité du pays.

Exécution complète des lois qui règlent les rapports des Églises et de l'État.

Revision de la Constitution par les voies légales; suppression des membres inamovibles du Sénat et modification dans la base de l'élection par l'adoption du suffrage universel direct ou par la proportionnalité des électeurs sénatoriaux.

Au point de vue financier :

Économie la plus stricte dans les dépenses,

Refus absolu de toutes les augmentations qui ne seront pas justifiées.

Amélioration de notre système fiscal : proportionalité de l'impôt et allègement des charges qui frappent la terre de taxes doubles de celles qui sont supportées par les valeurs mobilières.

Modification de la législation des boissons, suppression du droit de détail qui grève les citoyens les moins fortunés et son remplacement par une augmentation des droits de circulation.

Revision et abaissement des tarifs de transport par chemin de fer.

Applications des excédents à l'amortissement de la dette.

Résolu à marcher en avant dans la voie du progrès, je ne reculerai que lorsque j'apercevrai le danger de compromettre l'avenir de la France et de la République.

LOUSTALOT (g.) 363.

LANDES. Dax (1re circ.). — Inscr. 15,128.

Élu le 21 août 1881 par 8,478 voix, sans concurrent.

Né à Dax en 1826, bâtonnier de l'ordre des avocats conseiller municipal sous l'Empire, au 4 septembre, sous-préfet de Dax. Président du conseil général des Landes.

Élu en 1871 à l'Assemblée nationale.

En 1876, M. de Cardenau fut élu contre lui par 5,606 voix contre 5,211.

Élu en 1876 après l'invalidation de M. de Cardenau.

En 1877, M. de Cardenau fut réélu par 6,560 voix contre 5,869 à M. Loustalot.

Après invalidation, M. Loustalot fut réélu le 7 avril 1878 par 6,592 voix contre 5,866 à M. de Cardenau.

A voté *pour* : Scrut. liste. Suppr. inamovib. Revision. Prop. Laisant.

Contre : Mise accusat. Réunion. Laïcité. Presse. Sém. soldats. Suppr. cultes. Suppr. Vatican.

Extrait de sa profession de foi :

La religion honorée et le sort de ses ministres amélioré, pendant que le respect des droit de l'État était imposé aux congrégations non autorisées, la liberté de réunion et la liberté de la presse proclamées, des finances merveilleuses, l'armée refaite, dix ans d'ordre et de paix à peine troublés récemment par la nécessité de se défendre avec énergie contre le brigandage des tribus africaines, le bien-être et la prospérité de la nation, voilà les bienfaits de la République.

Telles sont les réformes accomplies; le prochain Parlement aura à s'occuper notamment des réformes judiciaires et municipales, de l'amélioration du service militaire et de la modification de la loi électorale sénatoriale.

MACKAU (De) (G. D.).

ORNE. ARGENTAN. — Inscr. 27,080.

Élu le 21 août 1881 par 14,917 voix contre 5,828 à M. Marais (R.).

Né à Paris en 1832, auditeur au Conseil d'État, attaché au ministère de l'intérieur, chevalier de la Légion d'honneur, conseiller général.

Élu député en 1866, réélu en 1869, contre M. d'Audiffret Pasquier.

Réélu en 1876 par 15,991 voix contre 600 à M. Lherminier et 300 à M. Gevelot.

Réélu en 1877 par 16,572 voix contre 4,969 à M. Lherminier.

A voté *pour* : Réunion. Presse. Revision.

Absent : Suppr. Vatican.

Contre : Toutes les autres propositions.

Sa profession de foi renferme la déclaration suivante :

Si vous me faites l'honneur de me conserver votre confiance, je continuerai à soutenir ces grandes causes, qui sont celles de la civilisation et de la liberté, contre des hommes qui invoquent en les exagérant les droits de l'État, afin de servir leurs passions et leurs haines.

Ces causes immortelles peuvent être vaincues, un jour, mais le pays mieux éclairé leur assure bientôt un éclatant triomphe.

———

MADIER MONTJAU (E. G.) 363.

DROME. VALENCE (1re circ.). — Inscr. 23,760.

Élu sans concurrent, le 21 août 1881 par 12,415 voix.

Né en 1814, plaida sous Louis-Philippe quelques procès politiques, prit part aux banquets réformistes en 1848.

Échoua aux élections pour la Constituante.

Élu à la Législative pour Saône-et-Loire, appuya la liberté de la presse et de réunion, réfugié en Belgique après le coup d'État, ne rentra qu'au 4 septembre.

Élu à l'Assemblée nationale par la Drôme en 1874, siégea à l'extrême gauche, vota contre la Constitution, conseiller général.

Élu en 1876 par 12,794 voix contre 4,485 à M. Dugas.

Réélu en 1877 par 14,363 voix contre 5,122 données à M. Forcheron.

A la Chambre dernière, il vota :

Pour : Scrut. liste. Mise accusat. Suppr. inamovib. Laïcité. Presse. Sém. soldats. Revision. Prop. Laisant. Suppr. cultes. Suppr. Vatican.

Contre : Réunion.

Dans sa profession de foi, il se prononce pour :

Égalité pour tous des impôts et surtout celui du sang.

Le renouvellement complet et la transformation absolue de la magistrature.

Les lois sur l'instruction.

Revision de la Constitution.

Suppression du Sénat.

Dénonciation du Concordat.

Séparation de l'Église et de l'État.

Application des lois anciennes contre les congrégations non autorisées.

Lois nouvelles contre celles qui furent indûment autorisées.

Mainmise de l'État sur les biens acquis et possédés illégalement.

En voici le passage principal :

En énonçant les principales revendications que je m'efforcerais de faire triompher, si je rentrais à la Chambre, je vous ferai suffisamment connaître le chemin que je me proposerais de suivre mes dispositions générales, mon plan de campagne parlementaire, pour qu'il soit inutile de m'arrêter aux détails.

Un obstacle constitutionnel barre la route aux réformes que nous voulons tous. S'il ne les rend pas impossibles, il en ajourne, du moins, indéfiniment la réalisation. Il faut reviser la Constitution et supprimer l'obstacle : LE SÉNAT. Avec lui doit disparaître tout ce qui dans la Constitution a été glissé par des mains monarchistes, avec des intentions de restauration monarchique.

Pour assurer l'exécution [des lois républicaines et protéger la République contre les ennemis de ses institutions, quels qu'ils soient, il nous faut, avant tout, une magistrature sûre et républicaine, toute neuve, purgée de tout lien avec le passé, de tout attachement à la monarchie et au cléricalisme, reconstituée sur des bases toutes différentes, garantie par l'élection. Je la veux et j'aiderai à la faire.

Sûrs de nos juges, nous ferons justice de nos ennemis par l'application des lois anciennes contre les congrégations non autorisées, des lois nouvelles contre celles qui furent mal à propos autorisées et nous ferons rentrer dans la main de l'État les biens acquis et possédés illégalement qui sont des biens sans maître.

Nous améliorerons encore nos finances, en les dégrevant de la totalité du budget des cultes, en allégeant les communes des charges cléricales qui leur sont imposées ; et, en séparant ainsi l'Église de l'État, en dénonçant le Concordat, nous prendrons par des lois aussi énergiques que prudentes, nos précautions contre cette épée dont on a dit que « la poignée est à Rome et la pointe partout ».

Je n'ai pas à répéter ce que j'ai déjà dit sur l'impôt, sur l'adoucissement et l'égalité pour tous du service militaire ; ce que j'ai dit par mes votes mieux que par mes paroles sur l'accroissement aussi large que possible des libertés communales. Mon passé, sur ces divers points comme sur les autres, répond de mon avenir.

J'ai voté le scrutin de liste ; je le voterai encore, sans méconnaître ses inconvénients, parce que les principes républicains l'imposent .et qu'on peut profiter de ses avantages en se garant de ses dangers.

Inscrit à l'extrême gauche. S'est prononcé pour le groupe ouvert.

————

MAGNIEZ (G.) 363.

SOMME. PÉRONNE (2e circ.). — Inscr. 16,749.

Élu le 21 août 1881 par 8,571 voix contre 4,726 à M. Jolibois fils.

Né en 1836, agriculteur, maire d'Ytres, conseiller général.

Membre de l'Assemblée nationale en 1871.

Élu en 1876 par 8,121 voix contre 3,370 à M. Jolibois fils et 1,820 à M. Cattiaux.

Réélu en 1877 par 8,088 voix contre 6,235 à M. Jolibois.

A voté *pour :* Scrut. liste.

Absent : Suppr. inamovib.

Contre : Toutes les autres propositions.

Nommé sénateur de la Somme le 8 janvier 1882.

MAHY (De) (u.) 868.

COLONIES. LA RÉUNION (2e circ. nouvelle). Inscr. 17,000.

Élu au scrutin de ballottage du 25 septembre 1881 par 5,954 voix contre 2,759 à l'abbé Le Gall.

Né en 1830, docteur en médecine à la Réunion, collaborateur du *Courrier de Saint-Pierre.*

Membre de l'Assemblée nationale.

Élu en 1876 par 11,095 voix sans concurrent.

Réélu en 1877 par 10.899 voix contre 1.894 à M. Conil.

Questeur de la Chambre.

A voté *pour :* Scrut. liste. Mise accusat. Laïcité. Sém. soldats. Suppr. Vatican.

Contre : Presse. Revision. Prop. Laisant.

Abstenu : Supr. inamovib. Suppr. cultes.

MAIGNE (E. G.) 868.

HAUTE-LOIRE. BRIOUDE. — Inscr. 23,211.

Élu le 21 août 1881 par 13,271 voix, sans concurrent.

Né en 1816, professeur à Paris, sous-commissaire de la République à Brioude en 1848, rentré à Paris après les journées de juin.

Élu à la Législative.

Compromis dans l'insurrection du 13 juin et condamné par la haute cour de Bourges à la détention perpétuelle.

Échoua à l'Assemblée nationale.

Élu en 1876 par 13,040 voix contre 2,509 à M. de Redon et 1,137 à M. de Flaghac.

Réélu en 1877 par 12,229 voix contre 5,600 à M. de Flaghac.

A voté *pour* : Scrut. liste. Mise accusat. Laïcité. Sém. soldats. Revision. Prop. Laisant. Suppr. Vatican.

Contre : Réunion. Suppr. magistrature. Presse.

Absent : Suppr. cultes.

Conseiller général.

MAILLÉ (u.) 363.

MAINE-ET-LOIRE. ANGERS (2e circ.). — Inscr. 25,120.

Élu le 21 août 1881 par 10,410 voix contre 8,627 données à M. Fairé (Cons.) et 351 à M. Chabert (Soc.).

56 ans, ancien menuisier, conseiller général et président de la Chambre syndicale des entrepreneurs, a été juge suppléant au tribunal de commerce, maire d'Angers en 1871, créa des écoles laïques, destitué au 24 mai.

Élu à l'Assemblée nationale en 1874.

En février 1876 il échoua avec 8,458 voix contre 8,593 à M. Fairé.

Élu le 21 mai 1876, après invalidation de M. Fairé, par 9,786 voix contre 9,584 données à M. Fairé.

En octobre 1877, il échoua avec 9,708 voix contre 10,813 à M. Fairé.

Après invalidation de ce dernier, il fut réélu par 9,763 voix contre 8,965 à M. Fairé.

A voté *pour* : Scrut. liste. Mise accusat. Suppr. inamovib. Presse. Sém. soldats. Revision. Suppr. Vatican.

Contre : Suppr. cultes.

Abstenu : Laïcité. Prop. Laisant.

Absent : Réunion.

MAILLÉ (De) (L.).

MAINE-ET-LOIRE. Cholet (1re circ.). — Inscr. 17,747.

Élu le 21 août 1881 par 9,283 voix contre 4,177 à
M. Gazault de Vautibault (R.).

Né en 1816, ancien officier, a commandé les mobiles pendant la guerre, conseiller général.

Élu à l'Assemblée nationale en 1871, membre de la commission des grâces.

Réélu en 1876 par 7,180 voix contre 3,835 à M. Abellard et 1,983 à M. Formon.

Réélu en 1877 par 9,176 voix contre 4,491 à M. Blanvillain.

A voté *pour* : Réunion. Presse.

Contre : Scrut. liste. Mise accusat. Suppr. inamovib. Sém. soldats. Prop. Laisant. Suppr. cultes. Suppr. Vatican.

Absent ou *abstenu :* Laïcité. Revision.

———

MALARTRE (C. D.).

HAUTE-LOIRE. Yssingeaux. — Inscr. 24,253.

Élu le 21 août 1881 par 9,220 voix contre 8,164 données à
M. Binachon, député sortant (U.).

Né en 1834, moulineur de soie, conseiller général depuis 1867.

Membre de l'Assemblée nationale de 1871, se fit remarquer par son amour exagéré pour les congés, repoussa les lois constitutionnelles.

Élu en 1876 par 8,547 voix contre 7,363 à M. Binachon.

Invalidé et réélu en 1877 par 9,393 voix contre 7,775 à M. Binachon.

Réélu en 1877 par 10,050 voix contre 7,301 à M. de Lagrevol.

Invalidé, échoua le 2 février 1879 avec 9,074 voix contre 9,383 à M. Binachon, élu.

———

MALEZIEUX (G.) 363.

AISNE. Saint-Quentin (2ᵉ circ.). — Inscr. 19,054.

Élu sans concurrent le 21 août 1881, par 11,667 voix.

Né en 1821, avocat et agriculteur, bâtonnier de l'ordre des avocats de Saint-Quentin, publia une série de travaux agronomiques, résultat de ses observations dans le Nord de l'Europe, vice-président du Conseil général.

Candidat de l'opposition en 1863 dans la 2ᵉ circonscription de l'Aisne, élu au second tour.

Réélu en 1869, signa le manifeste de la gauche.

Maire de Saint-Quentin après le 4 septembre, prit part à la défense de cette ville.

Élu en 1871 membre de l'Assemblée nationale, se fit inscrire à la gauche et au centre gauche.

Élu en 1876 par 12,252 voix.

Réélu en 1877 par 11,275 voix.

Présida la grande commission des douanes.

Vota *pour* : Mise accusat.

Vota *contre* ou *s'abstint* dans toutes les autres questions.

Dans sa circulaire il se prononça pour la formation d'un grand parti national républicain. Il espère qu'il se formera dans la Chambre une majorité compacte, homogène digne de porter le beau nom d'union républicaine :

La Chambre, qui va sortir du scrutin du 21 août, devra continuer à marcher dans la voie de la République démocratique, libérale et progressive avec plus de résolution, si c'est possible, mais toujours avec prudence et sagesse.

Questions d'impôts comprenant une meilleure et plus équitable répartition des charges publiques;

Questions agricoles, pour la solution desquelles il serait désirable d'introduire dans la Chambre un plus grand nombre d'hommes spéciaux;

Questions d'instruction publique où le gouvernement a beaucoup à faire pour achever l'œuvre commencée par la Chambre;

Questions religieuses que rendent si aiguës des prétentions et des doctrines aussi contraires au *droit moderne* qu'à l'esprit du christianisme, et qui sont imposées au Parlement par l'attitude hostile et les violences de langage d'un parti non moins nuisible à la religion que dangereux pour l'ordre public ;

Questions d'organisation d'une magistrature exempte de préjugés, imbue de l'esprit de nos institutions républicaines, impartiale, honnête, éclairée, laborieuse, à la hauteur, en un mot, de sa grande mission sociale.

Voilà des difficultés dont la solution ferait honneur à la prochaine législature.

Pour que la Chambre du 21 août 1881 soit en situation de remplir convenablement un tel mandat, il importe qu'elle soit la représentation fidèle du grand parti national républicain. Il faut que les élus du suffrage universel direct soient animés de cet esprit politique qui, facilitant les transactions, assure la cohésion dans un parti. Il faut que les députés de la France soient pénétrés de ce sentiment des nécessités pratiques, de ce désir de conciliation et d'entente cordiale, sans lesquels tout travail utile devient presque impossible dans un Parlement.

Cela étant, il se formera dans la Chambre une majorité compacte, homogène, digne de porter le beau nom d'union républicaine.

Cette majorité sera un véritable parti de gouvernement. Sur ses indications, le président de la République, avec son tact si parfait, son sentiment si juste des intérêts du pays, son respect si profond de la volonté nationale, formera un ministère qui, sûr du lendemain, pourra accomplir toutes les réformes mûres dans l'opinion publique.

————

MALLEVIALLE (u).

AVEYRON. Saint-Affrique. — Inscr. 17,660.

Élu le 21 août 1881 par 7,799 voix contre 6,496 données à M. Barascud, député sortant (Mon.).

Docteur en médecine, vice-président du conseil général.

Nous relevons le passage suivant de sa circulaire :

La République est maintenant solidement assise sur les ruines des institutions monarchiques. Le moment nous paraît donc venu de marcher en avant et de réaliser bon nombre d'améliorations réclamées depuis longtemps.

A ce titre, je voterai la réduction à trois ans de la durée du service militaire et le dégrèvement de l'impôt foncier, dégrèvement qui s'impose avec un véritable caractère d'urgence à raison des souffrances éprouvées par l'agriculture.

_____

MALRIC (E. G.).

AUDE. NARBONNE. — Inscr. 29,457.

Élu au scrutin de ballottage par 9,740 voix contre 8,116 données à M. Digeon (socialiste).

34 ans, avocat, maire de Sigean, conseiller général.

M. Malric remplace M. Labadié, extrême gauche, qui ne s'était pas représenté.

Extrait de sa profession de foi :

L'heure est venue d'organiser la Révolution. Aujourd'hui qu'elle est à l'abri de tout retour de l'esprit du passé, il s'agit d'appliquer ses principes. Il n'y a plus à temporiser, la voie est libre et il faut marcher.

Et d'abord il faut briser l'obstacle où l'esprit de conservation monte la garde pour dire au progrès : halte-là ! on ne passe pas ! cet obstacle est le Sénat. Une Constitution où se trouvent deux pouvoirs égaux, dont l'un veut aller de l'avant et dont l'autre a reçu le mot d'ordre de rester immobile, est fatalement amenée à une catastrophe ; c'est ce qu'il faut éviter au plus tôt en la revisant.

Je suis pour la suppression du budget des cultes, parce que je respecte la liberté de conscience, et il me semble qu'on la blesse profondément, quand on exige d'un citoyen un impôt pour faire prospérer une doctrine à laquelle il ne croit pas. Point de privilèges pour les ministres d'aucun culte.

Je suis avec ceux qui veulent une magistrature amovible parce qu'ils la veulent responsable et élective, parce qu'ils la veulent indépendante.

Le système financier doit être remanié ; les impôts de consommation, qui pèsent lourdement sur les épaules du pauvre, doivent être remplacés par l'impôt sur le revenu et sur le capital. Soulager la misère et frapper l'opulence.

Après une vie de travail, l'ouvrier arrive à la vieillesse n'ayant d'autre espoir que l'hospice ou le bureau de bienfaisance ; de la dignité pour lui, par conséquent établissement des classes de retraite.

L'école primaire gratuite, laïque et obligatoire : des bourses, donnant droit pour l'enseignement secondaire et supérieur, accordées aux enfants dont les facultés promettent un grand avenir. L'État a grand intérêt à ne pas laisser étioler les forces vives qui se trouvent dans les couches profondes du peuple et qui sont perdues, faute de culture.

Création d'écoles professionnelles.

Égalité de tous les citoyens devant la loi militaire, par conséquent suppression du volontariat d'un an.

L'organisation administrative de la France est une création du pouvoir absolu : elle est l'œuvre de Louis XIV et de Bonaparte. Il faut entrer dans l'esprit de la Révolution et porter la vie du centre aux extrémités, il faut décentraliser et rendre le souffle à ces corps inertes : le département et la commune.

Inscrit à l'extrême gauche, absent lors du vote sur la question du groupe fermé.

_____

MARCÈRE (c. g.) 363.

NORD. Avesnes (2e circ.). — Inscr. 22,598.

Élu le 21 août 1881 par 10,173 voix contre 5,012 à
M. M. Lecomte (Rad.).

Né en 1828, attaché à la chancellerie en 1848, substitut à Soissons, Arras, procureur à Saint-Pol, président du tribunal d'Avesnes, conseiller à la cour de Douai. Élu en 1871. Siégea au centre gauche, rapporteur de la loi électorale. Ministre de l'intérieur en 1877 après la mort de M. Ricard, démissionnaire en 1878.

Élu en 1876 par 10,202 voix contre 7,169 à M. Bottieau.

Réélu en 1877 par 9,526 voix contre 8,945 à M. Bottieau.

Absent lors du vote sur la revision.

A voté *contre* toutes les autres propositions.

N'a formulé aucun programme précis.

_____

MARCOU (E. G.) 363.

AUDE. Carcassonne. — Inscr. 30,398.

Élu sans concurrent le 21 août 1881, par 13,497 voix.

68 ans, avocat, déporté en 1852, rentra en France en 1867 prit la direction de la *Fraternité* de Carcassonne, présiden du conseil général, maire, révoqué au 24 mai.

Élu à l'Assemblée nationale en 1873, refusa de voter les lois constitutionnelles.

Élu en 1876 par 13,503 voix contre 6,815 données à M. Laperine.

Réélu en 1877 par 12,720 voix contre 10,960 données à M. Airolles.

A la dernière Chambre a voté *pour* : Mise accusat. Suppr. inamovib. Prop. Laisant. Suppr. Vatican. Laïcité. Scrut. liste.

Contre : Réunion. Presse.

Extrait de sa circulaire :

Je voterai la revision de la Constitution. Je me gardai bien de voter les lois constitutionnelles malgré la pression exercée sur tous les républicains, à l'aide de la fausse panique d'un coup d'État, bien impossible à mes yeux depuis l'échec de la « fusion ».

Si nous ne pouvons obtenir la plus urgente des réformes, la suppression du Sénat, ce maître, ce prétendu tuteur du suffrage universel, cet obstacle à la marche du progrès républicain, il faudra bien modifier le mode de son recrutement et renoncer à ses impertinentes attributions, sinon il arrivera un jour où la colère populaire fera éclater cette machine de guerre introduite par les monarchistes dans la Constitution.

Séparation de l'Église et de l'État et suppression du budget des cultes. Du jour où le clergé ne sera plus salarié, il recouvrera toute sa liberté. Comme il forme une association des plus puissantes, il sera prudent de prendre des précautions pour qu'il n'abuse pas de son indépendance.

Réforme de l'organisation judiciaire et, avant tout, épuration des magistrats. Cette réforme radicale ne peut être faite que par le peuple. Nul garde des sceaux — ils se croient tous les pères des magistrats — n'aurait ni le cœur, ni le courage de consommer le sacrifice d'Abraham. Il faudra que pour la première fois on fasse table rase et qu'on renouvelle le personnel judiciaire par l'élection. Mais après trois ans d'épreuves, le gouvernement reprendrait le droit de nommer les juges. Il va sans dire que l'inamovibilité doit disparaître. La seule garantie de l'impartialité réside dans la conscience des magistrats.

La liberté d'association, excepté pour les associations religieuses. Ne relevons pas les couvents. Les ordres religieux dont le chef est à l'étranger ne sont que des foyers de conspiration contre le droit moderne et la liberté de penser.

Inscrit à l'extrême gauche, partisan du groupe fermé.

MARET (Henry) (E. G.).

SEINE. Paris, 17e arr. (2e circ. nouvelle). Inscr. 16,681.

Élu au second tour, par 4,608 voix contre 3,576 à M. Villard (U.).

40 ans, employé de la préfecture de la Seine, journaliste, entra au *Mot d'ordre* sous la Commune, condamné par le conseil de guerre à cinq ans de prison, gracié par M. Thiers, conseiller municipal de Paris pour le quartier des Épinettes.

Collabora au *Mot d'ordre*, à la *Vérité*, puis directeur du *Radical*.

Voici le programme du groupe d'électeurs qui a offert la candidature à M. Henry Maret, programme accepté par lui :

1° Revision intégrale de la Constitution. — Suppression du Sénat et de la présidence.

2° Séparation des Églises et de l'État. — Suppression du budget des cultes. — Retour du clergé au droit commun. — Retour à la nation des biens de mainmorte. — Abrogation du Concordat.

3° Liberté complète de presse, de réunion et d'association.

4° Autonomie communale.— Division du pouvoir gouvernemental : à la Chambre des députés, les intérêts nationaux ; aux conseils généraux, les intérêts régionaux ; aux conseils municipaux, les intérêts communaux. — Rétribution de toutes les fonctions électives, sans cumul.

5° Revision de l'impôt dans son mode de perception, ses sources et son emploi. — Réduction progressive des octrois et de tous les impôts de consommation.

6° Droit de l'enfant à l'instruction intégrale (scientifique, agricole, industrielle), gratuite et laïque.

7° Substitution progressive des milices nationales à l'armée permanente. — Réduction immédiate à trois ans du service militaire. — Suppression du volontariat d'un an. — Suppression du privilège des séminaristes. — Liberté de conscience dans l'armée.

8° Élection de la magistrature. — Suppression de l'inamovibilité. — Justice gratuite. — Revision des codes. — Extension du jury à la juridiction correctionnelle. — Abolition de la peine de mort.

9° Revision des contrats ayant aliéné la propriété publique : mines, canaux, chemins de fer, etc. — Réorganisation de la Banque de France. — Crédit au travail. — Création d'écoles d'apprentissage et d'invalides civils. — Admission des groupes ouvriers aux adjudications de travaux publics. — Administration des caisses ouvrières par les ouvriers.

10° Incompatibilité du mandat de député avec des fonctions publiques, ou celles de membres des conseils d'administration ou de surveillance dans les compagnies industrielles et financières.

11° Droit exclusif pour la nation de décider sur les questions de guerre ou de paix.

12° Le pacte social sous la sauvegarde des corps élus.

Article additionnel. — Le député prend l'engagement de proposer à la Chambre une loi tendant à présenter aux électeurs vis-à-vis de leur mandataire les mêmes garanties qu'offre la loi pour le mandat civil.

Inscrit à l'extrême gauche, absent lors du vote sur la fermeture du groupe.

————

MARGAINE (G.) 363.

MARNE. Sainte-Menehould. — Inscr. 18,570.
Élu le 21 août 1881 par 5,119 voix contre 2,435 à M. Josse (Cons.).

Né en 1820, saint-cyrien, démissionnaire en 1866. A servi en Afrique. Fit le commerce des tuiles mécaniques. Conseiller municipal, maire, vice-président du conseil général. Chevalier de la Légion d'honneur.

Élu à l'Assemblée nationale en 1871.

Élu en 1876 par 4,676 voix contre 3,112 à M. Varin d'Épensival.

Réélu en 1877 par 4,360 voix contre 3,892 à M. Varin.

Questeur à la dernière Chambre.

A voté *pour* : Scrut. liste. Suppr. Vatican.

Absent : Laïcité. Presse.

Contre : Toutes les autres propositions.

Voici le passage important de sa profession de foi :

Au point de vue politique, je suis, et je l'ai montré, partisan du développement de toutes les libertés :

Liberté de se réunir, liberté de parler ou d'écrire, liberté de conscience, liberté des cultes sous l'égide de la loi commune.

Mais je combats par tous les moyens légaux la prédominance du clergé dans l'instruction de l'enfance et son immixtion dans les affaires civiles.

Selon moi, l'instruction faisant les citoyens, l'État doit seul surveiller et réglementer l'instruction publique.

Aussi ai-je voté les lois concernant l'instruction gratuite, laïque et obligatoire, et je voterai dans l'avenir tout ce qui sera l'application de cette formule.

Partisan de l'institution de *deux Chambres*, je reconnais cependant qu'il peut être opportun de réformer le mode d'élection des sénateurs, de laisser à la Chambre des députés, élus par le suffrage universel, l'intégrité de ses droits en matière de finances, et de soumettre tous les membres du Sénat à l'épreuve périodique d'une réélection.

MARGUE (u.) 363.

SAONE-ET-LOIRE. MACON (1re circ.). — Inscr. 17,780.

Élu le 21 août 1881 sans concurrent, par 9,740 voix.

Né en 1828. Étudiant en droit, fut emprisonné en 1848 pour avoir pris part au mouvement. Avocat, conseiller général.

Sous-secrétaire d'État à l'intérieur sous le ministère Gambetta.

Élu en 1876 par 10,203 voix contre 2,591 M. Pélissier.

Réélu en 1877 par 11,127 voix contre 3,000 à M. Piot.

M. Margue, à la Chambre précédente, a voté :

Contre : Réunion.

Pour : Suppr. inamovib. Suppr. cultes. Suppr. Vatican. Revision.

MARION (u.) 363.

ISÈRE. LA TOUR-DU-PIN (2ᵉ circ.). — Inscr. 17,020.

Élu 21 août 1881 sans concurrent, par 9,099 voix.

Né en 1829 à Grenoble, fils du représentant du peuple avocat, ancien agent de change à Marseille et à Paris, conseiller général.

Élu en 1869 comme candidat de l'opposition.

En 1870, commissaire du gouvernement dans la Savoie, l'Isère, les Hautes-Alpes, la Haute-Savoie, commandant supérieur des mobilisés de l'Isère.

Élu en 1876 par 7,994 voix contre 4,518 à M. de Quinsonas.

Réélu en 1877 par 9,276 voix contre 3,869 à M. Baboin.

A voté *pour :* Mise accusat. Laïcité. Presse. Suppr. inamovib. Sém. soldats. Prop. Laisant. Suppr. Vatican.

Contre : Scrut. liste. Réunion. Suppr. cultes.

Abstenu : Revision.

Dans sa profession de foi, il se prononce en faveur des réformes suivantes :

Liberté municipale, liberté de la presse, liberté de réunion, liberté d'association, équitable répartition des impôts, abolition progressive des impôts de consommation, abolition de la régie, impôt sur le revenu, réforme du service militaire qui doit être obligatoire pour tous les citoyens et réduit à trois années ; instruction primaire gratuite, obligatoire, laïque ; amélioration du sort des instituteurs ; réduction des gros traitements, augmentation des petite.; décentralisation administrative ; établissement d'hôpitaux et d'asiles cantonaux pour les malades et les vieillards ; caisse nationale de retraite pour les ouvriers des villes et des campagnes; réforme de la magistrature, etc.

Je dois aussi m'expliquer sur les deux grandes questions qui sont à l'ordre du jour : la *revision de la Constitution* et la *guerre au cléricalisme*.

Si la plupart de nos grandes réformes démocratiques ne sont pas encore réalisées ou ne sont qu'ébauchées, c'est que, depuis qu'il existe, le Sénat a paralysé les efforts de la Chambre des députés ; ne pouvant supprimer le Sénat, il faut le modifier dans son recrutement et dans ses attributions par voie de revision constitutionnelle. Tous les sénateurs doivent être nommés par le suffrage universel; le droit de dissolution doit disparaître ; enfin, les députés seuls doivent disposer du budget de la France.

La République, fondée sur la volonté persistante du peuple, trouve encore debout devant elle un ennemi implacable : c'est le cléricalisme ; il faut en finir avec cette résistance séditieuse; je suis donc décidé, pour ma part, à demander l'abrogation du Concordat, et à voter la suppression du budget des cultes, si les fonctionnaires cléricaux ne se soumettent pas à la volonté nationale.

MARMOTTAN (u.) 363.

SEINE. PARIS, 16e arr. — Inscr. 10,026.

Élu le 21 août 1881 par 5,007 voix contre 2,056 à M. Calla (Mon.).

Né en 1832, docteur en médecine. Protesta contre le coup d'État. Fit évader Orsini. Adjoint au maire du 16e arrondissement de Paris pendant le siège. Élu membre de la Commune. Donna sa démission. Conseiller municipal en 1874 pour le quartier des Bassins.

Élu en 1876, au 2e tour par 3,899 voix contre 2,579 à M. Dehaynin.

Réélu en 1877 par 4,269 voix contre 2,868 à M. Faye.

A voté *contre* : Réunion.

Pour : Toutes les autres propositions.

M. Marmottan a adopté le programme suivant :

1° Revision de la Constitution sur le mode électoral du Sénat. Suppression des inamovibles ;

2° Réforme de la magistrature. Élection des magistrats par un corps électoral spécial. Extension de la compétence des juges de paix et des tribunaux de commerce. Création des jurys correctionnels ;

3° Séparation de l'Église et de l'État ;

4° Extension des libertés municipales ;

5° Liberté de la presse ;

6° Liberté du droit de réunion ;

7° Liberté d'association pour les sociétés civiles ;

8° Instruction primaire, laïque, gratuite, obligatoire. Instruction gratuite aux degrés supérieurs par voie de concours ;

9° Égalité de tous les citoyens devant la loi militaire et le service de trois ans.

M. Marmottan ajoute à cette énumération les articles suivants, qui sont le fruit de sa propre initiative :

1° Reconnaissance légale des syndicats ouvriers ;

2° Organisation de l'enseignement professionnel ;

3° Création d'une caisse de retraite pour la vieillesse ;

4° Réforme de l'impôt ;

5° Revision du cadastre ;

6° Réforme des frais de justice ;

7° Installation des colonies pénitentiaires pour les récidivistes de droit commun.

MARQUISET (u.).

HAUTE-SAONE. Lure (2° circ.). — Inscr. 17,980.

Élu le 21 août 1881 par 7,219 voix contre 6,576 à M. Ricot.

Industriel, conseiller général.

Élu le 27 janvier 1878 par 8,190 voix contre 6,325 à M. Ricot, invalidé.

S'est *abstenu* : Suppr. inamovib. Élect. juges. Prop. Laisant. Suppr. bourses.

A voté *pour* : Suppr. cultes. Suppr. Vatican.
Contre : Toutes les autres propositions.

MARROT (u.).

CHARENTE. Angoulême (2e circ.). — Inscr. 19,897.

Élu le 21 août 1881 par 8,002 voix contre 7,724 données
à M. Ganivet, député sortant (B.).

45 ans, ancien bâtonnier de l'ordre des avocats, ancien
préfet de la Défense nationale, maire d'Angoulême, décoré,
conseiller général. Union modérée.

MARTIN (L.).

MORBIHAN. Lorient (2e circ.). — Inscr. 21,434.

Élu le 4 septembre 1881 par 7,510 voix contre 5,778
à M. Trottier (2e tour).

Né en 1833, négociant, propriétaire.
Signa la proposition de rétablissement de la monarchie,
à l'Assemblée nationale, où il fut envoyé en 1872 par le
Morbihan.

MARTIN-FEUILLÉE (g.) 363.

ILLE-ET-VILAINE. Rennes (2e circ.). — Inscr. 17,963.

Élu le 21 août 1881 sans concurrent, par 10,038 voix.

50 ans, avocat, président du conseil général. Capitaine
des mobiles en 1870. Décoré pour sa belle conduite pendant
la guerre. Sous-secrétaire d'État à l'intérieur, puis à la
justice. Président du conseil général d'Ille-et-Vilaine.
Échoua, en janvier 1876, aux élections sénatoriales.
Élu en 1876, par 10,777 voix, sans concurrent.
Réélu, en 1877, par 8,681 voix contre 6,957 à M. de Piré.

A voté *pour* : Scrut. liste.

Son programme est conforme à celui de M. Gambetta.

Sous-secrétaire d'État à la justice, sous le ministère Gambetta.

MAS (g.) 363.

AVEYRON. Millau. — Inscr. 19,953.

Élu le 21 août 1881 par 8,593 voix contre 6,863 à M. Calvet-Rogniat (B.).

Né en 1830, médecin.
Réélu en 1877 par 8,097 voix contre 7,671 données à M. de Bonald.
Élu en 1876, au scrutin de ballottage, par 8,139 voix contre 6,632 données à M. de Bonald.
A la Chambre dernière, il a voté *pour* : Mise accusat. Suppr. inamovib. Presse. Scrut. liste.
S'est *abstenu* : Prop. Laisant. Suppr. cultes. Suppr. Vatican. Laïcité.

Profession de foi incolore, dans laquelle nous ne voyons à relever que cette phrase :

Ce que vous voulez donc certainement en immense majorité, c'est le gouvernement que vous avez, que vous connaissez et qui marche pacifiquement dans la voie du progrès.

MASSIP (u.).

ARIÈGE. Foix. — Inscr. 24,298.

Élu le 21 août 1881 par 8,997 voix contre 6,919 données à M. de Bellissen, député sortant (R.)

50 ans, propriétaire. Pas de passé politique. A été rédacteur du *Journal officiel.*

Extrait de sa profession de foi :

Pour ma part, considérant que la République n'a sa raison d'être que si elle est largement réformatrice, je donne mon entière adhésion au programme de l'Union Républicaine.

Il renferme dans son ensemble les réformes nécessaires dont la nation est en droit d'attendre la prochaine application.

Résolu à m'opposer aux empiétement du cléricalisme, je voterai l'instruction gratuite, obligatoire et laïque, voulant l'instituteur libre dans son école exclusivement consacrée à l'instruction publique, le prêtre libre de donner dans son église l'instruction religieuse à ceux qui la veulent recevoir.

Je voterai la loi devant apporter des modifications nécessaires dans le personnel de la magistrature.

Je suis partisan de la liberté de la presse, du droit de réunion de la liberté d'association ;

De l'exigibilité du service militaire pour tous les Français sans exception, de la réduction de ce service, si elle n'est pas incompatible avec le recrutement et l'instruction de notre armée ; de la suppression du volontariat d'un an, à remplacer par des examens ou des concours après un temps de service à déterminer ;

De l'unification de toutes les pensions de retraite militaire, de la revision des pensions civiles.

Je demanderai la réduction de l'impôt foncier et de l'impôt indirect de consommation.

Je voterai ; l'impôt sur le revenu ;

La loi sur les franchises municipales.

Je demanderai la revision de la Constitution en ce qui concerne le mode d'élection des sénateurs, et le rétablissement du scrutin de liste en ce qui concerne celui des députés.

Je ne suis pas de l'avis de ceux qui pensent que le citoyen investi d'un mandat législatif doit se confiner dans les hautes sphères de la politique ; je considère au contraire que les intérêts matériels de son arrondissement, et les justes revendications que peuvent exercer même des particuliers doivent être l'objet de ses préoccupations constantes.

MASURE (v.) 363.

NORD. LILLE (2e circ.). — Inscr. 16,570.

Élu le 21 août 1881 par 9,244 voix contre 2,008 à M. Bernard
et 1,353 à M. Giard.

Né en 1836, journaliste. Conseiller municipal de Lille
en 1865. Fonda le *Progrès du Nord* en 1867. Nombreux
procès de presse. Défendu par Gambetta. Après le 4 septembre, directeur général adjoint du personnel au ministère de l'intérieur. Démissionnaire.

Échoua aux élections générales.

Acquitté à la suite de poursuites pour des articles contre
les pèlerins d'Anvers.

Élu en 1876 par 6,740 voix, le 16 avril, en remplacement
de M. Gambetta optant pour Paris.

En 1877, réélu par 9,835 voix.

A voté *contre* : Réunion. Revision.

Pour : Toutes les autres propositions.

Dans sa profession de foi, M. Masure demande la
suppression des inamovibles en attendant la suppression
du Sénat. Il ajoute :

J'ai réclamé la liberté de réunion à laquelle une loi récente a
donné les garanties essentielles ; la liberté de la presse qu'une loi
vient de préparer, qu'une autre loi devra compléter ; la liberté
d'association qui doit être absolue pour les citoyens français, pour
les travailleurs, sous la réserve du maintien des principes de la
Révolution en ce qui concerne les congrégations religieuses et les
biens de mainmorte.

J'ai réclamé l'instruction primaire gratuite, obligatoire et laïque.

Je veux aussi l'extension de l'enseignement professionnel et
l'augmentation du nombre des bourses par voie de concours, afin
de faciliter aux enfants du peuple l'accès de l'enseignement secondaire et de l'enseignement supérieur.

J'ai voté contre l'inamovibilité de la magistrature et pour la recherche des moyens pratiques de faire sortir la nomination des
magistrats de l'élection.

Je demande la continuation de la politique des dégrèvements, la réforme de l'assiette des impôts, l'établissement d'un impôt sur le revenu.

Je me suis prononcé pour le service militaire obligatoire pour tous, sans exception d'aucune sorte ; pour la réduction de la durée de ce service ; contre le maintien du volontariat d'un an.

Partisan de la séparation des Églises et de l'État, j'ai voté pour la suppression du budget des cultes et pour la suppression de l'ambassade française auprès du Saint-Siège.

Plein de sollicitude pour l'amélioration du sort des travailleurs, j'ai voté pour la reconnaissance de la personnalité civile des syndicats ouvriers ; pour la réduction à dix heures de la durée du travail à la journée ; pour l'établissement d'une caisse de retraite en faveur des vieux ouvriers de l'industrie et de l'agriculture.

MATHÉ (u.).

YONNE. AVALLON. — Inscr. 13,415.

Élu le 21 août 1881 par 7,200 voix, sans concurrent.

Né en 1824, négociant, maire d'Avallon après le 4 septembre, conseiller général.

Élu en 1877 par 5,863 voix contre 5,508 à M. Garnier.

A voté *contre :* Réunion.

Pour toutes les autres propositions.

MATHIEU (u. avancée).

MORBIHAN. LORIENT (1re circ.). — Inscr. 21,003.

Élu le 21 août 1881 par 7,819 voix contre 3,367 à M. Canory (L. et 1,178 à M. Boy.

Conseiller général.

Élu en 1880, après la mort de M. Ratier, par 6,253 voix contre 4,835 à M. Boy.

A voté *pour :* Suppr. inamovib. Laïcité. Sém. soldats.

Réunion. Presse. Prop. Laisant. Suppr. cultes. Suppr. Vatican. Scrut. liste.

N'était pas député lors du vote sur la mise en accusation.

Inscrit à la gauche radicale.

MAUGER (G.).

CALVADOS. Caen (2e circ.). — Inscr. 15,385.

Élu le 21 août 1881 par 5,693 voix contre 5,226 données à
M. Desloges, député sortant (B.).

40 ans, ingénieur civil, concessionnaire du chemin de fer
de Caen à la mer.

Dans sa circulaire il se déclare partisan sincère du
régime actuel :

Tous mes efforts tendront à l'amélioration de la Constitution et
à l'affermissement de la République.

Au point de vue général, je m'appliquerai au maintien de la paix
et au développement de toutes nos libertés politiques, sociales et
religieuses.

Il faut que le fils du plus pauvre puisse, comme celui du
riche, parvenir aux plus hautes situations. Fils de travailleur,
travailleur moi-même, mon origine et ma vie entière vous sont de
sûrs garants de mes intentions.

MAUGUIN (U.).

ALGÉRIE. Alger (2e circ.). — Inscr. 10,118.

Élu le 21 août 1881 par 3,596 voix contre 2,675 données à
M. Gastu, député sortant (circonscription dédoublée).

50 ans, imprimeur, maire de Blidah, vice-président du
conseil général d'Alger, propriétaire du journal le *Tell*, qui
défend les idées d'assimilation à outrance.

Dans sa profession de foi, il déclarait cependant qu'il

était opposé à la suppression du gouvernement général et que son programme était celui formulé par M. Albert Grévy il y a deux ans, à Bône.

Il continuait ainsi :

Si ce programme est resté le vôtre, vous le manifesterez dans une enquête légalement faite, que je provoquerai, et, en votre nom, j'en poursuivrai l'exécution.

Nous avons bien d'autres choses à demander à la mère patrie, qui ne nous marchande ni ses soldats, pour la défense du pays, ni ses trésors pour la colonisation.

Nous aurons à lui demander la liquidation des projets de loi laissés en suspens par la législature qui vient de finir.

Nous lui demandons encore la création de plusieurs départements, la continuation du réseau de nos voies ferrées et notamment le chemin de fer de Tizi-Ouzou, celui d'Alger à Laghouat, qui sera le premier jalon du transsaharien, les fonds nécessaires pour la construction des barrages et des routes, l'achèvement des ports, le salut de ce qui nous reste de forêts, dont la destruction s'accentue chaque jour; le reboisement et le gazonnement des montagnes, l'aménagement des eaux d'alimentation.

La solution de toutes ces questions, qui sont d'une haute importance pratique et avec lesquelles j'ai pu me familiariser au sein du conseil général, sera poursuivie par moi avec l'activité, la ténacité et le dévouement, dont je crois avoir déjà donné quelques preuves.

Quant à mes opinions républicaines et démocratiques, elles vous sont connues. Le journal que j'ai fondé à Blida, dans des temps difficiles, et qui est encore sous ma direction, s'est toujours placé à l'avant-garde du progrès : sous l'Empire, en combattant le gouvernement militaire, les bureaux arabes, l'Empire lui-même à l'époque du plébiscite; sous la République, en demandant, avec tous les bons citoyens, l'amnistie, l'instruction laïque, gratuite et obligatoire, une Chambre unique, la suppression du budget des cultes, la liberté de la presse, le droit de réunion.

Inscrit à la gauche radicale.

MAUNOURY (U.) 303.

EURE-ET-LOIR. Chartres (2e circ.). — Inscr. 16,461.

Élu le 21 août 1881 par 8,476 voix contre 3,799 à M. Croisille.

55 ans, avocat, ancien magistrat, démissionnaire en 1851, secrétaire général de la préfecture en septembre 1870, Secrétaire de Nubar-Pacha, a pris une part active aux réformes judiciaires en Orient.

Élu en 1876 par 8,292 voix contre 3,434 à M. Fontaine.

Réélu en 1877 par 8,399 voix contre 3,835 à M. de Bassoncourt.

A voté *pour* : Scrut, liste. Prop. Laisant.

Contre : Mise accusat. Réunion. Presse. Sém. soldats. Revision. Suppr. cultes. Suppr. Vatican.

Abstenu : Suppr. inamovib.

Le 12 août, dans une réunion publique à Auneau, il s'est prononcé pour :

Le service obligatoire pour tous.
La réforme de la magistrature.
La revision en ce qui touche le mode de recrutement du Sénat.

MAUREL (E. G.).

VAR. Toulon (2e circ.). — Inscr. 21,094.

Élu le 21 août 1881 par 5,840 voix contre 1,983 à M. Heckel (soc.) et 1,590 à M. Casimir Bouis (socialiste).
M. Allégre, député sortant (U.), s'était retiré.

40 ans, ancien avoué, sous-préfet de Montluçon, conseiller général.

Inscrit à l'extrême gauche. Partisan du groupe fermé,

MAYET (G.) 363.

SAVOIE. MOUTIERS. — Inscr. 8,845.

Élu le 21 août 1881 sans concurrent, par 4,311 voix.

Né en 1815, procureur à Moutiers en 1843, avoué en 1860, a dirigé pendant neuf ans l'établissement de Brides-les-Bains, juge de paix en 1870, conseiller général.

Élu en 1876 par 3,759 voix contre 3,375 à M. Berard.

Réélu en 1877 par 3,916 voix contre 3,690 à M. Berard.

S'est *abstenu* : Élection. Laïcité.

Était *absent* : Suppr. cultes. Bourses. Suppr. Vatican.

A voté *contre* : Mise accusat. Presse. Sém. soldats. Revision.

Pour toutes les autres propositions.

MAYNARD de la CLAYE (L.).

VENDÉE. LA ROCHE-SUR-YON (1re circ.).
Inscr. 22,995.

Élu le 21 août 1881 par 9,144 voix contre 8,433 à M. Jenty, député sortant (G.).

Propriétaire.

MAZE (G.).

SEINE-ET-OISE. VERSAILLES (2e circ.). — Inscr. 12,123.

Élu le 21 août 1881 par 5,239 voix contre 1,462 à M. Lepelletier (Rad.).

Professeur d'histoire au lycée de Versailles, ancien préfet. Élu le 21 décembre 1879 en remplacement de M. Journault, démissionnaire, par 4,625 voix contre 1,302 à M. Buffenoir, radical.

Voici les principaux articles de sa profession de foi :

La séparation de l'Église et de l'État doit être préparée par des lois de garantie *contre* la reconstitution de la mainmorte et *pour* le respect des institutions républicaines.

Je demande la réforme du jury, je demande aussi celle de la magistrature sur la base de l'élection par des corps spéciaux, la réduction du nombre des tribunaux, la diminution des frais, moins de lenteur dans la procédure civile, plus de ménagements pour les accusés, trop souvent traités en coupables.

Nos services doivent être réorganisés avec le concours à l'entrée, des conditions fixes d'avancement, la diminution du nombre des fonctionnaires. Il faut étendre les franchises municipales et développer les attributions de nos divers conseils électifs, pour débarrasser le plus possible les Chambres des questions d'intérêt local.

Je suis pour l'élection des députés au scrutin de liste, pour la réforme de la loi électorale du Sénat, pour la suppression de l'inamovibilité, pour la réduction du mandat de sénateur.

MÉLINE (g.) 363.

VOSGES. REMIREMONT. — Inscr. 19,443.

Élu le 21 août 1881 par 9,130 voix, sans concurrent.

Né en 1838, avocat, adjoint au maire du 1er arrondisse. ment pendant le siège, élu membre de la Commune, refusa, conseiller général.

Élu en 1872 membre de l'Assemblée nationale.

Élu en 1876 par 8,071 voix, sans concurrent.

Réélu en 1877 par 9,750 voix contre 5,319 à M. Krantz.

A voté *pour :* Scrut. liste.

Absent : Sém. soldats.

S'est *abstenu :* Suppr. inamovib. Élection. Prop. Laisant. Suppr. cultes.

A voté *contre* toutes les autres propositions.

MENARD DORIAN — (E. G.).

HÉRAULT. MONTPELLIER (1ʳᵉ circ.). — Inscr. 24,453.

Élu le 21 août 1881 par 9,991 voix, contre 2,002 à
M. Brousse (Rad. socialiste).

Métallurgiste, gendre de M. Dorian, ministre des travaux
publics, au 4 septembre.

Élu en 1877 par 12,233 voix contre 7,611 à M. de Mont-
vaillant.

A voté *pour* toutes les propositions énumérées ci-dessus.
A été secrétaire de la Chambre des députés.

Dans la réunion électorale de la 1ʳᵉ circonscription de Montpellier, il a refusé d'accepter le mandat impératif. Il s'est prononcé
en faveur des lois d'enseignement, pour le service militaire obligatoire pour tous, la séparation de l'Église et de l'État. Il a déclaré avoir repoussé la loi sur les associations, parce que les associations ecclésiastiques auraient été les premières à en bénéfi-
cier.

Inscrit à l'extrême gauche. Partisan du groupe ouvert.

MERCIER (u.) 363.

AIN. NANTUA. — Inscr. 14,359.

Élu le 21 août 1881 sans concurrent, par 8,543 voix.

Né en 1825, professeur, puis avocat; collabora à plusieurs journaux républicains, arrêté au coup d'État et incarcéré, fit une opposition ardente à l'Empire; au 4 septembre, il fut élu maire de Nantua, conseiller général.

Nommé représentant de l'Assemblée nationale le 2 juillet 1871.

Il a été élu député de Nantua le 20 février 1876 par 8,800
voix.

Réélu en 1877 par 9,548 voix.

Au cours de la dernière législature, il a voté *pour* : Mise accusat. Suppr. inamovib. Laïcité. Scrut. liste.

Contre : Réunion. Presse. Revision.

S'est *abstenu* : Suppr. Vatican. Prop. Laisant. Suppr. culte.

Voici son programme :

Cela fait, se mettre résolument à l'œuvre et travailler :

1° A la réforme de la magistrature. N'est-ce pas un scandale en même temps qu'un danger, qu'une magistrature en révolte ouverte contre le gouvernement de la République, et mettant ses passions réactionnaires au service de ses rancunes politiques?

Vous voulez une nouvelle investiture des magistrats au nom de la République et la suppression de l'inamovibilité qui les couvre contre l'action de l'opinion publique ;

Vous voulez aussi des réformes dans les codes pour les mettre plus en harmonie avec la société nouvelle, la réduction des frais de justice, le changement du mode de nomination du jury, la création d'un jury correctionnel, et l'extension de la compétence des juges de paix ;

2° Vous désirez que la Chambre de 1881 continue l'œuvre de la Chambre de 1877 en ce qui concerne les empiétements du clergé et des congrégations sur le domaine de la société civile et politique, et avance ainsi progressivement le moment où pourra avoir lieu, sans troubler le pays, la séparation des Églises et de l'État, principe reconnu rationnel et logique ;

3° Vous voulez que l'on codifie en un ensemble clair et harmonique les lois militaires déjà votées, avec l'adoption du service obligatoire de trois ans et la suppression du volontariat ;

4° Vous désirez que l'on opère des réformes sérieuses dans toutes les administrations publiques, que l'on y rétablisse la discipline, que l'on réduise le nombre des employés en augmentant les traitements des plus petits ;

5° Vous voulez que l'instruction primaire, qui est déjà gratuite, devienne obligatoire et laïque, mais vous désirez aussi que l'instruction secondaire et spéciale soit, sinon immédiatement gratuite, tout au moins accessible au plus grand nombre par la réduction très sensible des frais de cet enseignement dans les lycées et les collèges universitaires;

6° Vous désirez de nouveaux dégrèvements d'impôts résultant

soit des plus-values annuelles du budget, soit d'un remaniement du système de contribution actuellement en vigueur ;

Vous demandez surtout la revision du cadastre de manière à faciliter la réduction des droits de mutation et d'enregistrement sur les ventes et à égaliser plus équitablement les charges de l'impôt foncier ;

7° Vous demandez l'organisation du crédit et des assurances agricoles ;

8° Vous voulez que l'on aborde résolûment la question des chemins de fer, que l'on réduise le monopole des grandes compagnies en restituant à l'État le droit absolu d'établir les tarifs des transports ;

9° Vous désirez que l'on rende aux conseils municipaux des chefs-lieux de canton et d'arrondissement le droit de nommer leurs maires et que l'on étende dans une juste mesure les attributions des conseils des communes ;

10° Vous dmandez enfin que l'on revise la Constitution de 1875, en ce qui touche l'inamovibilité du tiers du Sénat, la proportionnalité numérique du corps électoral qui le nomme, et les attributions législatives du Sénat lui-même. Vous vous êtes aperçu des dangers qu'il y avait pour la tranquillité publique et pour la sécurité de nos institutions républicaines et démocratiques à maintenir dans l'état actuel un corps qui semble n'avoir été créé que pour faire naître des conflits entre les pouvoirs publics.

Mes chers concitoyens, voilà, si je ne me trompe, dégagé de toute exagération et de toute utopie, le programme de l'œuvre législative que vous voulez voir accomplir par la Chambre de 1881.

Ce programme, je l'accepte, et je promets de le remplir pour ma part autant que le permettront le temps et les circonstances.

MESTREAU (G.) 363.

CHARENTE-INFÉRIEURE. MARENNES.
Inscr. 16,069.

Élu le 21 août 1881 par 7,948 voix, sans concurrent.

Banquier, préfet de la Charente-Inférieure au 4 septembre, vice-président du conseil général.

Élu le 8 février 1871 à l'Assemblée nationale et invalidé parce qu'il n'avait pas démissionné à temps.

Réélu le 2 juillet 1871.

Échoua aux élections législatives de 1876 dans l'arrondissement de Saintes 1re cir., où il réunit 5,415 voix contre 6,662 données à M. Eschasseriaux, père, qui fut élu.

M. Dufaure ayant donné sa démission à la suite de son élection au Sénat, M. Mestreau fut élu le 12 novembre 1876 à Marennes, par 6,182 voix contre 5,265 données à M. Omer Charlet, bonapartiste.

Réélu en 1877 par 7,175 contre 5,682 données à M. Piolant.

A la Chambre dernière, il a voté *pour* : Suppr. inamovib. Laïcité. Scrut. liste.

Contre : Réunion. Presse. Revision. Prop. Laisant. Suppr. cultes. Suppr. Vatican.

Abstenu : Mise accusat. Sém. soldats.

MEZIÈRES (G.).

MEURTHE-ET-MOSELLE. Briey. — Inscr. 17,469.

Élu le 21 août 1881 par 11,657 voix, en remplacement de M. E. de Ladoucette (C. D.), qui s'était retiré.

Né en 1826, élève des écoles normale et d'Athènes, professeur de rhétorique à Toulouse, à la Faculté de Nancy, à la Sorbonne. De l'Académie française. Proposa de ne pas entendre le discours d'Émile Ollivier.

Échoua aux élections de 1877 avec 7,142 voix.

Officier de la Légion d'honneur.

A écrit de nombreux ouvrages. Collabore au *Temps*. Conseiller général.

Voici le passage saillant de sa profession de foi :

Si vous me faites l'honneur de m'envoyer à la Chambre, je travaillerai de toutes mes forces à la formation d'une majorité de gouvernement. La stabilité est le premier besoin du pays. Groupons-nous, mes chers compatriotes, autour d'un pouvoir fort et respecté; ne l'affaiblissons point par des attaques inconsidérées, ne faisons pas le jeu d'une opposition dont le rôle naturel est de se plaindre toujours, d'accuser toujours.

Aidons le gouvernement républicain à continuer les grandes œuvres qu'il a entreprises : la diffusion de l'instruction à tous les degrés ; le maintien des droits de l'État sur l'enseignement, qui laissent intacte la liberté individuelle de l'éducation et ne portent aucune atteinte au respect du sentiment religieux; la défense des intérêts de l'agriculture et de l'industrie; le développement du réseau de nos chemins de fer, de nos routes, de nos canaux ; l'organisation définitive du service militaire ; la diminution progressive des impôts qui pèsent sur les travailleurs.

MICHOU (u.).

AUBE. BAR-SUR-SEINE. — Inscr. 15,237.

Élu au scrutin de ballottage par 7,731 voix contre 4,341 à M. Ferlet (Mon.).

Il remplace M. Doyen, député républicain invalidé.

58 ans, docteur en médecine, lauréat de l'Institut.

Voici le passage important de sa profession de foi :

Révision de la Constitution, spécialement en ce qui concerne le mode d'élection des sénateurs ; suppression de l'inamovibilité afin qu'il n'y ait plus d'inégalité entre les membres de la haute Chambre.

Rétablissement du scrutin de liste.

L'État, chef naturel et incontestable de l'enseignement, est laïque ; l'instruction primaire doit donc être *laïque*; de plus *obligatoire*, parce que nul ne saurait demeurer illettré sous le régime du suffrage universel; *gratuite*, afin que personne n'invoque d'excuse en faveur de l'ignorance. Des bourses nombreuses seront, au concours, obtenues pour l'enseignement supérieur, par les plus méritants.

En attendant la séparation des Églises et de l'État, exécution stricte du Concordat et des lois organiques.

Service militaire obligatoire, égal pour tous, et réduit au strict nécessaire.

Réforme de la magistrature ; suppression de l'inamovibilité. Réforme de nos codes et simplification de nos lois : création de jurys correctionnels et de tribunaux de commerce ; extension de la compétence des tribunaux de paix.

Suppression de l'impôt sur les vins, d'où liberté absolue de circulation.

Application de l'impôt à toutes les valeurs mobilières (y compris les rentes sur l'État) comme à toutes les autres sources de revenus.

Suppression de l'impôt personnel (prestations, cote personnelle) et son remplacement par un impôt proportionnel à la fortune de chacun.

Suppression, le plus tôt possible, des impôts spéciaux établis pour frais de guerre.

Encouragements efficaces à notre agriculture, cette mamelle nourricière de la France ; réduction de l'impôt sur les propriétés rurales. Revision du cadastre.

Multiplication des moyens de transport, surtout des voies ferrées et des canaux. Développement progressif de l'industrie et du commerce.

Contrôle toujours rigoureux des dépenses publiques.

Vote des lois de finances exclusivement réservé à la Chambre des députés. Interdiction du cumul des fonctions électives, ainsi que des fonctions électives et salariées.

Est-il besoin, mes chers concitoyens, de vous parler de mon ardent amour pour la *République démocratique*, pour notre chère France ? Toute ma vie passée vous répondra, en même temps qu'elle vous indiquera ma conduite future.

Si vous me faites l'honneur de m'élire, je siégerai à l'Union républicaine, à côté de mon honorable compatriote Paul Bert.

Inscrit à la gauche radicale.

MINGASSON (u.).

CHER. Sancerre. — Inscr. 24,073.

Élu le 21 août 1881 par 12,148 voix contre 7,300 données à M. Cassier (G.).

Conseiller d'arrondissement.

Élu en 1877 par 10,896 voix contre M. Arthur de Chabaud-Latour 8,793.

A voté toutes les propositions énumérées plus haut, sauf la liberté absolue de la presse.

MIR (G.) 363.

AUDE. CASTELNAUDARY. — Inscr. 14,738.

Élu le 21 août 1881 par 5,312 voix contre 3,201 données à M. Alquier (B.) et 1,014 à M. Fourès (Rad.).

Né en 1843, avocat, ancien secrétaire de M. Jules Ferry.

Sous-préfet de Castelnaudary en 1870 et de Nérac, donna sa démission en 1872. A épousé Mlle Pereire.

Élu au 2e tour en 1876 par 5,907 voix contre 5,850 données à M. de Lordat, légitimiste.

En 1877, M. Lordat fut élu par 6,891 voix contre 4,813 données à M. Mir.

M. de Lordat a été invalidé et M. Mir réélu le 7 avril 1878 par 6,638 voix contre 5,778 données à son concurrent.

A la Chambre dernière, il a voté *pour :* Mise accusat. Presse. Suppr. Vatican. Laïcité.

Contre : Réunion. Sém. soldats. Prop. Laisant. Scrut. liste.

Dans sa profession de foi, il s'exprime ainsi :

D'abord, il est nécessaire que le suffrage universel envoie à la Chambre une majorité homogène et compacte, formée par la plus grande élimination des représentants monarchistes qui ne sont bons qu'à faire de l'obstruction tapageuse, ainsi que des intransigeants, radicaux et socialistes, qui, malgré leur talent et leur ardent patriotisme, vivant dans l'idéal de la révolution perpétuelle perdraient encore la République en peu de jours et avec la meilleure foi du monde.

Cette majorité devra-t-elle travailler au raffermissement de la République en l'ar-cboutant dans la résistance, dans une inerte stabilité ?

Non, mille fois non! Une majorité de résistance ne tarderait pas à sombrer dans la réaction avec laquelle elle serait bientôt confondue.

Cette majorité de résistance rejetterait immédiatement dans l'opposition des forces vives, puissantes, irrésistibles de l'Union républicaine et serait vite culbutée par elle, d'où la nécessité de consulter à nouveau le pays et ainsi s'ouvrirait l'ère des crises insondables.

Il faut que la majorité pratique docilement, attentivement la règle essentielle de toute démocratie, qui est le perfectionnement et l'amélioration incessante du sort moral et physique du peuple : la loi supérieure et inéluctable à suivre, c'est le progrès, c'est la réforme.

Il est donc de toute nécessité que la majorité nouvelle, retrempée dans le suffrage universel, soit innovatrice, progressiste et réformatrice.

Mais quelles sont les innovations, les progrès et les réformes à accomplir?

D'abord, toutes les innovations tendent à briser les préjugés et traditions monarchiques, qui enveloppent et étreignent nos institutions comme une séculaire et atrophiante carapace.

En outre, et au premier rang, les réformes qui ont été déjà élaborées par l'opinion publique et qui s'offrent d'elles-mêmes au législateur : il faut, par exemple, que la magistrature soit refondue et que, pénétrée de l'esprit républicain, elle entre enfin dans une pleine communauté de vues et d'aspirations avec la conscience publique.

Ensuite, les réformes que nos hommes d'État font figurer dans leurs programmes pour les soumettre à l'épreuve préparatoire des mœurs et des informations publiques : telles sont les réformes que l'illustre président de la Chambre vient de proposer dans son discours de Tours. En tête, figure la revision partielle de la Constitution qui permettra de proportionner le nombre des électeurs sénatoriaux de chaque commune au nombre des électeurs inscrits.

MONTANÉ (G.).

HAUTE-GARONNE. Toulouse (3e circ.).
Inscr. 20,308.

Élu le 21 août 1881 par 7,589 voix contre 6,846 à M. Chapelou-
Grasset (R.).

Propriétaire.

Candidat malheureux en 1876, obtint 7,495 voix contre
8,703 à M. d'Ayguesvives.

En 1877, il en réunit 8,058 contre 9,341 au même M. d'Ayguesvives.

A la suite de l'invalidation de ce dernier, M. Montané fut
élu le 7 juillet 1878 par 9,530 voix contre 8,392 à M. d'Ayguesvives.

A voté *pour* : Scrut. liste. Presse. Prop. Laisant. Suppr.
Vatican.

Abstenu : Sém. soldats.

Contre toutes les autres propositions.

Voici la conclusion de sa circulaire :

Ces réformes, accomplies dans un court espace de temps, vous
donnent la mesure des améliorations qui pourront se réaliser dans
l'avenir.

L'agriculture, cette branche féconde de notre richesse nationale,
recevra, dans le prochain budget, la satisfaction qui lui est due.
La Chambre, dans une de ses dernières séances, a pris l'engagement de dégrever l'impôt foncier de quarante millions, c'est-à-dire
d'un quart. La Chambre nouvelle, dont la majorité républicaine
ne peut que s'accroître, réalisera ce bienfait que nul gouvernement
antérieur n'aurait pu tenter.

Elle réduira également le service militaire à trois ans et fera
disparaître l'inégalité choquante qui établit les privilèges.

Ces projets de loi, je les ai approuvés lorsqu'ils sont venus en discussion; il est superflu de dire que je les voterai, si j'ai l'honneur
d'être de nouveau votre mandataire.

J'ai voté également la loi sur la réforme de la magistrature, dont
l'article principal comprenait la suspension provisoire de l'inamovibilité; et je voterai la révision de la Constitution en ce qui touche

au mode d'élection du Sénat, de manière à mettre ce grand corps politique plus en harmonie avec les principes qui ont pour base le suffrage universel.

MOREL (o. o.) 362.

MANCHE. AVRANCHES (1re circ.). — Inscr. 12,190.

Élu par 6,581 voix contre 3,156 à M. d'Avenel.

Né à Saint-Malo en 1846, ancien auditeur au Conseil d'État, capitaine de mobiles dans l'armée de la Loire, conseiller général.

Élu en 1876 par 5,432 voix contre 4,446 à M. Bouvattier.

Échoua en 1877 avec 3,256 voix contre 5,503 à M. Bouvattier, élu.

Après invalidation de ce dernier, M. Morel fut réélu le 5 mai 1878 par 6,496 voix contre 650 à M. Bouvattier.

Abstenu : Suppr. inamovib.

Vota contre : Toutes les autres propositions.

MUN (De) (L.).

MORBIHAN. PONTIVY (2e circ.). — Inscr. 9,989.

Élu le 21 août 1881 par 4,467 voix contre 3,550 à M. Lefur.

Né en 1841, arrière-petit-fils d'Helvétius, capitaine de cuirassiers, officier d'ordonnance du gouverneur de Paris, se consacra à la fondation de cercles catholiques d'ouvriers, donna sa démission en 1875.

Élu en 1876 au 2e tour par 10,725 voix contre 8,748 à l'abbé Cadoret.

Invalidé et réélu le 27 avril 1876 par 9,789 voix contre 9,466 à M. Le Maguet.

Réélu en 1877 par 12,512 voix contre 6,822 à M. Le Maguet.

Invalidé, n'obtint le 2 février 1879 que 9,870 voix contre 10,392 à M. Le Maguet, élu.

MURAT (Joachim) (B.).

LOT. CAHORS (1re circ.). — Inscr. 15,793.

Élu le 21 août 1881 par 7,601 voix contre 5,222 à M. Relhié (R.).

Né en 1828, descend d'un frère du roi de Naples, chargé d'affaires en 1852 et 1853.

Député de la 1re circonscription du Lot en 1854.

Réélu en 1857, secrétaire du Corps législatif.

Vice-président du conseil général, maire de la Bastide-Murat.

Réélu en 1863 et en 1869, signa la demande d'interpellation des 116.

Membre de l'Assemblée nationale.

Réélu en 1876 par 10,027 voix contre 2,461 à M. Thiers.

Réélu en 1877 par 9,313 voix contre 3,647 à M. Capmas.

A voté *pour* : Scrut. liste. Réunion. Revision.

Contre : Mise accusat. Suppr. inamovib. Laïcité. Sém. soldats. Prop. Laisant. Suppr. cultes. Suppr. Vatican.

Abstenu : Presse.

NADAUD (Martin) (E. G.) 363.

CREUSE. BOURGANEUF. — Inscr. 11,154.

Élu le 21 août 1881, sans concurrent, par 5,177 voix.

Né en 1815, ancien ouvrier maçon.

Membre de l'Assemblée nationale.

Expulsé après le coup d'État.

Préfet de la Creuse après le 4 septembre, puis membre du conseil municipal de Paris.

Élu le 20 février 1876 par 4,083 voix (Bourganeuf) contre 3,275 à M. Coutisson.

Réélu en 1877 par 4,311 voix contre 2,737 au même.

Abstenu : Revision.

Pour : Toutes les autres propositions.

Dans sa circulaire de 1881, il conclut ainsi :

Enfin, on accuse cette Chambre de n'avoir rien fait. Jugez-en : de 1876 à 1881, elle a, en cinq années, diminué les impôts de 289 millions, en faisant porter ces dégrèvements sur des objets de première nécessité : les vins, les sucres, le sel, les huiles, le savon, la chicorée, etc.; elle a, en plus, déchargé les communes de la part qu'elles avaient à payer pour la gratuité de l'enseignement primaire. Je me suis associé à toutes ces améliorations réalisées par la République en faveur des classes ouvrières : j'ai voté tous ces dégrèvements.

Je ne vous ferai pas d'autre profession de foi.

Qu'il me soit permis d'ajouter encore, cependant, que mon influence n'a pas été étrangère à l'exécution des chemins de fer qui ont été accordés à notre département. Notre réseau ne sera complet que quand la ligne de Felletin à Bourganeuf se prolongera d'un côté jusqu'à Saint-Priest-Thaurion et de l'autre jusqu'à Eymoutiers. Je consacrerai à l'obtention de ces deux lignes toute mon énergie, si vous me faites l'honneur de m'honorer de vos suffrages.

Mon passé vous répond de l'avenir. Je n'ajoute plus qu'un mot: Partisan d'une Chambre unique, je m'associerai à ceux qui voudront reviser notre Constitution, et jamais vous ne me verrez repousser aucune de nos libertés.

Inscrit à la gauche radicale.

NAQUET (E. G.) 363.

VAUCLUSE. Apt. — Inscr. 17,017.

Élu le 21 août 1881, par 7,205 voix, sans concurrent.

Né en 1834, docteur en médecine, agrégé en 1863, condamné pour participation à une société secrète, puis pour un livre, réfugié en Espagne, secrétaire de la commission d'étude des moyens de défense à Tours.

Élu en 1871, démissionnaire, réélu.

Élu en 1876 à Apt, au second tour, par 7,318 voix contre 6,070 à M. Silvestre.

Échoua en 1877 avec 6,423 voix contre 7,306 à M. Silvestre.

Réélu le 7 avril 1878 par 8,569 voix, sans concurrent.

Proposa le rétablissement du divorce.

A été directeur de l'*Indépendant*.

A voté *contre* : Réunion.

Pour : Toutes les autres propositions.

Dans son programme, il place en première ligne la suppression du Sénat, la séparation de l'Église et de l'État, et la revision de la Constitution dans un sens démocratique. Il affirme qu'il défendra toutes les questions du programme radical.

Inscrit à l'extrême gauche. Partisan du groupe ouvert.
Inscrit à la gauche radicale.

NEVEUX (G.) 363.

ARDENNES. Rocroi. — Inscr. 13,398.

Élu le 21 août 1881, sans concurrent, par 6,780 voix.

Né en 1824, ancien avoué à Rocroi, ancien maire de cette ville, sous l'empire. Président du conseil général.

Élu en 1876 par 6,562 voix contre 2,989 données à M. Vidal de Lery.

Réélu en 1877 par 6,045 voix contre 5,361 à M. Liers.

A voté *pour :* Suppr. inamovib.

Contre : Mise accusat. Réunion. Presse. Sém. soldats. Revision. Prop. Laisant. Suppr. cultes. Suppr. Vatican. Laïcité. Scrut. liste.

Extrait de sa profession de foi :

L'instruction et la magistrature ont été l'objet des délibérations de la Chambre qui finit ; si j'étais honoré de vos suffrages, je renouvellerais les votes que j'ai émis sur ces points importants.

Je me suis associé et je m'associerais aux mesures les plus favorables à l'agriculture ; il faut faire pour elle plus qu'il n'a été fait.

En matière militaire, je répudierais toute proposition tendant à amoindrir les forces qui doivent assurer la paix en même temps que le respect de nos droits et de notre dignité.

Je n'ai pas besoin de vous dire que je poursuivrais avec zèle l'exécution des grands travaux qui doivent spécialement enrichir notre contrée.

Quant à la question qui préoccupe spécialement la presse : le Sénat : Je déclare être partisan du Sénat. C'est un frein nécessaire aux extravagances dont les partis extrêmes nous donnent trop souvent le triste spectacle ; mais je voterais volontiers toute réforme qui viserait le mode d'élection de ses membres.

NOEL-PARFAIT (é.) 363.

EURE-ET-LOIR. CHARTRES (1re circ.). — Inscr. 15,470.

Élu le 21 août 1881 par 7,784 voix contre 2,009 à M. Delalande (U.).

Né à Chartres en 1813, journaliste d'opposition sous la monarchie de juillet.

Siégea à la Législative en 1849.

Exilé après le coup d'État, rentra en France après l'amnistie.

Élu à l'Assemblée nationale en 1871.

Réélu en 1876 par 9,290 voix contre 3,434 données à M. Fontaine.

Réélu en 1877 par 8,792 voix contre 3,835 à M. de Bassoncourt.

A voté *pour* : Scrut. liste.

Contre : Mise accusat. Réunion. Suppr. inamovib. Laïcité. Presse. Sém. soldats. Revision. Prop. Laisant. Suppr. cultes. Suppr. Vatican.

Voici le passage saillant de sa profession de foi :

Voilà les principaux actes qu'il faut mettre au crédit de la chambre expirante.

Elle laisse néanmoins beaucoup à faire à la chambre future, celle-ci n'aurait-elle qu'à réaliser les nombreux projets de réforme élaborés par nos commissions, réclamés par l'opinion publique, et qui restent en suspens.

Les élections du 21 août auront donc une influence considérable sur l'avenir de notre cher pays. Heureusemsnt, rien ne contrarie aujourd'hui l'expression libre et sincère du suffrage universel.

Le scrutin va s'ouvrir au milieu du calme intérieur le plus profond et d'une paix internationale qui ne sont pas faits pour compromettre les troubles suscités par des bandes de fanatiques dans notre colonie algérienne.

Votez donc en toute tranquillité d'esprit, mes chers concitoyens. Pas d'abstention ! Qu'ici et partout les électeurs s'empressent autour des urnes, et qu'il en sorte une majorité républicaine nombreuse, compacte, fermement résolue à travailler, de toutes ses forces réunies, à la prospérité et à la grandeur de la patrie française.

NOIROT (u.) 363.

HAUTE-SAONE. Vesoul. — Inscr. 28,908.

Élu le 21 août 1881 par 14,235 voix contre 8,970 à M. Suchaux (Cons.).

Né en 1814, avocat, maire de Vesoul, conseiller général. Élu en 1876 par 12,299 voix contre 11,666 à M. Courcelles.

Réélu en 1877 par 12,983 voix contre 11,302 à M. Gevrey.

A voté *pour* : Sém. soldats. Suppr. cultes.,Suppr. Vatican.

Abstenu : Élection juges.

Absent : Suppr. bourses.

Contre : Toutes les autres propositions.

Dans sa circulaire, M. Noirot déclare que l'œuvre de la Chambre consistera à terminer la série des lois qui doivent :

1° Fonder un enseignement vraiment national ;

2° Donner au pays une magistrature attachée à nos institutions, indépendante et respectée ;

3° Armer puissamment l'État contre le cléricalisme, dont les menées et les violences jettent la division dans un si grand nombre de communes ;

4° Assurer la défense nationale;

5° Établir entre les contribuables une répartition plus équitable de l'impôt

———

OLLIVIER (L.).

COTES-DU-NORD. Guingamp (1re circ.). Inscr. 16,482.

Élu le 21 août 1881 par 6,135 voix contre 5,052 à M. Le Hueron (R.).

Conseiller général.

Élu député le 14 septembre 1879, par 6,409 voix contre 5,330 données à M. Le Hueron, rép.

Invalidé.

A voté *pour* : Scrut. liste. Presse.

Contre : Suppr. inamovib. Laïcité. Sém. soldats. Prop. Laisant. Suppr. cultes. Suppr. Vatican.

———

ORDINAIRE (D.) (U.).

DOUBS. Pontarlier. — Inscr. 13,973.

Élu le 21 août 1881 par 7,355 voix, sans concurrent.

60 ans, publiciste, victime du coup d'État, a fait sa carrière dans l'enseignement, ancien rédacteur de la *Petite République française*.

Nommé le 29 décembre 1880 en remplacement de M. Colin, décédé.

N'était pas député lors des cinq premiers votes.

A voté *pour* : Presse. Sém. soldats. Suppr. Vatican. Scrut. liste. Revision. Prop. Laisant. Suppr. cultes.

———

OSMOY (d') (c. g.) 362.

EURE. Pont-Audemer. — Inscr. 20,443.

Élu le 21 août 1881 par 8,222 voix contre 7,043 à M. Vauquelin (Réac.).

Né en 1827, fils d'un ancien garde du corps de Charles X, grand propriétaire, décoré sous Paris en 1870, auteur dramatique.

Membre de l'Assemblée nationale.

Élu en 1876 par 9,950 voix contre 5,763 à M. Hébert.

Réélu en 1877 par 9,036 voix contre 5,046 à M. Hébert et 3,524 à M. Tourangin.

A voté *pour* : Scrut. liste.

Contre : Mise accusat. Réunion. Laïcité. Presse, Sém. soldats Revision. Prop. Laisant. Suppr. cultes. Suppr. Vatican.

Abstenu : Suppr. inamovib.

OUTTERS (c. g.).

NORD. Hazebrouck (1re circ.). — Inscr. 15,129.

Élu le 21 août 1881 par 6,639 voix contre 6,139 au baron de la Grange, député sortant (L.).

40 ans, notaire, conseiller général.

A publié une profession de foi où on lit :

Je siégerai, étant votre élu, parmi les hommes modérés de la Chambre au centre gauche.

Ami du progrès, sage et raisonné, catholique convaincu, jamais, si je suis votre député, je n'approuverai des mesures qui seraient contraires à la liberté ou qui tendraient à une persécution religieuse. Je veux le progrès tout en demeurant attaché aux principes fondamentaux de notre société.

A mon avis, l'agriculture doit être protégée efficacement ; les charges qui pèsent si lourdement sur elle doivent être diminuées, et le temps est venu d'opérer une réduction sur l'impôt foncier.

L'exécution des grands travaux publics entrepris ne saurait être interrompue ; nous en aurons notre part, je l'espère ; le grand canal du Nord sera creusé et un nouveau chemin de fer, desservant les principales communes de notre arrondissement, sera construit jusqu'à Dunkerque.

Mon opinion est que les représentants de la nation, de concert avec le gouvernement de la République, auront le devoir d'assurer le maintien de la paix.

PAGÈS (G.) 863.

TARN-ET-GARONNE. Montauban (2ᵉ circ.) Inscr. 14,318.

Élu le 21 août 1881 par 5,853 voix contre 5,680 à M. de Loquessye, député sortant (B.).

50 ans, maire de Saint-Antonin, vice-président du conseil général.

En 1876, avait obtenu 5,788 voix contre M. Prax-Paris, élu. Après option de ce dernier, a été élu le 23 avril 1876 par 6,487 voix contre 5,981 à M. de Loquessye.

Il a adopté le programme de la gauche modérée.

PAILLARD-DUCLÉRÉ (G.).

SARTHE. Le Mans (2ᵉ circ.). — Inscr. 23,892.

Élu le 21 août 1881 par 9,511 voix contre 9,489 à M. Haentjens, député sortant (B.).

Conseiller général, maire de Montbizot.

Échoua en 1877 avec 9,280 voix contre 11,201 à M. Haentjens.

Sa profession de foi est consacrée à l'éloge du gouvernement républicain, et à la critique de l'opposition irréconciliable « incapable de dire où elle va et ce qu'elle pourrait mettre à la place de ce qu'elle veut détruire ».

PAIN (B.).

VIENNE. Poitiers (2e circ.). — Inscr. 18,349.

Élu le 21 août 1881 par 7,315 voix contre 7,199 à M. Marquet (R.). M. Cesbron, député sortant (B.), s'était retiré.

50 ans, ancien notaire, propriétaire, très éclectique : retour de l'empire ou de Henri V.

PAPON (G.) 363.

EURE. Évreux (2e circ.). — Inscr. 16,360.

Élu le 21 août 1881 par 7,452 voix contre 5,698 données à M. A. Janvier de la Motte fils (B.).

Né en 1821, ancien négociant, juge au tribunal de commerce, conseiller général, exilé au 2 décembre.

Élu en 1876 par 7,555 voix contre 5,512 à M. de Barrey.

Réélu en 1877 par 7,465 voix contre 4,039 à M. A. Janvier de la Motte, et 2,669 à M. Morin Gonnard.

Il a voté *pour* : Scrut. liste.

Contre : Mise accusat. Réunion. Laïcité. Presse. Sém. soldats. Revision. Prop. Laisant. Suppr. cultes. Suppr. Vatican.

S'est *abstenu* : Suppr. inamovib.

PARRY (G.) 363.

CREUSE. Boussac. — Inscr. 11,224.

Élu le 21 août 1881 par 4,589 voix contre 2,046 à M. Cousset.

Né en 1822, agriculteur, ancien maire de Parsac, vice-président du conseil général.

Élu le 20 février 1876 par 5,641 voix contre 2,473 à M. Lezaud.

Réélu en 1877 par 5,739 voix contre 2,348 à M. Des-
fossés.

A voté *pour* : Prop. Laisant.
Contre toutes les autres.

Extrait de sa profession de foi :

Persuadé que le meilleur moyen de combattre les utopies dangereuses et de prévenir à jamais le retour du despotisme, c'est
de moraliser et d'éclairer le suffrage universel en l'instruisant,
j'ai tenu à faire partie des diverses commissions chargées d'éla-
borer la nouvelle loi sur l'instruction primaire qui ouvrira gratuitement à tous les enfants, riches et pauvres, l'école où ils puise-
ront ensemble les lumières de l'intelligence, où leur cœur se
formera dès le premier âge à des sentiments de solidarité et
d'égalité fraternelle.

Dans le même ordre d'idées, je me suis associé de tout mon
pouvoir aux démarches des communes tendant à réaliser des emprunts à long terme et à obtenir de l'administration supérieure
des subventions pour construire leurs édifices scolaires.

Si vous pensez que je puisse rendre encore quelques services
à la cause républicaine, et s'il vous convient de m'honorer d'un
nouveau témoignage de votre confiance, je reste à votre disposition. Ayant pour unique objectif les intérêts généraux, je m'abs-
tiendrai, autant que possible, comme par le passé, d'intervenir
dans les questions de personnes, dans les choix ou déplacements
de fonctionnaires, dont l'administration doit, à mon avis, conserver la responsabilité tout entière.

Je contribuerai à travailler sans bruit, sans rancune, sans pas-
sion comme sans défaillance, au triomphe définitif d'une République forte, capable de garantir les droits de chacun, de se faire
respecter elle-même, sagement mais résolument progressive.

PASSY (Frédéric) (G.).

SEINE. Paris, 8ᵉ arr. — Inscr. 16,229.

Élu au second tour par 4,738 contre 4,682 à M. Godelle (B.).

Né en 1822, auditeur au Conseil d'État, rédacteur du
Journal des Économistes, conférencier, créa la ligue de la

paix, membre de l'Institut et chevalier de la Légion d'honneur, membre du Cobden-Club, conseiller général de Seine-et-Oise.

M. Passy s'est déclaré :

Pour des changements dans le recrutement des inamovibles ;

Pour la séparation de l'Église et de l'État dans un temps plus ou moins éloigné, en tenant compte du Concordat;

Pour la réduction des sièges de magistrats;

Pour le service militaire de trois ans, obligatoire pour tous les citoyens sans exception, avec cette réserve que les hommes suffisamment exercés pourront être renvoyés avant l'expiration des trois ans, car il faut enfin assurer le recrutement de la grandeur intellectuelle de la France. L'armée elle-même y est intéressée en ce sens que les sciences prévalent aujourd'hui de plus en plus dans les questions militaires.

PASSY (Louis) (C. D.).

EURE. LES ANDELYS. — Inscr. 17,250.

Élu le 21 août 1881 par 7,591 voix contre 3,870 à M. Bongrand et 2,353 à M. de Moien tous deux républicains.

Avocat, archiviste paléographe, s'est occupé de travaux de finances, d'économie politique; a collaboré au *Journal des Débats*, à la *Revue des Deux-Mondes*.

Membre de l'Assemblée nationale en 1871.

Élu en 1876 par 8,122 voix contre 5,871 données à M. Besnard.

Réélu en 1877 par 8,171 voix contre 6,405 à M. Milliard.

A voté *contre* : Scrut. liste. Mise accusat. Suppr. inamovib. Laïcité. Sém. soldats. Revision. Suppr. cultes. Suppr. Vatican.

Abstenu : Presse. Prop. Laisant. Réunion.

PELISSE (u.).

LOZÈRE. MARVEJOLS. — Inscr. 15,476.

Élu le 21 août 1881 sans concurrent, par 8,071 voix.

Ancien sous-préfet.

Élu en 1881 en remplacement de M. de Chambrun, légitimiste, décédé.

Invalidé parce qu'il n'avait pas donné dans les délais sa démission de sous-préfet.

A voté *contre* les trois dernières propositions.

Dans sa profession de foi il fit les déclarations suivantes :

Fidèle à mes engagements, comme par le passé, si vous me renouvelez le mandat que vous m'avez confié, je me joindrai au nombreux groupe des députés qui veulent la République progressive, qui placent l'avenir et la prospérité du pays dans l'accomplissement des réformes économiques et politiques qu'il réclame depuis longtemps.

La réorganisation de la magistrature s'impose à la nouvelle Assemblée. Il faut que la suspension de l'inamovibilité permette au gouvernement de la République d'assurer le respect et le dévouement dus aux institutions que la France s'est librement données, et d'atteindre les magistrats rebelles à son autorité.

Le service militaire réduit à trois ans, mais obligatoire pour tous : telle est la solution que commandent à la fois la justice et l'égalité.

Les lois sur l'enseignement doivent être complétées de manière à donner à l'éducation et à l'instruction nationales à tous les degrés le développement que le pays attend avec une légitime impatience.

Aux dégrèvements des impôts indirects, qui ont diminué les charges de l'ouvrier des villes et des campagnes, devraient succéder des dégrèvements de l'impôt foncier au bénéfice des agriculteurs. Il importe que la péréquation de l'impôt soit la base prise pour opérer ces dégrèvements.

Partisan au scrutin de liste, je m'associerai à toute proposition tendant à modifier la loi électorale dans ce sens.

PELLET (Marcellin) (u.) 363.

GARD. Le Vigan. — Inscr. 18,733.

Élu le 21 août 1881 par 10,571 voix, sans concurrent.

Né en 1849, avocat, secrétaire de M. Cazot. Journaliste, grand propriétaire foncier, officier dans le 44e de marche, fut fait prisonnier au Mans.

Élu en 1876 par 8,655 voix contre 4,292 à M. de Tarterin, et 3,253 à M. Édouard André.

Réélu en 1877 par 8,543 voix contre 8,262 à M. Albert Rivet.

A voté *pour* : Scrut. liste. Mise accusat. Suppr. inamovib. Laïcité. Presse. Sém. soldats. Revision. Prop. Laisant. Suppr. Vatican.

Contre : Suppr. cultes.

PELLETAN (Camille) (e. g.).

SEINE. Paris, 10e arr. (1re circ.). — Inscr. 15,641.

Élu le 21 août 1881 par 5,918 voix contre 2,207 à M. Hattat, conseiller municipal (U.) et 1,232 à M. Hamel (Rad.).

Élu également le 4 septembre 1881 au scrutin de ballottage dans la 2e circonscription d'Aix (Bouches-du-Rhône) par 3,439 voix contre 3,370 à M. Fournier (R.) et 2,464 à M. Labadié, député sortant (G.).

36 ans, fils du sénateur, a collaboré comme rédacteur parlementaire au *Rappel*, rédacteur en chef de la *Justice*, journal de M. Clémenceau.

Élu à Paris, 1re circonscription du 10e arrondissement, par 5,918 voix contre 2,207 à M. Hattat. Opta pour Aix.

M. Pelletan a adopté le programme suivant :

PROGRAMME POLITIQUE.

Art. 1er. *Revision de la Constitution.*

A. Suppression du Sénat.
B. Suppression de la présidence de la République.

Art. 2. *Décentralisation gouvernementale.*

A. A la Chambre des députés, les intérêts nationaux.

B. Aux conseils généraux, les intérêts départementaux.

C. Aux conseils municipaux, les intérêts communaux.

Art. 3. *Autonomie communale.*

C'est-à-dire la commune maîtresse de son administration, de ses finances et de sa police, dans les limites compatibles avec l'unité de la France.

Art. 4. *Liberté entière de réunion, d'association et de presse.*

Art. 5. *Séparation des Églises et de l'État.*

A. Suppression du budget des cultes.

B. Retour du clergé au droit commun.

C. Retour à la nation des biens dits de mainmorte.

Art. 6. *Revision de l'impôt.*

A. Réforme de l'assiette de l'impôt de manière à soulager les travailleurs, qui paient la plus grosse part des taxes de consommation.

B. Suppression des octrois.

Art. 7. *Réforme de la magistrature.*

A. Magistrature élective.

B. Revision égalitaire des codes.

C. Justice gratuite.

Art. 8. *Instruction.*

A. Égalité de l'enfant devant l'instruction laïque et gratuite à tous les degrés, après concours.

B. Instruction scientifique et professionnelle.

Art. 9. *Égalité dans le service militaire.*

A. Durée *provisoire* du service militaire actif réduit à trois années.

B. Suppression du volontariat d'un an.

C. Substitution progressive des milices nationales aux armées permanentes.

Art. 10. *Paix et guerre.*

A. Droit exclusif pour la nation de décider sur la question de guerre ou de paix.

B. Création d'un tribunal arbitral international.

C. Politique de paix. Opposition à toute politique de conquête.

Art. 11. *Souveraineté populaire.*

A. Souveraineté absolue du suffrage universel dans le choix de ses mandataires.

B. Rétribution de toutes les fonctions électives.

C. Le mandat politique assimilé au mandat civil.

D. Réduction de la durée du mandat législatif à trois ans avec renouvellement par tiers chaque année, à époque déterminée.

PROGRAMME ÉCONOMIQUE.

Art. 1er. Réduction légale de la durée *maxima* de la journée de travail à dix heures.

Art. 2. Interdiction du travail des enfants au-dessous de quatorze ans, dans les ateliers, usines et manufactures.

Art. 3. Création d'écoles d'apprentissage où les enfants devront être nourris.

Art. 4. Suppression du livret d'ouvrier.

Art. 5. Admission des groupes ouvriers aux adjudications des travaux publics.

Art. 6. Création de caisses de retraite pour les vieillards et les invalides du travail.

Art. 7. Responsabilité des patrons en matière d'accidents, garantie par une assurance et proportionnée au nombre des ouvriers employés et aux dangers que présente l'industrie.

Art. 8. Revision de la loi sur les prud'hommes et extension de leurs attributions.

Art. 9. Réforme absolue du système pénitentiaire et suppression de l'exploitation du travail des prisonniers.

Art. 10. Revision des contrats ayant aliéné la propriété publique : mines, canaux, chemins de fer, etc., etc.

Art. 11. Réorganisation de la Banque de France. Crédit au travail.

ARTICLE ADDITIONNEL.

Les présents programmes seront acceptés et signés par le candidat qui s'engage à rendre compte de son mandat à la fin de chaque session et plus souvent si les électeurs le jugent nécessaire.

Inscrit à l'extrême gauche, partisan du groupe fermé.

PENICAUD (u.).

HAUTE-VIENNE. Limoges (2ᵉ circ.). — Inscr. 20,845.

Élu le 21 août 1881 par 10,202 voix, sans concurrent.

Avocat, ancien maire de Limoges.
Élu par 9,346 voix le 6 juin 1880, en remplacement de M. Ninard, nommé sénateur.
N'était pas député lors des deux premiers votes.
A voté *pour* : Prop. Laisant. Suppr. Vatican.
Abstenu : Laïcité.
Contre toutes les autres propositions.

Voici les principales déclarations consignées dans sa profession de foi :

Nous avons maintenant le devoir de ne pas rester stationnaires, et il faut que nous démontrions que la République peut, au milieu de l'ordre et de la sécurité nationale, diriger les destinées de la France dans une marche toujours progressive, et qu'elle sait prendre toutes les mesures législatives et réaliser les réformes que réclame l'opinion publique.

La Chambre que le pays va nommer, continuant l'œuvre de celle qui l'a précédée, aura donc cette grande mission de donner à la République les institutions qui peuvent permettre son développement régulier.

Et plus loin :

Je voterai la révision partielle de la Constitution, car il me paraît indispensable de mettre le Sénat en harmonie avec la Chambre du suffrage universel, en élargissant le corps électoral actuel et en mettant les délégations en rapport avec le nombre de la population de chaque commune.

J'irai même jusqu'à la suppression de l'inamovibilité, car, s'il me semble utile de faire entrer au Sénat les illustrations françaises, il me paraît dangereux de placer un membre du Parlement, quel qu'il soit, en dehors du contrôle de l'opinion publique.

PENIÈRES (u.).

CORRÈZE. Ussel. — Inscr. 17,118.

Élu le 21 août 1881 par 5,897 voix contre 4,420 données à
M. Laumond, député sortant (C. G.).

45 ans, petit-fils d'un conventionnel, docteur en médecine, agrégé à la Faculté de médecine de Paris.

Dans sa profession de foi, il se déclare :

Pour la revision partielle de la Constitution.
Pour que le dernier mot soit à la Chambre en matière budgé-
taire.
Pour l'extension des libertés communales ;
Pour l'école laïque, gratuite et obligatoire ;
Pour la suppression des droits sur les vins.

Il conclut ainsi :

La République respecte la religion et assure la liberté du culte
dans l'enceinte de l'église; mais le clergé, resté fidèle à la monarchie, prêche le mépris du gouvernement et des lois, quand il ne
met pas en péril nos relations avec l'étranger par la violence de
ses mandements.

Je suis pour la suppression de ses privilèges, et l'application du
droit commun en ce qui le concerne.

La magistrature, cette autre citadelle de la réaction, a montré
naguère, par d'inoubliables arrêts, qu'elle est une force au service des passions hostiles.

Comme moi, vous voulez pour elle, non une loi d'exception,
comme celle qui a été votée par la Chambre et repoussée par le
Sénat, mais une réorganisation qui la mette en complète harmonie avec les autres grands corps de l'État.

Vous voulez le maintien des tribunaux de première instance, et
la suppression d'un certain nombre de cours d'appel.

Enfin, une démocratie laborieuse, qui veut accomplir les réformes
nécessaires, approprier ses lois à la forme de son gouvernement
républicain, constituer un gouvernement fort et respecté, a besoin
d'entretenir avec les nations étrangères des rapports pacifiques.

PERALDI (u.).

CORSE. Ajaccio. — Inscr. 18,821.

Élu au scrutin de ballottage du 4 septembre 1881 par 6,858 voix
contre 5,728 données à M. Cunéo d'Ornano (R.).
M. Peraldi remplace M. Haussmann, député sortant (R.).

45 ans, notaire, conseiller général, maire d'Ajaccio, chevalier de la Légion d'honneur,

Voici le passage topique de sa profession de foi :

Je pense que dans l'application franche et loyale des principes
de notre grande révolution, et là seulement, le peuple trouvera
dans une mesure de plus en plus large ce qui lui est légitimement dû : la liberté, l'égalité, la justice, l'instruction, l'allègement
de ses charges; en un mot, le bien-être moral, intellectuel et naturel.

Ce que je veux, c'est le progrès continu, le progrès incessant
dans le développement de l'activité humaine et par conséquent, les
réformes nécessairement graduelles que ce progrès implique et qui
ne sont possibles qu'avec le régime politique dont le pays est heureusement en possession, et en possession définitive.

PERIGOIS (u.).

INDRE. Chateauroux (1re circ.). — Inscr. 19,615.

Élu au scrutin de ballottage du 4 septembre 1881 par 8,362 voix.
Remplace M. Charlemagne, député sortant (B.), qui ne s'est
pas représenté.

Propriétaire, ancien conseiller général, préfet de la Creuse,
a donné récemment sa démission.

Dans sa circulaire, il dit :

Union, progrès, réformes, conditions essentielles d'une paix affermie au dedans comme au dehors, voilà le programme des hommes de gouvernement et d'avenir. C'est pourquoi j'irai siéger près
de mes amis de l'Union républicaine.

19.

Encore un effort, et nous atteindrons le but poursuivi depuis 1848, avec cette persévérance qu'inspirent l'amour de la patrie et le dévouement à la République. En m'appelant à la servir, le gouvernement en a porté un témoignage. Il faut que l'Indre envoie au Parlement une *majorité républicaine* et prenne sa part dans l'œuvre de régénération entreprise par *le seul gouvernement possible*, celui auquel vous participez tous.

Si le scrutin de liste est établi, je ne demanderai point la revision intégrale de la Constitution, avec laquelle alors les réformes seraient réalisables. Je me bornerai à réclamer une revision partielle pour le mode d'élection du Sénat, afin de lui donner pour base le suffrage universel.

PERIN (e. g.) 363.

HAUTE-VIENNE. Limoges (1re circ.). — Inscr. 21,343.

Élu le 21 août 1881 par 10,614 voix, sans concurrent.

Né en 1838, à Arras, avocat et journaliste. Au 4 septembre préfet de la Haute-Vienne et commissaire extraordinaire au camp de Toulouse

Élu en 1876 par 9,132 voix contre 3,063 à M. Muret.

Réélu en 1877 par 11,368 voix contre 2,446 à M. de Lesterps.

A présidé l'extrême gauche et fait partie de plusieurs commissions du budget.

A voté *pour* toutes les propositions énumérées ci-dessus.

Dans la dernière réunion électorale, tenue dans la salle du Manège de Limoges, M. Perin a déclaré accepter le programme suivant :

Revision de la Constitution. — Suppression du Sénat.

Liberté de la presse, de réunion et d'association.

Séparation des Églises et de l'État. — Suppression du budget des cultes. — Retour au domaine de l'État, en vertu des articles 539 et 712 du code civil, de la propriété de mainmorte constituée en violation de la loi.

Rétablissement de la loi du divorce.

Réforme de la magistrature : suppression de l'inamovibilité et institution d'une magistrature élective.

Réduction de la durée du service militaire, rendu obligatoire pour tous, et suppression du volontariat d'un an.

Affranchissement de la commune et nomination des maires par les conseils municipaux.

Réformes économiques ayant pour but la solution de la question sociale. — Réforme complète de l'assiette de l'impôt : établissement d'un impôt unique, en prenant pour base le revenu.

Instruction primaire laïque, gratuite et obligatoire; instruction secondaire et supérieure, gratuite après concours.

Création d'écoles professionnelles.

Suppression de l'exploitation du travail des prisonniers.

Abolition du cumul des fonctions publiques et rétribution de toutes les fonctions électives.

Inscrit à l'extrême gauche, partisan du groupe fermé.

PERRAS (G.) 363,

RHONE. VILLEFRANCHE (2ᵉ circ.). — Inscr. 25,289.

Élu le 21 août 1881 par 7,995 voix contre 5,818 à M. Delage.

Né en 1835, manufacturier.

Élu en 1876 par 12,526 voix contre 3,690 à M. de Saint-Victor et 2,342 à M. Vernhette.

Réélu en 1877 par 12,841 voix contre 6,960 à M. de Saint-Victor.

Abstenu : Suppr. inamovib. Suppr. Vatican.

A voté *contre :* Laïcité. Suppr. cultes. Bourses séminaires.

Pour toutes les autres propositions.

M. Perras a accepté le programme suivant :

1º Respect et liberté pour tous les cultes, toutes les croyances et toutes les opinions. Séparation des Églises et de l'État.

2º Service militaire pour tous les citoyens et abolition du volontariat.

3º Suspension de l'inamovibilité et réforme de la magistrature.

4° Revision de la Constitution dans le sens le plus démocratique et élection des députés à date fixe.

5° Meilleure et plus proportionnelle répartition des impôts, revision du cadastre et impôt sur le revenu.

6° Liberté d'association et de réunion.

7° Instruction gratuite, obligatoire et laïque.

8° Revision et unification des tarifs de chemins de fer.

9° Libre circulation des vins et alcools.

10° Répression sévère des récidivistes.

Dans sa circulaire, il dit :

Le comité, en proclamant ma candidature, m'a confié un mandat en dix articles rendu public par les journaux *Lyon-Républicain*, *Républicain du Rhône*, le *Courrier de Lyon*, le *Progrès*.

Je me ferai un devoir et un plaisir de chercher, de toutes mes forces, la réalisation des réformes signalées plus particulièrement à mon attention.

Je ne suis point de l'école de ceux qui disent : tout ou rien ; je suis convaincu que, pour arriver au terme de son mandat, avec la plus grosse somme de réformes et d'améliorations, le meilleur, le plus sûr moyen, est de faire chaque jour le possible.

***

PETITBIEN (G.) 363.

MEURTHE-ET-MOSELLE. Toul. — Inscr. 17,976.

Élu le 21 août 1881 par 9,881 voix, sans concurrent.

Né en 1818, arpenteur, maire, conseiller général.

Élu le 1er octobre 1876, en remplacement de M. Camille Claude, décédé, par 8,450 voix contre 4,638 à M. Claude.

Réélu en 1877 par 9,641 voix contre 5,601 à M. Collin.

A voté *pour* : Suppr. inamovib.

Abstenu : Laïcité.

Contre toutes les autres propositions.

PEULEVEY (u.).

SEINE-INFÉRIEURE. Le Havre (1re circ.).

Élu le 21 août 1881 par 6,507 voix contre 5,758 à M. Ernest
Lefebvre (E. G.).

Avocat, conseiller général.

Élu le 7 avril 1878, en remplacement de M. Lecesne, décédé, par 8,010 voix contre 2,738 à M. Marteau.

A voté *pour* : Mise accusat. Suppr. inamovib. Sém. soldats.

Contre : Réunion. Scrut. liste. Presse. Prop. Laisant.

Abstenu : Revision. Suppr. cultes.

Absent : Laïcité.

Dans sa profession de foi, il s'est prononcé pour :

La magistrature amovible, mais point élue ; loi militaire égale
pour tous ; revision partielle ; suppression de l'inamovibilité du Sénat et mode d'élection conforme au suffrage universel, liberté de
conscience absolue ; ne croit pas possible la suppression du budget
des cultes ; revision du cadastre ; dégrèvement.

Mon programme, ajoute-t-il, qui appartient, dans la mesure la
plus large, au groupe de l'Union républicaine, se différencie d'une
manière bien tranchée du programme intransigeant ; je ne poursuis
et ne veux poursuivre que les réformes possibles, sans compromettre le gouvernement de la République, pour lequel j'ai com-
battu toute ma vie.

Inscrit à la gauche radicale.

PEYTRAL (e. g.).

BOUCHES-DU-RHONE. Marseille (1re circ.).
Inscr. 15,922.

Élu le 4 septembre 1881 au scrutin de ballottage, par 5,022 voix
contre 1,699 données à M. Durand, 1,499 à M. Roux et 805 à
M. François Durand.

Remplace M. Bouquet, député sortant, qui ne s'est pas représenté.

35 ans, pharmacien, conseiller municipal, conseiller général.

A adopté le programme du comité républicain radical.

Inscrit à l'extrême gauche, partisan du groupe ouvert.

PHILIPPE (G.) 363.

HAUTE-SAVOIE. Annecy. — Inscr. 22,724.

Élu le 21 août 1881 sans concurrent, par 11,802 voix.

Né en 1827, journaliste.

Préfet de la Haute-Savoie au 4 septembre.

Élu en 1876 par 9,456 voix contre 6,415 à M. d'Anières et 1,391 à M. Brunier.

Réélu en 1877 par 11,223 voix contre 7,484 à M. d'Anières.

S'est *abstenu* : Suppr. cultes. Suppr. Vatican.

Était *absent* : Prop. Laisant.

A voté *pour* : Suppr. inamovib.

A voté *contre* toutes les autres propositions.

PHILIPPOTEAUX (G. G.) 363.

ARDENNES. Sedan. — Inscr. 17,801.

Élu le 21 août 1881 par 7,769 voix contre 4,563 à M. Dumarest (U.).

Avocat, maire de Sedan en 1855. En 1870, menacé dans sa liberté, arrêté par les autorités allemandes.

Fit partie de l'Assemblée nationale.

Élu en 1876 par 10,428 voix contre 3,168 données à M. Prosper Henry.

Réélu en 1877 par 10,316 voix contre 5,188 données à M. A. Robert, cons.

Vice-président de la Chambre.

Il présida la commission chargée de l'enquête de Cissey et vota :

Contre : Réunion. Suppr. inamovib. Presse. Sémin. soldats. Revision. Suppr. cultes. Suppr. Vatican. Laïcité. Scrut. liste.

Présida le centre gauche.

Extrait de sa profession de foi :

Républicain de conviction et de raison, l'un des auteurs de notre Constitution revisable et perfectible, persuadé que, dans le Parlement nouveau, une majorité de gouvernement existera sans distinction de groupes parlementaires, je mets encore à votre service une conscience honnête et indépendante, une expérience déjà longue, et un dévouement à mon pays que nul n'a jamais contesté.

En poursuivant l'œuvre de réparation, de réformes et d'améliorations commencée depuis dix ans, l'allégement des charges de l'agriculture et une répartition plus équitable de certains impôts, je m'efforcerai de faire prévaloir une politique républicaine de liberté et de fermeté, de modération et de continuel progrès, conforme aux aspirations réfléchies du suffrage universel dans nos Ardennes.

PICARD (A.) (G.) 363.

BASSES-ALPES. Castellane. — Inscr. 5,845.

Élu le 21 août 1881 par 2,266 voix contre 1,807 données à M. Rostand (L.).

Né à Paris en 1825, frère d'Ernest, avocat, sous-préfet sous l'Empire, rédacteur en chef de l'*Électeur libre* pendant le siège. Collabora au *Phare de la Loire*, conseiller général.

Élu en 1876, au scrutin de ballottage, par 2,169 voix contre 2,039 à M. Rabiers du Villars.

Réélu le 27 janvier 1878 après invalidation de M. Rabiers du Villars, par 2,529 voix contre 1,653 à M. Rostand.

A la dernière législature, il a voté :

Pour : Prop. Laisant.

Contre : Mise accusat. Suppr. inamovib. Presse. Sém. soldats. Scrut. liste. Suppr. cultes. Suppr. Vatican. Laïcité.

M. Picard n'était inscrit à aucun groupe. On peut le classer dans la gauche la plus modérée.

PINAULT (C. G.) **363**.

ILLE-ET-VILAINE. MONTFORT. — Inscr. 15,939.

Élu le 21 août 1881 par 9,128 voix, sans concurrent.

Né en 1834, licencié en droit, tanneur, adjoint au maire de Rennes, juge au tribunal de commerce, conseiller général. Censeur de la Banque de France et administrateur de la Caisse d'épargne.

Élu en 1876 par 7,631 voix contre 4,496 à M. de Cintre.

Réélu en 1877 par 7,666 voix contre 5,936 à M. de la Guistière.

S'est *abstenu :* Suppr. cultes.

Absent : Suppr. Vatican.

A voté *contre* toutes les autres propositions.

PLANTIÉ (G.).

BASSES-PYRÉNÉES. BAYONNE (1re circ.).
Inscr. 11,140.

Élu le 21 août 1881 par 4,224 voix contre 3,410 à M. Laborde-Noguez (Mon.).

60 ans, maire de Bayonne, républicain de 1848.

Voici le passage important de sa circulaire :

Je veux l'instruction primaire gratuite, obligatoire et laïque. Les peuples instruits savent conserver leurs libertés, et, au besoin, les défendre ; les peuples ignorants sont toujours prêts pour la servitude ;

Je veux le service obligatoire pour tous. Il n'est pas de considération assez puissante pour affranchir un citoyen, quel qu'il soit, de la dette sacrée du sang ;

Je veux, tout en tenant compte des nécessités budgétaires et des difficultés imprévues pouvant résulter du remaniement de l'assiette de l'impôt, que les charges qui pèsent sur les contribuables soient plus équitablement réparties ;

Je veux la revision de la Constitution, principalement en ce qui touche au mode d'élection du Sénat et à l'inamovibilité des sénateurs ;

Je veux la réforme de la magistrature.

PLESSIER (G.) 363.

SEINE-ET-MARNE. COULOMMIERS. — Inscr. 15,218.

Élu le 21 août 1881 par 8,392 voix, sans concurrent.

Né en 1813, ancien notaire, conseiller général depuis 1871. Élu en 1876 par 6,332 voix contre 5,399 à M. Josseau. Réélu en 1877 par 8,082 voix contre 4,530 à M. Josseau.
A voté *pour :* Mise accusat. Suppr. inamovib. Suppr. Vatican.
Contre : Presse. Sém. soldats. Revision. Prop. Laisant Suppr. cultes. Scrut. liste.
Abstenu : Laïcité.

PLICHON (C. D.).

NORD. HAZEBROUCK (2ᵉ circ.). — Inscr. 12,712.

Élu le 21 août 1881 par 7,715 voix contre 2,384 à M. Delassus (R.).

Né à Bailleul en 1814, conseiller général, ancien président du conseil.
Député sous Louis-Philippe et sous l'Empire.
Élu en 1871 à l'Assemblée nationale où il siégea au centre droit.
Ministre des travaux publics dans le ministère Talhouet
Élu en 1876 par 8,563 voix sans concurrent.
Réélu en 1877 par 9,502 voix.
A voté *pour* la liberté d'association, de la presse.
S'est *abstenu :* Revision.
Contre toutes les autres propositions.

PONLEVOY (F. de) (u.) 363.

VOSGES. NEUFCHATEAU. — Inscr. 16,983.

Élu le 21 août 1881 sans concurrent, par 9,007 voix.

Né en 1827, entra dans le génie, chef de bataillon, conseiller général.

Élu en 1876 par 8,354 voix, au 2e tour, contre 5,558 à M. Aymé.

Réélu en 1877 par 8,938 voix contre 5,285 à M. Aymé. Chevalier de la Légion d'honneur.

S'est *abstenu* : Laïcité. Suppr. Vatican.

Absent : Mise accusat. Prop. Laisant. Suppr. cultes.

Contre : Réunion, Élection des juges. Presse. Sém. soldats. Revision. Bourses séminaires.

Pour : Suppr. inamovib.

Dans sa circulaire, il se prononce pour :

La revision du mode d'élection du Sénat, la suppression des inamovibles notamment, la réduction du service militaire à trois ans, l'obligation et la laïcité de l'enseignement primaire.

POUJADE (u.) 363.

VAUCLUSE. CARPENTRAS. — Inscr. 16,489.

Élu le 21 août 1881 par 4,919 voix contre 2,821 à M. Barcilon et 1,279 à M. C. Pelletan.

Né en 1823, docteur en médecine, préfet de Vaucluse au 4 septembre, conseiller général.

Élu en 1871 à l'Assemblée nationale, démissionnaire.

Élu en 1876, au 2e tour, par 7,251 voix contre 7,245 à M. Barcilon.

Échoua en 1877 avec 6,065 voix contre 8,159 à M. Barcilon.

Après invalidation de ce dernier, fut réélu par 7,134 voix sans concurrent.

S'est *abstenu* : Élections, Presse. Prop. Laisant. Suppr. cultes.

A voté *contre* : Réunion. Sém. soldats. Revision.

Pour : Toutes les autres propositions.

PRADAL (U.).

ARDÈCHE. PRIVAS (2e circ.). — Inscr. 21,702.

Élu le 21 août 1881 par 7,530 voix contre 2,875 à M. Félix Bonnaud (E. G.).

40 ans, avocat à Privas, journaliste, conseiller municipal, conseiller général.

Élu en 1879 en remplacement de M. Gleizal, décédé.

A voté *pour* : Suppr. inamovib. Presse. Sém. soldats. Revision. Prop. Laisant. Suppr. Vatican. Laïcité, Scrut. liste.

Dans une réunion politique tenue à Villeneuve-de-Berg, il s'est prononcé pour le principe de la séparation de l'Église et de l'État, la revision, la suppression du Sénat, la laïcité, l'élection des magistrats.

PRADET-BALADE (G.).

BASSES-PYRÉNÉES. MAULÉON. — Inscr. 14,892.

Élu le 21 août 1881 par 5,982 voix contre 5,695 à M. Harispe, député sortant (B.).

55 ans, avocat, juge suppléant en 1860, sous-préfet de Mauléon au 4 septembre. A plaidé pour le gouvernement dans l'affaire des congrégations.

Voici les principales déclarations que nous relevons dans sa profession de foi :

Pour moi, si vous me faites l'honneur de m'élire, je n'oublierai jamais que je représente une population profondément attachée à sa foi : je repousserai toute mesure qui serait une atteinte à nos croyances religieuses et à leur libre manifestation.

Le Sénat me paraît indispensable au bon fonctionnement de nos institutions républicaines. Mais je fais des réserves sur le mode de recrutement de ce grand corps.

Je considère l'inamovibilité comme une garantie nécessaire de l'indépendance des magistrats. Que si, à son ombre, des abus se sont produits, ce n'est pas au principe, excellent en lui-même, qu'on doit s'attaquer : il faut chercher et trouver, en le respectant, d'autres mesures pour le réprimer.

Je suis partisan très résolu d'une politique de paix et je voudrais qu'elle permît d'alléger les charges militaires du pays ; mais dans l'état actuel de l'Europe, la France doit être forte pour être respectée, et toucher aux lois sur le recrutement et l'organisation de l'armée serait une imprudence capitale.

Tout ce qui a trait à l'agriculture est, pour notre arrondissement, d'un intérêt de premier ordre. Il faut, si difficile que paraisse la tâche, découvrir les moyens de réduire les charges qui pèsent sur le cultivateur. Déjà les dégrèvements de l'impôt foncier sont à l'étude. Il est juste que l'agriculture profite des excédents que pourront présenter nos budgets.

PRADON (u.).

AIN. Gex. — Inscr. 6,371.

Élu le 4 septembre 1881 au scrutin de ballottage par 2,865 voix contre 2,442 données à M. Grosgurin, député sortant.

35 ans, sous-préfet de Gex au 4 septembre 1870, puis rédacteur du *Courrier de l'Ain*, renommé sous-préfet de Gex, attaché au ministère de l'intérieur.

Dans une réunion tenue à Ferney, s'est prononcé pour le service de trois ans. Il a déclaré qu'il ne professait aucune religion et voterait la séparation de l'Église et de l'État, il veut la réforme complète de la magistrature, le divorce, le service militaire obligatoire pour tous.

Inscrit à la gauche radicale.

PRAX-PARIS (B.).

TARN-ET-GARONNE. Montauban (1re circ.).

Inscr. 17,755.

Élu le 21 août 1881 par 7,599 voix contre 6,569 à M. Garrisson (R.).

Né en 1829, à Montauban, ancien maire, conseiller général.

Député au Corps législatif,

Membre de l'Assemblée nationale.

Élu en 1876 (2e tour) par 8,950 voix contre 5,091 à M. Garrisson, rép., pour la 1re circonscription de Montauban.

Élu dans la 2e circonscription de Montauban, par 5,892 voix contre 5,788 à M. Pagès, rép.

A voté *pour :* Scrut. liste. Réunion. Presse. Revision.

Abstenu : Mise accusat. Laïcité.

Contre : Les autres propositions.

A signé le programme du comité révisionniste napoléonien (Cunéo).

———

PROUST (u.) 363.

DEUX-SÈVRES. Niort (1re circ.). — Inscr. 18,403.

Élu le 21 août 1881 par 10,740 voix, sans concurrent.

Né en 1832, journaliste, président du conseil général.

Secrétaire de Gambetta au 4 septembre, resta à Paris.

En 1871, collabora à la *République française.*

Élu en 1876, par 7,529 voix contre 5,631 à M. d'Availles et 1,389 à M. d'Assailly.

Réélu en 1,877 par 8,971 voix contre 6,896 à M. Louis Germain.

S'est *abstenu :* Prop. Laisant.

Absent : Sém. soldats.

A voté *contre :* Laïcité. Suppr. Vatican. Réunion.

Pour : Toutes les autres propositions.

M. Proust s'est prononcé pour la réforme du Sénat. Il a accepté le programme suivant :

1° L'enseignement primaire gratuit, obligatoire et réellement laïque ; le développement de l'enseignement professionnel et particulièrement de l'enseignement scientifique agricole, l'acheminement par l'accroissement et la mise au concours des bourses vers la gratuité de l'enseignement secondaire.

2° La séparation de l'Église et de l'État en l'entourant des garanties qu'exigent les droits de l'État et le respect des croyances religieuses.

3° Le service militaire réduit à sa moindre durée, égale et obligatoire pour tous les citoyens sans exception aucune.

4° La réforme judiciare par la suppression de l'inamovibilité des juges, le développement progressif des attributions du jury et l'extension de la compétence des juges de paix.

5° La publicité des séances des conseils municipaux et la nomination des maires par les conseils municipaux dans toutes les communes.

6° La liberté d'association pour toutes les sociétés qui ont pour objet de fortifier la puissance du travail national.

7° Le remaniement de notre système fiscal spécialement en ce qui touche la diminution des taxes de consommation et le dégrèvement des impôts qui pèsent sur l'agriculture.

8° La mise à exécution aussi prompte que possible du plan général des travaux publics (chemins de fer, ports, canaux, etc.), déjà approuvé par le Parlement

9° L'abaissement des tarifs de chemins de fer.

10° La réduction des taxes postales et des taxes télégraphiques.

11° La création d'institutions de crédit qui mettront l'industrie agricole en situation de se procurer les capitaux dans des conditions aussi avantageuses que celles qui sont faites aux autres industries.

Ministre des beaux-arts sous le cabinet Gambetta.

RAMEAU (G.) 363.

SEINE-ET-OISE. VERSAILLES (3e circ.). — Inscr. 15,942.

Élu le 21 août 1881 sans concurrent, par 7,361 voix.

Né à Paris, en 1809, descendant du compositeur, ancien

avoué, maire de Versailles au 4 septembre, eut une attitude très digne pendant l'occupation.

Membre de l'Assemblée nationale où il fut président du groupe de la gauche républicaine,

Élu en 1,876 par 6,357 voix contre 5,093 à M. Barbé.

Réélu en 1877 par 6,925 voix contre 5,972 à M. Barbé.

Fut élu vice-président de la dernière Chambre.

S'est *abstenu* : Suppr. Vatican. Scrut. liste.

A voté *contre* : Toutes les autres propositions.

Voici le passage saillant de sa profession de foi :

Que dirai-je des dégrèvements d'impôts, surtout pour l'agriculture, en commençant par les matières qui servent à l'alimentation et au travail national; des libertés municipales et politiques; des modifications enfin dont la Constitution de 1875 est susceptible ainsi que des deux lois organiques sur l'élection des sénateurs et députés? Je dirai que l'avenir est à nous ; que l'œuvre de régénération de la nation, commencée en 1789, est à continuer; et que si la France peut l'accomplir dans l'espace d'un siècle, l'histoire dira qu'elle n'aura pas perdu son temps.

RANC (u.).

SEINE. Paris, 9e arr. (2e circ. nouvelle).
Inscr. 13,405.

Élu le 4 septembre 1881 au second tour par 3,402 voix contre
1,353 à M. Farcy.

Né à Poitiers en 1831, impliqué dans le complot de l'Opéra-Comique, déporté en Afrique, s'échappa, rentré en France en 1853, après l'amnistie. Correcteur à l'*Opinion nationale*, collabora au *Courrier du Dimanche*. Au 4 septembre, maire du 9e arrondissement, quitta Paris en ballon au 14 octobre. Directeur de la sûreté générale à Bordeaux,

Élu à l'Assemblée nationale en 1871, démissionnaire après avoir voté la paix, membre de la Commune le 26 mars, démissionnaire le 16 avril, collabora à la *République française*, conseiller municipal de Paris.

Réélu le 11 mai 1873 à l'Assemblée nationale pour le Rhône, siégea à l'extrême gauche, condamné à mort pour sa participation à la Commune, se retira à Bruxelles. Duel avec M. de Cassagnac, amnistié en 1879, rentra en France.

Voici le programme de M. Ranc :

Revision constitutionnelle portant sur le mode d'électorat et les attributions du Sénat ; suppression des inamovibles ; scrutin de liste ; liberté de la presse ; liberté complète de réunion et d'association. Dans ma pensee, la liberté d'association n'est pas applicable aux congrégations religieuses, dont l'existence doit être réglée par un statut spécial.

Laïcisation de l'enseignement, aussi bien dans le personnel que dans les programmes ; suppression de tous les privilèges ecclésiastiques ; lois destinées à empêcher l'accroissement des biens des congrégations et le développement de la mainmorte. En un mot, vote de toutes les mesures rendant possible, efficace, à bref délai, la séparation de l'Église et de l'État.

Liberté communale ; extension des attributions des conseils municipaux. Pour qu'il n'y ait pas d'ambiguité, je déclare repousser l'autonomie communale telle qu'elle a été exposée et soutenue par un groupe de conseillers municipaux de Paris.

Revision rationnelle des impôts ; dégrèvements. Réforme de la magistrature ; réduction de la durée du service militaire ; abolition du volontariat d'un an.

RASPAIL (Benjamin) (E. G.) 363.

SEINE. Sceaux (1re circ.). — Inscr. 22,879.

Élu le 21 août 1881 par 12,744 voix.

Né à Paris, en 1823, peintre, graveur, associé aux travaux de son père.

Élu en 1849 à la Législative.

Expulsé de France au coup d'État.

S'occupa de la défense de Cachan pendant la guerre.

Conseiller général de la Seine en 1874.

Élu en 1876 par 7,974 voix contre 4,226 à M. Humbelle.

Réélu en 1877 par 10,818 voix contre 4,277 à M. Louveau.

A voté *pour* : Toutes les propositions en tête du volume.
Contre : Scrut. liste.

A accepté le programme suivant :

Revision de la Constitution ; suppression du Sénat et de la présidence de la République ; dénonciation du Concordat ; séparation des Églises et de l'État ; suppression du budget des cultes ; retour des biens de mainmorte ; liberté absolue de la presse, de réunion et d'association, excepté pour les congrégations religieuses ; instruction gratuite, laïque et obligatoire à tous les dégrés ; réduction du service militaire ; suppression du volontariat ; liberté de conscience dans l'armée ; suppression de l'inamovibilité ; justice égale pour tous ; revision du Code ; abolition de la peine de mort ; création de colonies pénitentiaires pour les récidivistes de droit commun ; responsabilité des fonctionnaires ; assimilation du mandat politique au mandat civil ; décentralisation administrative ; autonomie communale dans les limites compatibles avec l'unité nationale : réforme de l'assiette de l'impôt ; impôt sur le capital ; rétablissement du divorce ; loi nouvelle sur les faillites ; réorganisation de l'assistance publique sur d'autres bases plus en rapport avec la solidarité humaine ; remplacement du gouverneur de l'Algérie ; politique ferme à l'extérieur.

Inscrit à l'extrême gauche, partisan du groupe fermé.

RATHIER (E. G.).

YONNE. TONNERRE. — Inscr. 13,399.
Élu le 21 août 1881 par 7,430 voix.

Né en 1818, propriétaire de vignobles, fils d'un ancien représentant du peuple.
Élu en 1871 à l'Assemblée nationale.
Échoua en 1876 avec 5,432 voix contre 5,866 à M. Martenot.
Élu en 1877 par 6,527 voix contre 5,477 à M. Martenot.
S'est *abstenu* : Réunion.
A voté *pour* : Toutes les autres propositions.

Inscrit à l'extrême gauche, absent lors du vote sur la question du groupe fermé.

20

RAULINE (B.).

MANCHE. Saint-Lo. — Inscr. 23,813.

Élu le 21 août 1881 par 12,186 voix contre 5,868 à M. Houssin-Dumanoir (R.).

Né en 1822, maire de Saint-Malo, conseiller général.
Élu en 1876 par 9,386 voix contre 7,369 à M. Lenoel.
Réélu en 1877 par 13,732 voix contre 5,329 à M. Houssin-Dumanoir.
A voté *pour* : Presse. Revision.
Abstenu : Réunion.
Contre : Toutes les autres propositions.

RAYNAL (G.).

GIRONDE. Bordeaux (4ᵉ *circ.*). — Inscr. 28,073.

Élu sans concurrent le 21 août 1881, par 11,411 voix.

41 ans, armateur de Bordeaux.
Élu le 16 avril 1879 par 12,893 voix, en remplacement de M. Dupouy nommé sénateur.
Sous-secrétaire d'État au ministère des travaux publics.
Israélite.
A voté *pour* : Scrut. liste. Sémin. soldats.
Contre toutes les autres propositions.
N'était pas élu lors du vote sur la mise en accusation.

Dans sa profession de foi, il s'est prononcé pour la suspension de l'inamovibilité, les dispositions pour arrêter le développement des biens de mainmorte.

J'ai voté la suppression de l'aumônerie militaire, l'abolition du repos forcé du dimanche, le service militaire imposé aux séminaristes, la loi sur les cimetières, les dispositions pour arrêter le développement des biens de mainmorte, et surtout l'article 7, et plus tard l'exécution des décrets expulsant les jésuites et les congrégations non autorisées.

J'ai voté la loi suspendant l'inamovibilité de la magistrature, parce que dans un gouvernement régulier il ne peut être permis à la magistrature de manifester, à l'abri de cette inamovibilité, les sentiments les plus hostiles à nos institutions.

En un mot, je me suis associé aux principales réformes démocratiques adoptées par la Chambre.

Voilà mes actes, il me semble que je n'ai, dans la prochaine Chambre, si vous me faites l'honneur de m'y envoyer, qu'à persévérer dans la voie où je me suis engagé.

Il est cependant un point sur lequel je dois me prononcer, c'est la revision de la Constitution. La Constitution de 1875 a rendu dans les jours troublés du 16 mai d'incontestables services; mais elle est perfectible, et quand l'heure de la revision aura sonné, dans le but même d'améliorer et de consolider cette Constitution, je voterai la réforme de la loi électorale du Sénat et le changement du mode de nomination des inamovibles, si l'on ne peut obtenir leur suppression.

Ministre des travaux publics dans le cabinet Gambetta.

RECIPON (G.).

ALPES-MARITIMES. Puget-Théniers. — Inscr. 6,851.

Élu le 21 août 1881 sans concurrent, par 4,845 voix.

Un millionnaire nantais, ami de M. Gambetta, propriétaire d'une part importante du *Journal des Débats*.

Remplaça à Puget-Théniers M. le duc Decazes, invalidé.

Élu le 2 février 1879 par 5,015 voix.

A la Chambre dernière, il vota pour le scrutin de liste et contre toutes les autres propositions dont nous donnons la nomenclature.

REGNAULT (G.).

MANCHE. COUTANCES (2ᵉ circ.). — Inscr. 14,708.

Élu au scrutin de ballottage du 4 septembre 1881 par 8,373 voix contre 822 à M. Gaslonde, député sortant (C. D.) qui s'était retiré après le premier tour de scrutin.

Maire de Periers, conseiller général.

REILLE (C. D.).

TARN. CASTRES (2ᵉ circ.). — Inscr. 21,236.

Élu le 21 août 1881 par 10,214 voix contre 7,693 à M. Barbey (R.).

Né à Paris en 1835, capitaine d'état-major, aide de camp du maréchal Randon, lieutenant-colonel dans l'armée territoriale, révoqué, officier de la Légion d'honneur, conseiller général.

Député au Corps législatif en 1869.

Colonel de la garde mobile en 1870, commanda une brigade de l'armée du général Ducrot à Paris.

Élu en 1876 par 11,004 voix contre 4,323 à M. Mondot.

Réélu en 1877 par 12,202 voix contre 4,347 à M. Cavaillé.

Invalidé et réélu le 2 février 1879 par 9,967 voix contre 7,516 à M. Barbey.

Sous-secrétaire d'État à l'intérieur au 16 mai.

A voté *pour* : Réunion. Revision. Presse.

Abstenu : Mise accusat.

Contre : Toutes les autres propositions.

Sa profession de foi se termine ainsi :

Je continuerai à demander l'allégement de nos charges militaires et la diminution de l'impôt foncier, si lourd pour nos campagnes. Dans l'avenir comme par le passé, je défendrai nos libertés restreintes, nos droits méconnus, la religion attaquée.

REMOIVILLE (U. R. avancée).

SEINE-ET-OISE. CORBEIL. — Inscr. 19,949.

Élu le 21 août 1881 par 8 042 voix contre 6,881 à M. Léon Renault, député sortant (G.).

Né en 1824, à Pont-Sainte-Maxence, s'est occupé d'affaires contentieuses, n'a cessé de favoriser par tous les moyens le développement de l'instruction primaire, gratuite, obligatoire et laïque.

A présidé de 1871 à 1873 la Société laïque d'instruction élémentaire, société en ce moment présidée par M. Leblond, sénateur.

Président du conseil d'arrondissement et de la délégation cantonale, maire de Villiers-sur-Marne. A donné sa démission dès qu'il a été élu député.

Voici les réformes que promet sa circulaire :

1° Revision de la Constitution ;
Suppression du Sénat.

2° Instruction primaire gratuite, obligatoire et complètement laïque, gratuite aussi aux degrés supérieurs après concours.

3° Droit de réunion le plus étendu ;

4° Liberté complète de la presse, réglée sur le droit commun et sauf les droits des tiers.

5° Revision de la loi sur la magistrature tendant à la suppression de l'inamovibilité et à l'élection des magistrats par le suffrage universel.

6° Obligation du service militaire pour tous les Français sans exception ;
Suppression du volontariat ;
Réduction autant que possible de la durée du service.

7° Suppression du budget des cultes et séparation des Églises et de l'État ;
Suppression des privilèges du clergé.

8° Interdiction aux députés de se servir de leur titre pour faire appel au crédit public et d'accepter des fonctions publiques rétribuées par l'État.

9° Réforme du mode de perception des droits de mutation, des

20.

lois de la procédure, en ce qui concerne les frais de justice, des lois répressives en ce qui concerne la prévention, la récidive et le système pénal ;

Réforme des lois administratives et des tarifs de chemin de fer ;

Extension des voies de communication;

Revision du cadastre, réforme des impôts.

10° Étude d'un projet de loi concernant la retraite des ouvriers.

11° Nomination des maires et adjoints par les conseillers municipaux.

12° Obligation au député de rendre compte de son mandat après chaque session, dans chacun des quatre cantons.

RENAULT-MORLIÈRE (c. g.) 363.

MAYENNE. MAYENNE (1re circ.). — Inscr. 18,831.

Élu le 21 août 1881 par 6,169 voix contre 5,053 à M. Gandais (U.).

Né en 1839, avocat au Conseil d'État, conseiller général.

Élu au scrutin de ballottage en 1876 par 9,880 voix contre 3,731 à M. Rauline.

Réélu en 1877, par 9,519 voix contre 6,271 à M. Boullier de Branche.

A voté *pour* : Prop. Laisant.

S'est *abstenu* : Suppr. inamovib. Scrut. liste.

Contre : Toutes les autres propositions.

RÉVILLON (Tony) (e. g.).

SEINE. PARIS, 20e arr. (2e circ. nouvelle). Inscr. 13,145.

Élu le 21 août 1881 au second tour de scrutin par 5,297 voix contre 3,511 à M. Sick, républicain opportuniste.

Né dans l'Ain en 1832, clerc de notaire, journaliste, chroniqueur de la *Petite Presse*, prit part à la manifestation du

22 janvier. Rédacteur de l'*Avenir national*, démissionnaire à la suite de la publication de la lettre du prince Napoléon, directeur de l'*Électeur républicain*, conseiller municipal de Paris pour le quartier du Gros-Caillou.

A contresigné la circulaire suivante :

Citoyens,

Vous voulez la revision de la Constitution et la suppression du Sénat. M. Gambetta, qui combattait en 1875 la création d'un Sénat, en demande aujourd'hui le maintien.

Vous voulez la séparation de l'Église et de l'État et la suppression du budget des cultes. M. Gambetta, qui les réclamait en 1869, les repousse aujourd'hui.

Vous voulez l'élection des fonctionnaires et des juges. M. Gambetta, qui la demandait en 1869, la repousse aujourd'hui.

Vous voulez maintenir le programme de 1869, abandonné par M. Gambetta.

Vous voulez la réalisation des réformes politiques qui permettront à la République de travailler pacifiquement à résoudre la question sociale.

Puisque telles sont vos volontés, citoyens, ne votez pas pour M. Gambetta, dont les idées ne sont plus conformes aux vôtres.

Votez pour vos idées en votant pour l'homme qui les représente et que le comité vous recommande avec confiance.

Votez pour Tony Révillon.

M. Tony Révillon a répondu :

Aux membres du comité radical social anti-opportuniste.

Vous m'avez appelé pour combattre la politique d'autorité monarchique que représente M. Gambetta et pour défendre la politique de liberté que je soutiens dans la presse et au conseil municipal. Je vous remercie.

Votre programme n'a pas cessé et ne cessera pas d'être le mien. J'accepte votre mandat.

Vive la République démocratique et sociale !

Inscrit à l'extrême gauche, partisan du groupe fermé.

REYMOND (Fr.) (G.) 363.

LOIRE. MONTBRISON (2e circ.). — Inscr. 19,185.

Élu le 21 août 1881, sans concurrent, par 8,201 voix.

Né en 1829, ingénieur sorti de l'École centrale, concessionnaire de mines en Corse. Président du conseil général de la Loire.

Membre de l'Assemblée nationale.

Élu en 1876 par 9,334 voix contre 4,040 données à M. de Poncins.

Réélu en 1877 par 9,631 contre 4,824 à M. Coste.

A voté *pour* : Scrut. liste.

Contre : Mise accusat. Réunion. Suppr. inamovib. Presse. Sém. soldats. Revision. Suppr. cultes.

Abstenu : Suppr. Vatican.

Absent : Prop. Laisant.

Extrait de sa profession de foi :

Mais il ne suffit pas que la République vive, qu'elle soit forte ; il faut qu'elle marche, et qu'elle marche en avant.

Elle n'est pas seulement le symbole des idées de liberté, de paix, d'égalité et de justice qui nous sont chères à tous : elle est le symbole vivant et lumineux du progrès. Et j'entends par progrès cette marche constante vers le bien, vers le mieux, sûre, prudente, attentive aux difficultés de la route, s'inspirant de l'opinion publique, s'étayant sur l'expérience et la raison, qui permet d'accroître chaque jour, sans jamais laisser entamer le patrimoine matériel et moral d'une grande nation comme la nôtre.

C'est à ce progrès et aux réformes nécessaires qu'il comporte que le groupe républicain dont je n'ai jamais cessé de faire partie s'est loyalement et sincèrement dévoué.

Peu touché des clameurs bruyantes des partisans du passé et des impatients de l'avenir, je crois fermement, avec mes amis, que ce qui était actuellement possible a été fait.

Je crois aussi qu'il reste beaucoup à faire, et je suis prêt, si vous m'honorez pour la quatrième fois de vos suffrages, à travailler, dans le même esprit de modération exempte de faiblesse, à

. l'affermissement, par voie de sages réformes, d'un gouvernement que votre volonté a fondé et qu'elle saura maintenir pour le bonheur et l'avenir glorieux de la patrie.

REYNEAU (u.).

SAONE-ET-LOIRE. Autun (2ᵉ circ.). — Inscr. 17,724.

Élu le 21 août 1881 par 7,404 voix, sans concurrent.

Avocat, propriétaire, conseiller général.
Élu en 1877 par 8,447 voix contre 5,722 à M. Mathieu, député sortant, cons.
Abstenu : Réunion.
A voté *pour :* Toutes les autres propositions.

M. Reyneau a adressé aux électeurs une lettre dans laquelle nous relevons les passages suivants :

Je suis partisan déclaré de la suppression du budget des cultes. On dit que l'influence du clergé en sera plus redoutable. Je n'en crois rien.

La presse n'est souvent qu'une industrie entre les mains d'hommes qui ne se préoccupent que d'une seule chose, avoir des acheteurs, et qui, pour atteindre ce résultat, ne sont guère scrupuleux sur les moyens d'allécher le public.

D'autre part, il y a des écrivains pour toutes les causes ; Il y a des consciences vénales, il y a des cerveaux boiteux.

Mais tout cela n'empêche pas la presse d'être le plus puissant instrument d'émancipation et de contrôle à la disposition des peuples en face des gouvernements.

A ce titre, elle a le droit de circuler libre, sans timbre, sans cautionnement.

J'ajoute que je suis partisan d'une loi de décentralisation administrative qui augmente les franchises municipales.

Du reste, M. Reyneau a fait imprimer une brochure qu'il doit distribuer à ses électeurs, dans laquelle il expose d'une façon très explicite ce qu'il a fait et ce qu'il pense faire.

RIBOT (c..g.).

PAS-DE-CALAIS. Boulogne (2ᵉ circ.).
Inscr. 18,900.

Élu le 21 août 1881 par 6,497 voix contre 6,029 à M. Duhamel, ancien secrétaire de M. Jules Grévy.

Avocat, ancien secrétaire de M. Dufaure, ancien président de la commission des grâces, directeur politique du *Parlement*.

Élu le 7 avril 1878, en remplacement de M. Dussaussoy, invalidé, par 7,532 voix contre 6,465 à ce dernier.

Voici le passage important de sa profession de foi :

Si vous m'accordez de nouveau votre confiance, je ne m'écarterai pas de la politique ferme et libérale que j'ai constamment suivie.

Je suis opposé à la revision de la Constitution, parce que la stabilité est un des premiers besoins de la République.

Je suis opposé à la dénonciation du Concordat et à la suppression du budget des cultes, parce que, dans l'état de nos mœurs, ces mesures troubleraient profondément les consciences et enlèveraient à l'État, vis-à-vis du clergé, des droits qui lui sont nécessaires.

Bien que partisan de réformes profondes dans notre organisation judiciaire, je suis opposé à la suppression de l'inamovibilité, parce que j'y vois une atteinte à l'indépendance de la justice.

Je suis convaincu que l'intérêt de la République ne commande pas de semblables mesures.

Ce qu'il faut à la France, c'est un gouvernement assez fort pour résister aux coalitions des partis extrêmes et à l'abus des influences parlementaires, assez maître de ses propres résolutions pour ne pas courir au-devant des aventures, soit à l'intérieur, soit à l'extérieur, assez hardi pour entreprendre des réformes et assez patient pour les accomplir sans précipitation et sans violence.

RICHARD (u.).

DROME. Nyons. — Inscr. 10,605.

Élu le 21 août 1881 contre M. le marquis d'Aulan (B.) député
sortant. 4,780 voix contre 3,571.

50 ans, avoué, maire de Nyons, conseiller général.

En 1877, il avait obtenu 3,574 voix contre M. d'Aulan 5,575.

Le 7 avril 1878, à la suite de l'invalidation de M. d'Aulan, il avait été élu par 4,599 voix contre 4,559 données à
M. d'Aulan.

Invalidé, il avait été battu par M. d'Aulan par 4,679 voix
contre 4,465.

Voici les articles du programme qu'il a accepté :

1° Revision de la Constitution dans un sens plus nettement républicain ;

2° Défense énergique des droits et attributions de l'État contre
les empiètements du cléricalisme ;

3° Réorganisation de la magistrature ; suppression de l'inamovibilité ;

4° Laïcité de l'enseignement à tous les degrés ; instruction primaire, laïque, gratuite et obligatoire ;

5° Extension des libertés municipales ;

6° Liberté de la presse, de réunion, d'association ;

7° Service militaire obligatoire pour tous, sans distinction ; suppression du volontariat d'un an ;

8° Rétablissement du scrutin de liste ;

9° Remaniement de l'assiette de l'impôt ; dégrèvement de la
contribution foncière dans de larges proportions ; réduction des
droits de mutation par décès, qui ne devront plus être perçus que
sur l'actif net de la succession.

RINGUIER (U.).

AISNE. Soissons. — Inscr. 18,903.

Élu le 21 août 1881 par 8,114 voix contre 2,310 données à M. Choron,
député sortant (C. G.) et 4,662 à M. Salanson.

58 ans, industriel, a fondé le *Républicain Soissonnais*,
conseiller général.

Voici son programme :

Obligation de l'instruction primaire ; instruction laïque dans
l'école.

Instruction religieuse et cérémonie du culte dans l'église, le
temple ou la synagogue.

Service militaire obligatoire pour tous ; plus de volontariat ;
chaque contingent divisé en deux portions, l'une servant pendant
trois ans, l'autre, dans laquelle seront déversés les instituteurs et
les congréganistes, servant un an seulement.

Réformes de certains impôts industriels, commerciaux et agricoles ; égalité de traitement pour tous, c'est-à-dire sans protection, l'absence de protection forçant chacun à élargir son intelligence, la protection énervant au contraire l'intelligence et la tuant.

Abaissement des droits de succession et de mutation.

Réforme de la magistrature ; extension de la compétence des
justices de paix ; presque tous les délits déférés au jury ; par suite,
suppression d'un certain nombre de magistrats. Suppression de
leur inamovibilité, les juges de paix qui ne sont pas inamovibles
donnant toute garantie aux justiciables.

Rétablissement du scrutin de liste.

Réforme dans la constitution du Sénat ; plus de sénateurs inamovibles. Il n'y a qu'une sorte de députés, il ne doit y avoir
qu'une sorte de sénateurs. Réforme également de la constitution
du Sénat, dont les électeurs, délégués par les communes, devront avoir des pouvoirs proportionnels au nombre de leurs mandataires.

RIOTTEAU (G.) 363.

MANCHE. Avranches (2e circ.). — Inscr. 14,723.

Élu le 21 août 1881 par 8,808 voix, sans concurrent.

Né à la Martinique en 1837, grand armateur, membre de la Chambre de commerce de Trouville, juge au tribunal de commerce, conseiller général.

Élu en 1876 par 6,336 voix contre 4,343 à M. de Canisy et 2,032 à M. de Saint-Pierre.

Échoua en 1877 avec 6,000 voix contre 6,167 à M. Leclère, cons.

Réélu en 1878 (3 mars), après invalidation de ce dernier, par 7,699 voix contre 3,565 à M. de Canisy.

A voté *pour :* Scrut. liste. Suppr. inamovib.

Contre : Laïcité. Presse. Revision. Prop. Laisant. Suppr. cultes.

Absent : Suppr. Vatican.

RIVIÈRE (U.).

INDRE-ET-LOIRE. Tours (2e circ.). — Inscr. 26,311.

Élu au scrutin de ballottage du 4 septembre 1881 par 11,380 voix contre 5,680 à M. Tiphaine et 4,230 à M. Faré (B.).

Avocat, bâtonnier du barreau de Tours, protesta contre le coup d'Etat. Se réfugia à Londres.

Élu le 6 avril 1879 au 2e tour par 10,748 voix, en remplacement de M. Guinot, élu sénateur.

A voté *contre :* Réunion.

Pour toutes les autres propositions.

N'était pas encore député lors du vote sur la mise en accusation.

On lit dans sa profession de foi :

Fidèle à tout mon passé politique, qui n'a ni obscurité, ni la cune, ni éclipse, j'ai voté au Congrès et à la Chambre, avec la majorité, toutes les lois proposées par le gouvernement ou par l'initiative parlementaire, ayant un caractère libéral, progressif et anticlérical: et si parfois je me suis, par mes votes, séparé de la majorité, c'était pour donner mon adhésion à des propositions que je considérais comme des mesures nécessaires et progressives. Ainsi, par exemple, le 12 février 1880, je fus l'un des 114 qui votèrent la proposition d'amnistie, que le gouvernement, après l'avoir d'abord repoussée, reprenait et faisait voter, le 21 juin de la même année, par une majorité de 312 voix, dont, cette fois, je faisais partie.

Si, comme je l'espère, vous approuvez mes votes et me continuez mon mandat de député, vous pouvez me compter parmi ceux qui estiment « qu'il est devenu nécessaire de modifier les attributions et le recrutement du Sénat, » parmi ceux qui proposeront et voteront la revision de sa loi électorale et qui travailleront à donner au pays toutes les réformes politiques, économiques et financières réclamées par la majorité des électeurs républicains.

Inscrit à la gauche radicale.

ROBERT (G.).

OISE. COMPIÈGNE. — Inscr. 26,303.

Élu le 21 août 1881 par 12,892 voix contre 7,444 à M. Duchesne (B.). Remplace M. Cossé-Brissac, qui ne s'était pas représenté.

40 ans, ancien sous-préfet de Compiègne; en dernier lieu, préfet de l'Ardèche.

Dans une réunion tenue à Compiègne, sous la présidence de M. Meurinne, conseiller général,

M. Ed. Robert a déclaré qu'il s'associait aux efforts tentés pour constituer à la Chambre une majorité de gouvernement, qui « sera l'union républicaine dans le véritable sens du mot, » et qui comprendra le groupe de ce nom et celui de la gauche républicaine.

M. Ed. Robert s'est prononcé pour la protection de l'agriculture, l'établissement de droits de douane compensateurs, le service militaire de trois ans et l'obligation de l'enseignement primaire; quant à la laïcisation, il considère qu'il faut s'en remettre au vœu des conseils municipaux.

ROCHE (Jules) (E. G.).

VAR. DRAGUIGNAN. — Inscr. 26,174.

Élu le 21 août 1881 par 7,072 voix contre 3,187 à M. Anglès (U.)
et 2,704 à M. Bertin (R.).
Remplace M. Cotte, député sortant (U.), qui s'était retiré.

40 ans, fils d'un huissier de l'Ardèche, conseiller municipal de Paris, ancien rédacteur du *Siècle*, collabora à la *Justice*.

Voici sa profession de foi, dans le 12e arrondissement de Paris, où il a échoué contre M. Greppo :

Vous m'offrez la candidature radicale dans le douzième arrondissement. Je ne l'accepterais pas, si le mandat de député était une récompense dans le repos, légitimement due aux vétérans honorés de la démocratie.

Il n'en est pas ainsi. Le parlement n'est pas le prytanée, et c'est bien plus à la peine qu'à l'honneur que le peuple envoie ses mandataires.

Vous le pensez comme moi.

Vous me proposez, en effet, de poursuivre avec une infatigable persévérance les réformes nécessaires qu'on refuse à la République.

La revision d'une Constitution monarchique, qui fait litière des Droits de l'Homme, de la souveraineté nationale et de l'égalité des citoyens.

La séparation de l'Église et de l'État, sans laquelle est impossible l'organisation d'une société vraiment démocratique, affranchie de toute superstition, ne reposant que sur la raison, la science et la justice.

L'autonomie communale, telle que la Révolution l'avait si bien comprise, telle que tous les pays libres la pratiquent, condition indispensable des mœurs républicaines, du *self-governement*, de la vitalité puissante de la patrie, non moins que de toute entreprise sérieuse de réforme sociale.

C'est là, je le sais, une mission essentiellement laborieuse et active, on pourrait presque dire une mission de combat, tellement quatre-vingts ans de défaillance nationale et les dernières années d'une prétendue politique républicaine ont altéré la connaissance des principes et des lois nécessaires à la démocratie. — J'accepte.

Inscrit à l'extrême gauche, absent lors du vote sur la fermeture du groupe.

RODAT (U.).

AVEYRON. Rodez (2e circ.). — Inscr. 16,858.

Élu le 21 août 1881 par 7,267 voix contre 5,679 données à M. Roques, député sortant (B.).

Avocat, ancien sous-préfet.

En 1876, au 2e tour il avait obtenu 5,814 voix contre 7,178 à M. Roques élu.

En 1877, dans la 1re circonscription de Rodez, il avait obtenu 3,046 voix contre 6,258 à M. Azemar, bonapartiste, élu.

ROGER (G.).

DORDOGNE. Sarlat (1re circ.). — Inscr. 18,767.

Élu le 21 août 1881 par 9,669 voix, sans concurrent.

Chef du contentieux de la compagnie d'Orléans.

Élu en 1879 en remplacement de M. de Bosredon, bonapartiste, nommé sénateur.

A voté *contre* : Scrut. liste. Laïcité. Presse. Sém. soldats. Revision. Suppr. cultes. Suppr. Vatican.

S'est *abstenu* : Suppr. inamovib. Prop. Laisant.

N'était pas député lors des deux premiers votes.

ROQUE de FILLOL (E. G.).

SEINE. Saint-Denis (3e circ.). — Inscr. 13,251.

Élu le 21 août 1881 par 5,273 voix contre 2,344 à M. Corra (U.).

Maire de Puteaux, déporté pour participation à la Commune, amnistié, réélu maire.

Élu en 1880 en remplacement de M. Deschanel, démis-sionnaire.

N'a pris part qu'au vote des six dernières propositions du tableau et a voté *pour*.

Contre : Scrut. liste.

Inscrit à l'extrême gauche, partisan du groupe fermé.

ROSELLI - MOLLET (E. G.).

AIN. BELLEY. — Inscr. 23,574.

Élu le 21 juillet par 11,243 voix contre 5,769 données à M. Chaley, député sortant (U.).

38 ans, fils d'un ancien représentant du peuple, ancien directeur du génie sous la Commune, conseiller général.

Il a contresigné le programme proposé par le comité républicain de Belley, portant :

1° Revision de la Constitution, recrutement entier du Sénat par le suffrage universel, modification de ses attributions;

2° Rétablissement du scrutin de liste;

3° Réforme de la magistrature, suppression de l'inamovibilité, magistrature élective;

4° Instruction gratuite, laïque et obligatoire à tous les degrés;

5° Service militaire de trois ans obligatoire pour tous, suppression du volontariat;

6° Séparation des Églises et de l'État;

7° Liberté de la presse, de réunion et d'association civile;

8° Suppression du cumul des fonctions électives avec les fonctions administratives rétribuées. Suppression du cumul des fonctions de sénateur ou de député avec les fonctions électives départementales et communales;

9° Revision de l'impôt dans ses ressources, sa perception et son emploi, meilleure répartition dans l'intérêt de l'agriculture, suppression des prestations en nature;

10° Impôt sur le capital, libre circulation des vins et des alcools;

11° Revision du Code de procédure en vue de la simplification de la rapidité des formalités, de la réduction des frais et de leur gratuité à l'égard des mineurs et des faillis

12º Extension des attributions des conseillers généraux et municipaux, suppression des sous-préfectures ;

13º Abrogation de la loi interdisant le mandat impératif ;

14º Suppression du vote secret pour toutes les questions politiques :

15º Création d'une caisse nationale de retraite pour la vieillesse ;

16º Le député élu sera tenu de venir rendre compte de son mandat au moins une fois l'an ;

17º Exclusion du territoire français de tout repris de justice ayant subi trois condamnations.

Inscrit à l'extrême gauche, partisan du groupe ouvert.

———

ROTOURS (Des) (B.).

NORD. LILLE (4e circ.). — Inscr. 23,150.

Élu le 21 août 1881 par 12,066 voix contre 7,129 à M. Potié.

Né en 1834 à Amiens, docteur en droit, conseiller de préfecture.

Élu en 1868 au Corps législatif.

Élu en 1871 à l'Assemblée nationale.

Élu en 1876 par 13,947 voix, sans concurrent.

Réélu en 1877 par 13,652 voix contre 4,391 à M. Potié.

S'est *abstenu* : Réunion. Revision.

Contre : Suppr. inamovib. Élect. juges. Laïcité. Sém. soldats. Prop. Laisant, et les autres propositions.

N'a formulé aucun programme.

———

ROUDIER (U.) 363.

GIRONDE. LIBOURNE (1re circ.). — Inscr. 17,274.

Élu le 21 août 1881 par 7,691 voix, sans concurrent.

Né à Juillac en 1823, avocat, riche propriétaire, conseiller général, procureur de la République, en 1848, à Libourne.

Élu membre de l'Assemblée nationale en mars 1874.

Réélu en 1876 à la Chambre des députés par 7,883 voix contre 6,093 à M. Piola.

Réélu en 1877 par 8,181 voix contre 6,933 à M. Pascal.

A voté *pour* : Scrut. liste. Suppr. inamovib. Laïcité. Presse. Sém. soldats. Prop. Laisant. Suppr. Vatican.

Contre : Mise accusat. Réunion. Revision. Suppr. cultes.

Dans une réunion importante tenue à Libourne, il a fait connaître le programme des réformes principales qui devront être accomplies au cours de cette législature.

Il a signalé :

La revision de la Constitution pour arriver à la modification de la loi électorale sénatoriale.

La réforme de la magistrature.

Le dégrèvement de l'impôt foncier.

Inscrit à la gauche radicale.

ROUGÉ (G.) 363.

AUDE. Limoux. — Inscr. 19,539.

Élu le 21 août 1881 par 7,341 voix contre 5,476 à M. Delmas (R.).

Né en 1845, ancien avoué, actuellement propriétaire et banquier, maire de Limoux, conseiller général de l'Aude.

Élu en 1876, au 2e tour de scrutin, par 8,038 voix contre 7,422 données à M. Detours, réactionnaire.

Son concurrent fut élu en 1877 par 8,515 voix contre 7,461, à la suite de son invalidation. M. Roux fut réélu le 3 mars 1878 par 9,663 voix.

A la Chambre dernière, il vota :

Pour : Mise accusat. Suppr. inamovib. Suppr. Vatican.

Contre : Réunion. Presse. Sém. soldats. Prop. Laisant. Suppr. cultes. Laïcité. Scrut liste.

ROUSSEAU (G.).

FINISTÈRE. MORLAIX (1re circ.). — Inscr. 19,969.

Élu le 21 août 1881 par 6,948 voix contre 5,793 données
à M. Mège (Cons.).
Remplace M. Swiney, député sortant (U.), qui se retire.

45 ans, ingenieur des ponts et chaussés, conseiller d'État
en service extraordinaire, directeur général des routes et
de la navigation au ministère des travaux publics, vice-
président du conseil général de Finistère.

Membre de l'Assemblée nationale pour le Finistère.

ROUVIER (U.) 363.

BOUCHES-DU-RHONE. MARSEILLE (3e circ.).
Inscr. 18,252.

Élu le 21 août 1881 par 8,308 voix, sans concurrent.

Né à Aix en 1842, avocat et journaliste. Après le 4 septembre, secrétaire général de la préfecture de Marseille.
A épousé Mme Claude Vignon.

A fait partie de l'Assemblée nationale.

En 1876, élu député de la 3e circonscription de Marseille
par 8,503 voix contre 3,501 à M. Rostan.

En 1877, réélu par 8,784 voix contre 4,855 données à
M. de Jessé.

A la dernière Chambre, a été, à plusieurs reprises, membre de la commission du budget et s'est fait remarquer par
sa compétence en matière financière.

A voté *pour* : Suppr. inamovib. Scrut. liste. Suppr. cultes.

Il a accepté le programme du comité central de la
3e circonscription qui porte :

Revision de la Constitution ;
Suppression du Sénat ou modifications radicales;
Service de trois ans pour tous ;

Séparation des Églises et de l'État ;
Suppression du budget des cultes ;
Suppression de l'inamovibilité ;
Abaissement des frais de police ;
Rétablissement du divorce ;
Abolition de la peine de mort ;
Instruction primaire gratuite, laïque et obligatoire
Instruction professionnelle et secondaire gratuite ;
Liberté de la presse ;
Liberté de réunion ;
Liberté d'association ;
Suppression du cumul.

Ministre de commerce dans le cabinet Gambetta.

ROY de LOULAY fils (B.).

CHARENTE-INFÉRIEURE. Saint-Jean-d'Angély.
Inscr. 27,210.

Élu le 21 août 1881 par 11,796 voix contre 11,605 données à
M. Lair (R.).

Né en 1845, fils du sénateur, licencié en droit, conseiller
général.

Élu en 1876 par 12,553 voix contre 5,688 données à M. La-
rade et 3,642 à M. Bossay, ses deux concurrents.

Réélu en 1877 par 13,342 voix contre 9,931 données à
M. Normand-Dufré (rép.).

A la dernière Chambre, il a voté :

Pour : Scrut. liste. Réunion. Presse. Revision. Prop. Laisant.

Contre : Mise accusat. Suppr. inamovib. Laïcité. Suppr.
cultes. Suppr. Vatican.

Abstenu : Sém. soldats.

ROYER (G.).

MEUSE. Montmédy. — Inscr. 16,894.

Élu le 21 août 1881 par 7,253 voix contre 4,983 à M. d'Égremont (Mon.) et 1,267 à M. Péridon (R.).

Commandant en retraite.
Élu le 2 février 1879 par 10,363 voix contre 514 à M. d'Égremont. Il a remplacé M. Billy, décédé.

A voté *pour :* Suppr. inamovib.
Abstenu : Mise accusat.
Absent : Scrut. liste.
Contre : Toutes les autres propositions.

ROYS (De) (G.).

AUBE. Bar-sur-Aube, — Inscr. 12,052.

Élu le 21 août 1881 par 5,472 voix contre 4,294 données à M. Piot (Réac.).

Ancien officier, riche propriétaire, lieutenant-colonel dans l'armée territoriale. S'est fait une place dans la discussion des lois militaires.

Candidat malheureux en 1876, ne réunit que 4,911 voix, au second tour contre 5,562 données à M. Piot, élu.

En 1877, il fut élu par 5,506 voix contre 5,423 données à M. Piot.

Il vota *contre :* Scrut. liste. Mise accusat. Réunion. Suppr. inamovib. Sém. soldats. Revision. Suppr. cultes. Suppr. Vatican.

S'est *abstenu* sur les autres propositions.

Dans sa circulaire il se prononce pour :

La réorganisation de la magistrature ;
L'extension de la compétence des juges de paix ;
La diminution des frais de justice ;
La liberté d'association ;

La réduction du service militaire ;

La réduction des impôts qui frappent le plus l'agriculture, notamment les droits sur les vins.

Dans la réunion électorale tenue à la salle du théâtre de Bar-sur-Aube, il s'est prononcé pour le scrutin de liste ; il a déclaré la revision impossible à cause de la résistance du Sénat ; il veut attendre le renouvellement partiel. A cette époque, les Chambres étant d'accord, la revision ne sera plus nécessaire. Si cependant le Congrès se réunissait, il demanderait que les sénateurs fussent élus par les conseillers municipaux; que l'inamovibilité fût supprimée; que le mandat présidentiel fût réduit. Il ne votera pas la séparation de l'Église et de l'État, mais il demandera l'exécution du Concordat.

RUBILLARD (u.) 363.

SARTHE. Le Mans (1re circ.). — Inscr. 25,924.

Élu le 21 août 1881 par 10,630 voix contre 7,029 à M. Bouriat (B.) et 1,284 à M. Drouin (Rad.).

Né en 1826 à Laval, propriétaire, ancien géomètre-arpenteur, maire du Mans, conseiller général.

Élu en 1876 par 11,460 voix contre 6,192 à M. Bouriat.

Réélu en 1877 par 10,458 voix contre 9,545 à M. Bouriat.

A voté *pour :* Scrut. liste. Mise accusat. Suppr. inamovib. Sém. soldats.

Abstenu : Réunion. Laïcité. Presse. Revision. Prop. Laisant. Suppr. cultes. Suppr. Vatican.

Élu sénateur par le département de la Sarthe le 8 janvier 1882.

SAINT-MARTIN (De) (b.).

INDRE. La Chatre. — Inscr. 17,574.

Élu le 21 août 1881 par 8,093 voix contre 5,400 données à M. Douradier-Dutheil (R).

Né dans la Creuse en 1831, licencié en droit, propriétaire agriculteur, conseiller général, maire de Cluis.

Élu en 1876 par 7,355 voix contre 3,336 à M. Pissavy.

Réélu en 1877 par 10,576 voix contre 3,176 à M. de Talleyrand-Périgord.

A voté *pour :* Réunion. Presse. Revision.

Contre : Scrut. liste. Mise accusat. Suppr. inamovib. Sém. soldats. Prop. Laisant. Suppr. cultes. Suppr. Vatican.

Absent : Laïcité.

SAINT-MARTIN (E. G.) 363.

VAUCLUSE. Avignon. — Inscr. 24,800.

Élu le 21 août 1881 par 8,791 voix contre 1,207 à M. de Baremme.

Né en 1840, avocat, journaliste, conférencier, conseiller général.

Élu le 11 février 1877 par 9,704 voix contre 9,099 à M. du Demaine. Cette élection avait été rendue nécessaire par l'option de M. Gambetta pour Paris.

Échoua en 1877 avec 8,276 voix contre 10,423 à M. du Demaine.

Réélu le 5 mai 1878 par 9,354, sans concurrent.

A voté *pour :* Toutes les propositions.

Inscrit à l'extrême gauche, partisan du groupe ouvert.
Inscrit à la gauche radicale.

SAINT-PRIX (De) (U.).

ARDÈCHE. Tournon (1re circ.). — Inscr. 22,003.

Élu au scrutin de ballottage du 4 septembre 1881 par 7,458 voix contre 6,715 à M. Seignobos, député sortant (G.).

Vice-président du conseil général.

SAINT-ROMME (U.).

ISÈRE. SAINT-MARCELLIN. — Inscr. 22,625.

Élu le 21 août 1881 par 12,730 voix, sans concurrent.
Remplace M. Riondel, député sortant (R.), qui ne s'est pas représenté

40 ans, avocat, conseiller général.

Dans la réunion de la salle du théâtre de Saint-Marcellin, M. Saint-Romme s'est prononcé ouvertement en faveur du programme adopté par les délégués républicains. Ce programme comporte :

Suppression de l'inamovibilité de la magistrature ;
Revision ;
Réforme du Sénat ;
Séparation de l'Église et de l'État.

SALIS (E. G.).

HÉRAULT. MONTPELLIER (2e circ.). — Inscr. 27,189.

Élu le 21 août 1881 par 10,585 voix contre 3,929 à
M. de Serres (L.) et 3,843 à M. Allien (R.).

48 ans, avocat, maire de Cette, conseiller général.

Dans sa profession de foi, M. Salis s'exprime ainsi :

La Chambre nouvelle devra donner à la France, qui lui confie a la périlleuse mission de la gouverner, les satisfactions si impatiemment attendues et si vivement réclamées ; elle devra aborder avec fermeté et résolution tous les graves problèmes qui touchent à l'organisation économique du pays, à l'équilibre naturel et juste de toutes les forces, aux besoins et aux nécessités des classes travailleuses.

La République ne peut pas, ne doit pas rester stationnaire ; son principe fondamental est le progrès, l'action.

Voilà, chers concitoyens, ma pensée la plus intime ; je vous la livre.

Il a adopté le programme du comité central républicain radical séant à Cette.

Inscrit à l'extrême gauche, partisan du groupe fermé.

SALOMON (u.) 363.

VIENNE. Poitiers (1re circ.). — Inscr. 16,763.

Élu le 21 août 1881 par 7,325 voix, sans concurrent.

Né en 1831, avoué à la cour d'appel de Poitiers, conseiller municipal, conseiller d'arrondissement.

Élu en 1876 par 5,992 voix contre 5,568 à M. Ernoul.

Réélu en 1877 par 6,843 voix contre 5,920 à M. Ernoul, ancien ministre.

A voté *pour :* Suppr. inamovib.

Contre : Toutes les autres propositions.

A accepté le programme de l'Union républicaine dans une réunion générale des électeurs de l'arrondissement de Poitiers.

SARLAT (u.).

COLONIES. Guadeloupe (2e circ.) arr. de
La Pointe-a-Pitre.

Élu le 2 octobre 1881 au second tour, par 2,540 voix contre 5,004 à M. Réaux.

2? ans, avocat. A fondé à la Guadeloupe le journal le *Progrès*.

Membre du conseil général.

Son programme peut se résumer ainsi :

Révision en ce qui concerne le mode d'élection ;
Suppression de l'inamovibilité. Magistrature élective ;
Instruction laïque, gratuite et obligatoire ;
Partisan du scrutin de liste ;

Séparation de l'Église et de l'État. En cas de rejet, l'exécution du Concordat;

Impôt sur le revenu;

Partisan de l'assimilation des colonies avec la métropole. Au point de vue politique, assimilation absolue;

Enseignement actuel est entre les mains des congrégations. (Il parle de l'enseignement primaire.)

Quant à l'enseignement secondaire, nul.

Question actuelle : création d'un lycée à la Pointe-à-Pitre.

Il demande que la métropole participe aux charges de l'enseignement.

Partisan de l'application de la loi militaire aux colonies.

Adversaire des magistrats maintenus dans la colonie.

Adversaire des préjugés de couleur.

Inscrit à la gauche radicale.

SARRETTE (B.).

LOT-ET-GARONNE. Villeneuve-sur-Lot.
Inscr. 28,774.

Élu le 21 août 1881 par 12,433 voix contre 10,943 à M. Laporte (R.).

Né en 1822, propriétaire, conseiller général.

Membre de l'Assemblée nationale.

Élu en 1876 par 14,119 voix contre 8,929 à M. de Langsdorff.

Réélu en 1877 par 13,667 voix contre 10,357 à M. Gay.

A voté *pour* : Presse. Sém. soldats.

Contre : Scrut. liste. Mise accusat. Suppr. inamovib. Laïcité. Revision.

Abstenu : Réunion.

Absent : Prop. Laisant. Suppr. cultes. Suppr. Vatican.

On lit dans sa profession de foi :

Cette revision, je vous la demande encore aujourd'hui, mais dans un sens parfaitement défini à l'avance. Je veux réserver à la nation tout entière, librement consultée par la voie de l'appel au peuple, le droit de nommer le chef de l'État, de se prononcer souverainement sur le gouvernement auquel elle entend confier ses destinées. Respectueux du principe de la souveraineté nationale, je m'incline d'avance devant le verdict que rendra mon pays directement consulté.

SARRIEN (G.) 363.

SAONE-ET-LOIRE. CHAROLLES (2e circ.). — Inscr. 18,902.

Élu le 21 août 1881 par 7,011 voix contre 2,172 à M. Villiers.

Né en 1840, avocat, décoré en 1871, maire révoqué au 24 mai, conseiller général.
Élu en 1876, par 7,925 voix contre 4,611 à M. Huet.
Réélu en 1877 par 8,736 voix contre 5,152 à M. Huet.
Absent : Suppr. cultes
Abstenu : Suppr. Vatican.
A voté *pour* : Suppr. innamovib. Élections. Sém. soldats. Revision.
Contre : Toutes les autres propositions.

SAVARY (C. G.) 363.

MANCHE. COUTANCES (1re circ.). — Inscr. 15,748.

Élu le 21 août 1881 par 9,198 voix contre 3,596 à M. Chevalier (B.).

Né en 1845, avocat, auditeur au Conseil d'État, sous-préfet d'Avranches au 4 septembre.
Membre de l'Assemblée nationale, chargé du rapport sur l'élection de Bourgoing, siégea au centre droit.
Sous-secrétaire d'État à la justice sous le ministère Dufaure, président du conseil général.
Élu en 1876, sur un programme centre gauche, par 6,927 voix contre 3,411 à M. Chevalier et 2,704 à M. Briens.
Réélu en 1877 par 8,649 voix contre 5,035 à M. Plaine.
Vota *contre* : Toutes les propositions que nous avons énumérées.

SCREPEL (G.) 363.

NORD. LILLE (3ᵉ circ.). — Inscr. 13,482.

Élu au second tour le 4 septembre par 5,651 voix contre 5,188 à
M. Catteau.

50 ans, industriel à Roubaix, ancien ouvrier teinturier.

Élu en 1876 en remplacement de M. Deregnaucourt,
décédé, par 5,286 voix contre 4,221 à M. Catteau.

Réélu en 1877 par 5,252 voix contre 5,070 à M. Pierre
Catteau.

A voté *pour* : Scrut. liste.

Absent : Mise accusat.

S'est *abstenu* : Prop. Laisant.

A voté *contre* : Toutes les autres propositions.

Il dit dans sa profession de foi :

J'ai voté l'amnistie ;

La suppression de la lettre d'obédience ;

La collation des grades rendue à l'État ;

La gratuité, l'obligation et la laïcité de l'instruction primaire ;
pour faire face aux dépenses que comporte cette loi, l'élévation du
budget de l'instruction publique de 34 à 90 millions :

L'obligation du service militaire pour tous ;

La réduction de la durée de la journée de travail à 10 heures ;

La liberté de la presse, le droit de réunion ;

La suppression de l'aumônerie militaire.

J'ai voté la suppression de l'impôt sur la chicorée et les 300 millions de dégrèvements proposés par la commission du budget.

Je suis l'un des signataires de la proposition Laisant, qui a
pour objet la réduction de la durée du service militaire à 3 ans.

J'ai voté l'application des décrets contre les congrégations non
autorisées.

J'ai fait les plus grands efforts pour doter notre ville de l'École
des arts et métiers et, si je n'ai pas réussi dans cette circons-
tance, j'ai du moins été assez heureux pour obtenir de mes amis
de la Chambre le vote relatif à l'établissement à Roubaix d'une
école nationale des arts industriels où nos ouvriers pourront
puiser l'instruction professionnelle.

Dans l'avenir, si les électeurs renouvelaient mon mandat, je voterai la revision de la Constitution, les décisions de la Chambre des députés, issue du suffrage universel ne devant pas plus long-temps être subordonnées au *veto* d'une Chambre élue à deux degrés.

Je voterai la réforme de la magistrature ;

La dénonciation du Concordat, si l'État reste suffisamment armé pour la défense de la société civile ;

La suppression du volontariat, car elle découle dn grand principe de l'égalité devant l'impôt du sang ;

L'obligation pour les patrons d'assurer les ouvriers contre les suites des accidents survenus dans l'exercice de leurs fonctions.

L'application du droit commun aux sociétés religieuses, pour toutes les questions d'impôt ;

En un mot, je voterai toutes les réformes qui pourront contribuer à l'affermissement de la République et à l'amélioration du sort des travailleurs.

SENTENAC (u.).

ARIÈGE. Saint-Girons. — Inscr. 24,487.

Élu 21 août 1881 par 11,363 voix contre 2,202 données à M. de Saint-Blanquat (L.).

Avocat.

Élu le 7 juillet 1878 par 10,016 voix contre 7,574 à M. le baron de Saint-Paul, invalidé.

A voté *pour :* Prop. Laisant. Scrut. liste.

Contre : Mise accusat. Presse. Sém. soldats. Suppr. cultes. Laïcité.

S'est *abstenu :* Sur les autres questions.

SERPH (Gusman) (c. d.).

VIENNE. Civray. — Inscr. 14,917.

Élu le 21 août 1881 par 6,192 voix contre 5,770 à M. Merceron (R.).

Né en 1820, agriculteur, conseiller général.
Candidat malheureux sous l'Empire.

Membre de l'Assemblée nationale.

Élu en 1876 par 6,718 voix contre 3,984 à M. Couteaux.

Réélu en 1877 par 7,517 voix contre 3,584 à M. Couteaux.

A voté *pour* : Réunion. Presse.

Abstenu : Scrut. liste. Sém. soldats. Revision.

Contre : Toutes les autres propositions.

SILHOL (G.).

GARD. ALAIS (2ᵉ circ.). — Inscr. 21,049.

Élu le 4 septembre 1881 au scrutin de ballottage par 8,988 voix contre 7,075 à M. de Roux-Larcy (L.).

Remplace M. le marquis de Valfons, député sortant (L.), qui s'était retiré.

Grand industriel, conseiller général.

SIMON (Fidèle) (G.) 363.

LOIRE-INFÉRIEURE. SAINT-NAZAIRE (1ʳᵉ circ.). Inscr. 22,844.

Élu le 21 août 1881 par 8,486 voix contre 7,005 à M. Menard (L.).

Né en 1837, armateur, conseiller général.

Membre de l'Assemblée nationale où il siégeait au centre gauche.

Élu en 1876 au 2ᵉ tour, par 5,761 voix contre 5,620 à M. Couëtoux et 3,656 à M. Amaury Simon.

Réélu en 1877, au 2ᵉ tour, par 8,631 voix contre 7,655 à M. J. de Lareinty.

Contre : Scrut. liste. Mise accusat. Réunion. Laïcité. Presse. Sém. soldats. Revision. Prop. Laisant. Suppr. cultes. Suppr. Vatican.

Abstenu : Suppr. inamovib.

SIMONNET (u.).

ALLIER. Montbrison (2e circ.). — Inscr. 17,437.

Élu le 21 août 1881 par 7,470 voix contre 3,722 à M. Lachaume. M. Defoulenay, député sortant, s'était retiré.

57 ans, fils d'un ancien instituteur, officier de santé, conseiller général du canton d'Hérisson où il habite et dont il est maire.

A la réunion de la Ville-Gozet, il s'est défendu d'être opportuniste. Il a déclaré qu'il se ferait un honneur de s'asseoir à côté des Brisson, des Floquet et des Madier de Montjau. Il a accepté le programme du comité républicain radical :

Je ne reculerai devant aucune réforme, si profonde qu'elle soit. J'accepte le programme du comité, je le défendrai, je voterai la suppression du Sénat, etc.

SOLAND (De) (L.).

MAINE-ET-LOIRE. Angers (1re circ.). — Inscr. 22,784.

Élu le 21 août 1881 par 9,877 voix contre 7,846 à M. Guitton (R.).

Né en 1821, conseiller à la Cour d'Angers, conseiller général.

Élu en 1876 au 2e tour par 9,701 voix contre 6,512 à M. Mourin.

Réélu en 1877 par 11,820 voix contre 7,230 à M. Mourin.

A voté *pour* : Presse.

Contre : Réunion. Suppr. inamovib. Laïcité. Sém. soldats. Prop. Laisant. Suppr. cultes. Suppr. Vatican.

Abstenu : Revision.

Voici le passage topique de sa profession de foi :

Vous penserez sans doute qu'il est indispensable qu'il y ait à la Chambre des députés indépendants pour signaler au pays les

actes arbitraires, les prodigalités financières, les entreprises aven-
tureuses et guerrières du parti aujourd'hui au pouvoir.

Ce rôle de vigilance, mes amis et moi avons la conscience de
l'avoir rempli ; si vous me continuez votre confiance, je défendrai
avec fermeté et sans crainte de déplaire à nos maîtres du moment
vos intérêts et les intérêts généraux de la France.

SONNIER (De) (G.) 363.

LOIR-et-CHER. Vendome. — Inscr. 21,119.

Élu le 21 août 1881 par 13,216 voix, sans concurrent.

Né en 1828, avocat à Paris, a fait une vive opposition à
l'Empire, grand propriétaire, conseiller général.

Élu en 1876 par 9,990 voix contre 7,077 à M. Desaignes.

Réélu en 1877 par 12,875 voix contre 5,267 à M. de La
Panouze.

A voté *pour* : Scrut. liste. Sém. soldats.

Contre : Mise accusat. Réunion. Suppr. inamovib. Laïcité. Presse. Revision. Suppr. cultes.

Abstenu : Prop. Laisant. Suppr. Vatican.

Dans sa profession de foi, il a fait la déclaration suivante :

Parmi les réformes urgentes, je citerai : la loi municipale qui
supprimera le concours des plus imposés ; la loi sur l'enseignement supérieur et spécial ; sur le recrutement sans exemptions au
profit des ecclésiastiques ; la loi sur les associations.

Nous avons déjà voté la réorganisation de la magistrature sans
porter atteinte à l'indépendance des juges. Nous voulons exclure
ceux qui, nommés par nos ennemis, restent notoirement hostiles
au principe du gouvernement.

Revision de la Constitution, suppression de l'inamovibilité, règlement des attributions respectives des deux Chambres.

SOUBEYRAN (De) (B.).

VIENNE. Loudun. — Inscr. 10,947.

Élu le 21 août 1881 par 5,818 voix contre 3,312 à M. Cacault (R.).

Né à Paris en 1829, chef de cabinet du ministère d'État en 1859, sous-gouverneur du Crédit foncier en 1863.

Député de la 2ᵉ circ. de la Vienne en 1863.

Réélu en 1869.

Membre de l'Assemblée nationale le 2 juillet 1871, membre de toutes les commissions du budget.

Conseiller général, officier de la Légion d'honneur.

Élu en 1876 par 7,331 voix, sans concurrent.

Réélu en 1877 par 7,172.

A voté *pour* : Réunion. Presse. Revision.

Contre : Toutes les autres propositions.

Profession de foi incolore dans laquelle on ne peut relever que ces deux lignes :

Je suis ennemi des révolutions. Je suis pour le maintien des deux Chambres.

SOUCHU-SERVINIÈRE (G.) 362.

MAYENNE. Laval (1ʳᵉ circ.). — Inscr. 18,526.

Élu le 21 août 1881 par 7,736 voix contre 5,615 à M. Maggiolo (L.)

Né à Laval en 1830, docteur en médecine, conseiller municipal.

Élu au scrutin de ballottage en février 1876 par 8,022 voix contre 5,987 à M. Tresvaux de Fraval.

Réélu en 1877 par 8,201 voix contre 7,414 à M. de Vaujuas.

A voté *pour* : Suppr. inamovib.

Contre : Scrut. liste. Mise accusat. Réunion. Laïcité. Presse. Sém. soldats. Prop. Laisant. Suppr. cultes. Suppr. Vatican.

SOURIGUES (G.).

LANDES. Saint-Sever. — Inscr. 24,348.

Élu le 21 août 1881 par 10,019 voix contre 8,634 à M. Faton de Faverny (B.).

Propriétaire, banquier, traite spécialement à la Chambre les questions financières.

En 1876, avait réuni 2,793 voix contre l'élu, M. de Laborde, bonap. 10,013.

En 1877, 9,703 contre 9,732 au même élu.

Après invalidation, M. Sourigues fut enfin élu le 27 janvier 1878 par 11,474 voix contre 7,281 à M. Faton de Faverny.

Il a voté *pour* : Scrut. liste. Mise accusat.

Contre : Réunion. Laïcité. Presse. Sém. soldats. Prop. Laisant. Suppr. cultes. Suppr. Vatican.

Absent : Suppr. inamovib.

Il dit dans sa profession de foi :

Toutes mes déterminations ont été inspirées par le respect absolu des consciences et celui des croyances et opinions sincères. Je crois qu'avec la tolérance réciproque des idées, leur libre discussion fera prévaloir la vérité et finira par réaliser l'union de tous les braves gens dans le grand parti républicain.

Tous mes votes ont passé sous vos yeux. Mes tentatives pour sauvegarder l'intérêt général, notamment celui du peuple et des classes moyennes, je vous les ai fait connaître par la publication de mes discours. Vous pourrez donc vous prononcer en connaissance de cause.

SOUSTRE (U.).

BASSES-ALPES. Digne. — Inscr. 14,164.

Élu le 21 août 1881 par 7,605 voix contre 2,754 données à M. Proal. Remplace M. Allemand, député sortant (G.), qui s'était retiré.

52 ans, maire de Digne, proscrit en 1852. Conseiller général.

SOYE (G.). 363.

AISNE. VERVINS (1re circ.). — Inscr. 16,912.

Élu sans concurrent le 21 août 1881, par 8,416 voix.

Né dans le Gers, en 1824, docteur en médecine, fit une vive opposition à l'Empire, conseiller général.

Élu à l'Assemblée nationale en 1871.

Réélu en 1876 par 8,361 voix.

M. Godelle, bonapartiste, lui enleva son siège aux élections de 1877, mais M. Soye revint à la Chambre après l'invalidation de son concurrent. Il obtint 7,738 voix contre 7,377 données à M. Godelle.

Il vota *pour* : Scrut. liste. Mise accusat. Suppr. inamovib.

S'abstint ou vota *contre* : Toutes les autres propositions.

Voici sa profession de foi :

En me présentant à vos suffrages, une profession de foi est-elle nécessaire ?

N'est-elle pas tout entière dans mes votes et mes actes politiques de ces dix dernières années, pendant lesquelles j'ai eu l'honneur de vous représenter à l'Assemblée nationale et à la Chambre des députés ?

J'ai toujours contribué de tous mes efforts au relèvement de la patrie, à l'établissement et à la consolidation de la République, le seul gouvernement qui, dans notre société démocratique, permette une alliance durable et féconde entre l'ordre, le progrès et la liberté.

Les Chambres précédentes ont été des Chambres libératrices en dedans et au dehors.

La Chambre nouvelle, puisque nos institutions sont désormais à l'abri de toute atteinte, doit être réformatrice; elle doit s'occuper des réformes administratives et de toutes les questions sociales et économiques réclamées avec instance par le pays.

Parmi ces réformes, celles qui touchent particulièrement à l'agriculture peuvent compter sur mon appui le plus sincère.

Vous savez tous avec quelle persévérance j'ai défendu les intérêts de notre circonscription.

Si, ratifiant ma politique passée, vous me faites l'honneur de m'accorder vos suffrages, vous pouvez être certains que j'apporterai mon concours à tont progrès sérieux, réfléchi, en rapport avec les besoins, les mœurs et le génie de la France.

SPULLER (U.) 363.

SEINE. Paris, 3ᵉ arr. — Inscr. 20,940.

Élu le 21 août 1881 par 9,550 voix contre 5,226 données à M. Darlot (intransigeant), 566 à M. Fournière (socialiste).

Né à Seurre en 1835, avocat à Paris, collabora à plusieurs journaux, quitta Paris en ballon avec M. Gambetta et collabora avec lui sans situation officielle. Fonda, en 1871, la *République française* avec Gambetta et en devint le rédacteur en chef. Délégué de Paris pour les premières élections sénatoriales.

Élu en 1876, au second tour de scrutin, par 12,065 voix. Réélu au 14 octobre par 14,530 voix.

Rapporteur de la loi sur la liberté de l'enseignement.

Il a voté pour toutes les propositions qui figurent en tête du volume, sauf les exceptions suivantes. Il a voté contre la liberté absolue de réunion; il s'est abstenu sur les questions de suppression de l'inamovibilité de la magistrature, du budget des cultes, de l'ambassade auprès du pape.

M. Spuller a adhéré au programme d'un comité qui porte :

1º Revision de la Constitution, suppression des inamovibles et au besoin du Sénat.

2º Suppression du budget des cultes, séparation de l'Église et de l'État.

3º Réforme de la magistrature et de notre organisation judiciaire.

4º Extension des institutions départementales et communales, mais en sauvegardant l'unité du gouvernement.

5º Service militaire égal, suppression du volontariat.

6° Refonte de l'impôt et des lois intéressant le travail, le commerce et l'industrie.

Sous-secrétaire d'État aux affaires étrangères dans le cabinet Gambetta.

STEEG (U.).

GIRONDE. BORDEAUX (3ᵉ circ.). — Inscr. 29,266.

Élu le 21 août 1881 par 5,492 voix contre 2,856 données à M. Delboy (Rad.), et 542 à M. Félix Pyat.

Ancien pasteur protestant, directeur de la *Revue bordelaise*, rédacteur de l'*Union républicaine*.

Candidat malheureux en 1876, en 1877, en janvier 1878.

A la réunion du 12 août, il a exposé son programme qui porte :

Réforme de la magistrature par la suppression de l'inamovibilité, en lui donnant pour base la démocratie elle-même. Réforme dans l'impôt par une plus juste proportionnalité. Séparation de l'église et de l'école. Application rigoureuse du Concordat en vue de la séparation des Églises et de l'État. Suppression de l'inamovibilité sénatoriale et application d'un mode plus démocratique à la nomination des sénateurs. Généralisation sans exception du service militaire réduit autant que possible dans sa durée. Élaboration des lois nécessaires à l'émancipation du travail.

Inscrit à la gauche radicale.

TALANDIER (E. G.) 363.

SEINE. SCEAUX (2ᵉ circ.). — Inscr. 21,625.

Élu le 21 août 1881 par 8,992 voix contre 2,689 à M. Steenackers (U.).

Né à Limoges en 1823, avocat, substitut, proscrit au 2 décembre. Rentra en France au 4 septembre. Sous-préfet de Rochechouart, révoqué après la guerre. Rédacteur en chef de la *Défense républicaine* de Limoges supprimée par l'état de siège, professeur d'anglais au lycée Henri IV. Révoqué à la suite de son élection comme conseiller municipal de Paris.

Élu en 1876 par 6,604 voix contre 4,967 à M. Beclard, au 2e tour de scrutin,

Réélu en 1877 par 10,726 voix contre 2,902 à M. Delagneau.

A voté *pour* : Toutes les propositions en tête du volume.
Contre : Scrut. liste.

Inscrit à l'extrême gauche, partisan du groupe fermé.

TALLON (u.) 363.

PUY-DE-DOME. CLERMONT (2e circ.). — Inscr. 26,465.

Élu le 21 août 1881 sans concurrent, par 13,073 voix.

Né en 1828, avocat, fit une vive opposition à l'Empire. Fonda en 1869, avec M. Bardoux, l'*Indépendant du Centre*. Proposa le premier d'élever une statue à Baudin.

Échoua en 1871 avec 32,000 voix à l'Assemblée nationale. Conseiller municipal de Clermont, conseiller général.

En 1876, il fut élu par 10,755 voix contre 7,269 à M. Marjot de Toucy.

En 1877, il fut réélu par 11,289 voix contre 8,525 à M. Mège.

A voté *pour* : Mise accusat. Suppr. Vatican.
Abstenu : Sém. soldats.
Contre : Toutes les autres propositions.

TARBOURIECH (u.).

HÉRAULT. SAINT-PONS. — Inscr. 15,311.

Élu le 21 août 1881 par 5,843 voix contre 2,514 à M. Rouanet (E. G.). M. Agniel, député sortant, s'était retiré.

Conseiller général.

Inscrit à la gauche radicale.

TASSIN (G.) 363.

LOIR-ET-CHER. Blois (2e circ.). — Inscr. 18,422.

Élu le 21 août 1881 sans concurrent, par 11,666 voix.

Né en 1837, à Nevers.
Membre du Corps législatif sous l'Empire.
Collabora à la *Presse* dont il devint le gérant. Maire, conseiller général.
Élu à l'Assemblée nationale en 1871 par 18,417 voix.
Réélu en 1876 par 9,907 voix contre 4,919 à M. de Sers.
Réélu en 1877 par 10,281 voix contre 4,911 à M. de Sers.
A voté *pour* : Scrut. liste. Mise accusat. Sém. soldats. Prop. Laisant.
Contre : Réunion. Suppr. inamovib. Laïcité. Revision.
Absent : Suppr. cultes. Suppr. Vatican.

Voici les principales déclarations que renferme sa profession de foi :

J'ai voté, vous le savez, toutes les lois qui ont eu pour objet le développement des libertés publiques.

Je suis, comme vous, partisan résolu de la gratuité, de la laïcité et de l'obligation de l'enseignement primaire.

Je voudrais également que l'enseignement secondaire soit mis à la portée de tous.

Je veux la réduction du service militaire à trois ans, et la suppression du volontariat.

J'ai voté et je voterai pour la réforme, dans un sens démocratique, de la magistrature.

Je suis partisan de la restitution à l'État de son autorité sur les tarifs de chemins de fer, dont l'élévation est une entrave au développement des échanges et du trafic.

Enfin, je suis partisan de la revision légale de la Constitution. Je veux le maintien de la présidence de la République et de l'institution du Sénat, mais avec les modifications suivantes :

La Constitution doit exclure de la présidence de la République les princes des familles qui ont régné sur la France. Quant au Sénat, il devrait être élu par le suffrage universel.

Mais aucune modification, même légère, ne pouvant être discutée sans l'assentiment préalable de chacune des deux Chambres, j'accepterai, en attendant, que les inamovibles soient soumis à une réélection périodique par l'Assemblée nationale composée des deux Chambres et que les amovibles soient élus par une délégation des communes proportionnelle à leur population.

TEILHARD (G.) 363.

LOT. Figeac. — Inscr. 25,919.

Élu le 21 août 1881 par 13,974 voix contre 3,120 à M. Brun (Cons.).

Né en 1826, maire de Figeac, conseiller général.
Élu en 1876 par 11,366 voix contre 6,204 à M. de Lamberterie et 3,339 à M. de Turenne.
Réélu en 1877 par 12,391 voix contre 9,405 à M. de Turenne.
A voté *pour* : Scrut. liste.
Contre : Mise accusat. Réunion. Presse. Sém. soldats. Revision. Prop. Laisant. Suppr. cultes. Suppr. Vatican.
Abstenu : Suppr. inamovib. Laïcité.

TENOT (Eugène) (U.).

PYRÉNÉES-HAUTES. Tarbes (2ᵉ circ.).
Inscr. 13,937.

Élu le 21 août 1881 par 7,704 voix contre 2,459 à M. Lartigue (Cons.).

Rédacteur en chef de la *Gironde*, préfet des Hautes-Pyrénées après le 4 septembre. S'était signalé sous l'Empire par la publication d'un livre sur le coup d'État qui avait fait grand tapage.

Voici les principaux passages de sa profession de foi :

Je veux, quant à moi, l'instruction primaire obligatoire et laïque ; Je veux une réforme profonde de la magistrature, qui mette notre organisation judiciaire en harmonie avec le principe démocratique de nos institutions.

Je veux la fixation à trois années du service militaire actif, et l'abolition de tout privilège d'argent pour le volontariat d'un an.

Je veux, dans les limites de l'unité et de l'indivisibilité de la République, le développement des attributions des conseils élus de la commune et du département. Je veux la liberté absolue des consciences, c'est-à-dire la religion inviolable dans le sanctuaire, le prêtre respecté dans son ministère évangélique; mais la faction, plus politique encore que religieuse, qui cherche à faire descendre le clergé dans l'arène des partis, n'aura pas d'adversaire plus inflexible et plus résolu que moi.

Je veux la liberté d'association sous la réserve du maintien intégral des principes de la Révolution en matière de congrégations monastiques et de biens de mainmorte.

Je veux une politique étrangère pacifique, prudente et ferme, sachant attendre l'heure, lointaine peut-être, mais inévitable, où s'accomplira « la justice immanente de l'histoire »;

Je veux, en matière économique, le maintien d'une politique libérale, essentielle au développement de nos échanges; j'appuierai de toutes mes forces l'exécution du programme de travaux publics tracé par M. de Freycinet; je demanderai que la Chambre nouvelle tienne l'engagement moral qui vient d'être pris par la Chambre dernière en ce qui concerne le dégrèvement des charges qui pèsent sur la propriété foncière. La prospérité financière de la République m'autorise à m'engager à cet égard sans crainte pour l'équilibre de nos budgets.

Je ne suis pas de ceux qui dédaignent la Constitution de 1875; j'ai critiqué ses imperfections théoriques; mais je n'oublie pas que cette Constitution fut notre abri, notre force et notre salut durant la crise du 16 Mai. Le jour où la question de la revision constitutionnelle sera posée, je ne voterai la revision qu'en vue de consolider le pacte fondamental de nos institutions républicaines, d'en améliorer et d'en harmoniser les dispositions essentielles; j'appuierai notamment la réforme de la loi électorale du Sénat, qui viole le principe de proportionnalité dans la délégation des communes, et je réclamerai la suppression de l'institution des sénateurs inamovibles. Une démocratie républicaine ne saurait admettre des législateurs sans responsabilité devant ceux qui leur ont donné mandat.

TERVES (De) (L.).

MAINE-ET-LOIRE. Ségré. — Inscr. 17,489.

Élu le 21 août 1881 par 7,688 voix contre 6,430 données à Louis Janvier de la Motte, député sortant (U.).

45 ans, riche propriétaire, conseiller général.

En 1876, avait obtenu au 2º tour 5,911 voix contre M. Louis Janvier 7,315.

———

TEZENAS (G.). 363.

AUBE. Arcis-sur-Aube. — Inscr. 11,093.

Élu le 21 août 1881 sans concurrent, par 5,943 voix.

Né en 1815, sorti de l'École polytechnique. En 1839 et 1840, prit part aux expéditions contre Abd-el-Kader. En 1851, décoré à la suite de l'expédition de Kabylie. Il a fait la campagne de Crimée. Après l'annexion de la Savoie, fortifia les nouvelles frontières. Officier de la Légion d'honneur.

En 1870, servit dans l'armée de Paris, sous le général Ducrot. Chef d'état-major du génie de l'armée de Versailles, il fut chargé de reprendre les travaux qu'il avait élevés contre les Prussiens en avant du fort d'Ivry.

Après quarante ans de service actif, le colonel Tezenas fut admis en 1875 à la retraite.

En 1876, il fut élu député par 5,855 voix contre 3,554 données au baron de Plancy.

En 1877, il fut réélu par 5,811 voix contre 4,281 données au baron de Plancy.

Il a voté *pour* : Scrut. liste.

S'est *abstenu* ou a voté *contre* : Toutes les autres propositions.

Dans sa profession de foi, il demande :

1º Revision de la Constitution, modification des attributions du Sénat et de son mode d'élection.

2° Instruction gratuite, obligatoire et laïque étendue à tous les degrés par voie de concours.

3° Réforme de la magistrature, suppression de l'inamovibilité.

4° Suppression du vote secret dans toutes les assemblées électives.

5° Réforme de l'assiette de l'impôt et son remplacement par l'impôt proportionnel.

6° Service obligatoire pour tous.

7° Rétablissement du scrutin de liste.

8° Suppression du cumul.

THEULIER (U.).

DORDOGNE. Périgueux (1re circ.). — Inscr. 16,093.

Élu le 21 août 1881 par 6,956 voix contre 6,500 données à M. Maréchal, député sortant (B.).

42 ans, docteur en médecine, conseiller général.

Extrait de sa profession de foi :

Je crois que la presse doit être entièrement libre : libre le droit de réunion et d'association.

Je crois que les communes et les départements doivent être largement affranchis de la tutelle exagérée de l'État : qu'il faut gouverner avec économie et profiter des plus-values de l'impôt pour dégrever les contribuables et diminuer la dette publique, au lieu d'augmenter sans cesse un budget des dépenses déjà démesuré.

Je pense que le service militaire doit être réduit à trois ans, et qu'en face de l'Allemagne qui nous guette, nous avons plus que jamais besoin de concentrer nos forces et de maintenir la paix extérieure.

Je pense qu'il faut détruire l'inamovibilité de la magistrature, dénoncer le Concordat et supprimer le budget des cultes.

Je pense surtout que la République, émanée du suffrage universel, a droit à l'obéissance de tous les citoyens, quelque hauts placés qu'ils soient. C'est vous dire que, de tous les devoirs qui s'imposeront à la nouvelle Chambre et au nouveau ministère, il n'en sera pas de plus pressant que de mettre un terme à l'attitude factieuse du haut clergé et de certains membres de la magistrature.

Il est intolérable de voir ces deux corps se considérer comme en dehors et au-dessus de la nation elle-même. Libre à eux de détester la République, mais alors qu'ils cessent d'en être les salariés !

Je sais bien qu'on me répondra que la Chambre et le ministère étaient animés des meilleures intentions, mais qu'ils se sont brisés contre les résistances du Sénat. Et moi, je prétends que c'est la faiblesse de la Chambre et du ministère qui a fait la force du Sénat.

Si un gouvernement résolu, appuyé sur une majorité compacte, s'était présenté devant le Sénat et lui avait dit : « Voilà ce que veut la France. Si vous vous y refusez, vous en supporterez toute la responsabilité et nous en appellerons aux électeurs pour les faire juges entre nous, » nul doute que le Sénat ne se fût incliné.

Pour moi, je suis partisan de deux Chambres ; car, défenseur incorrigible de la liberté, je redoute le despotisme d'une Chambre unique. Mais, si le Sénat que nous avons ne comprend pas que le suffrage universel est en définitive au-dessus de lui ; s'il ne veut pas, dans son propre intérêt, accepter pour son recrutement un mode plus démocratique ; s'il persiste contre toute raison à repousser les plus légitimes revendications de l'opinion publique, créant ainsi une situation inextricable et véritablement révolutionnaire, alors, il n'aura pas d'adversaire plus déterminé que moi-même. Et cela, j'ose le dire, au nom des principes mêmes de conservation sociale. J'ai, en effet, la prétention, quelque étrange que cela puisse paraître à tous ceux à qui l'usage habituel de notre jargon politique a fait perdre le sens de la véritable signification des mots, j'ai la prétention d'être à la fois radical, libéral et très conservateur : et c'est pourquoi mon plus vif désir est que le Sénat, s'entendant avec la prochaine Chambre, ils procèdent ensemble à une revision amiable de la Constitution.

Il faut que cette lourde machine que les royalistes de l'assemblée de 1871 ont imposée à la France avec l'étiquette de Constitution républicaine, soit réparée de telle sorte qu'elle puisse fonctionner d'une manière régulière et durable, et qu'elle permette enfin à notre chère patrie de s'avancer d'un pas rapide dans la voie du progrès démocratique, se rapprochant ainsi de plus en plus de cet idéal de liberté, d'égalité et de justice qui doit être le but de tous les bons citoyens.

THIESSÉ (G.) 363.

SEINE-INFÉRIEURE. Neufchatel. — Inscr. 21,469.

Élu le 21 août 1881 par 11,325 voix, sans concurrent.

Né en 1833, à Niort, avocat, conseiller général, officier de mobiles pendant le siège.

Élu en 1876 par 10,391 voix contre 6,859 à M. des Roys.

Réélu en 1877 par 10,126 voix contre 8,019 à M. Ernouf-Bignon.

A voté *pour :* Scrut. liste.

Contre : Mise accusat. Réunion. Sém. soldats. Revision. Prop. Laisant. Suppr. Vatican.

Abstenu : Presse.

THIRION-MONTAUBAN (B.).

DORDOGNE. Bergerac (2e circ.). — Inscr. 16,690.

Élu le 21 août 1881 par 8,277 voix contre 5,743 données à M. de La Batut (R.).

Né à Paris en 1843, gendre de M. Magne, ex-secrétaire d'ambassade, conseiller général.

Élu en 1876 par 8,481 voix contre 7,304 à M. de Losse.

Réélu en 1877 par 8,775 voix contre 2,200 à M. Barraud, 1,543 à M. Dambier et 1,223 à M. Sacreste.

A voté *pour :* Scrut. liste. Réunion. Suppr. inamovib. Revision.

Contre : Mise accusat. Suppr. inamovib. Sém. soldats. Prop. Laisant. Suppr. cultes. Suppr. Vatican.

THOINNET de la TURMELIÈRE (B.).

LOIRE-INFÉRIEURE. Ancenis. — Inscr. 13,798.

Élu le 21 août 1881 sans concurrent, par 8,497 voix.

Né en 1824. A épousé la fille de Velpeau. Conseiller de préfecture, chambellan honoraire, conseiller général.

Membre du Corps législatif sous l'Empire.

Maire de Liré et administrateur du chemin de fer d'Orléans.

Élu en 1876 par 6,057 voix contre 3,493 à M. Decroix.

Réélu en 1877 par 8,337 voix contre 1,225 à M. Maillard.

A voté *pour* : Réunion. Presse.

Contre : Scrut. liste. Mise accusat. Suppr. inamovib. Laïcité. Sém. soldats. Prop. Laisant. Suppr. cultes. Suppr. Vatican.

Abstenu : Revision.

THOMAS (u.) 363.

MARNE. Reims. (2ᵉ circ.). — Inscr. 21,024.

Élu le 21 août 1881 par 9,501 voix contre 1,738 à M. Werlé et 1,627 à M. Derevoge.

Né en 1827, docteur en médecine, professeur de chimie, arrêté par les Prussiens, emprisonné à Magdebourg.

Élu, pendant sa captivité, membre de l'Assemblée nationale, conseiller général.

Réélu en 1876 par 9,653 voix contre 4,257 à M. Duchâtaux.

N'obtint en 1877 que 8,575 voix contre 9,610 à M. Rœderer, élu, conservateur.

Après invalidation de ce dernier, fut réélu par 9,395 voix contre 9,111 données au même M. Rœderer.

A voté *pour* : Scrut. liste. Mise accusat. Sém. soldats. Suppr. Vatican.

Contre : Suppr. inamovib. Réunion. Presse. Revision. Prop. Laisant. Suppr. cultes.

Abstenu : Laïcité.

Voici le passage important de sa profession de foi :

Je veux seulement rappeler à votre attention les lois que le Sénat a repoussées : je veux parler des lois relatives à l'obligation et à la laïcité de l'enseignement primaire, à la réforme de la magistrature et à l'élection des députés.

Le mandat nouveau que vous allez confier à vos représentants leur imposera la reprise de ces lois.

Mais le conflit survenu à ce propos entre le Sénat et la Chambre des députés nécessite une première réforme : la revision de la Constitution. Pour moi, je ne veux pas la suppression du Sénat, car je pense que deux Chambres sont nécessaires.

Seulement, j'estime que des modifications sont indispensables, et je voterai la suppression de l'inamovibilité, la nomination des sénateurs par le suffrage universel et la détermination plus précise des attributions du Sénat.

Je veux, à la Chambre, la disparition des groupes.

Les entreprises du cléricalisme ne nécessitent pas seulement la réforme des lois d'enseignement, mais aussi la modification du contrat qui règle les rapports de l'État avec l'Église. Le Concordat est, en effet, un traité suranné dont les mœurs actuelles réclament la revision.

La discussion de la loi relative à la durée du service militaire a montré que l'étude de cette question n'était pas complète. Il faut la reprendre avec une nouvelle ardeur. Le volontariat d'un an est un privilège : il faut l'écarter définitivement. Le service de trois ans existe dans des pays voisins ; il faut le réaliser chez nous. La grande loi d'association reviendra devant la Chambre nouvelle : j'en suis le partisan convaincu. Mon appui est acquis d'avance à toutes ces mesures : revision du cadastre, code rural droits d'échange, impôt foncier, etc., destinées à alléger le fardeau de l'agriculture.

Je me résume :

Constitution d'une majorité du gouvernement ;
Revision de la Constitution ;
Obligation et laïcité de l'enseignement primaire ;
Réforme de la magistrature ;
Réforme de la loi électorale ;
Revision du Concordat ;
Suppression du volontariat d'un an ;
Réduction du service militaire à trois ans ;
Loi d'association ;
Lois relatives à l'agriculture.

THOMAS (Frédéric) (u.).

TARN. Castres (1re circ.). — Inscr. 21,142.

Élu au scrutin de ballottage le 4 septembre 1881 par 8,815 voix
contre 8,038 à M. Combes, député sortant (B.).

Avocat, président honoraire de la Société des gens de
lettres, ancien préfet, conseiller de préfecture de la Seine.

En 1876, il avait échoué avec 7,841 voix contre 8,263 à
M. Combes.

Voici la profession de foi qu'il a adressé à ses électeurs :

Art. 1er. Revision de la Constitution en ce qui touche le recrutement et les attributions du Sénat.

Art. 2. Réforme de la magistrature et suppression de l'inamovibilité, au fur et à mesure des extinctions.

Art. 3. Obligation du service militaire pour tous les citoyens sans
exception. Suppression de tous les privilèges et réduction à trois
ans.

Art. 4. Création de bourses pour l'enseignement primaire, secondaire et supérieur pour les enfants du peuple reçus dans les
concours organisés à cet effet.

Art. 5. Création et organisation de l'enseignement secondaire des
jeunes filles.

Art. 6. Suppression du cumul des fonctions publiques.

Art. 7. Respect de la liberté de conscience.

Art. 8. Liberté complète de la presse, des réunions et des associations. Garanties législatives contre l'envahissement de la mainmorte.

Art. 9. Réforme des impôts directs. Dégrèvement de l'impôt foncier. Réforme et diminution de l'impôt sur les boissons. Suppression du timbre de quittance.

Ce programme, je le signe des deux mains et de grand cœur,
mais j'y ajoute un article des plus importants à mes yeux.

Organisation du bien-être des travailleurs des villes et des campagnes, assurance et prévoyance contre la gêne et le chômage,
reconnaissance légale des associations syndicales ouvrières, caisse
d'assistance mutuelle, maisons de retraite pour les invalides du
travail.

THOMSON (u.) 363.

ALGÉRIE. Constantine (1re circ.). — Inscr. 7,106.

Élu le 21 août 1881 par 2,805 voix contre 1,776 données
à M. Forcioli.

Élu également dans la 2e circonscription de Constantine le
21 août 1881 par 2,784 voix contre 1,862 à M. Fawtier.

Licencié en droit, rédacteur de la *République française*.
Élu le 8 avril 1877, au 2e tour, en remplacement de
M. Lambert, décédé, par 2,963 voix contre 2,654 données
à M. Fawtier et 2,530 à M. Treille.

Réélu sans concurrent en 1877 par 6,497 voix.

Au cours de la dernière législature, il a voté pour toutes
les propositions dont on trouvera en tête du volume la nomenclature.

Particulièrement hostile à la personne du gouverneur général. Assez partisan en principe de la politique des rattachements, il admet cependant, dans sa profession de foi,
qu'on n'aurait pas dû trancher la question sans avoir consulté
l'opinion de la population algérienne. Partisan de la suppression du Sénat et de la suppression du budget des cultes.

TIERSOT (u.) 363.

AIN. Bourg (1re circ.) — Inscr. 17,269.

Élu au scrutin de ballottage du 4 septembre 1881 par 8,244 voix
contre 3,067 données à son concurrent monarchique M. Tissot.

Né à Bourg en 1832, docteur en médecine, fit une opposition énergique à l'Empire; au 4 septembre, il fut nommé
adjoint au maire de Bourg.

Le 2 juillet 1871, les électeurs de l'Ain l'envoyaient siéger
à l'Assemblée nationale.

Le 20 février 1876, il fut élu député pour la 1re circonscription de Bourg, par 8,826 voix contre 2,235 à M. Can-
salon.

En 1877, il fut réélu par 9,178 voix contre 1,537 à M. le comte Le Hon.

A la dernière législature, il vota *pour* : Mise accusat. Scrut. liste. Réunion. Presse. Suppr. Vatican. Sém. soldats. Prop. Laisant. Laïcité. Suppr. inamovib.

Il s'*abstint* : Suppr. cultes. Revision.

Voici le passage important de sa profession de foi :

Continuer la guerre aux empiètements du cléricalisme;

Reviser la Constitution de 1875 dans un sens plus démocratique, tant au point de vue du mode d'élection et des attributions du Sénat qu'à celui des attributions du pouvoir exécutif;

Réforme de la magistrature par la suppression de l'inamovibilité, par l'élection des juges et par l'établissement du jury en matière correctionnelle;

Rétablissement du scrutin de liste aussitôt que la situation électorale des départements de l'Ouest sera améliorée;

Extension des prérogatives municipales et nomination des maires des cantons par les conseils municipaux;

Instruction primaire gratuite, obligatoire et laïque; accession de toutes les capacités à l'instruction à tous les degrés par l'augmentation du nombre des bourses de l'État;

Service militaire réduit à trois ans et obligatoire pour tous sans exception;

Économie sagement entendue des finances;

Maintien de la paix et du respect de notre drapeau;

Défense des intérêts agricoles, commerciaux et industriels.

Telle est la tâche principale que la Chambre de 1881 sera appelée à remplir.

TIRARD (U.) 363.

SEINE. PARIS, 1er arr. — Inscr. 15,516.

Élu le 21 août 1881 par 6,013 voix contre 3,990 à M. Yves Guyot, 289 à M. Despatys, 202 à M. Le Tailleur.

Né à Genève le 27 décembre 1827 d'une famille française, y fit ses études. Vint à Paris en 1846 où il entra dans l'administration des ponts et chaussées, chef de bureau à la Seine jusqu'en 1851, démissionnaire, fait le commerce d'exportation de la bijouterie, élu en 1868 membre du conseil des prud'hommes de Paris, soutint la candidature de Bancel en 1869, maire provisoire du 2ᵉ arrondissement de Paris au 4 septembre.

Élu membre de l'Assemblée nationale en 1871, par 75,207 voix sur 328,970 votants.

Organisa au 18 mars la résistance contre le comité central, signa l'affiche des maires, nommé membre de la Commune, protesta contre le comité central, se réfugia à Versailles et siégea à l'extrême gauche, vota pour le maintien des traités de commerce et la Constitution.

Élu en 1876 dans le 1ᵉʳ arrondissement par 8,761 voix contre 3,148 données à M. de Plœuc.

Inscrit à la gauche républicaine, demanda la suppression de l'ambassade près le Saint-Siège.

Réélu au 14 octobre par 9,301 voix sur 11,171 votants, président de la commission générale du tarif des douanes, ministre de l'agriculture et du commerce le 5 mars 1879.

Voici maintenant les votes principaux de M. Tirard. Il a voté *pour :*

La gratuité de l'enseignement primaire (séance du 20 novembre 1880);

L'obligation et la laïcité (séances des 25 décembre 1880 et 26 juillet 1881);

La suppression de l'ambassade auprès du pape.

Abstenu : Scrut. liste.

Contre toutes les autres propositions dont la nomenclature se trouve en tête du volume.

Dans les réunions publiques, M. Tirard s'est prononcé uniquement pour le maintien du Sénat. Il accepte cependant la revision après le renouvellement partiel de janvier 1882.

La profession de foi qui ne contient aucune déclaration relative aux questions à l'ordre du jour se termine ainsi :

Vous connaissez la modeste part que j'ai prise dans cet ensemble de faits et de travaux; si vous jugez que je vous ai utilement représenté, si vous me faites encore l'honneur de m'accorder votre confiance, je continuerai à travailler de toutes mes forces à l'œuvre libérale et réparatrice de notre jeune République, à laquelle sont indissolublement attachées désormais la grandeur et la prospérité de la patrie.

TISSERAND (u.).

PUY-DE-DOME. CLERMONT (1re circ.). — Inscr. 24,421.

Élu le 21 août 1881 par 7,944 voix contre 6,369 à M. Bardoux, député sortant (C. G.).

Propriétaire, ancien percepteur.

TONDU (v.) 363.

AIN. BOURG (2e circ.). — Inscr. 17,401.

Élu le 21 juillet par 6,316 contre 1,993 données à M. Dombé (Mon.).

Né en 1827, notaire, maire de Pont-de-Veyle après le 4 septembre, conseiller général.

Él · le 20 février 1876 pour la 2e circonscription de Bourg, par 8,353 voix contre 5,665 au comte Le Hon.

Réélu en 1877 par 8,898 voix.

Au cours de la dernière législature, il vota :

Pour : Laïcité. Scrut. liste. Suppr. inamovib. Sém. soldats.

Contre : Mise accusat. Réunion. Presse. Suppr. Vatican. Revision.

S'abstint : Prop. Laisant. Suppr. cultes.

TREILLE (u.).

ALGÉRIE. Constantine (2ᵉ circ. nouvelle).
Inscr. 7,122.

Élu le 4 décembre 1881 par 2,447 voix contre 2,270 à
M. Forcioli (E. G).

Remplace M. Thomson, qui a opté pour la 1ʳᵉ circonscription.

45 ans, défenseur.

TROUARD-RIOLLE (g.).

SEINE-INFÉRIEURE. Dieppe. (2ᵉ circ.).
Inscr. 14,019.

Élu le 21 août 1881 sans concurrent, par 6,826 voix.

Avocat, ancien magistrat, conseiller général.
Élu le 15 juin 1879, en remplacement de M. Le Bour-
geois, décédé, par 7,901 voix contre 2,856 à M. Estancelin.
A voté *contre :* toutes les propositions.

Voici le principal passage de sa profession de foi :

Au premier rang, se placent les lois sur l'instruction.

L'instruction primaire donnée à tous gratuitement, sans charges
nouvelles pour les communes; l'indépendance des instituteurs garantie, l'instruction à tous les degrés organisée et largement dotée,
ce sont là des titres d'honneur pour la Chambre, dont les pouvoirs
touchent à leur terme. Ces lois ne tarderont pas à produire de ma-
gnifiques résultats; nous leur devrons d'abord l'amélioration intellectuelle et morale de nos populations, et bientôt, par une conséquence infaillible, l'amélioration de leur condition matérielle.
N'est-ce pas le triple progrès, le but aussi noble que désirable
que la démocratie doit chercher à réaliser? Ce qui reste encore
d'inachevé dans cette tâche laborieuse sera mené à bonne fin par
la prochaine législature, et je serai heureux de contribuer à cet
achèvement dans le même esprit de tolérance, de respect des consciences et de libéralisme qui n'a jamais cessé d'inspirer ma participation à cette œuvre par excellence de notre relèvement national.

TRUELLE (G.) 363.

EURE-ET-LOIR. Nogent-le-Rotrou. — Inscr. 11,973.

Élu le 21 août 1881 par 5,547 voix contre 2,253 à M. Morin (U.).

Né à Paris en 1816, ancien négociant, ancien membre de la chambre de commerce de Paris, maire de Coudreceau, conseiller général.

Élu en 1876 par 6,794 voix contre 2,699 à M. Vacher.

Réélu en 1877 par 7,665 voix contre 2,805 à M. de Pontoï-Pontcarré.

A voté *contre* toutes les propositions énumérées en tête du volume.

S'est *abstenu :* Scrut. liste.

TRYSTRAM (U.) 363.

NORD. Dunkerque (1re circ.). — Inscr. 14,541.

Élu le 21 août 1881 par 6,364 voix, sans concurrent.

Né à Ghyvelle (Nord) en 1826, chef d'une maison d'importation de bois et d'une raffinerie de pétrole, sous-préfet de Dunkerque au 4 septembre, démissionnaire après l'armistice.

Président de la chambre de commerce de Dunkerque et conseiller général (vice-président).

Élu en 1876 par 5,874 voix contre 3,930 à Dupuy de Lôme.

Non réélu en 1877.

Réélu le 7 juillet 1878 par 5,495 voix contre 2,248 à M. d'Arras.

S'est *abstenu :* Mise accusat. Revision. Suppr. cultes.

A voté *contre :* Scrut. liste. Réunion.

Pour : Toutes les autres propositions.

Inscrit à la gauche radicale.

TURIGNY (E. G.) 363.

NIÈVRE. Nevers (2ᵉ circ.). — Inscr. 13,769.

Élu le 21 août 1881 sans concurrent, par 5,910 voix.

Né à Chatenay en 1822, médecin, journaliste.
Élu en 1871 à l'Assemblée nationale, où il siégea à l'extrême gauche.
Élu en 1876 par 5,988 voix contre 3,777 à M. Decray.
Réélu en 1877 par 6,284 voix contre 4,721 à M. Tiersonnier.
A voté *pour :* Toutes les propositions en tête du volume.

Inscrit à l'extrême gauche, partisan du groupe ouvert.

TURQUET (U.) 363.

AISNE. Vervins (2ᵉ circ.). — Inscr. 16,216.

Élu le 21 août 1881 par 8,031 voix contre 2,994 données à M. Lenain (Cons.).

Né dans l'Oise, en 1836. Sous l'Empire, substitut, puis procureur impérial à Vervins, démissionnaire en 1868, conseiller général.
En 1869, il échoua avec 12,283 voix contre le candidat officiel qui en réunit 18,000.
Pendant le siège de Paris, s'engagea dans les éclaireurs de la Seine, sergent major, blessé trois fois, mis à l'ordre du jour de l'armée et décoré à la Malmaison.
En 1871, membre de l'Assemblée nationale par 47,401 voix.
Le 18 mars, arrêté à Paris avec le général Chanzy, sauvé par Léo Meillet, membre de la Commune auquel il rendit le même service à l'entrée des troupes.
A l'Assemblée nationale, se prononça pour la dissolution et se rallia à la proposition de plébiscite.
Élu en 1876 par 8,115 voix contre 2,277 à M. Lenain.

Réélu en 1877 par 8,808 voix contre 3,770 à M. Lenain
Vota *pour* : Mise accusat.
S'abstint et vota *contre* : Toutes les autres propositions.

Dans la réunion de Guise, il se prononça pour les réformes suivantes :

Quant à moi, j'inscris au premier rang de ces réformes la réorganisation radicale de l'organisation judiciaire et de la magistrature...

Les uns ont pensé qu'il suffirait de modifier le personnel et de supprimer l'inamovibilité; je crois que ce palliatif apporterait un soulagement au pays, mais ne provoquerait pas la guérison du mal dont il souffre. Il faut réformer le personnel, soit; mais il faut aussi modifier les compétences et les juridictions, sur toute l'échelle de la hiérarchie judiciaire...

Quant à moi, messieurs, si des offres m'étaient faites pour rentrer aux affaires lorsque le ministère futur sera constitué, je n'accepterais rien si le cabinet ne prenait pas l'engagement de tenter une réforme radicale de la magistrature française.

Sur la question des rapports de l'Église et de l'État, M. Turquet s'est exprimé ainsi :

Je vous dirai nettement, comme en 1869, que je suis partisan de la séparation de l'État et des Églises. Malheureusement on n'est pas d'accord dans notre parti sur l'efficacité de cette mesure. Tous nous voulons que le clergé reste dans ses temples et n'en sorte pas; mais beaucoup de mes amis estiment que ce résultat peut être obtenu par une application ferme et énergique des lois concordataires qui régissent actuellement l'organisation des cultes. J'avoue que je ne crois pas beaucoup à l'efficacité de l'instrument concordataire et je crains fort que le clergé national dont on rêve la constitution n'existe jamais que dans l'imagination de ceux qui l'ont conçu. Toutefois, peut-être est-il bon qu'une dernière expérience soit tentée, et je m'opposerai d'autant moins à ce qu'elle suive son cours que j'ai la certitude qu'elle confirmera la justesse de mes idées, et qu'elle montrera que j'avais raison en indiquant, depuis douze ans, la séparation de l'Église et de l'État comme le seul moyen pratique de régler le différend.

M. Turquet s'est ensuite prononcé pour le service militaire de trois ans et la suppression du volontariat d'un an.

Enfin, en ce qui concerne la revision de la Constitution, M. Turquet a fait la déclaration suivante :

Je dois déclarer tout d'abord que j'aurais volontiers évité une revision du pacte constitutionnel. C'est toujours une chose grave que d'ébranler la maison qui vous abrite ; mais, quand un vice radical de construction est révélé, est-ce que la prudence ne commande pas de porter résolument la main sur le point attaqué et de procéder sans délai aux réparations reconnues nécessaires? Or, il est incontestable que le Sénat, dont je n'ai pas à médire en tant qu'institution, est imbu d'un esprit de réaction qui prend son origine dans le mode vicieux de constitution de la Chambre haute. Pour remédier à cette situation, il faut tout d'abord que la France parle haut et ferme et qu'elle réclame d'une voix impérieuse les réformes dont elle sent le besoin.

Quand la France commande, il est bien rare qu'on ne finisse pas par lui obéir. C'est pourquoi, si vous formulez des injonctions précises à vos mandataires, il y a lieu de croire que le Sénat s'inclinera. Mais s'il fait mine de résister à la voix du pays, alors, mes chers concitoyens, je considère que nous, les députés, nous aurons le devoir de demander le revision immédiate de la Constitution, en limitant cette revision à ce qui touche au mode de recrutement de la Chambre haute.

L'inamovibilité devra disparaître; les délégués sénatoriaux devront être en nombre proportionnel à l'importance des communes ; enfin il faudra stipuler exactement, ainsi que cela existe dans les Constitutions de tous les pays libres, que les représentants du peuple seront seuls compétents en ce qui regarde le vote de l'impôt et la détermination de l'assiette du budget.

VACHAL (u.).

CORRÈZE. Tulle (1re circ.). — Inscr. 16,755.

Élu le 4 septembre 1881 au scrutin de ballottage par 6,303 voix contre M. Léon Bouc (U.).
M. Vachal remplace M. le général de Chanal, député sortant (R.), qui ne s'était pas représenté.

Notaire à Argentat, fils de notaire, petit-fils de notaire, arrière-petit-fils de notaire.

Voici son programme :

1° Affermir nos institutions républicaines par une politique de sages réformes favorisant la culture morale et les progrès matériels à l'intérieur, avec la volonté de garder la paix à l'extérieur;

2° Développer l'instruction primaire par la gratuité des écoles publiques dirigées par des laïques, et par l'obligation du père de famille, d'envoyer ses enfants à l'école de son choix;

3° Apporter au mode d'élection des membres du Sénat des modifications tendant à établir une plus juste proportion entre le nombre des électeurs délégués, et le chiffre de leurs commettants;

4° Maintenir la liberté des cultes et le respect qui est dû aux croyances de nos concitoyens, mais réprimer les empiétements de tout clergé sur les droits de l'État et des citoyens;

5° Réduire à trois ans le service actif, et former un corps de sous-officiers pouvant encadrer solidement notre jeune armée;

6° Recruter les troupes coloniales par la voie d'engagement avec prime, et non sur les premiers numéros tirés au sort;

7° Profiter de la prospérité de nos finances pour continuer d'enlever les surtaxes mises sur divers impôts à la suite de nos désastres, et d'abord les deux décimes de guerre perçus sur les les droits d'enregistrement;

8° Modifier prudemment et progressivement notre système d'impôts en les faisant supporter le plus également possible par toutes les branches de revenu, en établissant la proportionnalité la plus stricte possible, et en outre, en exemptant d'impôts les fortunes infimes qui confinent à la misère;

9° Rétablir dans divers impôts l'équilibre rompu au préjudice de l'agriculture, à une époque où les valeurs mobilières existaient à peine; notamment rechercher le moyen d'alléger l'impôt foncier en trouvant une autre source de revenu pour les dépenses départementales et communales.

———

VACHER (u.) **363.**

CORRÈZE. Tulle (2ᵉ circ.). — Inscr. 18,780.

Élu sans concurrent le 21 août 1881, par 10,868 voix.

Né en 1832, docteur en médecine, s'est occupé de journalisme, après le 4 septembre, directeur général des ambulances du XIX⁰ arrondissement, conseiller général.

Élu en 1876 par 8,512 voix contre 4,573 à M. de Steilhac.

Réélu en 1877 par 8,927 voix contre 5,866 données au baron de Clamecy.

A voté *pour :* Mise accusat. Suppr. inamovib. Laïcité. Presse. Sém. soldats.

Contre : Scrut liste. Prop. Laisant. Suppr. cultes.

S'est *abstenu :* Dans les autres votes.

Extrait de sa circulaire :

La revisiou de la Constitution notamment en ce qui concerne les prétentions inadmissibles du Sénat en matière d'impôts, et son mode de recrutement incompatible avec un régime de suffrage universel ;

La gratuité de l'enseignement, votée récemment par la Chambre pour l'instruction primaire, étendue aux degrés secondaire et supérieur, afin que les carrières libérales, jusqu'ici l'apanage des classes riches, soient désormais accessibles à toutes les classes de citoyens ;

La suppression de l'inamovibilité de la magistrature, et le retour au principe posé par la Constituante de 89, l'investiture populaire, seule garantie sérieuse du justiciable, comme aussi de la dignité du juge et de son indépendance. Sur ce point comme sur beaucoup d'autres, il nous faut revenir à la grande tradition et reconquérir une à une les libertés politiques de la Révolution, confisquées par le premier Bonaparte, libertés sans lesquelles la souveraineté du peuple n'est plus qu'une étiquette mensongère à l'usage de nos gouvernants.

Le rachat et le retour au domaine national de toutes les voies de transport, canaux et chemins de fer, aliénées sous l'Empire, au grand détriment de la fortune publique et de l'intérêt général. Le rachat des grandes Compagnies sera la plus brillante opération financière de la République, en même temps qu'elle rendra à l'agriculture, à l'industrie au commerce d'incalculables services par l'abaissement des tarifs vainement réclamés jusqu'à ce jour.

VALON De (B.).

LOT. Cahors (2e circ.). — Inscr. 19,720.

Élu le 21 août 1881 par 8,791 voix contre 7,837 à M. Béral (R.).

Né en 1835, conseiller de préfecture, révoqué au 4 septembre.

Membre de l'Assemblée nationale.

Élu en 1876 par 11,177 voix contre 3,552 à M. Pagès-Duport et 1,533 à M. Limayrac.

Réélu en 1877 par 11,658 voix contre 3,882 à M. Béral et 1,325 à M. Pagès-Duport.

A voté *pour* : Presse. Revision. Réunion. Prop. Laisant.

Contre : Scrut. liste. Mise accusat. Suppr. inamovib. Sém. soldats. Suppr. cultes. Suppr. Vatican.

Abstenu : Laïcité.

VARAMBON (U.) 363.

RHONE. Lyon (6e circ.). — Inscr. 19,972.

Élu le 21 août 1881 par 8,916 voix, sans concurrent.

Né en 1830, avocat, procureur général à Besançon après le 4 septembre jusqu'en 1873.

Élu en 1876 par 14,086 contre 5,965 à M. Plesson.

Réélu en 1877 par 15,482 contre 6,025 à M. Arcis.

Membre de la commission du budget.

A voté *contre :* Réunion.

S'est *abstenu :* Suppr. inamovib. Élection juges. Revision. Prop. Laisant.

Pour : Toutes les autres propositions.

Absent : Suppr. cultes.

M. Varambon a adopté le programme suivant rédigé par les délégués de la 6e circonscription du Rhône qui ont soutenu sa candidature :

Art. 1er. Mandat impératif sanctionné par la loi et assimilant le mandat politique au mandat civil.

Art. 2. Revision de la Constitution dans un sens absolument démocratique.

Art. 3. Suppression du Sénat.

Art. 4. Dénonciation du Concordat; séparation des Églises et de l'État et suppression du budget des cultes; ces deux réformes étant préparées par une série de mesures propres à assurer la sécurité de la société civile contre les empiétements du clergé séculier et régulier.

Art. 5. Réduction du nombre des tribunaux et de leur personnel. Réforme de la loi sur la réhabilitation des citoyens innocents, jugés et injustement condamnés. Réforme du Code de procédure et gratuité de la justice. Suppression de l'inamovibilité. Élection des magistrats par le suffrage universel.

Art 6. Droit de réunion..

Art. 7. Droit d'association, sauf pour les membres appartenant au clergé, tant séculier que régulier, dont la situation doit être réglée par une loi spéciale.

Art. 8. Liberté de la presse.

Art. 9. Instruction primaire laïque et obligatoire; instruction secondaire et supérieure complètement laïque et accessible aux enfants pauvres les plus intelligents, au moyen de bourses nombreuses données au concours.

Art. 10. Réduction du service militaire et son obligation effective pour tous les citoyens valides indistinctement; établissement d'un système militaire permettant aux réservistes et territoriaux d'être exercés au chef-lieu de canton ou du département.

Organisation militaire qui, tout en mettant la nation en état de repousser les agressions, réclame des citoyens le moindre sacrifice possible de liberté, de temps et d'argent; et, considérant que plusieurs parlements européens et le Congrès des États-Unis d'Amérique, dans le but d'assurer la paix entre nations et d'arriver à un désarmement simultané, ont émis le vœu qu'il soit créé un tribunal permanent d'arbitres pour juger les différends internationaux, nous demandons que le Parlement français formule le même vœu, et, de concert avec les autres nations, poursuive la réalisation qui est ardemment désirée par la grande majorité des Français.

Art. 11. Revision du code civil pour l'extension des droits de la femme et l'abrogation des dispositions barbares concernant les enfants naturels.

Art. 12 Rachat immédiat par l'État de tous les ponts à péage sur les fleuves et routes nationales.

Art. 13. Résistance du député devant une dissolution systématique

Art. 14. Autonomie communale et départementale. Franchises municipales établissant la publicité des séances des conseils municipaux et supprimant l'adjonction des plus imposés en matière de finances.

Art 15. Suppression de l'octroi.

Art. 16. Suppression de l'impôt sur les boissons.

Art. 17. Organisation d'institutions garantissant le droit à l'existence de tous les membres de la société, et surtout la création d'une caisse nationale de retraite, afin que ceux qui ont travaillé toute leur vie, et qui, le plus souvent, n'ont pas pu économiser les ressources nécessaires pour passer en paix leurs derniers jours, reçoivent une pension qui leur assure leur droit à l'existence.

Art. 18. Augmentation du ｜traitement des instituteurs et institutrices.

Art. 19. Suppression des journées de prestation.

Art. 10. Diminution de l'impôt foncier pour le pays ravagé par le phylloxera ; revision cadastrale pour une plus juste répartition de l'impôt foncier.

Art. 21. Diminution des gros traitements ; suppression du cumul d'emplois ; incompatibilité absolue du mandat de député avec le mandat de conseiller général ou municipal, surtout avec les fonctions d'ambassadeur ou autres fonctions publiques rétribuées.

Art. 22. Interdiction du droit de voter pour les absents.

Art. 23. Le député de la 6e circonscription devra siéger à l'extrême gauche et, bien que participant aux travaux du groupe, il devra conserver son initiative et son indépendance vis-à-vis de son groupe.

Art. 24. En cas d'élection sénatoriale, le député devra s'entendre avec ses électeurs.

Art. 25. Envoi des récidivistes dans les colonies après trois condamnations infamantes.

Art. 26. Rétablissement du scrutin de liste et accroissement de la période électorale à un mois.

Art. 27. Suppression de la liste électorale municipale, droit pour tous les électeurs inscrits sur la liste politique de prendre part à toutes les élections ; garantie du secret du vote par l'emploi d'enveloppes.

Art. 28. L'état de siège ne pourra être établi qu'en cas d'une invasion étrangère et pour la durée de la guerre seulement.

Art. 29. Tant que la présidence de la République sera maintenue, écarter de ses fonctions tout membre des familles ayant régné sur la France.

Le député s'engage à faire tous ses efforts pour prendre l'initiative de ce programme, et cela dans le plus bref délai.

VASCHALDE (u.) 868.

ARDÈCHE. Largentière (2e circ.). — Inscr. 15,442.

Élu au scrutin de ballottage contre M. de Bournet (L.).

Propriétaire, conseiller général.

Élu le 7 juillet 1878 par 6,838 voix contre 4,892 données à M. Lauriol, député invalidé.

A voté *pour :* Mise accusat. Suppr. inamovib. Sém. soldats. Suppr. Vatican. Scrut. liste.

Contre : Réunion. Presse. Revision. Suppr. cultes. Laïcité.

S'est *abstenu* sur les autres questions.

VERMOND (u.).

SEINE-ET-OISE. Pontoise (1re circ.). — Inscr. 16,310.

Élu le 21 août 1881 par 7,053 voix contre 4,876 à M. Senard, député sortant (G.).

Maire de Beaumont.

Voici l'opinion que formule sa profession de foi sur les principales questions à l'ordre du jour :

Il faut donc modifier la Constitution en ce qui concerne le Sénat.

Il faut, puisque la Constitution de 1875 nous a dotés d'une seconde Chambre, que cette Chambre soit au moins démocratique par son mode d'élection et que par ses attributions elle ne devienne pas forcément un instrument de conflit.

Le reste de mon programme est celui de vos comités, celui des candidats de l'union républicaine :

Instruction obligatoire au premier degré, laïque et gratuite à tous les degrés et au concours.

Service obligatoire et égal pour tous, sans exception ni pour les séminaristes ni pour d'autres; service réduit à trois ans; suppression du volontariat; loi sur l'état des sous-officiers.

Droit de réunion et d'association, avec distinction pour les congrégations.

Réforme de la magistrature.

Réforme de la loi municipale; élection de tous les maires par les conseils municipaux; développement de la liberté communale.

Dégrèvement des impôts indirects qui pèsent sur les classes laborieuses et de ceux qui atteignent lourdement nos industries nationales.

Dégrèvement de l'impôt foncier combiné avec la réfection du cadastre et adoption de toutes les mesures propres à concourir efficacement au développement de l'agriculture, sans augmenter le prix des denrées indispensables à la vie.

Revision des lois sur l'enregistrement, le système hypothécaire, les frais de justice, la chasse, etc.

Remaniement de la loi sur les boissons, abolition de l'exercice.

J'ajoute que, partisan déterminé de la séparation de l'Église et de l'État, je voterai tout ce qui pourra rendre possible, prochaine et sans danger, cette mesure libératrice.

Enfin, patriote avant tout et l'œil fixé sur l'Est, je veux la paix, la paix digne et forte, et je veillerai à ce que l'épée de la France ne soit jamais tirée que pour des causes dignes d'elle.

Inscrit à la gauche radicale.

VERNHES (E. G.) 363.

HÉRAULT. Béziers (1re circ.). — Inscr. 25,749.

Élu le 21 août 1881 sans concurrent par 10,536 voix.

Né en 1820, docteur en médecine, ancien sous-préfet du 4 septembre, conseiller général.

Élu en 1876 par 9,776 voix contre 5,702 à M. de Ricard.

Réélu en 1877 par 9,876 voix contre 7,816 à M. de Mirepoix.

A voté *pour* toutes les propositions dont nous donnons plus haut la nomenclature.

A la salle de l'Alcazar, le docteur Vernhes, alité et souffrant, a fait déclarer par un ami qu'il accepterait le programme démocratique du Congrès, si larges qu'en soient les bases, sauf l'article ainsi conçu :

« Mandat impératif, démission en blanc. » J'accepte de grand cœur le mandat impératif, mais je repousse formellement le second paragraphe, qui met en suspicion l'honnêteté politique du candidat.

Inscrit à l'extrême gauche, partisan du groupe fermé.

VERSIGNY (u.) 363.

HAUTE-SAONE. GRAY. — Inscr. 22,420.

Élu le 21 août 1881 par 10,697 voix contre 6,282 à M. Marquiset (Cons.).

Né en 1814, avocat, sous-préfet de Gray au 4 septembre, envoyé comme otage en Allemagne.

Révoqué en 1875.

Élu en 1876 par 9,711 voix contre 5,385 à M. le baron Gourgaud et 3,157 à M. Marquiset, conservateur.

Réélu en 1877 par 10,694 contre 8,737 à M. le baron Gourgaud.

A voté *pour :* Suppr. inamovib.

Absent : Suppr. bourses.

Abstenu : Élect. magist. Suppr. Vatican.

Contre toutes les autres propositions.

VIELFAURE (u.).

ARDÈCHE. LARGENTIÈRE (1ʳᵉ circ.). — Inscr. 16,056.

Élu le 21 août 1881 par 6,527 voix contre 5,173 à M. Blachère, député sortant (L.).

59 ans, avocat, maire de Largentière, conseiller général.

VIETTE (u.) 363.

DOUBS. Montbéliard. — Inscr. 20,026.

Élu le 21 août 1881 sans concurrent, par 11,670 voix.

Né en 1843, propriétaire et publiciste, copropriétaire et collaborateur de plusieurs journaux républicains.

Capitaine de mobiles pendant la guerre, mis à l'ordre du jour, conseiller municipal, conseiller général.

Élu en 1876 par 9,091 voix contre 5,478 à M. Grosjean.

Réélu en 1877 par 10,279 voix contre 6,418 à M. Mettetal.

Il a voté *pour* : Scrut. liste. Mise accusat. Suppr. inamovib. Presse. Sém. soldats. Revision. Prop. Laisant. Suppr. Vatican.

Contre : Réunion.

S'est *abstenu* dans les autres propositions.

VIGNANCOUR (u.) 363.

BASSES-PYRÉNÉES. Orthez. — Inscr. 19,955.

Élu le 21 août 1881 par 11,275 voix, sans concurrent.

Avocat, officier d'artillerie mobilisée en 1870, conseiller général.

En 1876, il échoua avec 8,298 voix contre M. Chesnelong, qui en réunit 8,378.

A la suite de l'invalidation de ce dernier, M. Vignancour fut élu le 21 mai 1876 par 9,042 voix contre 8,809 à M. Chesnelong.

En 1877, il échoua avec 8,298 voix contre 9,193 à M. Planté.

Il fut réélu après l'invalidation de son concurrent, et obtint 9,736 voix contre 7,877 à M. Planté.

Il a voté *pour* la proposition Laisant.

Contre toutes les autres.

Voici le passage important de sa profession de foi :

La réorganisation de la magistrature, afin que disparaisse de nos tribunaux ce triste reliquat de l'ordre moral, qu'on pourrait appeler « la justice de combat », et qui est, tout à la fois, la terreur et la risée des justiciables;

La réduction du service militaire actif à trois ans, avec le maintien de la division du contingent en deux portions;

L'amélioration du sort des classes laborieuses, et spécialement de la classe la plus nombreuse, celle des agriculteurs, par le prompt achèvement de nos chemins vicinaux et de nos voies ferrées, par la diminution des charges qui pèsent sur la propriété foncière non bâtie.

. . . .

Un certain calme s'est fait dans les esprits touchant les questions ecclésiastiques. Je crois cependant que nous aurions tort de nous départir d'une saine vigilance : la conduite du clergé doit régler la nôtre. Épargnons-lui des vexations mesquines et sans dignité; mais repoussons énergiquement son ingérence dans les affaires de la commune et de l'État. Guerre à l'intolérance, paix à la religion!

Lorsque l'heure de reviser la Constitution, assurément fort imparfaite, de 1875, sera venue, c'est-à-dire lorsque la revision aura cessé d'être le mot de ralliement des partis hostiles, j'accepterai volontiers les modifications dont l'expérience aura démontré l'absolue nécessité. L'une des plus urgentes, à mon avis, sera la suppression du droit monarchique de dissolution, droit qui, théoriquement, ne se peut justifier dans notre état politique, et dont le 16 mai a, d'ailleurs, fait pour toujours le plus suspect et le moins honorable des expédients.

———

VILLAIN (u.) 368.

AINE. Saint-Quentin (1re circ.). — Inscr. 19,891.

Élu le 21 août 1881 par 7,799 voix contre 2,578 à M. Nonnanteuil (socialiste).

Né en 1819, grand raffineur de l'Aisne, conseiller général depuis 1848.

Élu en 1871 à l'Assemblée nationale par 46,052 voix.

Rapporteur de la commission chargée d'étudier la législation des sucres.

Réélu en 1876 par 9,523 voix.

En 1877, par 10,144.

Vota presque constamment avec la fraction avancée de l'union.

Pour : Scrut. liste. Presse. Sém. soldats. Suppr. cultes.

Contre : Réunion. Suppr. inamovib. Revision.

Extrait de sa circulaire :

Il y a des réformes sérieuses à réclamer dans l'ordre judiciaire.

Je reste partisan de l'inamovibilité, mais je suis d'avis que le gouvernement républicain, imitant ses devanciers, devrait la suspendre, afin de conférer une nouvelle investiture et de mettre le personnel en harmonie avec les institutions qui nous régissent.

Il y a des tribunaux à supprimer; il y en a dont le personnel est insuffisant.

Je suis partisan du jury correctionnel. Cette réforme rendrait un immense service à la magistrature.

Les frais de justice doivent être diminués.

Tout le monde réclame des modifications dans l'assiette et le recouvrement des impôts. Il est certain que notre système actuel n'est pas parfait, et cependant chaque fois qu'on veut le modifier on se heurte à des obstacles, à des difficultés sans nombre qui arrêtent et retardent les réformes.

Je suis, depuis longtemps, partisan de l'impôt sur le revenu, mais je crois que le plus pressé est de dégrever, dans la mesure la plus largement compatible avec l'intérêt du Trésor, les impôts les plus lourds, ceux qui pèsent le plus sur les denrées de consommation usuelle et générale. La voie a été indiquée et tracée par la dernière Assemblée. Suivons-la : elle nous mènera au but et aidera à traverser bien des difficultés.

Le dégrèvement du vin exige nécessairement celui de la bière qui est la boisson obligée des populations du nord de la France.

Cette question me préoccupe depuis longtemps; j'ai bon espoir qu'elle recevra bientôt une solution satisfaisante.

L'agriculture, qui a tant souffert depuis quelques années, a droit à un allégement; elle trouvera, au surplus, avantage à tous les dégrèvements qui élargiront le cercle des consommateurs de ses produits.

Nous ne pouvons pas oublier et je n'ignore pas que c'est la première et la plus nécessaire des industries.

La réduction du service militaire à trois ans a droit à toutes mes sympathies. Je l'ai votée à l'Assemblée nationale; je la voterai encore à la condition de la mettre en harmonie avec tout notre système de défense et de l'appliquer à tout le contingent.

Personne de vous ne me pardonnerait de consentir à la désorganisation de ce qui constitue la sécurité publique et assure la paix à la nation.

Dans ma jeunesse, j'ai été partisan d'une Chambre unique.

Le spectacle de l'Assemblée législative de 1849 avait ébranlé mes convictions. Le despotisme si long de l'Assemblée nationale de 1871, les dangers qu'elle a fait courir à la paix publique m'ont converti à l'idée de deux Chambres.

Je désire donc conserver le Sénat en le modifiant;

Supprimer les inamovibles, élargir le corps électoral en prenant pour base la proportionnalité;

Laisser au Sénat le droit de dissolution, nécessaire quelquefois pour dénouer une situation difficile, mais avec cette sanction que les sénateurs eux-mêmes seront tenus de se représenter devant leurs électeurs;

Modifier ses attributions, notamment en matière de finances, et en laissant le dernier mot à la Chambre du suffrage universel. Voilà ce qui pourrait faire l'objet d'une revision si elle était consentie par le Sénat lui-même.

Au mois de janvier prochain, la question se posera utilement lors du renouvellement partiel.

Le droit d'association doit être étudié de façon à ne pas permettre la reconstitution de la mainmorte.

Toutes les mesures propres à améliorer les conditions du travail, et les rapports de celui-ci avec le capital, me trouveront favorable à leur application pratique.

VILLEGONTIER (Frin comte de la) (L.).

ILLE-ET-VILAINE. Fougères. — Inscr. 23,360.

Élu le 21 août 1881 par 9,102 voix contre 8,810 données à M. Riban, député sortant (R.).

50 ans, conseiller général, propriétaire, commandant les mobiles pendant la guerre.

En 1876, il avait réuni au 2° tour 8,405 voix contre 9,660 à M. de Dalmas, élu.

En 1877, élu par 9,601 voix contre 9,057 à M. Roger-Marvaise.

Après son invalidation, il ne réunit, le 3 mars 1878, que 8,089 voix contre 9,311 données à M. Riban, élu (2° tour).

Invalidé à nouveau en 1882.

VILLENEUVE (E. G.).

SEINE. SAINT-DENIS (2° circ.). — Inscr. 19,628.

Élu le 21 août 1881 par 7,541 voix contre 2,143 à
M. Delepouve (Mon.).

53 ans, docteur en médecine, conseiller général de la Seine.

Inscrit à l'extrême gauche, partisan du groupe ouvert.

VILLIERS (L.).

FINISTÈRE. BREST (2° circ.). — Inscr. 15,880.

Élu le 21 août 1881 par 6,464 contre 4,868 à M. Belhommet (R.).

Sorti de Saint-Cyr, officier démissionnaire, conseiller général, chevalier de la Légion d'honneur.

Élu en 1876 par 6,676 voix contre 3,507 à M. Gerodias.

Réélu en 1877 par 7,297 voix contre 5,027 à M. Gerodias.

A voté *pour* : Réunion. Revision. Presse.

Contre : Mise accusat. Suppr. inamovib. Laïcité. Sém. soldats. Prop. Laisant. Suppr. cultes. Suppr. Vatican.

Dans sa profession de foi, il se pose comme adversaire résolu de la révolution, et se déclare hostile à toutes les propositions qui forment le programme républicain.

VINATIER (U.).

ALLIER. MOULINS (2ᵉ circ.). — Inscr. 19,274.
Élu le 21 août 1881 par 7,259 voix. M. Patissier, député sortant (R.),
s'était retiré.

Docteur médecin à Lurcy-Lévy, conseiller général.

Extrait de son programme :

La première préoccupation de la nouvelle Chambre doit être de poursuivre l'établissement d'un système d'éducation vraiment nationale. L'instruction primaire, actuellement gratuite, doit être rendue obligatoire et laïque; le prix de pension dans les établissements universitaires doit être abaissé pour les rendre plus accessibles; des bourses doivent être largement distribuées aux enfants pauvres des deux sexes des écoles primaires qui montrent des aptitudes à utiliser dans l'intérêt de la richesse nationale.

La magistrature, dans notre société démocratique, doit être à la fois indépendante du pouvoir central et inspirée, dans l'application et l'interprétation des lois, par une étroite communauté de vues, avec la conscience publique. Aussi, le but à poursuivre, c'est la nomination des magistrats à l'élection avec les garanties de capacité exigées par la loi. Suppression de l'inamovibilité de la magistrature.

Revision partielle de la Constitution ayant pour but de donner une base plus démocratique au mode de recrutement du Sénat. Suppression de l'inamovibilité des sénateurs.

La séparation de l'Église et de l'État est le but à atteindre : cette réforme est commencée, elle doit être poursuivie sans relâche et quand, dans tous les rouages de notre organisation politique et sociale, l'esprit clérical aura été remplacé par l'esprit scientifique, la suppression du budget des cultes finira la séparation.

Large extension des franchises communales et départementales.

Poursuivre le vote définitif de la loi sur les associations professionnelles et, pour la liberté générale d'association, attendre qu'une distinction ait été établie entre les associations civiles et les associations religieuses.

Réduction du service militaire, obligatoire pour tous, à la plus courte durée possible : instruction militaire obligatoire dans les écoles.

Remplacement des impôts de consommation par un impôt sur le revenu.

Revision du cadastre.

Impulsion plus grande à donner aux études des grands travaux publics.

Suppression du cumul des fonctions rétribuées.

Organisation de l'assurance et de la retraite pour les ouvriers vieux et les infirmes.

Une politique extérieure dont la préoccupation dominante soit le maintien de la paix générale.

VIOX (Camille) (U.).

MEURTHE-ET-MOSELLE. Lunéville. — Inscr. 26,414.

Élu le 21 août 1881 par 12,299 voix contre 8,487 à M. G. Michaut, frère du député sortant (C. D.).

Fils de l'ancien représentant du peuple, agriculteur, conseiller général.

Voici le passage important de sa profession de foi :

Dans les questions militaires, appliquons, comme partout, le principe républicain de l'égalité des charges, sans oublier que la force des cadres fait la valeur des armées. N'épargnons donc rien pour avoir un excellent corps de sous-officiers.

En matière de conscience, liberté entière. L'État doit rester laïque, son enseignement doit être étranger aux questions confessionnelles.

Je suis donc le partisan résolu des lois Ferry.

Soyons sobres de changements politiques, mais sachons accomplir sans hésiter les réformes nécessaires. Rétablissons donc le scrutin de liste pour la Chambre des députés, et rendons plus démocratique le mode d'élection des sénateurs.

Groupons solidement les forces républicaines pour faire œuvre qui dure.

Suivre ce programme est le plus sûr moyen de transmettre à nos successeurs le dépôt sacré de notre prospérité nationale. La démocratie seule peut garantir à la France la paix, le travail, la liberté, et, si vous me faites l'honneur de m'envoyer à la Chambre, j'irai y retrouver sur les bancs de l'union républicaine les traditions de mon père, heureux comme lui de mettre mon entier dévouement au service de la République.

WADDINGTON (Richard) (G.) 363.

SEINE-INFÉRIEURE. ROUEN (3e circ.). — Inscr. 23,786.

Élu le 21 août 1881 par 12,626 voix contre 1,011 à
M. Cord'homme.

Né à Rouen en 1838, frère du sénateur, grand manufacturier, juge au tribunal de commerce de cette ville, secrétaire de la chambre de commerce, conseiller général, décoré pendant la guerre.

Élu en 1876 par 11,521 voix contre 5,192 à M. d'Esneval.

Réélu en 1877 par 11,854 voix contre 7,621 à M. Delamare.

Pour : Presse.

Abstenu : Suppr. inamovib.

Contre toutes les autres propositions.

Membre des commissions du budget.

Voici le principal passage de sa profession de foi :

Rapporteur du budget de l'agriculture, membre de la commission du tarif des douanes, j'ai lutté en faveur des droits qui me paraissaient nécessaires pour sauvegarder notre agriculture et notre industrie contre les atteintes de la production étrangère. Je m'efforcerai d'obtenir pour nos cultivateurs les dégrèvements qui compenseront, dans la mesure du possible, les droits protecteurs qu leur auront été refusés ; je défendrai avec ardeur les intérêts des diverses branches de production auxquelles se rattache la population industrieuse de notre département.

Préoccupé de l'importance des questions sociales, je m'associerai, comme je l'ai déjà fait, à toutes les mesures pratiques qu pourront améliorer la situation et assurer l'indépendance des travailleurs.

La Chambre prochaine devra compléter les lois sur l'instruction, reprendre l'examen du service et de l'organisation militaire, résoudre le difficile problème des transports par chemin de fer, voter une mesure efficace de réforme judiciaire.

Si vous me continuez votre confiance, j'aborderai l'examen de ces diverses questions avec l'esprit de progrès, d'indépendance et de modération que j'ai toujours essayé de faire prévaloir dans ma conduite et dans mes votes.

WALDECK-ROUSSEAU (G.).

ILLE-ET-VILAINE. Rennes (1re circ.). — Inscr. 19,796.

Élu le 21 août 1881 par 8,899 voix contre 4,192 à M. de Bourgerel (L.).

Il est né en 1846.

Avocat, orateur distingué, rapporteur de la proposition de loi sur la magistrature.

Élu le 6 avril 1879 (en remplacement de M. Roger-Marvaise, nommé sénateur), par 8,703 voix contre 281 à M. Fouqueron.

A voté *pour* : Scrut. liste.

Contre : Revision.

Le père de M. Waldeck-Rousseau était représentant du peuple en 1848, et l'un des fidèles du général Cavaignac.

Ministre de l'intérieur dans le cabinet Gambetta.

WILSON (G.) 363.

INDRE-ET-LOIRE. Loches. — Inscr. 19,060.

Élu le 21 août 1881 sans concurrent, par 11,099 voix.

Né à Paris en 1840, conseiller municipal de Loches, conseiller général, grand industriel, membre du Jockey-Club, propriétaire du château de Chenonceaux.

Élu en 1867 comme candidat de l'opposition.

En 1770, il commandait un bataillon de mobiles d'Indre-et-Loire.

En 1871, envoyé à l'Assemblée nationale, seul républicain sur six.

Membre des commissions du budget.

Ami de M. Jules Grévy. S'est abstenu comme lui dans le vote des lois constitutionnelles. A épousé sa fille.

Élu en 1876 par 8,274 voix contre 7,334 à M. Schneider.

Réélu en 1877 par 8,457 voix contre 7,916 à M. Duval.

Membre des commissions du budget et finalement sous-secrétaire d'État aux finances.

S'est *abstenu* sur la proposition Laisant.

A voté *contre* toutes les autres.

Extrait de sa profession de foi :

Si vous m'honorez de nouveau de vos suffrages, vous me trouverez, demain comme hier, partisan d'une politique de paix et toujours disposé à appuyer de mon vote toutes les mesures propres à assurer l'intégrité du territoire et l'honneur du drapeau national; vous trouverez en même temps en moi un adversaire résolu des aventures périlleuses et des guerres de conquête : c'est pour cela que je continuerai à réclamer l'abaissement du service militaire à trois ans et à demander que l'impôt du sang soit égal pour tous.

La continuation de la politique de dégrèvement, l'étude à la fois incessante et réfléchie de la réforme de nos impôts, l'achèvement de notre réseau de voies ferrées, l'amélioration du régime général de nos chemins de fer, l'abaissement des tarifs de transport, sous l'autorité de l'État, le perfectionnement de notre système d'éducation nationale, le vote d'une loi destinée à mettre l'esprit de la magistrature d'accord avec les institutions et les tendances du pays, et l'organisation de la justice en conformité avec l'ensemble des principes républicains : tels sont les problèmes qui devront attirer principalement l'attention de la prochaine Chambre.

Et, si des questions constitutionnelles venaient à se poser, vous savez que vous me trouverez toujours parmi ceux qui défendent la souveraineté nationale et les droits du suffrage universel.

Laissez-moi vous le dire en terminant : nous avons fondé la République ; il s'agit de la faire vivre. Cette prudence, cette sagesse, cette discipline qu'on nous demandait pour l'établir ne sont pas moins nécessaires pour la faire durer. Mettons à la faire réussir et à la faire aimer la même énergie que nous apporterions à la défendre, et ce gouvernement sera naturellement, sans efforts et sans danger, l'instrument de tous les progrès demandés par le pays et dérivant de la volonté du suffrage universel.

Union du parti républicain et réformes compatibles avec l'intérêt de la République : voilà la politique dont je chercherai à assurer le triomphe. Prouvez-moi par vos votes que ce sont aussi là les sentiments dont vous êtes vous-mêmes animés.

Paris. Soc. d'imp. P. Dupont, 41, rue J.-J.-Rousseau (Cl.). 196.1-82

www.ingramcontent.com/pod-product-compliance
Lightning Source LLC
Chambersburg PA
CBHW071954270326
41928CB00009B/1439